U0561439

2024
国家统一法律职业资格考试

历年客观试题精讲

主编 桑 磊

编著 任启明 熊 晖 柯勇敏

商经法（含知产）

［章节版］

历年经典客观题，配套教材大纲，章节自测

十余位法学专家学者倾力奉献，全新解读；深度解析命题思路，点拨答题方法

扫码进题库

中国法制出版社

CHINA LEGAL PUBLISHING HOUSE

图书在版编目（CIP）数据

2024 国家统一法律职业资格考试历年客观试题精讲：
章节版．商经法（含知产）/桑磊主编．—北京：中
国法制出版社，2024.6

ISBN 978-7-5216-4156-1

Ⅰ.①2…　Ⅱ.①桑…　Ⅲ.①商法–中国–资格考试
–题解②经济法–中国–资格考试–题解　Ⅳ.①D920.4

中国国家版本馆 CIP 数据核字（2024）第 032519 号

策划编辑：李连宇

责任编辑：李连宇　黄丹丹　刘海龙　潘环环　　　　　　　　　　封面设计：拓　朴

2024 国家统一法律职业资格考试历年客观试题精讲：章节版．商经法（含知产）
2024 GUOJIA TONGYI FALÜ ZHIYE ZIGE KAOSHI LINIAN KEGUAN SHITI JINGJIANG：ZHANGJIEBAN.SHANGJINGFA
（HAN ZHICHAN）
主编/桑　磊
经销/新华书店
印刷/三河市华润印刷有限公司
开本/787 毫米×1092 毫米　16 开　　　　　　　　　　　　　　印张/16.5　字数/480 千
版次/2024 年 6 月第 1 版　　　　　　　　　　　　　　　　　2024 年 6 月第 1 次印刷

中国法制出版社出版
书号 ISBN 978-7-5216-4156-1　　　　　　　　　　　　　　　总定价：261.00 元（全八册）

北京市西城区西便门西里甲 16 号西便门办公区
邮政编码：100053　　　　　　　　　　　　　　　　　　　　传真：010-63141600
网址：http://www.zgfzs.com　　　　　　　　　　　　　　　　编辑部电话：010-63141811
市场营销部电话：010-63141612　　　　　　　　　　　　　　印务部电话：010-63141606

（如有印装质量问题，请与本社印务部联系。）

本书二维码内容由桑磊法考提供，用于服务广大考生，有效期截至 2024 年 12 月 31 日。

目　录

法律文件简称对照表

简称	全称
担保制度司法解释	最高人民法院关于适用《中华人民共和国民法典》有关担保制度的解释
公司法司法解释（二）	最高人民法院关于适用《中华人民共和国公司法》若干问题的规定（二）
公司法司法解释（三）	最高人民法院关于适用《中华人民共和国公司法》若干问题的规定（三）
公司法司法解释（四）	最高人民法院关于适用《中华人民共和国公司法》若干问题的规定（四）
公司法司法解释（五）	最高人民法院关于适用《中华人民共和国公司法》若干问题的规定（五）
企业破产法司法解释（一）	最高人民法院关于适用《中华人民共和国企业破产法》若干问题的规定（一）
企业破产法司法解释（二）	最高人民法院关于适用《中华人民共和国企业破产法》若干问题的规定（二）
企业破产法司法解释（三）	最高人民法院关于适用《中华人民共和国企业破产法》若干问题的规定（三）
保险法司法解释（二）	最高人民法院关于适用《中华人民共和国保险法》若干问题的解释（二）
保险法司法解释（三）	最高人民法院关于适用《中华人民共和国保险法》若干问题的解释（三）
保险法司法解释（四）	最高人民法院关于适用《中华人民共和国保险法》若干问题的解释（四）
著作权纠纷解释	最高人民法院关于审理著作权民事纠纷案件适用法律若干问题的解释
信息网络传播权纠纷规定	最高人民法院关于审理侵害信息网络传播权民事纠纷案件适用法律若干问题的规定
专利权纠纷解释	最高人民法院关于审理侵犯专利权纠纷案件应用法律若干问题的解释
专利纠纷规定	最高人民法院关于审理专利纠纷案件适用法律若干问题的规定
商标纠纷解释	最高人民法院关于审理商标民事纠纷案件适用法律若干问题的解释

第一部分

商　法

第一章　公司的分类

1. 成功有限公司系王某出资设立的一人有限公司。几年后，成功有限公司与明希有限公司共同出资设立了成明有限公司。随后王某将其持有的成功有限公司的全部股权转让给了潘某并办理了变更登记。2020年，成功有限公司为潘某向金某的借款提供担保，与金某签订了担保协议，潘某直接在担保协议上签字并加盖公章。2021年借款到期后，潘某无力偿还借款。对此，下列哪些说法是正确的？（2021年回忆版）

A. 成功有限公司应对借款承担担保责任

B. 该担保协议因未经股东会决议，故担保无效

C. 潘某如无法证明财产独立，则须就公司其他债务承担连带责任

D. 成明有限公司就王某和潘某的股权转让有权主张优先购买权

2. 星辉公司设立了两家分公司星星分公司和灰灰分公司。在经营过程中，星星分公司为业务伙伴华营公司向金商公司提供担保，自行以自己的名义签订了担保协议；灰灰分公司以自己的名义与骏马公司签订了货物买卖协议。据此，下列哪些说法是正确的？（2021年回忆版）

A. 星星分公司以自己的名义签订的担保协议无效

B. 华营公司无法偿债时，金商公司可要求星辉公司承担担保责任

C. 灰灰分公司签订的买卖协议对星辉公司具有法律效力

D. 骏马公司须首先向灰灰分公司主张合同责任才可向星辉公司主张责任

3. 植根农业是北方省份一家从事农产品加工的公司。为拓宽市场，该公司在南方某省分别设立甲分公司与乙分公司。关于分公司的法律地位与责任，下列哪一选项是错误的？（2017-3-25）

A. 甲分公司的负责人在分公司经营范围内，当然享有以植根公司名义对外签订合同的权利

B. 植根公司的债权人在植根公司直接管理的财产不能清偿债务时，可主张强制执行各分公司的财产

C. 甲分公司的债权人在甲分公司直接管理的财产不能清偿债务时，可主张强制执行植根公司的财产

D. 乙分公司的债权人在乙分公司直接管理的财产不能清偿债务时，不得主张强制执行甲分公司直接管理的财产

4. 玮平公司是一家从事家具贸易的有限责任公司，注册地在北京，股东为张某、刘某、姜某、方某四人。公司成立两年后，拟设立分公司或子公司以开拓市场。对此，下列哪一表述是正确的？（2014-3-25）

A. 在北京市设立分公司，不必申领分公司营业执照

B. 在北京市以外设立分公司，须经登记并领取营业执照，且须独立承担民事责任

C. 在北京市以外设立分公司，其负责人只能由张某、刘某、姜某、方某中的一人担任

D. 在北京市以外设立子公司，即使是全资子公司，亦须独立承担民事责任

1. [答案] AC　　[难度] 中

[考点] 一人公司；公司担保

[命题和解题思路] 本题主要考查一人公司的对外担保，但涉及的法律关系比较复杂，主体较多。考生针对法考命题这一趋势，应当在平时准备时训练自己梳理法律关系、厘清题干事实的能力。

但本题的具体考点并不太难。因为一人公司并无股东会，因此考生需要结合这一特点，理解公司对外担保的限制。

[选项分析]《担保制度司法解释》第 10 条规定，一人有限责任公司为其股东提供担保，公司以违反公司法关于公司对外担保决议程序的规定为由主张不承担担保责任的，人民法院不予支持。公司因承担担保责任导致无法清偿其他债务，提供担保时的股东不能证明公司财产独立于自己的财产，其他债权人请求该股东承担连带责任的，人民法院应予支持。《公司法》第 15 条第 2 款规定，公司为公司股东或者实际控制人提供担保的，应当经股东会决议。由于一人公司并无股东会，所以尽管《公司法》第 15 条第 2 款规定，公司为公司股东提供担保须经股东会决议，但就一人公司的情形并未规定。因此，《担保制度司法解释》第 10 条才具体规定，一人公司可以为其唯一的股东提供担保，并且公司不能以未经股东会决议为由主张不承担担保责任。B 选项错误。

关于一人公司对股东担保的效力应当如何分析是实践中的一个难题，一般认为应当采用合同成立的认定方式，即签字或盖章即可。对于这种观点可以从以下两个角度理解：第一，《公司法》第 60 条规定，一人有限责任公司不设股东会。股东作出第 59 条第 1 款所列决定即履行股权会职权时，应当采用书面形式，并由股东签名后制备于公司。该条规定的实质是一人公司个人股东的同意，即代表了公司的意思。第二，由于《公司法》第 23 条第 3 款规定了一人公司的法人人格否认制度，所以可以平衡债权人利益的保护问题。因此 AC 选项表述正确。

D 选项，成明有限公司就王某和潘某的股权转让主张优先购买权混淆了成明公司和成功公司的关系，是典型的"指鹿为马"式的命题手法，表述错误。

2. [答案] AC　　[难度] 中
[考点] 分公司；公司担保
[命题和解题思路] 本题综合考查有关分公司的规定。分公司一直是法考中的热门考点，但是内容并不难。考生能够把握"分公司不是公司而是具有特定权利的实体"这一点即能应对。不过本题在考查时，将分公司和公司对外担保结合考

查，此系《担保制度司法解释》中的特别规定，考生能够把握《担保制度司法解释》中关于公司对外担保的规定，也不难作出回答。

[选项分析]《民法典》第 74 条规定，法人可以依法设立分支机构。法律、行政法规规定分支机构应当登记的，依照其规定。分支机构以自己的名义从事民事活动，产生的民事责任由法人承担；也可以先以该分支机构管理的财产承担，不足承担的，由法人承担。

《公司法》第 13 条第 2 款规定，公司可以设立分公司。分公司不具有法人资格，其民事责任由公司承担。

《担保制度司法解释》第 11 条 1 款规定，公司的分支机构未经公司股东（大）会或者董事会决议以自己的名义对外提供担保，相对人请求公司或者其分支机构承担担保责任的，人民法院不予支持，但是相对人不知道且不应当知道分支机构对外提供担保未经公司决议程序的除外。

据此，星星分公司以自己的名义签订的担保协议系越权担保，在未能出具星辉公司股东会或董事会决议的情形下，金商公司也非属善意，因此该担保无效，A 选项表述正确，B 选项表述错误。

灰灰分公司对外签署的"买卖协议"，系分公司以自己名义对外签订的协议，并无合同无效的情形，因此协议有效，且产生的民事责任应由星辉公司承担，因此 C 选项表述正确。而债权人可以选择直接要求总公司承担合同责任，也可以主张先以分公司管理的财产承担责任再行向总公司追偿，而非必须先向分公司追偿，因此 D 选项表述错误。

3. [答案] D　　[难度] 中
[考点] 公司的分类（本公司与分公司）
[命题和解题思路] 本题命题人主要从分公司与本公司的法律关系的角度来考查分公司自身的法律地位和责任。"公司的分类"，尤其是"母公司与子公司"、"本公司与分公司"这两种分类是历年考试的"常客"。但是，与往年侧重于考查"本公司与分公司之间法律关系"不同，命题人在本题中还别出心裁地考查了"分公司与分公司之间的法律关系"（D 选项），并以此为陷阱使很多考生在本题上折戟沉沙，考查角度不可谓"不习

钻"！这也启示我们：考生诸君在备战法考时，对于重点知识点需要多维度解读、发散性思考，确保对该知识点真正学会、搞懂、弄透！

[选项分析] 本题的解题关键在于准确理解分公司的法律性质和法律地位，并以此进一步理解其责任：分公司实际上并不是法律意义上的公司，只是本公司的业务组成部门或者办事机构，分公司的业务、资金、人事均受总公司的统一管辖和安排，其民事责任也由本公司承担。

A选项考查分公司负责人是否有权以总公司名义对外签订合同。分公司相当于本公司的业务单元或者办事机构，其经营活动的范围由总公司的授权决定。也就是说，分公司的负责人在分公司经营范围内，当然有权以本公司的名义对外签订合同。所以，A选项是正确的，不当选。

B、C、D项考查总公司与分公司的债务承担问题。分公司无独立的法律人格，也没有独立的财产，其实际占有、使用的财产作为本公司的财产而计入本公司的资产负债表之中。因此，当本公司直接管理的财产不能清偿债务时，债务人当

然可以主张强制执行各分公司的财产。所以，B选项是正确的，不当选。

《公司法》第13条第2款规定，分公司不具有法人资格，其民事责任由公司承担。由此可知，当分公司直接管理的财产不能清偿其自身债务时，其债权人可以主张强制执行本公司的财产。所以，C选项是正确的，不当选。

D选项是重点干扰项。部分考生可能会误以为"甲、乙两个分公司是独立的两个主体，其民事责任只能由本公司承担，而不能以对方实际管理的财产来清偿债务"，这是考生机械理解法条的结果。其实，无论是甲分公司实际管理的财产，还是乙分公司实际管理的财产，都属于本公司的财产，因为分公司没有独立的财产。也就是说，只要是甲分公司和乙分公司直接管理的财产，所有权上都归属于本公司。此外，分公司不具有独立的责任能力，其民事责任均由本公司以自身全部财产来承担。因此，在乙分公司直接管理的财产不能清偿债务时，其债权人有权请求强制执行甲分公司直接管理的财产。所以，D选项错误，当选。

[易混淆点解析]

母公司与子公司、本公司与分公司的知识点汇总

	子公司	分公司
关系定位	彼此独立，母公司相当于子公司的控股股东	从属关系，分公司相当于本公司的分支机构
是否拥有独立财产	拥有	不拥有
是否具有独立名义	具有。此外，还拥有自己的名称，不要求与母公司具有承继关系	具有独立名义（《民法典》第74条第2款：分支机构以自己的名义从事民事活动……）
经营能力	自主经营，自负盈亏	在本公司的授权范围内进行经营
设立是否需要申请登记	需要	需要
是否具有法人资格	具有	不具有
承担责任的方式	独立承担	由本公司承担；也可以先以该分支机构管理的财产承担，不足以承担的，由法人承担（《民法典》第74条第2款）

续表

	子公司	分公司
担保的限制	母公司为其全资子公司提供担保或投资，属于对外行为，根据章程授权董、股均可以决议，但不对债权人产生约束力（根据《担保制度司法解释》第8条，有下列情形之一，公司以其未依照公司法关于公司对外担保的规定作出决议为由主张不承担担保责任的，人民法院不予支持：……（2）公司为其全资子公司开展经营活动提供担保；……）	/

特别说明：分公司虽然不具有法人资格，但是可以作为民事诉讼的当事人，具有诉讼资格，也具有独立的缔约能力

4. [答案] D　　[难度] 易

[考点] 公司的分类（本公司与分公司　母公司与子公司）

[命题和解题思路] 本题旨在考查公司分类中的本公司与分公司、母公司与子公司之间的关系。命题人选取"设立分公司是否需要领营业执照"、"分公司的责任承担方式"、"分公司的负责人人选"以及"子公司的责任承担方式"四个问题对分公司与子公司进行全面考查。此外，命题人还在选项中增加了"两者的注册地是否在北京"的干扰因素。但是，本题的选项设计虽巧，但是涉及的知识点比较基础，考生只要熟悉相关理论和法律规范，得出正确的答案并非难事。

[选项分析] 《公司法》第38条规定，公司设立分公司，应当向公司登记机关申请登记，领取营业执照。由此可知，无论在何地设立分公司，都必须向公司登记机关申请登记，领取分公司营业执照。但需要注意，子公司领取的是"法人营业执照"，分公司领取的是"营业执照"。所以，A选项错误。

分公司不具有法人资格，不能独立承担民事责任，其民事责任由公司承担。所以，B选项错误。

张某、刘某等四人作为玮平公司的股东，并不当然负责玮平公司及其分公司的经营，并且分公司负责人并非总公司高管，也不要求须由总公司董事、高管兼任，可由总公司自行决定。所以，C选项错误。

《公司法》第13条第1款规定："公司可以设立子公司，子公司具有法人资格，依法独立承担民事责任。"由此可知，D选项正确。

第二章　公司的设立

试　题

第一节　发起人

李某和王某正在磋商物流公司的设立之事。通大公司出卖一批大货车，李某认为物流公司需要，便以自己的名义与通大公司签订了购买合同，通大公司交付了货车，但尚有150万元车款未收到。后物流公司未能设立。关于本案，下列哪一说法是正确的？（2016-3-25）

A. 通大公司可以向王某提出付款请求

B. 通大公司只能请求李某支付车款

C. 李某、王某对通大公司的请求各承担50%的责任

D. 李某、王某按拟定的出资比例向通大公司承担责任

第二节 公司章程

📶 **1.** 鹰杨有限公司为加强公司管理修改了章程，要求公司对外担保必须经股东会决议。在公司章程登记备案前，公司董事长兼法定代表人李某凭董事会决议为他人向银行签署了保函。银行审查了董事会决议及签章的真实性。关于该对外担保的效力，下列哪一说法是正确的？（2020 年回忆版）

　　A. 在股东会决议后方有效

　　B. 在公司章程登记备案后无效

　　C. 因董事会决议通过而有效

　　D. 因银行审查了董事会决议而有效

📶 **2.** 科鼎有限公司设立时，股东们围绕公司章程的制订进行讨论，并按公司的实际需求拟定条款规则。关于该章程条款，下列哪些说法是正确的？（2016-3-68）

　　A. 股东会会议召开 7 日前通知全体股东

　　B. 公司解散需全体股东同意

　　C. 董事表决权按所代表股东的出资比例行使

　　D. 全体监事均由不担任董事的股东出任

📶 **3.** 张某与潘某欲共同设立一家有限责任公司。关于公司的设立，下列哪一说法是错误的？（2015-3-25）

　　A. 张某、潘某签订公司设立书面协议可代替制定公司章程

　　B. 公司的注册资本可约定为 50 元人民币

　　C. 公司可以张某姓名作为公司名称

　　D. 张某、潘某二人可约定以潘某住所作为公司住所

📶 **4.** 甲、乙、丙设立一有限公司，制定了公司章程。下列哪些约定是合法的？（2013-3-68）

　　A. 甲、乙、丙不按照出资比例分配红利

　　B. 由董事会直接决定公司的对外投资事宜

　　C. 甲、乙、丙不按照出资比例行使表决权

　　D. 由董事会直接决定其他人经投资而成为公司股东

第三节 公司的资本

📶 **1.** 湘星公司成立于 2012 年，甲、乙、丙三人是其股东，出资比例为 7：2：1，公司经营状况良好。2017 年初，为拓展业务，甲提议公司注册资本增资 1000 万元。关于该增资程序的有效完成，

下列哪些说法是正确的？（2017-3-68）

　　A. 三位股东不必按原出资比例增资

　　B. 三位股东不必实际缴足增资

　　C. 公司不必修改公司章程

　　D. 公司不必办理变更登记

📶 **2.** 2014 年 5 月，甲乙丙丁四人拟设立一家有限责任公司。关于该公司的注册资本与出资，下列哪些表述是正确的？（2014-3-68）

　　A. 公司注册资本可以登记为 1 元人民币

　　B. 公司章程应载明其注册资本

　　C. 公司营业执照不必载明其注册资本

　　D. 公司章程可以要求股东出资须经验资机构验资

第四节 抽逃出资的认定

📶 **1.** 2014 年 5 月，甲、乙、丙三人共同出资设立一家有限责任公司。甲的下列哪一行为不属于抽逃出资行为？（2014-3-29）

　　A. 将出资款项转入公司账户验资后又转出去

　　B. 虚构债权债务关系将其出资转出去

　　C. 利用关联交易将其出资转出去

　　D. 制作虚假财务会计报表虚增利润进行分配

📶 **2.** 源圣公司有甲、乙、丙三位股东。2015 年 10 月，源圣公司考查发现某环保项目发展前景可观，为解决资金不足问题，经人推荐，霓美公司出资 1 亿元现金入股源圣公司，并办理了股权登记。增资后，霓美公司持股 60%，甲持股 25%，乙持股 8%，丙持股 7%，霓美公司总经理陈某兼任源圣公司董事长。2015 年 12 月，霓美公司在陈某授意下将当时出资的 1 亿元现金全部转入霓美旗下的天富公司账户用于投资房地产。后因源圣公司现金不足，最终未能获得该环保项目，前期投入的 500 万元也无法收回。陈某忙于天富公司的房地产投资事宜，对此事并不关心。若源圣公司的股东会得以召开，该次股东会就霓美公司将资金转入天富公司之事进行决议。关于该次股东会决议的内容，根据有关规定，下列选项正确的是：（2016-3-93）

　　A. 陈某连带承担返还 1 亿元的出资义务

　　B. 霓美公司承担 1 亿元的利息损失

　　C. 限制霓美公司的利润分配请求权

　　D. 解除霓美公司的股东资格

3. 榴风公司章程规定：股东夏某应于 2016 年 6 月 1 日前缴清货币出资 100 万元。夏某认为公司刚成立，业务尚未展开，不需要这么多现金，便在出资后通过银行的熟人马某将这笔钱转入其妻的理财账户，用于购买基金。对此，下列哪些说法是正确的？（2017-3-70）

A. 榴风公司可要求夏某补足出资

B. 榴风公司可要求马某承担连带责任

C. 榴风公司的其他股东可要求夏某补足出资

D. 榴风公司的债权人得知此事后可要求夏某补足出资

第五节　瑕疵出资的法律责任

1. 朗润公司是一家从事房地产开发的有限责任公司，成立于 2019 年。李华是公司的股东，认缴出资 300 万元，出资期限为 30 年，同时担任公司副总经理。朗润公司规定公司副总经理购买房屋可以获得 8% 的优惠折扣。李华找到好友张东，私下以自己的名义为其购买了房屋，因此获得张东支付的 4% 的感谢费。不久，李华又指使销售人员将公司另一套商品房以房屋质量存在问题为由，按照市场价 70% 的价格卖给了其妹李丽。2022 年，李华打算将自己名下的股权对外转让给唐俊，并征得了其他股东的同意，其他股东均放弃了优先购买权。2024 年 7 月，朗润公司出现外部债务不能清偿的情形。据此，朗润公司的下列做法正确的是：（2023 年回忆版）

A. 有权直接要求李华承担缴纳出资的责任

B. 有权直接要求唐俊承担缴纳出资的责任

C. 可要求李华将其获得的 4% 感谢费返还公司

D. 可主张李丽的购买协议无效

2. 2022 年 1 月，王某和李某共同出资成立大峪有限责任公司，注册资本 2 亿元，两人各认缴出资 1 亿元，出资期限均为 2025 年。后大峪公司与隆兴公司签订了专利权转让合同，约定大峪公司以 5000 万元的价格购买隆兴公司享有的专利权。5 月，隆兴公司依照约定办理了专利权转让手续，但大峪公司一直未支付款项。9 月，王某和李某一致作出减资决议。随后在未通知债权人的情况下，大峪公司完成了减资的变更登记，大峪公司注册资本减为 2000 万元，两人的认缴出资均变

为 1000 万元，出资期限不变。对此，下列哪些说法是正确的？（2022 年回忆版）

A. 王某和李某应对大峪公司就隆兴公司的债务承担连带责任

B. 王某和李某应对大峪公司就隆兴公司的债务承担补充赔偿责任

C. 因未通知债权人，大峪公司的减资行为无效

D. 因未通知债权人，大峪公司的减资行为不能对抗债权人

3. 甲、乙、丙、丁四人出资设立了恒达有限公司。其中，甲认缴出资 1000 万元，以厂房 20 年的使用权出资；乙认缴出资 300 万元，以其对广深公司持有的债权作为出资；丙认缴 200 万元，以继承的一套房产出资；丁认缴出资 30 万元，以货币出资。后经查实，乙用作出资的债权，后因广深公司经营不善破产，恒达公司最终只获得 30 万元清偿；丙作为出资的房屋系伪造其父遗嘱获得，实际应由丙的姐姐继承。基于以上事实，下列哪些说法是错误的？（2020 年回忆版）

A. 甲的出资无效

B. 乙的出资无效

C. 丙的姐姐有权要求恒达公司返还房屋

D. 恒达公司有权要求乙补缴 270 万元出资

4. 2017 年 3 月，甲、乙、丙、丁共同出资成立了创世纪有限公司，注册资本 1000 万元，公司章程约定甲认缴出资 400 万元，其他三人分别认缴出资 200 万元，出资期限为公司成立后 3 个月内缴足。截止到 2017 年 12 月末，经公司多次催告，甲仍未缴纳出资。2018 年 3 月，公司决定召开股东会会议，并通知了甲。2018 年 5 月，公司召开董事会对甲作出失权决议，随后将决议内容通知了甲。对此，下列哪些说法是正确的？（2018 年回忆版）

A. 公司作出失权决议时，甲丧失股东资格

B. 公司通知决议内容时，甲丧失股东资格

C. 公司对甲剥夺对应股权后，应当及时办理相应的减资程序，或安排其他主体缴纳相应的出资

D. 在甲被剥夺对应股权的相关登记事项变更完成之前，若公司有对外债务不能清偿，甲仍需承担补充赔偿责任

5. 甲有限责任公司成立于 2014 年 4 月，注册

资本为 1000 万元，文某是股东之一，持有 40% 的股权。文某已实缴其出资的 30%，剩余出资按公司章程规定，应在 2017 年 5 月缴足。2015 年 12 月，文某以其所持甲公司股权的 60% 作为出资，评估作价为 200 万元，与唐某共同设立乙公司。对此，下列哪一选项是正确的？（2017-3-27）

　　A. 因实际出资尚未缴纳完毕，故文某对乙公司的股权出资存在权利瑕疵

　　B. 如甲公司经营不善，使得文某用来出资的股权在 1 年后仅值 100 万元，则文某应补足差额

　　C. 如至 2017 年 5 月文某不缴纳其对甲公司的剩余出资，则甲公司有权要求其履行

　　D. 如至 2017 年 5 月文某不缴纳其对甲公司的剩余出资，则乙公司有权要求其履行

6. 泰昌有限公司共有 6 个股东，公司成立两年后，决定增加注册资本 500 万元。下列哪一表述是正确的？（2013-3-26）

　　A. 股东会关于新增注册资本的决议，须经三分之二以上股东同意

　　B. 股东认缴的新增出资额可分期缴纳

　　C. 股东有权要求按照认缴出资比例来认缴新增注册资本的出资

　　D. 一股东未履行其新增注册资本出资义务时，公司董事长须承担连带责任

详　解

第一节　发起人

[答案] A　　[难度] 中等
[考点] 发起人（发起人的职责）
[命题和解题思路] 从题干的案情介绍可知，本题旨在考查公司未设立时发起人的职责问题，这是《公司法》第 44 条规定的内容。考生若是熟悉上述法条的规定，一眼便能判断出 A 选项为正确选项。这就要求考生备考时，对新增法律法规或者对原法律新修改的内容一定要格外重视。此外，发起人为设立公司而与第三人签订合同时，使用的是自己的名义还是使用未来公司的名义，其法律后果有所不同。本题中考生若是忽略了李某、王某发起设立公司之法律事实，则会很容易误选 B 选项。

[选项分析] 本题的解题关键在于明确本题的

情形属于公司未设立时的法律责任归属。考生只有掌握了这一点，才能准确地适用法律得出正确的答案。《公司法》第 44 条第 2 款规定，公司未成立的，其法律后果由公司设立时的股东承受；设立时的股东为二人以上的，享有连带债权，承担连带债务。由此可知，该物流公司未能设立，李某与王某作为公司的发起人，且与通大公司订立的合同虽然是李某以自己的名义签订的，但是却是服务于设立物流公司这一目的，所以李某订立合同的行为属于设立公司的行为。因此，通大公司有权请求作为发起人的李某与王某支付车款。所以，A 选项正确。

B 选项是重点干扰项。部分考生可能会基于《公司法》第 44 条第 3 款的规定，即"设立时的股东为设立公司以自己的名义从事民事活动产生的民事责任，第三人有权选择请求公司或者公司设立时的股东承担"，误以为该合同是由李某以自己的名义签订的，故只能向李某主张付款请求。其实，这是由于考生没有把握好"只能"与"可以"的关系：《公司法》第 44 条第 3 款的规定仅仅是表达了合同相对人可以向李某主张付款请求，并非只能向李某主张付款请求。此外，B 选项的排除还需要结合《公司法》第 44 条第 2 款规定方可顺利进行：在公司未能设立时，不管导致债务产生的合同是以谁的名义签订的，只要是由于设立行为而产生的费用和债务，公司的发起人均需要承担连带清偿责任。所以，B 选项将责任人仅限于李某是错误的。

根据 B 选项的分析可知，发起人李某与王某对通大公司的请求应该承担连带清偿责任。既然是连带清偿责任，对外则不存在按照内部均分或者出资比例承担责任这一说法。换而言之，承担连带责任的发起人不得以内部关系来对抗债权人的请求，至于发起人之间的责任划分比例则属于其内部关系，与连带债权人通大公司无关。所以，C 选项与 D 选项表述错误。

第二节　公司章程

1. [答案] D　　[难度] 中
[考点] 公司章程（章程的效力）；公司对外担保的效力
[命题和解题思路] 根据题干可知，本题考查的是公司对外担保的效力，涉及《公司法》第 15

条及《担保制度司法解释》的具体规定。公司对外担保的效力一直是法考的"常客"。值得考生注意的是《全国法院民商事审判工作会议纪要》对一直处于争议中的对外越权担保的效力认定给出了统一的解释。此后，《担保制度司法解释》也确认了《全国法院民商事审判工作会议纪要》所确立的规则。在分析此类问题时，考生需要区分内外部关系：首先，从内部关系来看，需要结合公司法及公司章程的规定，判断对外担保是否属于越权担保；其次，从外部关系来看，则需要进一步分析越权担保是否因善意第三人的保护而有效。根据前述规则，第三人的"善意"一般只要求对公司有权机关的决议进行合理审查即可。

[选项分析] 根据《公司法》第15条规定，公司向其他企业投资或者为他人提供担保，依照公司章程的规定，由董事会或者股东会决议。《全国法院民商事审判工作会议纪要》第17条对此进行了解释，认为担保行为不是法定代表人所能单独决定的事项，而必须以公司股东会、董事会等公司机关的决议作为授权的基础和来源。法定代表人未经授权擅自为他人提供担保的，构成越权代表。第18条则具体解释了在越权担保的情形下，如何证明相对人是否善意，即只要债权人能够证明其在订立担保合同时对董事会或者股东会决议进行了审查，就应当认定其构成善意。因此，D项正确，A选项错误。

B、C选项是本题的重要干扰项，即公司章程修订为对外担保必须经过股东会同意，但未登记备案。此时担保经过董事会决议，应当如何认定其效力？这需要考生结合章程的效力加以分析。公司章程是公司自治的意思体现，其修订按照公司法的规定经股东会特别决议即可通过。而章程的备案登记，则仅仅基于商事登记而发生对其他主体的公示对抗力。同时，公司章程对公司、股东、董事等公司内部人员均具有拘束力。该公司因为章程修订而对公司、股东、董事和高管具有约束力，该担保为越权担保，其有效并非因为董事会决议，而是因为银行作为善意相对人需要保护，因此C选项错误。同时，由于公司章程作为公司内部文件，并不具有对外部主体的约束力，因此，银行作为外部主体并不具有审查公司章程的义务，所以即使登记备案也不会使得该担保无效。因此B选项错误。

2. [答案] AB　　[难度] 中等
[考点] 公司章程（公司章程的效力）
[命题和解题思路] 公司章程是历年商法考试中的"老主顾"，命题人可谓是一年又一年、不厌其烦地对其加以考查。指令句中"章程条款"明确了本题的考查范围，在选项判断时要注意把握公司章程的自治性与合法性的协调。就本题而言，考生只要熟悉《公司法》的相关规则，运用排除法不难作出正确选择。

[选项分析]《公司法》第64条第1款规定："召开股东会会议，应当于会议召开十五日前通知全体股东；但是，公司章程另有规定或者全体股东另有约定的除外。"由此可知，公司章程可以对股东会召开的通知时间另行约定。所以，A选项正确。

B选项是重点干扰项。部分考生可能认为此项中公司章程的约定排除了强制解散的适用，因此而漏选B选项。《公司法》第66条第3款规定，股东会作出修改公司章程、增加或者减少注册资本的决议，以及公司合并、分立、解散或者变更公司形式的决议，应当经代表三分之二以上表决权的股东通过。由此可知，公司的解散属于公司的重大事宜，需要经过三分之二以上表决权的通过。B选项中章程约定的解散属于自愿解散，股东之间当然可以在不违反公司法的强制性规定的前提下通过公司章程的约定进一步提高自愿解散的"门槛"。此外，自愿解散与强制解散是两类并列的解散事由，且自愿解散的约定不影响强制解散的适用。所以，B选项正确。

《公司法》第73条第3款规定，董事会决议的表决，应当一人一票。由此可知，董事会决议的表决方式采取法定的一人一票制而非资本多数决。所以，C选项错误。

《公司法》第76条第2款规定，监事会成员应当包括股东代表和适当比例的公司职工代表，其中职工代表的比例不得低于三分之一，具体比例由公司章程规定。监事会中的职工代表由公司职工通过职工代表大会、职工大会或者其他形式民主选举产生。由此可知，公司监事会中必须有职工代表，公司章程可以约定职工代表担任监事的具体比例（不少于三分之一），但是不能约定全部监事均由股东担任。所以，D选项错误。

3. ［答案］A　　　［难度］易

［考点］有限责任公司的设立

［命题和解题思路］根据题干中的指令句可知本题的考点是有限责任公司的设立，具体涉及《公司法》和《企业名称登记管理规定》两部法律法规的内容。命题人以一题多问的形式，分别从公司章程、注册资本、公司名称和公司的住所等角度对有限责任公司的设立进行综合考查。本题以否定式设问法重点考查了2013年《公司法》就公司注册资本的修订内容，这也是本题的主要陷阱。这就要求考生备考时，对新增法律法规或者对原法律新修改的内容一定要另眼相看、青眼有加。

［选项分析］公司章程不仅是公司内部自治的必备性文件，而且是公司设立登记的必备性文件。《公司法》与《市场主体登记管理条例》均对其有强制性规定：从内容上看，它必须满足法定的必要条款；从程序上看，法律规定了特别的公司章程制订与通过程序。此外，公司设立协议与公司章程虽然在内容方面存在相同之处，但是二者在形式要求、制定程序以及法律地位等方面存在本质区别。因此，不能以书面的设立协议代替公司章程，否则违反了法律的强制性规定，导致公司无法成功设立。所以，A选项表述错误，当选。

2013年《公司法》修订取消了有限责任公司最低注册资本的限制，这也就意味着投资人甚至可以设立"1元钱公司"，遑论"50元注册资本的公司"。这一规定在后续的《公司法》修订中也得以延续，为新《公司法》所确定。由此可知，设立有限责任公司，投资人当然可以将公司的注册资本约定为50元人民币。所以，B选项表述正确，不当选。

《企业名称登记管理规定》第11条规定，企业名称不得有下列情形：（1）损害国家尊严或者利益；（2）损害社会公共利益或者妨碍社会公共秩序；（3）使用或者变相使用政党、党政军机关、群团组织名称及其简称、特定称谓和部队番号；（4）使用外国国家（地区）、国际组织名称及其通用简称、特定称谓；（5）含有淫秽、色情、赌博、迷信、恐怖、暴力的内容；（6）含有民族、种族、宗教、性别歧视的内容；（7）违背公序良俗或者可能有其他不良影响；（8）可能使公众受骗或者产生误解；（9）法律、行政法规以及国家

规定禁止的其他情形。此外，参照原《企业名称登记管理规定》第10条第3款规定"私营企业可以使用投资人姓名作字号"，该条虽然已经删除，但现行规定并无禁止性规定。在私法领域，法无禁止即自由，由此可知，张某姓名不属于企业名称的禁止范围，可以作为私营企业的名称。所以，C选项表述正确，不当选。

目前我国法律对企业的住所选址没有特别的强制性规定，公司住所的选址属于公司内部自治事项，出资人有权约定将潘某的住所作为公司的住所（尽管在实践中存在公司住所须为商业用途的规定，但该规定属于城市管理内容，且在改革中不断放开）。所以，D选项表述正确，不当选。

易混淆点解析

公司章程 Vs. 设立协议

	公司章程	设立协议
地位	所有公司的必备性文件	对通常的有限公司而言，是任意性文件
性质	要式法律文件，须遵循公司法的强制性规定制定	不要式法律文件，仅需要遵循合同法的一般规则
效力范围	对所有股东、公司以及公司的组织机构均具有法律约束力	只在发起人之间具有法律约束力
效力期间	公司成立后及其存续期间，直至公司完全终止	从设立行为开始到设立过程终止（但股东之间的其他约定并不当然终止）

4. ［答案］ABC　　　［难度］难

［考点］公司章程（公司章程的概念与特征）

［命题和解题思路］命题人在本题中想要考查的主要是公司章程的自治性边界，即公司治理过程中有哪些事项是可以由公司章程自由约定的，哪些事项是由公司法强制性规定而公司章程无权突破的。本题审题时需要注意解题的题眼——"有限公司"。由于有限公司"人资两合性"

强调股东的人合，也就是尊重股东的意思自治，相应地在很多事项上公司章程也就处于优先的地位。

[选项分析]《公司法》第210条第4款规定，有限责任公司按照股东实缴的出资比例分配利润，全体股东约定不按照出资比例分配利润或者不按照出资比例优先认缴出资的除外。由此可知，股东分红的规则如下：有约定时，依约定；无约定时，按照实缴的出资比例分红。同时结合《公司法》第45条，有限公司初始章程须全体股东共同制订，相当于全体股东的约定，故A项正确。

B项是重点干扰项。《公司法》第15条第1款的规定，公司向其他企业投资或者为他人提供担保，按照公司章程的规定，由董事会或者股东会决议；公司章程对投资或者担保的总额及单项投资或者担保的数额有限额规定的，不得超过规定的限额。由此可知，B选项正确。

根据《公司法》第65条规定，股东会会议由股东按照出资比例行使表决权；但是，公司章程另有规定的除外，故C项正确。

D项依据法律常识即可排除。根据有限公司的人合性可知，董事会无权单方面直接赋予某个投资人以股东资格。同时，《公司法》第56条第2款规定，记载于股东名册的股东，可以依股东名册主张行使股东权利。《公司法》第86条第2款规定，股权转让的，受让人自记载于股东名册时起可以向公司主张行使股东权利。由此可知，成为有限公司股东有两个基本途径：一是作为发起人在公司设立时认缴或者实缴出资，以出资财产的所有权换取股权；二是通过股权转让而取得股东身份。两种途径都是自投资者或受让人的名字被记载于股东名册时成为公司股东。股东资格的取得系公司法的强制性规范，不允许公司章程自由约定，所以D选项错误。

第三节　公司的资本

1. [答案] AB　　[难度] 易
[考点] 公司的资本（增资程序）
[命题和解题思路] 根据指令句可知，本题旨在考查公司的增资程序。考生只要熟悉《公司法》的相关内容即可轻松得分。本题考点单一，内容上无广度、无深度，选项内容基本是根据法条的规定即可轻松排除。

[选项分析] A、B项考查公司的增资问题，其中，A选项是重点干扰项。部分考生可能会忽略"增资的本质即是新的投资"而漏选A选项。根据《公司法》第227条第1款规定，有限公司新增资本时，股东在同等条件下有权优先按照实缴的出资比例认缴出资。但是，全体股东约定不按照出资比例优先认缴出资的除外。所以，A选项表述正确，当选；此外，根据认缴制的规定，三位股东不必实际缴足增资。所以，B选项表述正确，当选。

C选项考查公司增资后是否需要修改公司章程。《公司法》第46条第1款第3项规定，有限责任公司章程应当载明下列事项：公司注册资本。由此可知，注册资本是公司章程的必要记载事项，增资后公司注册资本发生变化，应当修改公司章程。所以，C选项表述错误，不当选。

D选项考查公司增资后是否需要变更登记。《公司法》第32条规定，注册资本是公司登记事项。《公司法》第34条规定，公司登记事项发生变更的，应当依法办理变更登记。所以，D选项表述错误，不当选。

2. [答案] ABD　　[难度] 中
[考点] 有限责任公司的设立（注册资本）
[命题和解题思路] 本题主要考查2013年《公司法》修订后产生的新规定。就本题而言，所涉及的修订内容如下：其一，取消公司注册的最低资本额，但注册资本仍然是公司章程和营业执照的必要记载事项；其二，取消了股东出资须经验资机构验资的强制性规定，但是允许公司章程对此自治。此外，命题人在设计试题时有更深层的考虑：检验考生是否具备一名合格法律人的基本素质——不仅密切关注最新的立法动态，而且理解法律修订背后的立法精神。

[选项分析]《公司法》第47条规定，有限责任公司的注册资本为在公司登记机关登记的全体股东认缴的出资额。由此可知，2013年修订的《公司法》取消了公司最低注册资本额的限制，对此2023年《公司法》也得以继承，所以股东可以出资设立1元钱公司。A选项表述正确。但是，需要注意的是，并非所有公司都取消了最低注册资本额的限制。

《公司法》第46条第1款规定："有限责任公

司章程**应当载明**下列事项：……（三）公司注册资本；……"由此可知，注册资本是公司章程的必要记载事项。所以，B选项表述正确。

《公司法》第33条第2款规定："公司营业执照**应当载明**公司的名称、住所、**注册资本**、经营范围、法定代表人姓名等事项。"由此可知，注册资本是公司营业执照的必要记载事项。所以，C选项表述错误。

D选项是本题的重点干扰项。2013年《公司法》修订后取消了有限公司股东出资须经法定验资机构验资的强制性规定，但是法律并不禁止公司章程约定股东出资需要经验资机构验资。所以，D选项表述正确。这两者之间是存在一定差别的：**前者是法律不强制要求股东出资必须验资，后者是公司章程可以自由约定股东出资是否需要验资。**考生如果不能清楚辨析这一点，很容易认为D选项表述错误。

难点解析

公司主要法律文件必要记载事项的汇总：

法律文件	必要记载事项
营业执照	公司的名称、住所、注册资本、经营范围、法定代表人姓名等事项。 【主要是关于公司的基本情况】
股东名册	（1）股东的姓名或者名称及住所； （2）股东的认缴和实缴的出资额、出资方式和出资日期； （3）出资证明书编号； （4）取得和丧失股东资格的日期。 【主要是关于股东的基本情况】
股份有限公司章程	（1）公司名称和住所； （2）公司经营范围； （3）公司设立方式； （4）公司注册资本、已发行的股份数和设立时发行的股份数，面额股的每股金额； （5）发行类别股的，每一类别股的股份数及其权利和义务；

续表

法律文件	必要记载事项
股份有限公司章程	（6）发起人的姓名或者名称、认购的股份数、出资方式； （7）董事会的组成、职权和议事规则； （8）公司法定代表人的产生、变更办法； （9）监事会的组成、职权和议事规则； （10）公司利润分配办法； （11）公司的解散事由与清算办法； （12）公司的通知和公告办法； （13）股东会认为需要规定的其他事项。 【上述重点标记的部分是股份公司章程区别于有限公司章程的相关事项】
有限责任公司章程	（1）公司名称和住所； （2）公司经营范围； （3）公司注册资本； （4）股东的姓名或者名称； （5）股东的出资额、出资方式和出资日期； （6）公司的机构及其产生办法、职权、议事规则； （7）公司法定代表人的产生、变更办法； （8）股东会认为需要规定的其他事项。 【相对宽松】

第四节　抽逃出资的认定

1. ［答案］A　　［难度］易

［考点］抽逃出资

［命题和解题思路］本题的指令句明确了考点是抽逃出资的认定问题。抽逃出资的认定是2014年修订的《公司法司法解释（三）》中重点规范的内容，关于抽逃出资的认定，《公司法司法解释（三）》第12条明确规定了几种法定情形："（一）制作虚假财务会计报表虚增利润进行分配；（二）通过虚构债权债务关系将其出资转出；（三）利用关联交易将出资转出；（四）其他未经法定程序将出资抽回的行为。"若考生熟悉了上述法条，自然可以轻而易举地得出正确答案。此外，

考生也可以根据《公司法》的立法变迁推断出 A 选项不属于抽逃出资的行为，具体思路如下：2013 年《公司法》修订取消了最低注册资本额、首次出资额以及法定验资的规定，即只要有股东认缴的出资额，不须法定机构验资，公司也可成立。所以，将出资款项转入公司账户验资后又转出的行为自然难以构成抽逃出资的行为。

[选项分析]《公司法司法解释（三）》第 12 条规定："公司成立后，公司、股东或者公司债权人以相关股东的行为符合下列情形之一且损害公司权益为由，请求认定该股东抽逃出资的，人民法院应予支持：（一）制作虚假财务会计报表虚增利润进行分配；（二）通过虚构债权债务关系将其出资转出；（三）利用关联交易将出资转出；（四）其他未经法定程序将出资抽回的行为。"由此可知，B、C、D 选项中的情形都是抽逃出资的行为，A 选项的情形已经随着 2013 年《公司法》的修订而被取消。所以，A 选项正确。

2. [答案] ABC　　[难度] 中等
[考点] 抽逃出资

[命题和解题思路] 2014 年修订的《公司法司法解释（三）》对股东抽逃出资的情形进行了重点规制。从各个选项的设置来看，本题旨在考查股东抽逃出资的认定及其法律后果。本题的解题思路分为两步走：第一步，判断霓美公司的行为性质——抽逃出资；第二步，厘定该抽逃出资股东及陈某的法律责任。本题的难度主要体现在 D 选项上，本案中霓美公司抽逃了全部出资并不会直接导致其股东资格的解除，解除其股东资格仍需要履行一定的程序性要求。这是命题人利用考生的思维定式精心设置的小陷阱，考生若审题不细或者法条掌握不精，在此处"折戟沉沙"便是意料之中的事情了！

[选项分析]《公司法》第 53 条规定，公司成立后，股东不得抽逃出资。违反前款规定的，股东应当返还抽逃的出资；给公司造成损失的，负有责任的董事、监事、高级管理人员应当与该股东承担连带赔偿责任。本案中霓美公司将当时出资的 1 亿元现金全部转入霓美旗下的天富公司账户用于投资房地产的行为属于股东抽逃出资，而这是由作为源圣公司董事长的陈某授意进行的，所以陈某应当对此承担连带责任，且出资的利息

损失也应该由抽逃出资方承担。所以，A 选项和 B 选项是正确的。

根据《公司法》第 52 条规定，股东未按照公司章程规定的出资日期缴纳出资，公司依照前条第一款规定发出书面催缴书催缴出资的，可以载明缴纳出资的宽限期；宽限期自公司发出催缴书之日起，不得少于 60 日。宽限期届满，股东仍未履行出资义务的，公司经董事会决议可以向该股东发出失权通知，通知应当以书面形式发出。自通知发出之日起，该股东丧失其未缴纳出资的股权。依照前款规定丧失的股权应当依法转让，或者相应减少注册资本并注销该股权；6 个月内未转让或者注销的，由公司其他股东按照其出资比例足额缴纳相应出资。股东对失权有异议的，应当自接到失权通知之日起 30 日内，向人民法院提起诉讼。该规定虽然针对的是瑕疵出资的催缴失权，但是参考《公司法司法解释（三）》的规定，也应可适用于抽逃出资。但是催缴失权并非原《公司法》所规定的限制股东权或者除名，并且在催缴失权之前，股东依然享有股东权利。针对利润分配请求权，根据《公司法》第 210 条规定，有限公司股东按照实缴出资比例行使，除非全体股东另有约定。由此可知，股东会决议限制抽逃出资的股东的利润分配权至实缴比例，符合《公司法》的规定。所以，C 选项是正确的。

D 选项是重点干扰项。《公司法》第 52 条规定的，催缴失权存在宽限期的要求，需要满足相关程序。由此可知，股东抽逃出资并不会直接导致其失权。公司应当先催告其缴纳或者返还，其在合理期间内仍未缴纳或者返还出资，董事会方可决议解除。所以，D 选项是错误的。

> **难点解析**
>
> 本题的难点在于股东抽逃出资的认定。《公司法司法解释（三）》第 12 条规定："公司成立后，公司、股东或者公司债权人以相关股东的行为符合下列情形之一且损害公司权益为由，请求认定该股东抽逃出资的，人民法院应予支持：（一）制作虚假财务会计报表虚增利润进行分配；（二）通过虚构债权债务关系将其出资转出；（三）利用关联交易将出资转出；（四）其他未经法定程序将出资抽回的行为。"由此可知，认

定股东抽逃出资需要同时满足以下两个要件。第一，行为要件：（1）制作虚假财务会计报表虚增利润进行分配；（2）通过虚构债权债务关系将其出资转出；（3）利用关联交易将出资转出；（4）其他未经法定程序将出资抽回的行为。第二，结果要件：损害公司权益。上述两个条件必须同时满足，缺一不可。

3. [答案] AB（原答案为ABC）　　[难度] 中

[考点] 抽逃出资

[命题和解题思路] 本题旨在考查抽逃出资及其责任。命题人以小案例的形式比较全面地考查了抽逃出资的法律责任，其中A、C、D三个选项的考查方式较为简单直接，根据法条的规定即可直接判断正误。本题的重点干扰项是B选项，主要有两个陷阱：其一，在法律及司法解释没有明确规定的前提下，能否要求协助抽逃出资的银行职员承担连带责任。其二，该选项的侧重点在于榴风公司是否有权要求马某承担连带责任，而非马某最终是否承担连带责任。对于上述两个陷阱，前者需要考生运用民法中"连带责任"的相关知识点进行解答；后者要求考生仔细审题、切实明白命题人真正的考查意图。

[选项分析] A、C、D三个选项考查抽逃出资的责任。本案中夏某将其出资转入其妻的理财账户，用于购买基金，属于未经法定程序将出资抽回的行为。《公司法》第53条规定，公司成立后，股东不得抽逃出资。违反前款规定的，股东应当返还抽逃的出资；给公司造成损失的，负有责任的董事、监事、高级管理人员应当与该股东承担连带赔偿责任。由此可知，榴风公司有权要求夏某补足出资。所以，A选项正确。

B选项是本题的重点干扰项，考查公司能否请求协逃出资的银行职员承担连带责任。《公司法》第53条仅仅规定协助抽逃出资的董事、监事、高级管理人员应当承担连带责任，但是对银行职员是否应当承担责任未予以明确规定。从民法连带责任的设定来看，银行职员违规协助抽逃出资，存在一定的过错，榴风公司有权要求其承担连带责任。所以，B选项正确。

C选项在2023年《公司法》修订前，根据《公司法司法解释（三）》第12条的规定，其他

股东也有权要求夏某补足出资。但是2023年修订的《公司法》改变了公司成立后的催缴和资本维持义务主体，即确定了董事的出资核查义务，而这不再是股东的权利和义务。因此C选项根据新《公司法》不再正确，不当选。

2023年《公司法》没有规定抽逃出资的股东对债权人的责任，但是基于债权代位，依然可以参照《公司法司法解释（三）》第13条第2款规定，公司债权人请求未履行或者未全面履行出资义务的股东在未出资本息范围内对公司债务不能清偿的部分承担补充赔偿责任的，人民法院应予支持；未履行或者未全面履行出资义务的股东已经承担上述责任，其他债权人提出相同请求的，人民法院不予支持。由此可知，公司债权人要求夏某补足出资是有条件的——夏某只针对公司债务不能清偿的部分，在未出资本息范围内承担补充赔偿责任。所以，D选项表述错误。

第五节　瑕疵出资的法律责任

1. [答案] BCD　　[难度] 难

[考点] 出资加速到期；未届期股权转让的责任承担；董监高的信义义务

[命题和解题思路] 本题考查出资的加速到期、未届期股权转让后的责任承担以及董监高的信义义务，均属于2023年《公司法》修改变化较大的内容。考生需要认真学习新《公司法》文本并熟悉掌握。

[选项分析] A、B选项考查未届期股权转让后的责任承担。对此，新《公司法》存在重大修改：（1）关于出资加速到期的修订。按照《公司法》第54条规定，公司不能清偿到期债的，公司或者已到期权的债权人有权要求已认缴出资但未届出资期限的股东提前缴纳出资。即只要公司不能清偿到期债务，债权人即有权要求股东提前缴纳出资。（2）关于未届期股权转让后的责任承担。按照《公司法》第88条第1款的规定，股东转让已认缴出资但未届出资期限的股权的，由受让人承担缴纳该出资的义务；受让人未按期足额缴纳出资的，转让人对受让人未按期缴纳的出资承担补充责任。因此，应由受让人直接承担出资义务，转让方承担补充责任。A选项错误，B选项正确。

C选项考查董监高违反忠实义务的责任承担。

《公司法》第 181 条规定："董事、监事、高级管理人员不得有下列行为：（一）侵占公司财产、挪用公司资金；（二）将公司资金以其个人名义或者以其他个人名义开立账户存储；（三）利用职权贿赂或者收受其他非法收入；（四）接受他人与公司交易的佣金归为己有；（五）擅自披露公司秘密；（六）违反对公司忠实义务的其他行为。"本题中，李华作为公司高级管理人员，利用总经理折扣为他人买房并收受 4% 的感谢费，违反了忠实义务，收益应当归公司所有。C 选项正确。

D 选项考查民商融合的内容。首先，该交易属于关联交易，且属于违法的关联交易。但是《公司法》并没有直接规定关联交易无效，我们需要从民法中寻找答案。根据《民法典》第 154 条的规定，行为人与相对人恶意串通，损害他人合法权益的民事法律行为无效。D 选项正确。

2. ［答案］BCD　［难度］难
［考点］减资；抽逃出资；出资加速到期
［命题和解题思路］本题考查的是未通知债权人的减资行为的效力与对债权人的救济。《公司法》第 224 条规定了减资的程序，《公司法》第 226 条规定了违法减资的效力。放在新《公司法》之下再观此题，具有不同的考核目标和效果。

［选项分析］《公司法》第 224 条规定，公司减资的"应当自股东会作出减少注册资本决议之日起十日内通知债权人，并于三十日内在报纸上或者国家企业信用信息公示系统公告"。据此，大峪公司减资未能通知债权人，违反了法律规定的减资程序。违反该程序的减资行为效力如何呢？《公司法》第 226 条规定，违反本法规定减少注册资本的，股东应当退还其收到的资金，减免股东出资的应当恢复原状；给公司造成损失的，股东及负有责任的董事、监事、高级管理人员应当承担赔偿责任。即违法减资无效，应当恢复原状。在本题事实中，大峪公司减资未通知债权人，因此减资无效，C 选项正确。在减资无效的情形下，自然该减资结果也就无法对抗债权人，因此 D 选项正确。

此外，未通知债权人的减资无效，不得对抗债权人，债权人就此可向股东主张何种权利？《公司法》第 226 条规定，股东应当退还其收到的资金，结合《公司法》第 53 条的规定，公司成立

后，股东不得抽逃出资。违反前款规定的，股东应当返还抽逃的出资；给公司造成损失的，负有责任的董事、监事、高级管理人员应当与该股东承担连带赔偿责任。同时参照《公司法司法解释（三）》第 12 条规定，"未经法定程序将出资抽回"且损害公司利益的构成抽逃出资。在本案事实中，虽然王某和李某对大峪公司的出资均为认缴，且未到期，但是减少认缴的金额与已经实缴但是又将出资抽回的行为本质上并无不同。虽然王某和李某的出资期限尚未到期，但是因为其未通知债权人，使得债权人丧失了要求公司清偿债权的权利，进而可能适用加速到期的情形，因此要求王某和李某就该部分减少的认缴出资，按照抽逃出资的规定承担责任并无不当。参照《公司法司法解释（三）》第 14 条的规定，债权人有权要求股东就公司不能清偿的债务在抽逃出资的本息范围内承担补充赔偿责任。因此 A 选项错误，B 选项正确。

> **重点提示**
> 在 2023 年《公司法》修订前，实践的规则为：未通知债权人即进行减资的，该减资在完成变更登记后有效，但不得对抗债权人。债权人有权要求减资的股东（无论出资是否届期）在减资的范围内，参照抽逃出资的规定，就公司不能清偿的债务承担补充赔偿责任。但是在新《公司法》通过后，违法减资效力被明确为无效，因此也无法对抗债权人。至于其他参照抽逃出资的规则，同样可以适用。但需要考生重点把握的是，该减资不再限于原《公司法》的规定整体有效，只是不得对抗债权人，而是整体无效，应当恢复原状。

3. ［答案］ABD　［难度］中
［考点］出资形式；出资瑕疵
［命题和解题思路］本题以小案例的形式综合考查了《公司法》关于股东出资的规定，尤其是关于股东出资的形式及瑕疵出资的责任。关于出资形式，《公司法》规定股东可以货币出资，也可以实物出资，但以实物出资的应满足两个条件，即可用货币评估作价、可依法转让。对此，《公司法司法解释（三）》针对土地使用权、股权等进行了规定。关于实物出资，《公司法》还作出了应

当满足依法评估作价的规定，如果价额显著低于章程所定价额的，即为未全面履行出资责任。同时，考生还需要注意，股东出资实际上是将出资财产转让给公司以获得股权的行为，因此出资应当是自己有权处分的财产。如果股东将无权处分的财产作为出资，还应当满足民法中关于无权处分的相关规定。从法考历年的发展来看，关于股东出资的命题，越来越趋向于综合考查，考生不仅需要做到《公司法》内容的贯通，也需要注意民商法律之间的联系。

［选项分析］A 选项中涉及的甲的出资为厂房 20 年的使用权。该出资形式并没有规定在《公司法》之中。对《公司法》未明确列举的出资形式，法考也曾有所考查。在遇到此类问题时，考生只需要记住只要出资能够货币评估，即具有财产价值，并且可以依法转让，即满足了出资的形式规定即可。厂房 20 年的使用权当然具有财产价值，同时该使用权也可以转租他人或由他人取得，属于可以依法转让的财产。因此，A 选项错误，当选。

B 选项涉及的是债权出资。关于债权出资的认定，实际上也可用上述的分析方法。只要债权本身合法有效，出资即为有效。在本题事实中，乙以对广深公司合法持有的债权作为出资并没有违反《公司法》的规定。因此，B 选项错误，当选。

C 选项涉及的是无权处分财产的出资效力。《公司法司法解释（三）》第 7 条规定，出资人以不享有处分权的财产出资，可参照物权善意取得的规定处理，即考查相对人公司是否属于善意。在本案事实中，丙是公司的发起股东，实际参与了公司的设立，因此，在这种情形下公司难以认定为善意，丙的姐姐有权追回房屋。因此，C 选项正确，不当选。

D 选项考查的是实物出资的出资认定问题。《公司法》第 49 条规定，股东应当按期足额缴纳公司章程规定的各自所认缴的出资额。股东以货币出资的，应当将货币出资足额存入有限责任公司在银行开设的账户；以非货币财产出资的，应当依法办理其财产权的转移手续。股东未按期足额缴纳出资的，除应当向公司足额缴纳外，还应当对给公司造成的损失承担赔偿责任。《公司法》第 50 条规定，有限责任公司设立时，股东未按照公司章程规定实际缴纳出资，或者实际出资的非

货币财产的实际价额显著低于所认缴的出资额的，设立时的其他股东与该股东在出资不足的范围内承担连带责任。但是需要注意的是，此时的实际价额应当是出资时的价额，如该价额系市场等外部因素造成的显著低于，并不属于出资不足的情形。从本案事实来看，虽然恒达有限公司最后只获得 30 万元的债权清偿，但是这是因为后来广深公司的经营不善导致的，属于市场风险。因此，D 选项错误，当选。

4. ［答案］BCD　　　［难度］中
［考点］失权机制
［命题和解题思路］本题旨在考查失权机制。《公司法》第 52 条规定，股东未按照公司章程规定的出资日期缴纳出资，公司依照前条第 1 款规定发出书面催缴书催缴出资的，可以载明缴纳出资的宽限期；宽限期自公司发出催缴书之日起，不得少于 60 日。宽限期届满，股东仍未履行出资义务的，公司经董事会决议可以向该股东发出失权通知，通知应当以书面形式发出。自通知发出之日起，该股东丧失其未缴纳出资的股权。依照前款规定丧失的股权应当依法转让，或者相应减少注册资本并注销该股权；6 个月内未转让或者注销的，由公司其他股东按照其出资比例足额缴纳相应出资。股东对失权有异议的，应当自接到失权通知之日起 30 日内，向人民法院提起诉讼。该项制度即为催缴失权制度，是原《公司法》中限制股东权利和除名机制的替代。本次修订我们根据新《公司法》对原题进行了题干和选项的部分改造。希望考生在"老瓶"中品味"新酒"的味道。

［选项分析］《公司法》第 49 条规定，股东应当按期足额缴纳公司章程规定的各自所认缴的出资额。股东以货币出资的，应当将货币出资足额存入有限责任公司在银行开设的账户；以非货币财产出资的，应当依法办理其财产权的转移手续。股东未按期足额缴纳出资的，除应当向公司足额缴纳外，还应当对给公司造成的损失承担赔偿责任。第 51 条规定，有限责任公司成立后，董事会应当对股东的出资情况进行核查，发现股东未按期足额缴纳公司章程规定的出资的，应当由公司向该股东发出书面催缴书，催缴出资。未及时履行前款规定的义务，给公司造成损失的，负有责任的董事应当承担赔偿责任。结合以上两条，《公

司法》第52条规定了董事会的催缴失权制度。按照该条规定，自通知发出之日起，该股东丧失其未缴纳出资的股权。因此，失权机制在通知发出时生效，而非决议作出时生效。因此，A选项表述错误，B选项表述正确。

根据《公司法》第52条第2款的规定，丧失的股权应当依法转让，或者相应减少注册资本并注销该股权；六个月内未转让或者注销的，由公司其他股东按照其出资比例足额缴纳相应出资。因此C选项表述正确。

失权机制生效后，股东丧失其未缴纳出资的股权，自然也就不再是公司股东了。但是因为公司登记尚未变更，根据《公司法》第34条的规定，公司登记事项发生变更的，应当依法办理变更登记。公司登记事项未经登记或者未经变更登记，不得对抗善意相对人。因此，在没有变更登记时，针对公司债权人，该股东依然需要承担补充的损害赔偿责任。D选项表述正确。

5. [答案] C　　[难度] 难

[考点] 公司的设立（股权出资、瑕疵出资的认定及其法律责任）

[命题和解题思路] 本题旨在考查瑕疵出资的认定及其法律责任。其中，B、C两项属于对法条和司法解释的直接考查，考查方式乏善可陈，考生根据法条的规定即可直接判断。但是，关于A、D两项，命题人却采取"掺沙子"的命题技巧对其进行了巧妙设计：A选项中命题人故意混淆"实缴制"和"认缴制"下股东实际出资尚未缴纳完毕行为性质的认定，使考生误以为"实际出资尚未缴纳完毕，股东享有的股权即是存在权利瑕疵的股权"，而D选项则以股权的瑕疵出资为切入点，设计了一个较为刁钻的问题——"股东未按照公司章程约定的期限缴纳实际出资，有权请求其补缴出资的权利主体究竟是谁"。以上区别需要考生细细体会，并在复习备考中对相关知识点搞懂弄透。否则，若稍不留神，则会陷入命题人的陷阱。

[选项分析] A选项考查股权出资是否存在瑕疵的认定。《公司法》第49条规定，股东应当按期足额缴纳公司章程规定的各自所认缴的出资额。股东以货币出资的，应当将货币出资足额存入有限责任公司在银行开设的账户；以非货币财产出

资的，应当依法办理其财产权的转移手续。股东未按期足额缴纳出资的，除应当向公司足额缴纳外，还应当对给公司造成的损失承担赔偿责任。而针对股权出资，《公司法司法解释（三）》第11条第1款规定也可兹参考："出资人以其他公司股权出资，符合下列条件的，人民法院应当认定出资人已履行出资义务：（一）出资的股权由出资人合法持有并依法可以转让；（二）出资的股权无权利瑕疵或者权利负担；（三）出资人已履行关于股权转让的法定手续；（四）出资的股权已依法进行了价值评估。"在认缴制之下，公司章程可以在5年内自由约定股东出资的实际缴纳期限。虽然文某的实际出资尚未缴纳完毕，但并不影响文某拥有股权并可自由转让，因此文某对乙公司的股权出资不存在权利瑕疵。因此，A选项表述错误。

B选项考查非货币出资的贬值问题。针对非货币财产出资，《公司法》第50条规定，有限责任公司设立时，股东未按照公司章程规定实际缴纳出资，或者实际出资的非货币财产的实际价额显著低于所认缴的出资额的，设立时的其他股东与该股东在出资不足的范围内承担连带责任。同时参考《公司法司法解释（三）》第15条规定，出资人以符合法定条件的非货币财产出资后，因市场变化或者其他客观因素导致出资财产贬值，公司、其他股东或者公司债权人请求该出资人承担补足出资责任的，人民法院不予支持。但是，当事人另有约定的除外。由此可知，B选项表述错误。

C项考查股东未履行出资义务的责任问题。《公司法》第49条第3款规定，股东未按期足额缴纳出资的，除应当向公司足额缴纳外，还应当对给公司造成的损失承担赔偿责任。《公司法》第51条第1款规定，有限责任公司成立后，董事会应当对股东的出资情况进行核查，发现股东未按期足额缴纳公司章程规定的出资的，应当由公司向该股东发出书面催缴书，催缴出资。由此可知，甲公司有权要求其履行。所以，C选项表述正确。

本题文某以其所持甲公司股权的60%作为出资参与设立了乙公司，若乙公司的股东出资存在瑕疵，乙公司只能要求其向自身补足出资，而无权要求其履行对其他公司的出资义务。况且，当初文某对乙公司的股权出资并不存在权利瑕疵。所以，乙公司也无权要求文某对自己承担补充出资的义务。所以，D选项错误。

难点解析

本题的难点主要有两个：

1. "实缴制"和"认缴制"下"股东实际出资尚未缴纳完毕"的性质的不同认定：

(1) 在"实缴制"下，公司成立时，全部注册资本必须实缴到位。也就是说，如果股东的实际出资未缴纳完毕，则可以认定该股东未完全履行出资义务，相应地，股东所享有的股权是存在权利瑕疵的股权；若股东以此股权对外出资，则其股权出资存在权利瑕疵。

(2) 在"认缴制"下，公司注册资本为在公司登记机关登记的全部股东认缴的出资额；股东可以通过公司章程自主约定认缴的出资额、出资方式以及实际出资缴纳期限。也就是说，只要全体股东认缴了公司的全部注册资本并且约定了实际出资的缴纳期限，公司即可成立。即使实际出资未缴纳完毕，该股东仍然合法享有该公司的股权。只要该股东在实际出资缴纳期限届满之前履行了出资义务，则不构成对出资义务的违反，其享有的股权并不是存在权利瑕疵的股权。相应地，该股东以此股权对外出资，其股权出资行为也不存在权利瑕疵。

2. 认缴出资、实缴出资、认购股份的法律效果：①

	法律效果
认缴出资（有限公司）	(1) 出资人将负担出资义务，即按期足额缴纳公司章程所规定的其所认缴的出资额；未履行或者未全面履行出资义务的股东在一定条件下须对公司的债务承担补充清偿的责任； (2) 出资人认足章程规定的出资后，才能向公司登记机关申请公司登记； (3) 公司成立后，应当向出资人签发出资证明书，设置股东名册，出资人正式成为股东，可以依据股东名册行使股东权利；但是，部分股东权利一般只能按照实缴出资比例行使，例如利润分配请求权、新购优先购买权； (4) 公司解散之时，公司因股东未缴纳出资而享有的对股东之债权应当列为清算财产。

续表

	法律效果
认购股份（发起设立的股份公司）	(1) 发起人应按照章程规定缴纳出资，未履行或者未全面履行出资义务的股东在一定条件下须对公司的债务承担补充清偿的责任； (2) 发起人认足章程规定的出资后，应当选举董事会和监事会，由董事会申请设立登记； (3) 公司成立后，应当设置股东名册等，发起人正式成为股东； (4) 发起人缴足认购之股份前，不得向他人募集股份； (5) 公司解散时，股东尚未缴纳的出资应当列入清算财产。
实缴出资	(1) 原属股东的货币转归公司所有，原属股东的非货币财产的财产权转至公司； (2) 股东获得股份之后，可依据其持股比例获得股息收益，也可以通过转让股份将之实现变现。

6. ［答案］B　　　［难度］易

［考点］增资；瑕疵出资责任

［命题和解题思路］本题旨在考查《公司法》对公司增资的相关规制。本题的难度虽然一般，但是命题人精心设置的小陷阱很容易使审题不仔细的考生在这道题上折戟沉沙，例如股东会重大事项决议实行"特别多数决"，其中的"多数"是出资比例还是股东人数？还有股东认缴新增注册资本时是按照认缴出资比例还是实缴出资比例？细节决定成败，不可不防！

［选项分析］A 项是本题的重点干扰项。该项貌似简单，实则暗藏风险："三分之二以上股东同意"不等于"代表三分之二以上表决权的股东同意"，前者是"人头多数决"，后者是"资本多数决"。见《公司法》第 66 条第 3 款的规定，

---

① 表格内容参见王军：《中国公司法》，高等教育社2015 年 6 月版，第 109~110 页。

股东会作出修改公司章程、增加或者减少注册资本的决议，以及公司合并、分立、解散或者变更公司形式的决议，应当经代表三分之二以上表决权的股东通过。故 A 选项错误。

《公司法》第 228 条第 1 款规定，有限责任公司增加注册资本时，股东认缴新增资本的出资，依照本法设立有限责任公司缴纳出资的有关规定执行。第 47 条第 1 款规定，有限责任公司的注册资本为在公司登记机关登记的全体股东认缴的出资额。由此可知，有限公司的出资方式实行资本认缴制，自然可以分期缴纳。所以，B 项正确。

C 项错在"按照认缴出资比例来认缴新增注册资本"。见《公司法》第 227 条规定，有限责任公司新增资本时，股东在同等条件下有权优先按照实缴的出资比例认缴出资。所以，C 项错误。

D 项考查董、监、高的忠实勤勉义务及其承担责任的前提条件。《公司法》第 51 条规定，有限责任公司成立后，董事会应当对股东的出资情况进行核查，发现股东未按期足额缴纳公司章程规定的出资的，应当由公司向该股东发出书面催缴书，催缴出资。未及时履行前款规定的义务，给公司造成损失的，负有责任的董事应当承担赔偿责任。由此可知，股东在公司增资时未履行或者未全面履行出资义务，董事长需要承担责任的前提条件是自身未尽到忠实和勤勉义务而导致出资未缴足，且董事长承担的是"相应责任"，而非"连带责任"。所以，D 项错误。

第三章　公司的股东与股东权利

试　题

第一节　股东的概念

📎 **1.** 周平、李芳与王伟约定共同出资设立乔纳有限公司，分别出资 30 万元、40 万元、30 万元，持股比例为 30%、40%、30%。2016 年 3 月 19 日，乔纳公司成立。同年 4 月 16 日，周平通过其爱人李芳的账户向乔纳公司转账 30 万元，并通知了李芳与王伟。截至 2017 年年底，周平在乔纳公司股东会上获得分红共计 20 万元。2018 年 2 月，周平发现乔纳公司的登记股东为李芳（持股 70%）和王伟（持股 30%）后，多次向乔纳公司提出股权变更登记要求，但均遭拒绝，遂向法院提起诉讼。对此，下列哪些表述是正确的？（2019 年回忆版）

A. 周平可以向法院提起股东资格确认之诉

B. 若周平起诉请求确认其股东资格，应当以公司为被告

C. 周平显名时，仍须乔纳公司的其他股东同意

D. 周平显名时，不须乔纳公司的其他股东同意

📎 **2.** 甲与乙为一有限责任公司股东，甲为董事长。2014 年 4 月，一次出差途中遭遇车祸，甲与乙同时遇难。关于甲、乙股东资格的继承，下列哪一表述是错误的？（2014-3-26）

A. 在公司章程未特别规定时，甲、乙的继承人均可主张股东资格继承

B. 在公司章程未特别规定时，甲的继承人可以主张继承股东资格与董事长职位

C. 公司章程可以规定甲、乙的继承人继承股东资格的条件

D. 公司章程可以规定甲、乙的继承人不得继承股东资格

📎 **3.** 严某为鑫佳有限责任公司股东。关于公司对严某签发出资证明书，下列哪一选项是正确的？（2014-3-27）

A. 在严某认缴公司章程所规定的出资后，公司即须签发出资证明书

B. 若严某遗失出资证明书，其股东资格并不因此丧失

C. 出资证明书须载明严某以及其他股东的姓名、各自所缴纳的出资额

D. 出资证明书在法律性质上属于有价证券

📎 **4.** 关于有限责任公司股东名册制度，下列哪些表述是正确的？（2014-3-69）

A. 公司负有置备股东名册的法定义务

B. 股东名册须提交于公司登记机关

C. 股东可依据股东名册的记载，向公司主张行使股东权利

D. 就股东事项，股东名册记载与公司登记之间不一致时，以公司登记为准

第二节　名义股东与实际出资人

📶 1. 葛某和其他数人发起设立诚信有限公司，葛某认缴出资 100 万元，约定于公司成立后两个月内缴纳完毕。在设立中，葛某利用自己捡到的黄某的身份证，冒用黄某的名义，将自己的出资登记在黄某名下。2020 年 10 月，诚信有限公司设立。到 2021 年 2 月，黄某名下的股权仍有 70 万元出资未缴纳。2021 年 8 月，诚信有限公司拖欠金茂大厦租金 30 万元，但公司已经无力清偿。据此，下列说法正确的是：（2021 年回忆版）

A. 金茂大厦有权请求黄某清偿诚信公司拖欠的租金 30 万元

B. 金茂大厦有权请求葛某清偿诚信公司拖欠的租金 30 万元

C. 黄某如获知后有权对外转让股权

D. 黄某有权请求公司登记机关撤销其股东资格的登记

📶 2. 胡铭是从事进出口贸易的茂福公司的总经理，姚顺曾短期任职于该公司，2016 年初离职。2016 年 12 月，姚顺发现自己被登记为贝达公司的股东。经查，贝达公司实际上是胡铭与其友张莉、王威共同设立的，也从事进出口贸易。胡铭为防止茂福公司发现自己的行为，用姚顺留存的身份信息等材料，将自己的股权登记在姚顺名下。就本案，下列哪些选项是错误的？（2017-3-69）

A. 姚顺可向贝达公司主张利润分配请求权

B. 姚顺有权参与贝达公司股东会并进行表决

C. 在姚顺名下股权的出资尚未缴纳时，贝达公司的债权人可向姚顺主张补充赔偿责任

D. 在姚顺名下股权的出资尚未缴纳时，张莉、王威只能要求胡铭履行出资义务

第三节　股东的权利

📶 1. 郑牟大是鸿业有限公司的股东，持股 3%。在郑牟大与鸿业有限公司及其股东签订的增资入股协议中约定，郑牟大仅对鸿业有限公司进行财务投资，每年以公司税后利润的 10% 作为固定分红比例，郑牟大不得过问公司事务、查阅公司资料。郑牟大完成出资后，鸿业有限公司连续三年未对其进行利润分配。郑牟大询问公司，得到的回复是公司近三年来一直未能实现盈利。郑牟大对此表示怀疑，遂起诉到法院要求查阅公司具体经营数据。鸿业有限公司的控股股东、法定代表人柯某认为，郑牟大对公司仅为财务投资，并在出资协议中约定了仅获得固定分红，不得过问公司事务，因此无权查阅公司具体经营数据。此外，柯某还出示了郑牟大在其他公司参股投资的证据。据此，下列哪些说法是正确的？（2022 年回忆版）

A. 郑牟大应先向公司申请查阅，只有在公司拒绝后才能提起诉讼

B. 不得查阅公司资料的约定剥夺了股东知情权，该约定无效

C. 郑牟大主动同意不查阅公司资料以获得固定分红，因此法院应驳回郑牟大的请求

D. 郑牟大还参股投资了其他公司，因此法院应驳回郑牟大的请求

📶 2. 张某是洁净公司的股东，同时也是卫然公司的实际控制人。洁净公司和卫然公司于 2020 年后均主要从事医用口罩的生产。因洁净公司连续三年未向股东分红，因此张某向公司书面请求查阅和复制公司的财务会计报告、会计账簿、进货和销售记录。据此，下列哪些选项是错误的？（2021 年回忆版）

A. 洁净公司章程可规定张某无权复制会计报告

B. 洁净公司章程可规定张某无权复制会计账簿

C. 洁净公司章程可规定张某无权查阅进货和销售记录

D. 洁净公司执行董事可以张某经营与公司有竞争关系业务为由拒绝张某的请求

📶 3. 甲公司章程规定，查阅公司会计账簿须为持有公司 20% 以上的股东。乙持有该公司 20% 的股权，于 2020 年 10 月 1 日书面通知公司要求查阅 2019 年会计账簿。对此，下列说法正确的是：（2020 年回忆版）

A. 公司可依据章程的规定拒绝乙的请求

B. 乙可全权委托律师并由律师单独查阅

C. 乙因查阅账簿的费用应由公司承担

D. 如公司拒绝，乙可请求法院确认章程条款无效

📶 **4.** 甲、乙等多人共同设立立湘公司，甲出资100万元，持股40%，乙出资20万元，持股10%，其余股权为创投基金持有。其中，甲已实缴40万元出资款，剩余部分应于2022年8月出资完毕，乙的出资已实缴。公司股东共同约定，由公司聘任乙为公司的营销总监，年薪90万元，乙不再参与公司分红。因公司经营良好，2020年可分配股东利润为300万元。关于该利润的分配，下列哪些说法是正确的？（2020年回忆版）

A. 甲可主张120万元的利润分配

B. 乙可主张30万元的利润分配

C. 乙只能请求公司支付年薪，无权主张分配

D. 乙可请求法院确认关于不参与公司分红的约定无效

📶 **5.** 徐标、邱萍、苏醒、陈虎、王铭五人共同出资成立了亨通有限公司，持股比例分别为1%、2%、17%、30%、50%，但苏醒与好友赵志签订了股权代持协议，约定由赵志实际出资，享受投资权益；王铭担任董事长。公司章程规定，持股比例低于5%的股东不得查阅公司会计账簿。对此，下列哪一说法是正确的？（2018年回忆版）

A. 徐标无权查阅公司会计账簿

B. 苏醒无权查阅公司会计账簿

C. 赵志无权查阅公司会计账簿

D. 陈虎有权查阅并复制公司会计账簿

📶 **6.** 张某是红叶有限公司的小股东，持股5%；同时，张某还在枫林有限公司任董事，而红叶公司与枫林公司均从事保险经纪业务。红叶公司多年没有给张某分红，张某一直对其会计账簿存有疑惑。关于本案，下列哪一选项是正确的？（2016-3-26）

A. 张某可以用口头或书面形式提出查账请求

B. 张某可以提议召开临时股东会表决查账事宜

C. 红叶公司有权要求张某先向监事会提出查账请求

D. 红叶公司有权以张某的查账目的不具正当性为由拒绝其查账请求

📶 **7.** 源圣公司有甲、乙、丙三位股东。2015年10月，源圣公司考查发现某环保项目发展前景可观，为解决资金不足问题，经人推荐，霓美公司出资1亿元现金入股源圣公司，并办理了股权登记。增资后，霓美公司持股60%，甲持股25%，乙持股8%，丙持股7%，霓美公司总经理陈某兼任源圣公司董事长。2015年12月，霓美公司在陈某授意下将当时出资的1亿元现金全部转入霓美旗下的天富公司账户用于投资房地产。后因源圣公司现金不足，最终未能获得该环保项目，前期投入的500万元也无法收回。陈某忙于天富公司的房地产投资事宜，对此事并不关心。针对公司现状，甲、乙、丙认为应当召开源圣公司股东会，但陈某拒绝召开，而公司监事会对此事保持沉默。下列说法正确的是：（2016-3-92）

A. 甲可召集和主持股东会

B. 乙可召集和主持股东会

C. 丙可召集和主持股东会

D. 甲、乙、丙可共同召集和主持股东会

📶 **8.** 关于股东或合伙人知情权的表述，下列哪一选项是正确的？（2013-3-27）

A. 有限公司股东有权查阅并复制公司会计账簿

B. 股份公司股东有权查阅并复制董事会会议记录

C. 有限公司股东可以知情权受到侵害为由提起解散公司之诉

D. 普通合伙人有权查阅合伙企业会计账簿等财务资料

📶 **9.** 香根餐饮有限公司有股东甲、乙、丙三人，分别持股51%、14%与35%。经营数年后，公司又开设一家分店，由丙任其负责人。后因公司业绩不佳，甲召集股东会，决议将公司的分店转让。对该决议，丙不同意。下列哪一表述是正确的？（2013-3-28）

A. 丙可以该决议程序违法为由，主张撤销

B. 丙可以该决议损害其利益为由，提起解散公司之诉

C. 丙可以要求公司按照合理的价格收购其股权

D. 公司可以丙不履行股东义务为由，以股东会决议解除其股东资格

第四节　股东的义务

📶 **1.** 汪某是蓝鸥公司的法定代表人和控股股东。

为给公司融资，汪某分别以个人名义和公司名义与爱思基金签订了增资协议，协议约定，爱思基金投资 2 亿元人民币认缴蓝鸥公司增加的注册资本；蓝鸥公司全体股东放弃对此次增资的优先认购权。协议还约定，汪某与蓝鸥公司承诺，爱思基金增资完成后 3 年内蓝鸥公司应完成上市，若未完成该目标，汪某应以市场价格收购爱思基金持有的公司股权，且蓝鸥公司应以当年公司全部利润作为对爱思基金的补偿。据此，下列哪些说法是正确的？（2022 年回忆版）

A. 蓝鸥公司以当年公司全部利润作为补偿的约定，因违反利润分配原则无效

B. 蓝鸥公司以当年公司全部利润作为补偿的约定，因违反资本维持原则无效

C. 该协议涉及蓝鸥公司其他股东优先认购权的约定，其他股东可主张约定无效

D. 如蓝鸥公司为汪某收购股权提供担保，须经股东会决议通过，且汪某无表决权

📶 **2.** 零盛公司的两个股东是甲公司和乙公司。甲公司持股 70% 并派员担任董事长，乙公司持股 30%。后甲公司将零盛公司的资产全部用于甲公司的一个大型投资项目，待债权人丙公司要求零盛公司偿还货款时，发现零盛公司的资产不足以清偿。关于本案，下列哪一项是正确的？（2016 -3-27）

A. 甲公司对丙公司应承担清偿责任

B. 甲公司和乙公司按出资比例对丙公司承担清偿责任

C. 甲公司和乙公司对丙公司承担连带清偿责任

D. 丙公司只能通过零盛公司的破产程序来受偿

📶 **3.** 甲公司于 2012 年 12 月申请破产。法院受理后查明：在 2012 年 9 月，因甲公司无法清偿欠乙公司 100 万元的货款，而甲公司董事长汪某却有 150 万元的出资未缴纳，乙公司要求汪某承担偿还责任，汪某随后确实支付给乙公司 100 万元。下列哪一表述是正确的？（2013-3-29）

A. 就汪某对乙公司的支付行为，管理人不得主张撤销

B. 汪某目前尚未缴纳的出资额应为 150 万元

C. 管理人有义务要求汪某履行出资义务

D. 汪某就其未履行的出资义务，可主张诉讼时效抗辩

第五节 股东代表诉讼制度

📶 **1.** 芙芙公司系一家未上市的股份公司。股东为吴天（持股 46%）、赵起（持股 5%）、王玲（持股 1%）等 18 人。李丽为芙芙公司的法定代表人。2022 年 4 月 6 日，吴天在未经股东会决议的情形下，指令李丽为吴天好友名下的塔塔公司 1000 万元的债务向木基实业公司提供担保，并出具了伪造的股东会决议。2022 年 4 月 10 日，赵起将自己名下的股份转让给了方舟，并完成了股东的变更登记。2022 年 10 月，因塔塔公司无力偿还债务，木基实业公司要求芙芙公司承担保证责任。赵起等股东因此知晓该事宜，并发现如芙芙公司承担连带责任将会给公司正常经营造成极大的损失。因此，赵起等人向律师咨询如何保证公司正常运营。对此，律师给出的下列哪些意见是正确的？（2022 年回忆版）

A. 在情形紧急的情况下，赵起可向吴天、李丽提起股东代表诉讼

B. 在情形紧急的情况下，王玲可向吴天、李丽提起股东代表诉讼

C. 在情形紧急的情况下，方舟可向吴天、李丽提起股东代表诉讼

D. 如提起股东代表诉讼，应列公司为第三人，但胜诉利益应归公司所有

📶 **2.** 2017 年 6 月，郭锦、陈华、刘腾三人共同出资成立了泰吉有限公司，持股比例分别为 1%、29%、70%，公司主要从事研制和开发数码智能锁。刘腾担任董事长兼法定代表人，刘芳担任公司的监事。2019 年 1 月，刘腾将泰吉公司研发的"电子钥匙"外观设计以自己的名义申请了专利。郭锦得知后，多次以书面形式要求刘芳给予制止而无果。对此，下列哪些选项是正确的？（2019 年回忆版）

A. 郭锦可向法院提起直接诉讼

B. 郭锦可以自身的名义向法院提起代表诉讼

C. 若一审法庭辩论终结前，陈华以相同诉请参加诉讼的，应当列为共同原告

D. 若郭锦起诉并胜诉，则诉益归属于泰吉公司

3. 源圣公司有甲、乙、丙三位股东。2015 年 10 月，源圣公司考查发现某环保项目发展前景可观，为解决资金不足问题，经人推荐，霓美公司出资 1 亿元现金入股源圣公司，并办理了股权登记。增资后，霓美公司持股 60%，甲持股 25%，乙持股 8%，丙持股 7%，霓美公司总经理陈某兼任源圣公司董事长。2015 年 12 月，霓美公司在陈某授意下将当时出资的 1 亿元现金全部转入霓美旗下的天富公司账户用于投资房地产。后因源圣公司现金不足，最终未能获得该环保项目，前期投入的 500 万元也无法收回。陈某忙于天富公司的房地产投资事宜，对此事并不关心。就源圣公司前期投入到环保项目 500 万元的损失问题，甲、乙、丙认为应当向霓美公司索赔，多次书面请求监事会无果。下列说法正确的是：（2016-3-94）

A. 甲可以起诉霓美公司
B. 乙、丙不能起诉霓美公司
C. 若甲起诉并胜诉获赔，则赔偿款归甲
D. 若甲起诉并胜诉获赔，则赔偿款归源圣公司

详　解

第一节　股东的概念

1. 1. [答案] ABD　　[难度] 中
[考点] 股东资格

[命题和解题思路] 本题旨在考查股东资格的取得。股东取得股东资格，既需要获得实质要件，即向公司出资或者继受股权，还要获得形式要件。从出资的分析来看，包括达成出资的约定和具体履行出资义务，其中更为核心的是出资的合意，即愿意向公司出资成为公司股东的意思。在本题中，周平虽然是通过其爱人也是股东之一的李芳的账户向公司履行出资，但这只是周平具体的履行行为的方式，与其向公司出资的合意并不相同。因此，在这一背景下，周平已经获得了成为公司股东的实质要件，可以请求公司变更股东名册，确认其股东身份。本题的解答，考生切不可因周平以其爱人账户出资，且没有登记为股东，就简单地认定构成股权代持。股权代持的核心是代持的合意，显然在本题中并不存在代持的合意。

[选项分析] 周平、李芳、王伟约定成立公司，周平认缴出资 30 万元。周平此时已经与其他发起股东达成了出资公司的合意，获得了成为股东的实质要件。公司成立后，周平通过其爱人的账户向公司缴纳了出资，虽然形式上出资款是从其爱人李芳的账户汇出，但是从题干可知，这是周平履行出资义务的方式。出资作为法律行为可由他人代为。因此周平也实际履行了出资义务。根据《公司法》第 55 条、第 56 条的规定，周平有权请求公司发给出资证明，记载入股东名册。但是周平发现其持有的股权被登记在了李芳名下。对此，可以参照《公司法司法解释（三）》第 23 条的规定，当事人依法履行出资义务或者依法继受取得股权后，公司未根据《公司法》第 31 条（现为第 55 条）、第 32 条（现为第 56 条）的规定签发出资证明书、记载于股东名册并办理公司登记机关登记，当事人请求公司履行上述义务的，人民法院应予支持。因此，周平有权起诉公司请求确认其股东资格。A 选项正确。

《公司法司法解释（三）》第 21 条规定，当事人向人民法院起诉请求确认其股东资格的，应当以公司为被告，与案件争议股权有利害关系的人作为第三人参加诉讼。公司是投资人基于共同意思表示而产生的，而投资人基于投资公司而享有股东资格，因此投资人应当在成立的公司中谋求确认自身的股东身份。因此，周平作为股东，若确认其股东资格，则应当以乔纳公司为对象。故 B 选项正确。

C、D 两个选项具有一定的迷惑性，实际上周平和李芳并非代持法律关系，而是周平的股权被错误登记在了李芳的名下。代持的法律关系的核心在于存在代持的意思，即《公司法司法解释（三）》第 24 条规定的，有限责任公司的实际出资人与名义出资人订立合同，约定由实际出资人出资并享有投资权益，以名义出资人为名义股东。因此，周平要求"显名"并非股权代持中的显名，而是要求更正股东名册的登记，自然无需适用股权代持的显名规则。因此 C 选项错误，D 选项正确。

2. [答案] B　　[难度] 中
[考点] 股东的概念（股东资格的取得与确认）

[命题和解题思路] 本题命题人思路开阔，干扰项和陷阱设计巧妙，从形式上看具有较高难度。表面上看本题考查的是有限责任公司股东资格的继承，实则命题人以有限责任公司股东资格是否允许继承为主线，对公司章程可自由约定事项和董事长的产生办法等知识点进行综合考查。此外，本题从形式上看，命题人采取了否定式设问，无形中又增加了试题的难度。因此，考生阅读选项的小案例后，要首先判断命题人的考查意图和具体考点，随后根据掌握的知识作出准确选择。

本题的解题思路主要分两点：第一点，有限责任公司的股东通过出资行为以出资财产的所有权换取公司的股权，从而取得股东资格，因此有限责任公司的自然人股东资格可以继承。但是，对此公司章程可以作出不同的规定，例如规定继承的限制条件或者不得继承。第二点，董事长与股东的职务性质不同，董事长是董事会的主要负责人，董事会负责公司的日常经营决策，所以董事长由出资人或者股东集体选定。因此，董事长的资格不适合也不能继承。考生如不熟悉掌握上述两点，尤其是如果不能正确理解董事长和股东法律性质的不同，很难得出正确答案。

[选项分析]《公司法》第90条规定："自然人股东死亡后，其合法继承人可以继承股东资格；但是，公司章程另有规定的除外。"由此可知，自然人股东的股东资格能否继承属于公司内部自治事项，可以由公司章程自由约定。所以，公司章程可以规定继承自然人股东资格的条件，也可以规定不得继承自然人股东资格。所以，C、D选项的表述正确。此外，根据上述法条可以推断出：在公司章程未作规定时，继承人可以直接继承自然人股东的股东资格。所以，A选项表述正确。

B项是本题的重点干扰项。《公司法》第68条第2款规定："董事会设董事长一人，可以设副董事长。董事长、副董事长的产生办法由公司章程规定。"由此可知，虽然董事长、副董事长的产生办法由公司章程自由约定，但是根据董事长（副董事长、董事以及经理）的职务性质——主要负责公司的日常经营，其资格不适合也不能继承。所以，B选项表述错误。

2. [答案] B　　[难度] 中

[考点] 股东的概念（股东资格的取得与确认）

[命题和解题思路] 根据指令句可知，本题旨在考查有限责任公司的出资证明书，四个选项分别对应考查"出资证明书的签发时间"、"出资证明书的法律效力"、"出资证明书的记载内容"以及"出资证明书的法律性质"，属于命题人对出资证明书的全方位考查。本题考点单一，内容上无广度、无深度，考生凭借与法条的直接对比均能对各个选项作出正确判断。所以，考生只要认真研读《公司法》，本题自然就是"小菜一碟"。

就解题思路而言，有限公司股东的出资证明书仅仅是证明股东享有股权的证书，在性质上属于证权证书，并不属于有价证券。而且，股东的股权与出资证明书并非密不可分，出资人享有股权并不以持有出资证明书为必要。此外，就记载事项而言，出资证明书与股东名册的规定有所不同，考生在复习备考时应该对此处细节有所把握。本题具有一定的理论难度，考生如不理解出资证明书的法律性质或者不熟悉其记载事项，可能会选错答案。

[选项分析]《公司法》第55条第1款规定，有限责任公司成立后，应当向股东签发出资证明书。出资证明书是证明股东享有有限公司股权的证书，性质上属于证权证书。此外，根据上述法条不难看出，出资证明书只有在有限公司成立后才能签发。所以，A选项错误。

《公司法》第56条第2款规定："记载于股东名册的股东，可以依股东名册主张行使股东权利。"由此可知，有限公司股东对内行使股东权利的法律依据是股东名册，而出资证明书仅仅是证明股东享有有限公司股权的证书，性质上属于证权证书，不是有价证券。出资人享有股东资格并不以持有出资证明书为必要，所以股东遗失出资证明书并不会导致其丧失股东资格。所以，B选项正确，D选项错误。

C选项是重点干扰项，干扰的来源是混淆出资证明书和股东名册的记载事项。《公司法》第55条第1款规定，出资证明书应当载明下列事项：（1）公司名称；（2）公司成立日期；（3）公司注册资本；（4）股东的姓名或者名称、认缴和实缴的出资额、出资方式和出资日期；（5）出资证明书的编号和核发日期。由此可知，出资证明书不

需要记载其他股东的事项，它只需记载该出资股东的姓名或者名称以及出资额，这是因为出资证

明书是签发给单个股东的证书。所以，C 选项错误。

难点解析

出资证明书与股东名册辨析

	出资证明书	股东名册	公司登记
记载事项	（1）公司名称； （2）公司成立日期； （3）公司注册资本； （4）（该出资）股东的姓名或者名称、认缴和实缴的出资额、出资方式和出资日期； （5）出资证明书的编号和核发日期。	（1）（所有）股东的姓名或者名称及住所； （2）股东认缴和实缴的出资额、出资方式和出资日期； （3）出资证明书编号； （4）取得和丧失股东资格的日期。	（所有）股东的姓名或者名称。
效力	证明股东享有有限公司股权的证书，性质上属于证权证书。	记载于股东名册的股东，可以依股东名册（对内）主张行使股东权利。	未经登记或者变更登记的，不得对抗（对外）第三人。

3. [答案] AC　　[难度] 易

[考点] 有限责任公司股东名册

[命题和解题思路] 根据指令句可知，本题旨在考查有限公司的股东名册制度。命题人意在考查对《公司法》第 56 条的熟悉程度，要求考生对《公司法》的相关规定理解到位，记忆准确。在本题的多个选项中，命题人都对《公司法》的相关条款作了细微改动，考生如果审题不仔细或者记忆不准确，就会掉进命题陷阱。本题正确的解题思路是"以法律为准绳"，基于法条的规定来分别判断各项的正误。本题主要考查《公司法》第 56 条的规定："有限责任公司应当置备股东名册，记载下列事项：（1）股东的姓名或者名称及住所；（2）股东认缴和实缴的出资额、出资方式和出资日期；（3）出资证明书编号；（4）取得和丧失股东资格的日期。记载于股东名册的股东，可以依股东名册主张行使股东权利。"另外，《公司法》第 34 条规定，公司登记事项发生变更的，应当依法办理变更登记。公司登记事项未经登记或者未经变更登记，不得对抗善意相对人。只要考生熟悉了上述规定，得出正确的答案自然不在话下。此外，考生需要尤其注意股东名册与公司登记在确认股东资格时的效力：当两者的记载不同时，

对公司内部而言，以股东名册为准；对外部而言，公司登记具有对抗效力。

[选项分析]《公司法》第 56 条第 1 款规定，有限责任公司应当置备股东名册，记载下列事项：（1）股东的姓名或者名称及住所；（2）股东认缴和实缴的出资额、出资方式和出资日期；（3）出资证明书编号；（4）取得和丧失股东资格的日期。记载于股东名册的股东，可以依股东名册主张行使股东权利。由此可知，置备股东名册是公司的法定义务。所以，A 选项表述正确。

《公司法》第 34 条规定，公司登记事项发生变更的，应当依法办理变更登记。公司登记事项未经登记或者未经变更登记，不得对抗善意相对人。由此可知，公司须向登记机关提交的登记事项仅包括股东的姓名或者名称，向登记机关提交股东名册不是公司的法定义务。所以，B 选项表述错误。

《公司法》第 56 条第 2 款规定，记载于股东名册的股东，可以依股东名册主张行使股东权利。由此可知，股东名册是股东向公司主张权利的依据。所以，C 选项表述正确。

D 选项是本题的重点干扰项。确认股东资格时不存在唯一的法律依据，需要区分公司内部外

部而有所不同。根据 B、C 两项的分析可知，就股东资格的确认而言，股东名册是公司内部确认股东资格的依据，公司登记是对外公示公信的依据。当两者之间登记不一致时，以股东名册为准，但是未经登记或者未变更登记的，不具有对抗善意第三人的效力。所以，D 选项表述错误。

第二节　名义股东与实际出资人

1. [答案] BD　　　[难度] 中

[考点] 冒名股东

[命题和解题思路] 本题考查冒名股东，系针对常规考点的常规考查，难度不大。冒名股东是指以根本不存在的人的名义出资登记，或者盗用真实人的名义出资登记的行为。被冒名者没有出资设立公司、参与经营管理、分享利润承担风险的意思表示，也没有为自己或者他人与公司其他股东设立公司的合意，因此不是股东，既不享有股东权利也无需承担股东的义务和责任。掌握这一内容，答案也就很自然能够得出。

[选项分析] 根据《公司法》第 56 条、第 87 条的规定，成为公司股东需要出资或者继受出资并且登记在股东名册上。针对冒名股东，可以参照《公司法司法解释（三）》第 28 条规定，冒用他人名义出资并将该他人作为股东在公司登记机关登记的，冒名登记行为人应当承担相应责任；公司、其他股东或者公司债权人以未履行出资义务为由，请求被冒名登记为股东的承担补足出资责任或者对公司债务不能清偿部分的赔偿责任的，人民法院不予支持。

于此可知，被冒名登记为股东的主体并非公司股东，其无需承担股东的瑕疵出资的责任，这一责任应当由冒名登记行为人承担，因此 A 表述错误，B 选项表述正确。同时，被冒名登记为股东的主体既非公司股东，也自然无权行使股东权，所以 C 选项表述错误。最后，既然被冒名登记的主体并非公司股东，将其登记为股东属于公司登记错误，自然有权请求公司登记机关撤销登记，因此 D 选项表述正确。

2. [答案] ABC　　　[难度] 中

[考点] 冒名股东的法律后果

[命题和解题思路] 根据案情可知，本题旨

在考查《公司法司法解释（三）》第 28 条关于冒名股东的相关规定。上述规定直接规定了被冒名者无需承担任何股东责任，但是并未规定其是否享有相关股东权利，如此正好为命题人设计陷阱提供了可乘之机。由此导致部分考生可能误以为被冒名者享有股东权利进而认为 A、B 两项表述正确，不当选。其实，根据权利义务相统一原则即轻易纠正这种错误认识：既然被冒名者无需承担任何股东责任，那么何来他享有股东权利之说？此外，需要特别说明的是：被冒名者根本就不具有股东的身份，既不享有股东的权利，也不需履行股东的义务，更无需承担任何的股东责任。

[选项分析] A、B 两选项是本题重点干扰项。由于被冒名者对于作为股东的相关事宜既不知情也没有任何的意思表示，所以其既不享有该公司股东的任何权利，又无需承担股东的任何责任。否则，违反公平原则和意思自治原则。所以，A 选项和 B 选项表述错误，两者均当选。

《公司法司法解释（三）》第 28 条规定："冒用他人名义出资并将该他人作为股东在公司登记机关登记的，冒名登记行为人应当承担相应责任；公司、其他股东或者公司债权人以未履行出资义务为由，请求被冒名登记为股东的承担补足出资责任或者对公司债务不能清偿部分的赔偿责任的，人民法院不予支持。"由此可知，C 选项表述错误，当选；D 选项表述正确，不当选。

> **易混淆知识点**
>
> 根据考生对本题答案的异议可知，本题有两个易混淆点需要说明：
>
> 第一，冒名股东与名义股东的区别。

	冒名股东	名义股东
概念	冒用他人名义出资并将该他人作为股东在公司登记机关登记，被冒名人对此不知情，冒名登记行为人即是冒名股东。	登记于股东名册及公司登记机关的登记文件，但事实上出资来源于实际出资人，并且通过代持股协议替实际出资人担任股东的人。

	冒名股东	名义股东
		续表
权利和义务	被冒名者不是股东，不享有股东权利，也无需履行任何股东义务。	从形式而言，名义股东是公司的股东，以转让、质押或者其他方式处分其名下的股权，对善意第三人而言，股权处分行为有效。名义股东需要承担一定的股东义务（主要是为了保护善意的交易第三人）。
是否需要承担相应责任	（1）被冒名者无需承担任何股东责任；（2）由冒名登记行为人承担因冒名登记行为而导致的相应责任。	（1）名义股东擅自处分股权造成实际出资人损失的，应当向其承担相应的赔偿责任；（2）名义股东对公司债务不能清偿的部分在未出资本息范围内承担补充赔偿责任；名义股东根据前述规定承担赔偿责任后，有权向实际出资人追偿。

第二，根据公司登记的公示效力，一旦被冒名者被登记为公司股东，那是不是意味着对善意第三人而言，可以认定被冒名者具有股东资格？

不可以。原因有以下两点：其一，如果被冒名者是根本不存在的人，势必将因股东的缺位而导致股东权利义务无人承受，不利于维护公司法律关系的稳定；其二，如果被冒名者是姓名被盗用之人，因其实际并未出资，也并未在公司章程和股东名册上签字，不存在设立公司、成为股东的意思表示且对此根本不知情，当然不能认定为股东。至于对第三人的保护，直接由冒名者承担相应的责任即可。

第三节　股东的权利

1. ［答案］AB　　　［难度］中

［考点］股东知情权

［命题和解题思路］本题系对常规考点股东知情权的考查。首先，有限公司股东享有查阅、复制公司章程、股东名册、股东会会议记录、董事会会议决议、监事会会议决议和财务会计报告及查阅公司会计账簿、会计凭证的权利；其次，股东的前述知情权系股东的固有权利，股东协议、章程等不得实质限制和剥夺；再次，就股东查阅会计账簿的权利，股东应书面向公司提出请求、说明目的，公司有合理依据认为股东存在不当目的的，可以拒绝，并于 15 日内书面答复股东。公司拒绝提供查阅的，股东可以请求法院要求提供查阅。考生只要把握住以上知识点，不难做出本题。本题的创新之处在于并没有直接告诉考生股东要求查阅的是会计账簿，但是显然经营数据只能通过会计账簿反映，一般的财务报告无法提供具体的经营数据，因此考生需要识破本题在此埋下的社会经验的小坑，能够对知识点灵活掌握。

［选项分析］《公司法》第 57 条规定，股东查阅会计账簿的，应向公司提出书面请求。公司拒绝查阅的，股东可以提起诉讼。本题虽然股东要求查阅的是具体经营数据，但是从命题和解题思路可以得知，本题实际考查的是会计账簿的查阅，因此 A 选项正确。

知情权是股东的固有权利，不得剥夺限制。对此，可以参照《公司法司法解释（四）》第 9 条规定，公司章程、股东之间的协议等实质性剥夺股东知情权，公司以此为由拒绝股东查阅或复制的，法院不予支持。在本题中，虽然郑牟大与公司、公司股东达成不过问公司事务以换取固定分红的约定，但是该约定无效。因此，B 选项正确，C 选项错误。

《公司法》第 57 条规定，股东查阅会计账簿，需要说明其目的，公司可以不具有正当目的的拒绝。针对正当目的的认定，可以参照《公司法司法解释（四）》第 8 条规定，其中要求股东自营或与他人经营与公司主营业务有实质性竞争关系业务，且章程或全体股东无除外规定的，才属于"不正当目的"。在本题事实中，仅提到郑牟大在其他公司有参股投资的事实，并没有说明是否与公司主营业务有实质性竞争关系，因此不能认定属于具有"不当目的"。因此，D选项错误。

2. [答案] AC

[考点] 股东知情权　　[难度] 中

[命题和解题思路] 本题考查股东知情权，系针对常规考点的常规考查，难度不大。关于股东知情权，《公司法》及《公司法司法解释（四）》进行了细化规定。其中，股东知情权作为股东固有权利不得实质剥夺以及股东查阅公司会计账簿的不正当目的的具体情形需要考生重点把握。

[选项分析]《公司法》第57条第1款和第2款规定，股东有权查阅、复制公司章程、股东名册、股东会会议记录、董事会会议决议、监事会会议决议和财务会计报告。股东可以要求查阅公司会计账簿、会计凭证。股东要求查阅公司会计账簿、会计凭证的，应当向公司提出书面请求，说明目的。公司有合理根据认为股东查阅会计账簿、会计凭证有不正当目的，可能损害公司合法利益的，可以拒绝提供查阅，并应当自股东提出书面请求之日起15日内书面答复股东并说明理由。公司拒绝提供查阅的，股东可以向人民法院提起诉讼。

据此，有限公司股东只可查阅和复制会计报告，而会计账簿、会计凭证只可查阅不可复制。因此，A选项洁净公司章程规定股东无权复制会计报告，违反了《公司法》的规定，属于实质剥夺股东知情权，因此表述错误，当选。而B选项中章程规定的股东无权复制会计账簿，符合法律规定，因此该选项表述正确，不当选。针对C选项中章程规定股东无权查阅进货和销售记录，在2023年《公司法》中特别允许有限公司股东可以申请查阅公司会计凭证，因此，该选项在新《公司法》下损害了股东的权利，剥夺了股东的知情权，因此C表述错误，当选。

但是股东查阅公司会计账簿、会计凭证，需要具有正当目的，否则公司可以合理拒绝。关于正当目的的认定，可以参照《公司法司法解释（四）》第8条的规定："有限责任公司有证据证明股东存在下列情形之一的，人民法院应当认定股东有公司法第三十三条第二款规定的'不正当目的'：（一）股东自营或者为他人经营与公司主

营业务有实质性竞争关系业务的，但公司章程另有规定或者全体股东另有约定的除外；（二）股东为了向他人通报有关信息查阅公司会计账簿，可能损害公司合法利益的；（三）股东在向公司提出查阅请求之日前的三年内，曾通过查阅公司会计账簿，向他人通报有关信息损害公司合法利益的；（四）股东有不正当目的的其他情形。"由于张某是卫然公司的实际控制人，而卫然公司和洁净公司均主要从事口罩的生产，属于具有实质性竞争关系，因此张某系自营与公司主营业务有实质竞争关系的情形，公司可以合理拒绝其请求。所以D选项表述正确，不当选。

3. [答案] BD　　　[难度] 易

[考点] 股东知情权

[命题和解题思路] 该题是对股东知情权的考查。股东知情权是股东享有参与公司管理、获得收益等权利的基础。对此，我国《公司法》第57条对有限公司股东知情权进行了规定。同时《公司法司法解释（四）》还进一步完善了股东知情权的具体制度。包括第7条规定了知情权行使的主体，第8条规定了"不正当目的"的认定，第9条规定了知情权作为固有权利的保护，第10条规定了股权行使知情权的具体形式，以及第11条规定了股东不当行使知情权所应当承担的责任。考生只要掌握了上述规定，就可以轻松解答本题。

[选项分析] A选项和D选项考查的是《公司法司法解释（四）》第9条的规定，即公司章程、股东之间的协议等实质性剥夺股东知情权的规定无效。甲公司章程规定的仅允许公司持股20%以上股东查阅会计账簿的规定，因为侵犯了股东的知情权，因而无效。所以公司不得依据该规定拒绝乙的主张，同时如果公司拒绝，乙也可请求法院确认该条款无效。因此，A选项错误，D选项正确。

B选项考查的是《公司法》第57条第3款的规定，即股东查阅前款规定的材料，可以委托会计师事务所、律师事务所等中介机构进行。相比于《公司法司法解释（四）》的规定，取消了股东应当在场的规定，因此B选项在新《公司法》之下是正确的。

C选项是迷惑项。我国公司法并未规定知情

权的行使须由公司承担费用。实际上，根据权利行使的成本应由权利主体承担的原理，考生不难推断出，除非有法律规定，否则当事人应当自行承担费用。而公司法中规定股东行使权利可由公司承担费用的情形主要是股东代表诉讼胜诉时。因此，C 选项说法错误。

4. [答案] C　　[难度] 中

[考点] 公司利润分配制度；股东利润分配请求权

[命题和解题思路] 该题考查的是公司的利润分配及股东利润分配请求权。《公司法》第 210 条规定了公司利润分配的要求：公司分配当年税后利润时，应当提取利润的百分之十列入公司法定公积金。公司法定公积金累计额为公司注册资本的百分之五十以上的，可以不再提取。公司的法定公积金不足以弥补以前年度亏损的，在依照前款规定提取法定公积金之前，应当先用当年利润弥补亏损。公司从税后利润中提取法定公积金后，经股东会决议，还可以从税后利润中提取任意公积金。公司弥补亏损和提取公积金后所余税后利润，有限责任公司按照股东实缴的出资比例分配利润，全体股东约定不按照出资比例分配利润的除外；股份有限公司按照股东所持有的股份比例分配利润，公司章程另有规定的除外。公司持有的本公司股份不得分配利润。其中，针对有限公司股东的分配比例，延续了原《公司法》的规定，即股东按照实缴的出资比例分取红利，但全体股东约定不按照出资比例分取红利的除外。对此，考生需要注意：第一，一般情形下，分红应当按照实缴比例；第二，只有全体股东一致同意方可变更。命题人在设计本题时，参考了我国实践中的争议，即在公司初创时，部分股东因为在公司任职自愿放弃利润分配。对此类的问题的分析，可以从两个角度来看，第一，利润分配请求权是股东的权利，股东可以放弃；第二，全体股东一致约定不按实缴比例分红，既可能意味着按照认缴比例，也可能是其他任何比例，这是股东对自身权利的处分，应当受到法律的尊重。因此，考生可能担心的，完全不分红是否意味着剥夺了股东的利润分配请求权的担心大可不必。

[选项分析] 在本题事实中，公司股东仅约定了乙自愿放弃利润分配，对其他股东的分配比例

并没有约定，因此依然应当按照公司法的规定按照实缴比例进行。

甲持有公司 40% 的股权，其中实缴部分不到 20%，因此无权主张按照 300 万元的 40% 分取红利，A 选项错误。

乙已经全体股东约定放弃分红，即约定乙分红的比例为 0，因此乙无权再行主张按照实缴比例分取红利，但乙作为公司高管有权要求公司支付年薪。同时，由于该约定为股东自愿达成，属于对自身权利的处分，因此该协议并没有违反法律规定而无效。因此，C 选项正确，B、D 选项错误。

5. [答案] C　　[难度] 易

[考点] 股东知情权

[命题和解题思路] 本题旨在考查股东的知情权。公司法关于股东知情权的立法目的和价值取向是为了保护股东，尤其是中小股东的合法权益。查阅公司会计账簿及相应的会计凭证，是股东了解公司实际经营状况及信息的基本途径。股东权利权能丰富且层次性、体系性强，形成了以利润分配请求权为核心的权利束，不同层次的权利之间有的互为目的与手段。相对于请求分配利润、参与管理、实施监督等几乎全部的其他股东权利而言，法定知情权是不可或缺的手段性权利，若被公司章程或股东之间的其他协议剥夺或者让渡，将会导致股东其他权利难以得到保障。《公司法》第 57 条规定了有限责任公司的股东知情权，第 110 条规定了股份有限公司的知情权，二者范围上有所不同，但本质上都属于公司法上的强制性规范。股东据此享有的知情权是最重要的法定知情权和股东固有权利，不得被剥夺。在强调给予股东权利最大限度保护的同时，也不能忽视股东在行使权利过程中可能违背正当原则或超越法律规定的范围，构成知情权的滥用，进而妨碍公司的正常运营甚至侵害公司利益，因此，立法上有必要对股东知情权行使的范围予以合理的限制。我国《公司法》对此也作出了相关规定，即股东有权查阅、复制公司章程、股东名册、股东会会议记录、董事会会议决议、监事会会议决议和财务会计报告。

[选项分析]《公司法》第 57 条第 1 款和第 2 款规定，股东有权查阅、复制公司章程、股东名

册、股东会会议记录、董事会会议决议、监事会会议决议和财务会计报告。股东可以要求查阅公司会计账簿、会计凭证。股东要求查阅公司会计账簿、会计凭证的，应当向公司提出书面请求，说明目的。公司有合理根据认为股东查阅会计账簿、会计凭证有不正当目的，可能损害公司合法利益的，可以拒绝提供查阅，并应当自股东提出书面请求之日起 15 日内书面答复股东并说明理由。公司拒绝提供查阅的，股东可以向人民法院提起诉讼。本条款规定了知情权的行使主体、方式以及范围等。另外，《公司法司法解释（四）》第 9 条规定："公司章程、股东之间的协议等实质性剥夺股东依据公司法第三十三条、第九十七条规定查阅或者复制公司文件材料的权利，公司以此为由拒绝股东查阅或者复制的，人民法院不予支持。"该条款再次强调了法定知情权不得被剥夺和让渡。由此可知，本题中，亨通公司章程规定的"持股比例低于 5% 的股东不得查阅公司会计账簿"的条款无效。徐标、苏醒、陈虎均系亨通有限责任公司的股东，根据上述规定，其均有权查阅亨通公司的会计账簿。故选项 A、B 错误，不当选。

同上，知情权的行使主体系公司的股东。本题中，赵志虽然是苏醒的实际出资人，但并非亨通公司的股东，其无权查阅亨通公司的会计账簿。故选项 C 正确，当选。

根据上述《公司法》第 57 条规定可知，对于公司章程、股东名册、股东会会议记录、董事会会议决议、监事会会议决议和财务会计报告，股东不仅可以查阅，也可以进行复制。但是，对于会计账簿、会计凭证，则只能查阅，不可复制。故选项 D 错误，不当选。

6. [答案] D　　　[难度] 易

[考点] 知情权

[命题和解题思路] 本题中命题人以小案例的形式，对股东查阅账簿权的内容及其行使的程序性规定进行结合考查，考生只要熟悉《公司法》第 57 条所规定的相关内容即可轻松得分。本题考点单一，内容上无广度、无深度，各个选项考生基本上都可以通过将法条的规定和选项内容进行对比轻易排除之。虽然本题题干对案例的背景情况作了较为详细、复杂的设置，但是具体到每个

选项的考查方式以及考查知识点都较为简单明了，故可以采取排除法轻易得出答案。这种试题是典型的送分题，出现频率不高。

[选项分析]《公司法》第 57 条第 2 款规定，股东要求查阅公司会计账簿、会计凭证的，应当向公司提出书面请求，说明目的。由此可知，查阅公司账簿的申请应当以书面形式提出，不得以口头方式行使。所以，A 选项错误。

《公司法》第 62 条第 2 款规定，代表 1/10 以上表决权的股东，1/3 以上的董事或者监事会提议召开临时会议的，应当召开临时会议。由此可知，提议召开临时股东会须持股 10% 以上。本题中张某仅仅持股 5%，自然无权提议召开。且查阅会计账簿并不需要召开股东会商讨。所以，B 选项错误。

《公司法》第 57 条第 2 款规定，股东要求查阅公司会计账簿的，应当向公司提出书面请求，说明目的。由此可知，股东查账的请求应当向公司提出，此处的公司一般是公司董事会、高管等公司的执行机关，公司无权要求股东先向监事会提出。所以，C 选项表述错误。

《公司法》第 57 条第 2 款规定，公司有合理根据认为股东查阅会计账簿有不正当目的，可能损害公司合法利益的，可以拒绝提供查阅，并应当自股东提出书面请求之日起 15 日内书面答复股东并说明理由。公司拒绝提供查阅的，股东可以向人民法院提起诉讼。针对正当目的，可以参考《公司法司法解释（四）》第 8 条第 1 项规定："有限责任公司有证据证明股东存在下列情形之一的，人民法院应当认定股东有公司法第三十三条第二款规定的'不正当目的'：（一）股东自营或者为他人经营与公司主营业务有实质性竞争关系业务的，但公司章程另有规定或者全体股东另有约定的除外；……"本题中张某虽然是红叶公司的小股东，但是同时也是枫林公司的董事，且两家公司经营相同的业务，由此可知，张某为他人经营的枫林公司与红叶公司的业务有实质性竞争关系，且红叶公司无另有规定或者全体股东另有约定，红叶公司由此可以认为张某查账具有不正当的目的。所以，选项 D 正确。

7. [答案] AD　　　[难度] 中

[考点] 股东的权利（股东权利的内容）；有

限责任公司的组织机构

[命题和解题思路] 本题旨在考查有限责任公司股东会的召集和主持权，要求考生对《公司法》第62、63条的相关规定理解到位，记忆准确。在本题的四个选项中，命题人"大发菩萨心肠"将前三个选项仅仅作了简单的罗列，考生只要熟悉相关法条即可轻易判断正误。然而，D选项表面上是在考查有限公司股东会的召集权，实际上却是以此为媒介考查考生解释法律条文并以此解决实际问题的能力。所以，考生阅读选项后，要首先判断命题人的考查意图和具体考点，随后根据掌握的知识作出准确选择。

[选项分析]《公司法》第63条规定，股东会会议由董事会召集，董事长主持；董事长不能履行职务或者不履行职务的，由副董事长主持；副董事长不能履行职务或者不履行职务的，由过半数的董事共同推举一名董事主持。董事会不能履行或者不履行召集股东会会议职责的，由监事会召集和主持；监事会不召集和主持的，代表十分之一以上表决权的股东可以自行召集和主持。由此可知，董事会不召集股东会的，监事会应当召集和主持；监事会不召集和主持的，持股超过10%的股东可以自行召集和主持。本案中，从单独持股比例来看，持股超过10%的股东仅仅有甲一人，而乙、丙均不符合条件。所以，A选项正确，B、C选项错误。

D选项是本题的重点干扰项，产生干扰的问题是"判断股东能否召集和主持股东会的依据——持股比例能否联合计算"？从字面解释来看，《公司法》第63条规定中"代表十分之一以上表决权的股东可以自行召集和主持"并未明确此时股东是个体还是集体，所以将其认为是股东集体而联合计算其持股比例也并无不当之处。此外，从该条法律立法目的来看，联合计算股东的持股比例，使其有权召集和主持股东会也有利于公司的治理，避免公司由于董事会和监事会的不作为陷入治理僵局。所以，D选项正确。

8. [答案] D　　[难度] 难

[考点] 股东的权利（股东权利的内容、股东权利的类型）

[命题和解题思路] 本题旨在考查股东的知情权。就不同主体知情权的考查方式而言，命题人

是以公司章程、会议记录、相关决议以及会计账簿等文件能否查阅和复制的形式命题。所以，考生在解题时务必仔细审题，着重把握主体、行为以及相关文件等关键要素。股东或者合伙人的知情权范围大小与不同企业的不同性质直接挂钩。一般说来，企业的人合性越强，相应的股东或者合伙人的知情权范围也就越大。因此，就知情权而言，合伙人的权利范围最大，有限公司股东次之，股份公司股东的权利范围最小。因此，考生不仅需要熟记法律关于知情权的详细规定，更重要的是需要理解立法者如此规定知情权的利益考量。

[选项分析] A项主要涉及有限公司股东的知情权。由于有限公司的人合性仅次于合伙企业，相应地其知情权范围也相对较大，有限公司的股东除了无权复制会计账簿（但可以查阅），针对公司章程、股东名册、股东会的会议记录、董事会和监事会的会议决议以及财务会计报告既可查阅，又可复制。故A项错误。

B项主要涉及股份公司股东的知情权。股份公司的股东仅仅有权查阅、复制公司章程、股东名册、股东会的会议记录、董事会和监事会的决议以及财务会计报告等文件，符合条件的股东可以查阅会计账簿、会计凭证。故B项错误。

C项主要涉及股东的司法强制解散请求权。《公司法司法解释（二）》第1条第2款规定，股东以知情权、利润分配请求权等权益受到损害，或者公司亏损、财产不足以偿还全部债务，以及公司被吊销企业法人营业执照未进行清算等为由，提起解散公司诉讼的，人民法院不予受理。此外，由于股东的司法强制解散请求权事关公司的存亡，所以《公司法司法解释（二）》将其仅限于几种导致"公司僵局"的法定情形，且股东需要满足一定的持股比例方有权主张。故C错误。

D项主要涉及普通合伙人的知情权。由于合伙企业的人合性最高，且普通合伙人对企业债务承担无限连带责任，所以普通合伙人的知情权范围最大。《合伙企业法》第28条第2款规定，合伙人为了了解合伙企业的经营状况和财务状况，有权查阅合伙企业会计账簿等财务资料。故D项正确。

关于股东知情权相关规定的汇总

	有限公司股东	股份公司股东
会计账簿、会计凭证	有权查阅、无权复制	有权查阅、无权复制
公司章程、股东名册、股东会会议记录、董事会和监事会决议以及财务会计报告	有权查阅、有权复制	有权查阅、无权复制

9. ［答案］C　　　　［难度］易

［考点］股东的权利（股东权利的内容）

［命题和解题思路］本题主要考查有限公司股东权利的类型以及具体内容。在应试过程中，考生需要掌握的一个技能就是根据试题给出的信息准确地识别出命题人想要考查的知识点。对于本题来说，四个选项分别对应的知识点是"股东提起撤销股东会决议的权利"、"股东请求法院解散公司的权利"、"异议股东的回购股权请求权"以及"股东资格的取得与丧失"。同时，命题者还考查了上述各项权利的适用条件，这就要求考生必须熟悉相关法律规定。此外，本题题干中还有一个小陷阱：公司转让分店的行为性质。若考生不能准确判断出这一行为的性质——转让公司的主要财产，即使熟悉相关法律规定也未必能够准确地做出判断。

［选项分析］A 项是本题的重点干扰项。考生就某一决议判断股东能否向法院主张撤销时需要考虑全面：不仅需要判断该决议在程序上的表决方式是否合法，而且需要注意该决议的内容是否在决议机关的职权范围内。根据《公司法》第 26 条："公司股东会、董事会的会议召集程序、表决方式违反法律、行政法规或者公司章程，或者决议内容违反公司章程的，股东自决议作出之日起六十日内，可以请求人民法院撤销。但是，股东会、董事会的会议召集程序或者表决方式仅有轻微瑕疵，对决议未产生实质影响的除外。未被通知参加股东会会议的股东自知道或者应当知道股东会决议作出之日起六十日内，可以请求人民法院撤销；自决议作出之日起一年内没有行使撤销

权的，撤销权消灭。"同时，《公司法》第 89 条规定："有下列情形之一的，对股东会该项决议投反对票的股东可以请求公司按照合理的价格收购其股权：（一）公司连续五年不向股东分配利润，而公司该五年连续盈利，并且符合本法规定的分配利润条件；（二）公司合并、分立、转让主要财产；（三）公司章程规定的营业期限届满或者章程规定的其他解散事由出现，股东会通过决议修改章程使公司存续。自股东会决议作出之日起六十日内，股东与公司不能达成股权收购协议的，股东可以自股东会决议作出之日起九十日内向人民法院提起诉讼。公司的控股股东滥用股东权利，严重损害公司或者其他股东利益的，其他股东有权请求公司按照合理的价格收购其股权。公司因本条第一款、第三款规定的情形收购的本公司股权，应当在六个月内依法转让或者注销。"由此，可见转让主要财产是股东会的职权。同时，根据《公司法》第 66 条第 3 款的规定，股东会会议作出修改公司章程、增加或者减少注册资本的决议，以及公司合并、分立、解散或者变更公司形式的决议，应当经代表三分之二以上表决权的股东通过。本题中，对于转让公司分店，股东会有权决定。而且转让公司分店不属于《公司法》第 66 条第 3 款规定的特别决议事项，甲乙二人代表二分之一以上的表决权，通过该决议程序上符合公司法的规定。因此，以程序违法撤销该决议的主张不能得到法律的支持。所以，A 项错误。

《公司法》第 231 条规定了股东请求司法强制解散公司的权利及其适用条件："公司经营管理发生严重困难，继续存续会使股东利益受到重大损失，通过其他途径不能解决的，持有公司百分之十以上表决权的股东，可以请求人民法院解散公司。"此外，《公司法司法解释（二）》对该权利进行了进一步细化，明确列举了公司经营管理发生严重困难的情形："两年不开股东会"、"两年无股东会决议"以及"公司董事长期冲突且内部无法解决"等。因此，本题中丙无权以该决议损害其利益为由，提起解散公司之诉。所以，B 项错误。

《公司法》第 89 条规定了异议股东的回购股权请求权，本题中该公司转让分店属于转让公司主要财产，丙有权要求公司按照合理的价格收购其股权。所以，C 项正确。

投资人取得股东资格需要满足两个条件：一是履行出资义务，二是将出资人的名称或者姓名记载于股东名册。同时，股东丧失股东资格有两个途径：一是股东依法将股权转让给他人或法院通过强制执行程序将股权转让给他人；二是瑕疵出资被公司催缴失权。除此之外，非法定或约定情形，其他股东或者公司的组织机构无权剥夺其股东资格。所以，D 项错误。

第四节　股东的义务

1. [答案] CD　　　[难度] 难

[考点]　"对赌协议"；新股优先认购权；公司担保

[命题和解题思路]　本题系对与公司的"对赌协议"的考查，并以"对赌协议"为背景考查了新股认购权与公司担保等考点，难度较大。"对赌协议"传统上一般认为属于主观题的考点，但是 2022 年出现在客观题中，无疑加大了客观题的难度，这也再次说明，法考对客观题的考点命制已经突破了传统所认为的常规考点，转向了需要考生理解的较难考点。但是，如果考生对"与公司签订的对赌协议"的效力和履行规则较为熟悉，本题自然也可轻易破解：从《全国法院民商事审判工作会议纪要》的规则来看，我国现行实践认为，与公司签订的"对赌协议"并不当然无效，而是一般有效。但就股权回购补偿的约定，需要满足股份回购和禁止抽逃出资的法律规定，并且需要先完成减资程序；就现金补偿的约定，需要满足利润分配原则和禁止抽逃出资的法律规定，否则应当驳回或者部分驳回当事人的主张。本题就新股优先认购权和公司担保的考查相对较为常规，具体见选项分析。

[选项分析]《全国法院民商事审判工作会议纪要》第 5 条认为，投资方与目标公司订立的"对赌协议"在不存在法定无效事由的情况下，目标公司仅以存在股权回购或者金钱补偿约定为由，主张"对赌协议"无效的，人民法院不予支持。同时认为，投资方请求目标公司承担金钱补偿义务的，人民法院应当依据《公司法》第 35 条（现为第 53 条）关于"股东不得抽逃出资"和第 166 条关于利润分配的强制性规定（现为第 210 条）进行审查。经审查，目标公司没有利润或者虽有利润但不足以补偿投资方的，人民法院应当驳回

或者部分支持其诉讼请求。今后目标公司有利润时，投资方可以依据该事实另行提起诉讼。所谓"对赌协议"，是指投资方与融资方在达成股权性融资协议时，为解决交易双方对目标公司未来发展的不确定性、信息不对称以及代理成本而设计的，包括了股权回购、现金补偿等对未来不确定的目标公司的估值进行调整的协议。本题事实中的增资协议，即属于"对赌协议"。关于"对赌协议"，考生核心的识别是：是否存在约定的业绩条件，即是否存在如未能达成业绩条件，须对投资方进行补偿的约定。"对赌协议"根据签署主体的不同，可以分为与公司的"对赌协议"以及与创始股东的"对赌协议"。本题事实中，同时存在了这两种不同的协议，其中与公司的"对赌协议"，约定的补偿是未能达到业绩条款（即 3 年内上市），公司须补偿投资方当年的全部利润；与股东的"对赌协议"，约定的补偿是未能达到业绩条件，大股东需要承担购买股权的义务。

A 选项和 B 选项涉及的是与公司对赌的部分，根据前引《全国法院民商事审判工作会议纪要》的规定，可知投资方与目标公司的"对赌协议"并不当然无效，即一般有效。对此，可能有考生会认为，该"对赌协议"中约定的"如果未能完成上市，则需要补偿给投资方当年全部利润"违反了《公司法》所规定的利润分配原则。对此，考生需要注意：虽然《全国法院民商事审判工作会议纪要》对现金补偿的处理，我们往往称为"实质上的利润分配"规则，但是这只是帮助考生对履行规则的理解，对于该事项的约定并不当然无效。这是因为：第一，公司与投资方约定以当年的全部利润进行补偿，可以看作是对补偿金额的确定，因此该约定本身是有效的；第二，只是在投资方向公司请求补偿时，需要满足利润分配的原则，即在符合利润分配原则的情况下，可以补偿，否则法院应当予以驳回，待公司有利润时由投资方再行起诉，也即利润分配原则仅影响协议的履行。所以，A 选项错误。

B 选项认为该约定因为违反资本维持原则而无效，该选项实际上考查该约定是否构成抽逃出资。针对该问题的分析与对 A 选项的分析一致，即：公司约定了一个不确定数额的现金补偿，该现金补偿并不当然构成抽逃出资，该约定依然有效。只是公司在履行该约定的过程中，不能未经

法定程序即向投资方支付现金并损害公司利益，否则可能构成抽逃出资。因此，B选项错误。

C选项考查的是公司增资时的股东新股优先认购权。《公司法》第227条规定，有限责任公司增资时，股东在同等条件下有权优先按照实缴的出资比例认缴出资，但是全体股东约定不按照出资比例优先认缴出资的除外。在本题的事实中，蓝鸥公司在签署协议时并未经过全体股东的一致同意，因此不能损害其他股东的新股优先认购权。损害其他股东新股优先认购权的协议条款，因违法而无效。C选项正确。（当然，部分考生可能会认为协议约定并未以股东主张行使新股优先认购权为前提，应当认为协议有效，但损害优先认购权的决议无效。对此，如果考生能够从投资方是否可以凭借该条款的约定主张公司履行并且如果公司未能履行则需要承担违约责任的角度思考，自然可以得出该条款应当被认定无效的结论。）

D选项考查的是公司担保。在2023年《公司法》修订之前，参考实践案例，一般的理解为：首先，根据《公司法》第15条（原《公司法》第16条）的规定，公司为公司股东或者实际控制人提供担保的，应当经股东会决议。同时该条还规定，前述规定的股东不得参加相应事项的表决，即对此无表决权。因此，从《公司法》第15条（原《公司法》第16条）的角度来看，D选项正确。其次，可能部分考生会思考，公司为股东与投资方的"对赌协议"约定的回购义务提供担保，该担保是否会因此而无效。对此，实践中最高法以判例方式确定了该担保有效。实际上，从公司法的角度我们也能得出，这本质上就是为股东提供担保，因此只要能够符合《公司法》第15条（原《公司法》第16条）的规定即可。

但是，2023年《公司法》第163条规定："公司不得为他人取得本公司或者其母公司的股份提供赠与、借款、担保以及其他财务资助，公司实施员工持股计划的除外。为公司利益，经股东会决议，或者董事会按照公司章程或者股东会的授权作出决议，公司可以为他人取得本公司或者其母公司的股份提供财务资助，但财务资助的累计总额不得超过已发行股本总额的百分之十。董事会作出决议应当经全体董事的三分之二以上通过。违反前两款规定，给公司造成损失的，负有责任的董事、监事、高级管理人员应当承担赔偿

责任。"即公司如果为他人取得本公司股份提供担保，需要经股东会或者董事会的决议方可，并且存在比例限制。虽然该规定系针对股份公司，但是财务赞助是为了维护公司资本、保持股东公平，因此理论上也存在针对有限公司适用的空间。在这一背景下，本题中公司为其股东回购公司股权提供担保，自然也就属于财务资助，需要经过有权机关的决议。同时，由于是财务资助，限制股东的表决权也符合法理。因此D选项依然正确。但是正确的基础是：第一，符合公司为股东担保的规定；第二，符合《公司法》所规定的财务资助的规定。此处，值得考生注意。

> **重点提示**
>
> （1）"对赌协议"认定的核心：①发生在公司增资中；②约定了业绩条款；③约定了如果公司未能达成业绩条款的补偿条款。（2）"对赌协议"按照签订对象的不同，可以分为与公司的对赌和与大股东的对赌。两者皆只要不存在法定无效事由即为有效。（3）与公司的"对赌协议"，按照补偿的类型，可以分为股权补偿和现金补偿。虽然合同有效，但是在具体履行时需要满足《公司法》的规定，否则法院不予支持（即存在履行障碍）：①约定股权回购补偿的，须满足股份回购的规定和禁止抽逃出资的规定，且须先减资再回购；②约定现金补偿的，须满足利润分配原则和禁止抽逃出资的规定，否则法院可以驳回或部分驳回。投资方在公司有利润时可再行诉讼。（4）与股东的"对赌协议"，如公司为股东的补偿义务提供担保，该担保并不当然无效，但应符合《公司法》所规定的为股东担保的程序及财务资助的限制性要求。

2. [答案] A　　[难度] 易

[考点] 股东的义务（控股股东的特别义务）

[命题和解题思路] 本题命题人主要考查考生对股东的义务，尤其是控股股东的特别义务的掌握程度。控股股东的特别义务是历年考试的"常客"，大部分考生可能大概地知道控股股东滥用公司法人独立地位和股东有限责任应该对公司债务承担赔偿责任，但是至于"如何认定某一股东具有控股地位"、"控股股东的何种行为属于滥用公司法人独立地位和股东有限责任的行为"以及

"控股股东对公司债务承担责任的性质"等一系列具有较强操作性和技术性的问题可能就"一脸茫然"了。然而，上述问题恰恰就是本题中命题人精心设计的小陷阱。本题就告诉我们——考生在备考时，切切不可简单地认为记住法条就万事大吉了，更要"知其然，知其所以然"！

[选项分析]《公司法》第 23 条第 1 款规定，公司股东滥用公司法人独立地位和股东有限责任，逃避债务，严重损害公司债权人利益的，应当对公司债务承担连带责任。本题中持股 70% 的甲公司是零盛公司的控股股东，且甲公司将零盛公司的全部资产已转给自己使用的行为违反了上述法条规定的控股股东的义务，构成滥用公司法人独立地位和股东有限责任的违法行为。由此可知，甲公司应该对丙公司承担清偿责任。所以，A 选项正确。

B、C 两个选项是本题的重点干扰项。本题中明确乙公司承担何种责任的前提是判断乙公司是否应该承担责任，部分考生可能忽略这一点而直接思考乙公司的责任性质。如此一来，正好落入命题者的彀中。通过适用公司法人人格否认制度来追究股东的赔偿责任并非"一刀切式"地要求公司所有股东承担责任，而是仅仅追究实施滥用公司法人独立地位和股东有限责任行为的股东的责任。本题中乙公司并非控股股东，且并未实施滥用公司法人独立地位和股东有限责任的行为，所以乙公司不承担对丙公司的连带责任，也不承担按份责任。所以，B 选项、C 选项错误。

根据 A 选项的分析可知，作为债权人的丙公司可以依据《公司法》第 23 条规定的"法人人格否认制度"来起诉滥用公司法人人格的股东，从而保护自己的债权，并非只能通过破产程序受偿。所以，D 选项错误。

3. [答案] C　　[难度] 难

[考点] 股东的义务（股东的一般义务）；管理人的职责

[命题和解题思路] 在传统印象中，似乎熟练掌握法条即可搞定商法考题，考生带着这种刻板印象看到这道题可能会一筹莫展。命题人以小案例的形式，对股东的出资义务与管理人的撤销权进行综合考查，尤其注重考查考生对题干中的重要时间点的把握。因此，本题的解题关键在于：一是考生需特别注意题干中时间的法律意义——

2012 年 12 月申请破产，同年 9 月发生清偿行为，即公司具备破产原因时的个别清偿行为，管理人有权撤销；二是董事长汪某支付给乙公司 100 万元的行为的法律性质——既是履行出资义务的出资行为，又是甲公司清偿债务的个别清偿行为。如果考生掌握了以上两点，本题自然迎刃而解。

[选项分析] A 项为重点干扰项，该项主要涉及两个问题：其一，乙公司是否有权请求汪某支付 100 万元债务？其二，管理人是否有权撤销？根据《公司法司法解释（三）》第 13 条第 2 款规定："公司债权人请求未履行或者未全面履行出资义务的股东在未出资本息范围内对公司债务不能清偿的部分承担补充赔偿责任的，人民法院应予支持；未履行或者未全面履行出资义务的股东已经承担上述责任，其他债权人提出相同请求的，人民法院不予支持。"所以乙公司有权请求汪某对甲公司的债务承担清偿责任。但是，《企业破产法》第 32 条的规定："人民法院受理破产申请前六个月内，债务人有本法第二条第一款规定的情形，仍对个别债权人进行清偿的，管理人有权请求人民法院予以撤销。但是，个别清偿使债务人财产受益的除外。"该法第 2 条第 1 款规定："企业法人不能清偿到期债务，并且资产不足以清偿全部债务或者明显缺乏清偿能力的，依照本法规定清偿债务。"根据上述法条可知，乙公司有权请求汪某对甲公司的债务承担清偿责任，汪某的支付行为，既是履行了对甲公司的出资义务，又构成了甲公司对乙公司的个别清偿行为。甲公司于 2012 年 12 月申请破产，但是 2012 年 9 月已经不能清偿乙公司的债务，所以，管理人有权撤销已经具备破产原因的甲公司的个别清偿行为。所以，A 项错误。

根据 A 项的分析可知，汪某向乙公司支付 100 万元的行为既是履行了对甲公司 100 万元的出资义务，又构成了甲公司对乙公司 100 万元债务的个别清偿行为。所以，汪某目前尚未缴纳的出资额应为 50 万元，而非 150 万元。因此，B 项错误。

根据《企业破产法》第 35 条的规定："人民法院受理破产申请后，债务人的出资人尚未完全履行出资义务的，管理人应当要求该出资人缴纳所认缴的出资，而不受出资期限的限制。"管理人有义务要求汪某履行出资义务。所以，C 项正确。此外，破产管理人的职能定位就是妥善处理债务人的债权债务，推进破产程序公平有序进行。尚未履行 150 万元出资义务的汪某在一定程度上可以说是公司的"债务人",管理人当然有义务向"债务人"主张权利。根据该法理,考生亦可推断出 C 项正确。

《公司法司法解释(三)》第 19 条规定:"公司股东未履行或者未全面履行出资义务或者抽逃出资,公司或者其他股东请求其向公司全面履行出资义务或者返还出资,被告股东以诉讼时效为由进行抗辩的,人民法院不予支持。公司债权人的债权未过诉讼时效期间,其依照本规定第十三条第二款、第十四条第二款的规定请求未履行或者未全面履行出资义务或者抽逃出资的股东承担赔偿责任,被告股东以出资义务或者返还出资义务超过诉讼时效期间为由进行抗辩的,人民法院不予支持。"由此可知,公司股东的出资义务不受诉讼时效的限制,未履行出资义务的股东既无权向公司或者其他股东主张诉讼时效已过的抗辩,也无权向公司的债权人主张诉讼时效已过的抗辩。所以,D 项错误。

> **难点解析**
>
> 本题的难点在于董事长汪某的支付行为的法律性质。实际上,汪某支付行为的法律性质应该一分为二地看:未履行出资义务的股东有责任在未出资范围内清偿公司债务,一方面,该支付行为是股东履行出资义务的出资行为,汪某的出资行为有效,所以他尚未缴纳的出资额应该是 50 万元;另一方面,该支付行为也是甲公司对乙公司的个别清偿行为,只是该清偿行为发生在公司已经具备破产原因的特殊时期,所以管理人有权撤销该清偿行为。一旦管理人行使了破产撤销权,乙公司就要向甲公司返还该 100 万元款项。至此,考生可能会产生如下疑惑:"乙公司向甲公司返还 100 万元款项后,乙公司对甲公司 100 万元的债权如何保障呢?"答案很简单:按照其债权的性质,依据《企业破产法》在破产程序中公平有序受偿。

第五节 股东代表诉讼制度

1. [答案] BD   [难度] 中
[考点] 股东代表诉讼
[命题和解题思路] 本题是对常规考点股东代表诉讼的考查。《公司法》第 189 条规定了提起股

东代表诉讼的主体要求:针对有限公司任何股东在符合法定条件的情况下,均可提起;而针对股份公司则要求须为连续 180 天持股 1% 以上的股东。同时,股东代表诉讼应列公司为第三人,且胜诉利益应当归属公司。考生只要能够熟练掌握《公司法》关于股东代表诉讼的规定即可作答。

[选项分析]《公司法》第 189 条规定,股份公司的股东须满足持股 180 天以上且持股 1% 以上,方能够提起股东代表诉讼。在本题的事实中,赵起已经将股份转让给了方舟,不具有股东资格,因此不符合股东代表诉讼主体的规定;王玲持股 1%,且持股 180 日以上,符合《公司法》的规定,可以提起股东代表诉讼;方舟虽然持股 5%,但是于 2022 年 4 月 10 日才受让持股股份,至 2022 年 10 月持股并未满 180 日,无权提起股东代表诉讼。因此,AC 选项错误,B 选项正确。

《公司法司法解释(四)》第 24 条规定,股东代表诉讼应列公司为第三人参加诉讼;第 25 条规定,胜诉利益归属于公司。因此,D 选项正确。

2. [答案] BCD   [难度] 中
[考点] 股东代表诉讼
[命题和解题思路] 本题旨在考查股东代表诉讼,以及股东代表诉讼与股东直接诉讼的区别。股东直接诉讼是指股东基于股权,为自己的利益,以其自身的名义向公司或其他侵权人提起的诉讼。股东直接诉讼的诉权来源于股东权的自益权,诉讼利益归属于股东自身。在股东权利受到公司、其他股东或董事、监事、高管人员等主体的直接侵害时,均可提起股东直接诉讼。而股东代表诉讼是指当公司的利益受到控股股东、董监高或第三人的侵害,而公司怠于行使诉权的情形下,为了维护公司的利益,法律赋予具备法定资格的股东代表公司对侵权人提起诉讼并追求法律责任的权利。其诉权来源于公司股东的共益权,其运作原理为当公司因故怠于向公司利益侵害人诉求赔偿时,股东基于其股份所有人身份可代表公司提起诉讼,股东代表诉讼突破了程序法上的相关规定,赋予公司股东代为行使公司的诉权。综上,可以确定一般性原则是,当股东自身权益受到直接侵害时,其可直接提起股东直接诉讼;而当股东因公司利益受损而股权权益间接受损时,则可以股东代表诉讼来维护自身利益。另

一方面，股东代表诉讼系股东代行公司诉权，不同于股东直接诉讼，其起诉是为了保护公司利益，股东虽以自己的名义、以原告的身份提起诉讼，但公司才是实质原告，因而诉讼结果和利益应归属于公司。

[选项分析] 根据《公司法》第 189 条规定，董事、高级管理人员违反法律、行政法规或者公司章程的规定，损害股东利益的，股东可以向人民法院提起诉讼。本题中，刘腾作为公司的董事长兼法定代表人，将本属于公司的专利登记在其名下的行为严重损害了公司的利益，但未直接侵害股东利益，因而郭锦不可以提起直接诉讼。故选项 A 错误。

根据《公司法》第 189 条规定，董事、高级管理人员有本法第 188 条规定的情形的，有限责任公司的股东、股份有限责任公司连续 180 日以上单独或者合计持有公司百分之一以上股份的股东，可以书面请求监事会向人民法院提起诉讼；监事有本法第 188 条规定的情形的，前述股东可以书面请求董事会向人民法院提起诉讼。监事会或者董事会收到前款规定的股东书面请求后拒绝提起诉讼，或者自收到请求之日起 30 日内未提起诉讼，或者情况紧急、不立即提起诉讼将会使公司利益受到难以弥补的损害的，前款规定的股东有权为公司利益以自己的名义直接向人民法院提起诉讼。《公司法》第 188 条规定，董事、监事、高级管理人员执行职务违反法律、行政法规或者公司章程的规定，给公司造成损失的，应当承担赔偿责任。本题中，刘腾作为公司的董事长兼法定代表人，将本属于公司的专利登记在其名下的行为严重损害了公司的利益，郭锦知悉后向该公司的监事刘芳提起请求予以制止而无果。另一方面，郭锦持有泰吉公司 1% 的股权，是泰吉公司的股东，具有向人民法院提起股东代表诉讼的法定资格。故选项 B 正确。

《公司法司法解释（四）》第 24 条第 2 款规定，一审法庭辩论终结前，符合《公司法》第 151 条（现为第 189 条）第 1 款规定条件的其他股东，以相同的诉讼请求申请参加诉讼的，应当列为共同原告。从题干中可知，陈华持有泰吉公司 29% 的股权，也是泰吉公司的股东，因而在一审辩论终结前，有权以相同的诉求申请参加诉讼。故选项 C 正确。

《公司法司法解释（四）》第 25 条规定，股东依据《公司法》第 151 条（现为第 189 条）第 2 款、第 3 款规定直接提起诉讼的案件，胜诉利益归属于公司。股东请求被告直接向其承担民事责任的，人民法院不予支持。即股东提起股东代表诉讼并非因其自身利益受到侵害，其虽以自己的名义、以原告身份提起诉讼，但公司才是实质原告，因而诉讼结果和利益应当归属于公司。故选项 D 正确。

3. [答案] AD　　[难度] 难

[考点] 股东代表诉讼制度（股东代表诉讼的程序和法律后果、股东代表诉讼的当事人）

[命题和解题思路] 本题考查股东代表诉讼制度。对于这样一个经常作为考查对象的问题，命题人在进行选项设计时使用了两个招数：一是故意不告知考生源圣公司的公司类型而使考生无法判断有权提起股东代表诉讼的主体（A 选项和 B 选项），二是使用其惯用的"偷梁换柱"之计检验考生的细心程度（C 选项和 D 选项），这种细心程度很大程度上也是一个人知识储备的侧面反映。如此看来，本题表面上看起来是"小菜一碟"，实则是"内藏凶险"！正确解答本题的关键，一是考生审题时需要用心捕捉题干中给出的有限信息来判断源圣公司的公司类型。二是考生需要熟悉《公司法》第 189 条关于"股东代表诉讼制度"的规定和《公司法司法解释（四）》第 23 条至第 26 条的规定。

[选项分析] 根据《公司法》第 189 条规定，董事、高级管理人员（没有监事）有本法第 188 条规定的情形的，有限责任公司的股东、股份有限公司连续 180 日以上单独或者合计持有公司百分之一以上股份的股东，可以书面请求监事会向人民法院提起诉讼；监事有本法第 188 条规定的情形的，前述股东可以书面请求董事会向人民法院提起诉讼。监事会或者董事会收到前款规定的股东书面请求后拒绝提起诉讼，或者自收到请求之日起 30 日内未提起诉讼，或者情况紧急、不立即提起诉讼将会使公司利益受到难以弥补的损害的，前款规定的股东有权为公司利益以自己的名义直接向人民法院提起诉讼。他人侵犯公司合法权益，给公司造成损失的，本条第 1 款规定的股东可以依照前两款的规定向人民法院提起诉讼。

本题中霓美公司是控股股东且其抽逃出资行为导致公司合法权益被侵犯，所以可以认定其为上述法条中规定的"他人"，而甲、乙、丙多次书面请求监事会有所行动却无果。因此本案的情形符合股东代表诉讼制度的适用要件。

从上述法条可知，有限责任公司的股东在提起股东代表诉讼时并无持股比例的限制，而源圣公司是有限公司，因此甲、乙、丙三人均有权起诉霓美

公司。所以，A 选项是正确的，B 选项是错误的。

《公司法司法解释（四）》第 25 条规定，股东依据《公司法》第 151 条（现为第 189 条）第 2 款、第 3 款直接提起诉讼的案件，胜诉利益归属于公司。股东请求被告直接向其承担民事责任的，人民法院不予支持。由此可知，若甲起诉并胜诉获赔，则赔偿款归源圣公司。所以，C 选项错误，D 选项正确。

第四章 公司董事、监事、高级管理人员

试 题

1. 佳华公司是一家股份公司。甲是该公司持股 51% 的大股东，乙持股 1%，丙系董事长，公司董事人数为七人。某日，丙因个人原因向公司提交了辞呈。为补选公司董事，甲提议丁为公司董事并担任公司董事长，乙认为丁存在巨额个人债务未能清偿且被法院列入失信执行人员的问题，因此提议由戊担任公司董事并兼任公司董事长。佳华公司为此召开了股东会，甲、乙均出席了股东会，甲同意对丁的董事及董事长的任命。据此，下列说法正确的是：（2023 年回忆版）

A. 丙提交辞呈即发生辞职效力

B. 乙无权向公司提议由戊担任公司董事

C. 对丁的董事的任命因经代表出席股东会会议表决权过半数的股东同意而生效

D. 对丁的董事长的任命因经代表出席股东会会议表决权过半数的股东同意而生效

2. 2022 年平昌县拟设立平昌城商银行。在筹备中，申请人准备了向中国银行保险监督管理委员会提交的拟聘任董事名单，包括王虎、张政、李遥等三人。经调查发现，王虎系法院认定的失信人员，尚存在大额个人债务未能执行法院判决；张政因财产犯罪，曾在十年前被判处有期徒刑一年；李遥在 2010 年作为某公司董事长，为弥补公司财务缺口向银行借贷了 2000 余万元的资金，最终因个人原因不能偿还导致该公司被法院裁定破产清算。关于平昌城商银行董事的职位人选，下列哪一说法是正确的？（2022 年回忆版）

A. 王虎可以担任

B. 张政不能担任

C. 李遥可以担任

D. 三人均可担任

3. 彭兵是一家（非上市）股份有限公司的董事长，依公司章程规定，其任期于 2017 年 3 月届满。由于股东间的矛盾，公司未能按期改选出新一届董事会。此后对于公司内部管理，董事间彼此推诿，彭兵也无心公司事务，使得公司随后的一项投资失败，损失 100 万元。对此，下列哪一选项是正确的？（2017-3-26）

A. 因已届期，彭兵已不再是公司的董事长

B. 虽已届期，董事会成员仍须履行董事职务

C. 就公司 100 万元损失，彭兵应承担全部赔偿责任

D. 对彭兵的行为，公司股东有权提起股东代表诉讼

4. 烽源有限公司的章程规定，金额超过 10 万元的合同由董事会批准。蔡某是烽源公司的总经理。因公司业务需要车辆，蔡某便将自己的轿车租给烽源公司，并约定年租金 15 万元。后蔡某要求公司支付租金，股东们获知此事，一致认为租金太高，不同意支付。关于本案，下列哪一选项是正确的？（2016-3-28）

A. 该租赁合同无效

B. 股东会可以解聘蔡某

C. 该章程规定对蔡某没有约束力

D. 烽源公司有权拒绝支付租金

5. 李方为平昌公司董事长。债务人姜呈向平昌公司偿还 40 万元时，李方要其将该款打到自己指定的个人账户。随即李方又将该款借给刘黎，

借期一年，年息 12%。下列哪些表述是正确的？（2013-3-70）

　　A. 该 40 万元的所有权，应归属于平昌公司

　　B. 李方因其行为已不再具有担任董事长的资格

　　C. 在姜呈为善意时，其履行行为有效

　　D. 平昌公司可要求李方返还利息

详　解

1.［答案］A　　［难度］中

［考点］董监高任职资格；董事辞职；董事长选举

　　［命题和解题思路］本题考查董事的选举与辞职以及股东的临时提案权。2023 年《公司法》虽然对此有相应调整，但均不属于重大调整。考生只要能够识记对应条文即可得出正确的选项。

　　［选项分析］A 选项考查董事辞任。对此，2023 年《公司法》吸收了实践做法，对这一问题加以明确。《公司法》第 70 条规定，董事任期由公司章程规定，但每届任期不得超过 3 年。董事任期届满，连选可以连任。董事任期届满未及时改选，或者董事在任期内辞任导致董事会成员低于法定人数的，在改选出的董事就任前，原董事仍应当依照法律、行政法规和公司章程的规定，履行董事职务。董事辞任的，应当以书面形式通知公司，公司收到通知之日辞任生效，但存在前款规定情形的，董事应当继续履行职务。《公司法》第 120 条规定，《公司法》第 70 条的规定适用于股份公司。因此，董事书面辞任通知公司，公司在收到通知之日起辞任生效，但是须不产生需要留任的情形。《公司法》第 68 条第 1 款规定，有限责任公司董事会成员为 3 人以上，其成员中可以有公司职工代表。同时《公司法》第 68 条第 1 款的规定适用于股份公司。因此丙的辞任并不会导致留任情形，自其提交辞呈即生效。A 选项正确。

　　B 选项考查股东的临时提案权。2023 年《公司法》第 115 条将临时提案权的 30% 的持股比例限制降低为 1%，即单独或者合计持有公司 1% 以上股份的股东，可以在股东会会议召开 10 日前提出临时提案并书面提交董事会。临时提案应当有明确议题和具体决议事项。董事会应当在收到提案后 2 日内通知其他股东，并将该临时提案提交

股东会审议；但临时提案违反法律、行政法规或者公司章程的规定，或者不属于股东会职权范围的除外。公司不得提高提出临时提案股东的持股比例。因此，乙作为持股 1% 的股东，有权在股东会召开时向股东会提出临时提案，即提名戊担任董事。B 选项错误。

　　C 选项考查董事的选任。《公司法》第 116 条规定，除特别决议外，股东会作出决议，应当经出席会议的股东所持表决权过半数通过。但是还需要考生注意，《公司法》第 178 条规定了不能担任董事的情形："有下列情形之一的，不得担任公司的董事、监事、高级管理人员：……（五）个人因所负数额较大债务到期未清偿被人民法院列为失信被执行人。违反前款规定选举、委派董事、监事或者聘任高级管理人员的，该选举、委派或者聘任无效。董事、监事、高级管理人员在任职期间出现本条第一款所列情形的，公司应当解除其职务。"因此，虽然该股东会决议通过，但因为违反《公司法》的规定，因此无效，选举并未发生效力。C 选项错误。

　　D 选项考查董事长的选举。首先，丁未能当选公司董事，自然无法当选公司董事长。同时，根据《公司法》第 122 条的规定，董事会设董事长一人，可以设副董事长。董事长和副董事长由董事会以全体董事的过半数选举产生。因此，选举董事长也并非股东会的职权。D 选项错误。

2.［答案］B　　［难度］中

［考点］董事的任职资格；商业银行董事的任职资格

　　［命题和解题思路］**本题系商法和经济法的融合考题**。《公司法》第 178 条规定了公司董、监、高的任职资格；《商业银行法》第 27 条规定了商业银行董事和高管的任职资格。这两个部门法分属法考商法和经济法之中，考生对此容易混淆。《商业银行法》中关于商业银行的设立条件等内容属于特别法，而《公司法》的规定则属于一般法。在《商业银行法》有特别规定时，应当适用《商业银行法》。就董高任职资格而言，主要体现为《商业银行法》的要求更为严格，这也是商业银行负债经营的特点所决定的。

　　［选项分析］《商业银行法》第 27 条第 4 项规定，个人所负数额较大的债务到期未清偿的，不

得担任商业银行董事，该项规定与《公司法》基本规定一致。王虎存在大额债务到期未清偿，且属于失信名单，自然不能担任银行董事，因此 A 选项错误。

《商业银行法》第 27 条第 1 项规定，因犯有贪污、贿赂、侵占财产、挪用财产罪或者破坏社会经济秩序罪，被判处刑罚，或者因犯罪被剥夺政治权利的，不得担任商业银行的董事。虽然《公司法》第 178 条规定，犯有前述罪行，被判处刑罚的，只要执行期满 5 年或缓刑期满 2 年即满足董事任职资格，但是显然《商业银行法》的规定更为严格。因此，张政犯有经济犯罪，且被判处刑罚，虽然执行期已满 5 年，但是依然不能担任商业银行董事，B 选项正确。

《商业银行法》第 27 条第 2 项规定，担任因经营不善破产清算的公司、企业的董事或者厂长、经理，并对该公司、企业的破产负有个人责任的，不得担任商业银行的董事。虽然《公司法》第 178 条的规定存在 3 年的限制，但是在《商业银行法》有特别规定时，应当适用《商业银行法》，因此 C 选项错误。

结合以上分析，D 选项的表述自然也错误。

3. ［答案］B　　［难度］易

［考点］董事的任职资格（任职资格的禁止性规定）；董事的义务（勤勉义务）；董事的责任；股东代表诉讼制度（股东代表诉讼制度的当事人）

［命题和解题思路］本题旨在考查董事的任职资格、义务、责任以及股东代表诉讼制度的构成要件，考查的知识点较为全面，体系性较强，基本上涵盖了《公司法》关于公司董事的全部规定。从考查方式来看，本题属于命题人对法律规定的直接考查，难度一般。只要考生熟悉相关法律规定的具体内容，选出正确答案只是"小菜一碟"。

［选项分析］A、B 两个选项考查董事的任期。《公司法》第 120 条规定："股份有限公司设董事会，本法第一百二十八条另有规定的除外。本法第六十七条、第六十八条第一款、第七十条、第七十一条的规定，适用于股份有限公司。"《公司法》第 70 条规定："董事任期由公司章程规定，但每届任期不得超过三年。董事任期届满，连选可以连任。董事任期届满未及时改选，或者董事在任期内辞任导致董事会成员低于法定人数的，

在改选出的董事就任前，原董事仍应当依照法律、行政法规和公司章程的规定，履行董事职务。董事辞任的，应当以书面形式通知公司，公司收到通知之日辞任生效，但存在前款规定情形的，董事应当继续履行职务。"由此可知，即使已届期，但因公司未能按期改选，所以在改选出的董事就任之前，无论是彭兵，还是其他董事会成员，仍然履行各自的职务。因此，A 选项表达错误，B 选项表达正确。

C 选项考查董、监、高的法律责任。《公司法》第 190 条规定，董事、高级管理人员违反法律、行政法规或者公司章程的规定，损害股东利益的，股东可以向人民法院提起诉讼。根据案情可知，本题该公司 100 万元的投资损失是由于董事间彼此推诿和彭兵的不作为共同导致的，因此要求彭兵对公司的损失承担全部的赔偿责任是不合理的。所以，C 选项表达错误。

D 选项考查股东代表诉讼制度。《公司法》第 189 条第 1 款、第 2 款规定："董事、高级管理人员有前条规定的情形的，有限责任公司的股东、股份有限公司连续一百八十日以上单独或者合计持有公司百分之一以上股份的股东，可以书面请求监事会向人民法院提起诉讼；监事有前条规定的情形的，前述股东可以书面请求董事会向人民法院提起诉讼。监事会或者董事会收到前款规定的股东书面请求后拒绝提起诉讼，或者自收到请求之日起三十日内未提起诉讼，或者情况紧急、不立即提起诉讼将会使公司利益受到难以弥补的损害的，前款规定的股东有权为公司利益以自己的名义直接向人民法院提起诉讼。"由此可知，针对董事长彭兵的不当行为，股份有限公司的股东要想成功提起股东代表诉讼需要满足一定的条件——持股比例、持股时间、穷尽内部救济以及确认公司怠于追究等一系列要求。因此，D 选项中"公司股东有权提起股东代表诉讼"的表述过于笼统，错误。

4. ［答案］D　　［难度］中

［考点］董事、监事、高级管理人员的义务（忠诚义务）；公司章程（公司章程的效力）

［命题和解题思路］本题主要考查的是董事、监事以及高级管理人员的忠诚义务问题。命题人从高级管理人员违背公司章程的规定所签订合同

的效力、总经理的解聘权限归属以及公司章程的效力等不同角度对董、监、高的忠诚义务进行综合考查。因此，考生在解答本题时需要对董、监、高的忠诚义务作全面深入的了解，并且对《公司法》的相关条款记忆准确。此外，本题尤其要求考生能够明确理解公司法禁止自我交易与自我交易签订的合同无效两者之间的区别。

[选项分析] A 选项是本题的重点干扰项。《民法典》第 153 条明确规定了导致民事法律行为无效的法定事由，该租赁合同并不存在相应的无效情形。部分考生可能会基于《公司法》第 182 条的规定认为蔡某的行为属于"违反法律法规的强制性规定"，进而认为该租赁合同无效。《公司法》第 182 条规定，董事、监事、高级管理人员，直接或者间接与本公司订立合同或者进行交易，应当就与订立合同或者进行交易有关的事项向董事会或者股东会报告，并按照公司章程的规定经董事会或者股东会决议通过。董事、监事、高级管理人员的近亲属，董事、监事、高级管理人员或者其近亲属直接或者间接控制的企业，以及与董事、监事、高级管理人员有其他关联关系的关联人，与公司订立合同或者进行交易，适用前款规定。同时，《公司法》第 186 条规定，董事、监事、高级管理人员违反本法第 181 条至第 184 条规定所得的收入应当归公司所有。由此可知，该条规定的是高级管理人员不得自我交易却并未规定自我交易一律无效。此外，此强制性规定属于管理性强制规定而并非效力性强制规定，不属于《民法典》第 153 条规定的无效情形（而应属于该强制性规定不导致该民事法律行为无效的规定）。所以，该租赁合同有效，A 选项错误。

《公司法》第 74 条第 1 款规定，有限责任公司可以设经理，由董事会决定聘任或者解聘。由此可知，解聘总经理的权力属于董事会，并非属于股东会。所以，B 选项错误。

《公司法》第 5 条规定，设立公司应当依法制定公司章程。公司章程对公司、股东、董事、监事、高级管理人员具有约束力。蔡某作为该公司的总经理，公司章程当然对其有约束力。所以，C 选项错误。

根据 A 选项的分析可知，本题中蔡某自我交易的行为属于违反董、监、高忠实义务的违法行为。《公司法》第 186 条规定，董事、监事、高级

管理人员违反本法第 181 条至第 184 条规定所得的收入应当归公司所有。因此，公司当然有权拒绝支付租金。所以，D 选项正确。

5. [答案] CD   [难度] 难

[考点] 董事、监事、高级管理人员的义务（禁止性行为）

[命题和解题思路] 本题旨在考查董事、监事、高级管理人员的义务。但是，命题人并非仅仅考查上述知识点，而是"别有用心"地结合了民法中货币的特殊性质、债务的履行等知识进行的综合考查。因此，此类题对考生的融会贯通能力要求较高。此外，命题人还设计了两个陷阱需要考生注意：一是货币的特殊性质，即货币适用"占有即所有"的规则。此处考生容易基于"董事、高级管理人员违反禁止性规定所得的收入应当归公司所有"的法律规定而误认为 40 万元的所有权应归属于公司；二是董事长的任职资格由法律明文规定，董事长违反禁止性规定并不当然导致其任职资格的丧失。考生若不熟悉《公司法》的具体规定，则容易误选 B 项。

[选项分析] A 项是本题的重点干扰项。此处考生容易基于"董事、高级管理人员违反禁止性规定所得的收入应当归公司所有"的法律规定而误认为 40 万元的所有权应归属于公司。这种思路的错误之处在于考生忽略了货币的特殊性质以及适用的特殊规则。由于货币作为具有高度可替代性的特殊种类物，适用"占有即所有"的特殊规则。本题中当姜呈将 40 万元打入李方个人账户时，该款项的所有权即归李方享有。但是，题中李方要求姜呈将 40 万元打到其个人账户并将款项借给刘黎的行为属于《公司法》规定的董事、高级管理人员的禁止性行为，平昌公司享有要求李方返还款项的债权，所以 A 项错误。

B 项中需要强调的一点是：董、监、高违反其法定义务（包括共同义务以及特定性义务）以及实施了禁止性行为并不当然导致其丧失相应的任职资格。关于董事长的产生，《公司法》第 68 条 2 款规定，董事会设董事长一人，可以设副董事长。董事长、副董事长的产生办法由公司章程规定。第 122 条第 1 款规定，董事会设董事长一人，可以设副董事长。董事长和副董事长由董事会以全体董事的过半数选举产生。此外，《公司

法》第 178 条规定了董、监、高的消极资格。因此，董事长李方虽然违反了对公司的忠实义务，但不存在法定的解除董事职务的事由，是否解除其董事长职务由公司自行决定。所以，B 项错误。

李方作为公司的董事长，对外进行商业交往时具有使第三人合理相信的权利外观，可以直接代表公司进行行为。当姜呈对其违法行为不知情时，其债务履行行为当然有效，所以选项 C 正确。

《公司法》第 186 条规定，董事、监事、高级管理人员违反本法第 181 条至第 184 条规定所得的收入应当归公司所有。李方通过将 40 万元存入个人账户而获得的利息应当归属于平昌公司所有，平昌公司当然有权要求李方返还，所以 D 选项正确。

┌─────────────────────────┐
难点解析

本题的难点在于将民法的基本规则与商法的具体规定结合进行考查，而且综合考查后非常容易使考生产生以下困惑：根据民法的知识，货币适用"占有即所有"的规则，所以该 40 万元款
└─────────────────────────┘

项应该归李方所有；根据商法"董事、高级管理人员违反禁止性规定所得的收入应当归公司所有"的规定，所以该 40 万元款项应该归平昌公司所有。这样一来，民法与商法岂不是冲突了？当然不是。考生如此误解的原因在于其解题思维局限于公司法上，忽视了货币是特殊种类物，其占有与所有权不可分割。一旦该 40 万元进入李方个人账户时，该款项即归李方占有，其所有权自然也归属于李方个人。至于平昌公司的权益如何保障，法律赋予公司以不当得利返还请求权，换句话说，平昌公司享有债权法上的保障，但是它不享有该 40 万元款项的所有权。此外，公司法上关于"董事、高级管理人员违反禁止性规定所得的收入应当归公司所有"的规定，其中"所得的收入"在本题中应该作为"物权法上一般的物"来理解，即所有权和占有可以分割的物。所以，民法与商法在本题中的规定并不冲突。因此，考生在备考复习时需要注意将不同科目的知识点综合复习、融会贯通。

第五章　公司的收益分配制度

试　题

1. 洛川有限公司由甲、乙、丙三人发起设立。公司章程规定：（1）公司董事会由甲、乙、丙三名股东担任；（2）公司股东会授权董事会制订并审议批准利润分配方案。2023 年，公司董事会开会商讨公司上一年度利润分配方案，甲、乙、丙三人对分配方案均表示同意。但在该方案中没有规定具体的利润分配时间。决议作出后，洛川公司给甲、乙分配了利润，但未向丙分配。据此，下列说法正确的是：（2023 年回忆版）

A. 该公司董事会成员与股东一致，该章程规定无效

B. 该公司章程授权董事会利润分配的规定无效

C. 该决议因未规定利润分配时间而无效

D. 丙有权向法院起诉要求洛川公司按照方案向其分配

2. 振兴公司是一家非上市的股份公司，成立于 2020 年 4 月，从事基因技术研发业务。公司注册资本 1 亿元，股东共认缴出资 2 亿元。2021 年 4 月，该公司财务报表显示，2020 年振兴公司亏损 0.4 亿元人民币。因市场好转，一年后，2022 年 4 月，振兴公司实现税后净利润 0.8 亿元。据此，下列哪些说法是正确的？（2022 年回忆版）

A. 2020 年 4 月，振兴公司应将 1 亿元计入资本公积金

B. 就 0.8 亿元税后利润，振兴公司应当先弥补上一年度亏损

C. 就 0.8 亿元税后利润应当提取 0.08 亿元法定公积金

D. 振兴公司董事会有权决定提取一定比例的任意公积金

3. 唐氏餐饮有限公司成立于 2013 年，章程规定公司成立后三年内不分红。此后直至 2020 年，公司经营业绩良好，每年均有盈利，但一直未进行利润分配。2020 年 5 月，股东汪某要求分配利

润，遭到公司拒绝。此后，汪某一直联系其他股东主张公司应当分配利润。迫于压力，唐氏餐饮有限公司遂于 2021 年 6 月召开股东会，并通过了载明具体利润分配方案的股东会决议。据此，以下说法正确的是：（2021 年回忆版）

A. 汪某主张利润分配被公司拒绝后，有权要求公司以合理价格回购股权

B. 汪某主张利润分配被公司拒绝后，有权要求公司召开股东会并决议分配

C. 公司股东会利润分配决议通过后，汪某可对外转让其利润分配请求权

D. 汪某有权主张公司章程中关于公司成立后三年内不分红的约定无效

📶 **4.** 紫霞股份有限公司是一家从事游戏开发的非上市公司，注册资本 5000 万元，已发行股份总额为 1000 万股。公司成立后经营状况一直不佳，至 2015 年底公司账面亏损 3000 万元。2016 年初，公司开发出一款游戏，备受玩家追捧，市场异常火爆，年底即扭亏为盈，税后利润达 7000 万元。2016 年底，为回馈股东多年的付出，紫霞公司决定分配利润。此时公司的法定公积金余额仅为 5 万元。就此次利润分配行为，下列选项正确的是：（2017-3-92）

A. 公司应提取的法定公积金数额为 400 万元

B. 公司可提取法定公积金的上限为税后利润的一半，即 3500 万元

C. 经股东会决议，公司可提取任意公积金 1000 万元

D. 公司向股东可分配利润的上限为 3605 万元

📶 **5.** 关于公司的财务行为，下列哪些选项是正确的？（2014-3-71）

A. 在会计年度终了时，公司须编制财务会计报告，并自行审计

B. 公司的法定公积金不足以弥补以前年度亏损时，则在提取本年度法定公积金之前，应先用当年利润弥补亏损

C. 公司可用其资本公积金来弥补公司的亏损

D. 公司可将法定公积金转为公司资本，但所留存的该项公积金不得少于转增前公司注册资本的百分之二十五

详　解

1.　[答案]　BD　　[难度]　难

[考点]　股东会职权；利润分配；章程的效力

[命题和解题思路]　本题考查章程的效力、股东会职权的授权、利润分配决议等，是对《公司法》的综合性考查。首先，虽然新《公司法》强化了股东会对董事会的授权性规定，但是理论和实务中形成的关于股东会固有职权等内容的规定，依然具有适用的空间。利润分配往往被认为是股东加入公司的重要激励因素，是股东的固有权利，因此批准利润分配方案的权利也往往被认为是股东会的固有职权。其次，利润分配决议只会因为违反《公司法》关于利润分配的原则而无效，违反分配比例或者分配期限，或者没有约定分配比例或者分配期限均可按照《公司法》加以补救。最后，虽然 B 选项中的授权无效，但是在本题的特殊情形下，考生还需要对股东会决议是否形成进行实质性的判断。在这一问题上，维护公司组织的效率往往是商法的重要考量因素。

[选项分析]　A 选项考查董事任职资格。《公司法》第 178 条规定："下列情形之一的，不得担任公司的董事、监事、高级管理人员：（一）无民事行为能力或者限制民事行为能力；（二）因贪污、贿赂、侵占财产、挪用财产或者破坏社会主义市场经济秩序，被判处刑罚，或者因犯罪被剥夺政治权利，执行期满未逾五年，被宣告缓刑的，自缓刑考验期满之日起未逾二年；（三）担任破产清算的公司、企业的董事或者厂长、经理，对该公司、企业的破产负有个人责任的，自该公司、企业破产清算完结之日起未逾三年；（四）担任因违法被吊销营业执照、责令关闭的公司、企业的法定代表人，并负有个人责任的，自该公司、企业被吊销营业执照、责令关闭之日起未逾三年；（五）个人因所负数额较大债务到期未清偿被人民法院列为失信被执行人。违反前款规定选举、委派董事、监事或者聘任高级管理人员的，该选举、委派或者聘任无效。董事、监事、高级管理人员在任职期间出现本条第一款所列情形的，公司应当解除其职务。"其并未规定董事会成员不能与股东一致，A 选项错误。

B 选项考查股东会职权及股东会对董事会的授权。《公司法》第 59 条规定："股东会行使下列职权：（一）选举和更换董事、监事，决定有关董事、监事的报酬事项；（二）审议批准董事会的报告；（三）审议批准监事会的报告；（四）审议批

准公司的利润分配方案和弥补亏损方案；（五）对公司增加或者减少注册资本作出决议；（六）对发行公司债券作出决议；（七）对公司合并、分立、解散、清算或者变更公司形式作出决议；（八）修改公司章程；（九）公司章程规定的其他职权。股东会可以授权董事会对发行公司债券作出决议。对本条第一款所列事项股东以书面形式一致表示同意的，可以不召开股东会会议，直接作出决定，并由全体股东在决定文件上签名或者盖章。"同时，《公司法》第 67 条规定："有限责任公司设董事会，本法第七十五条另有规定的除外。董事会行使下列职权：（一）召集股东会会议，并向股东会报告工作；（二）执行股东会的决议；（三）决定公司的经营计划和投资方案；（四）制订公司的利润分配方案和弥补亏损方案；（五）制订公司增加或者减少注册资本以及发行公司债券的方案；（六）制订公司合并、分立、解散或者变更公司形式的方案；（七）决定公司内部管理机构的设置；（八）决定聘任或者解聘公司经理及其报酬事项，并根据经理的提名决定聘任或者解聘公司副经理、财务负责人及其报酬事项；（九）制定公司的基本管理制度；（十）公司章程规定或者股东会授予的其他职权。公司章程对董事会职权的限制不得对抗善意相对人。"虽然《公司法》第 67 条规定了董事会可以有股东会授予的其他职权，但是从理论和实践的角度来看，利润分配方案一般被认为会影响股东的固有权利，即使属于股东会的职权，股东会也不能向董事会概括授权。B 选项正确。

C 选项考查利润分配的期限。《公司法》第 212 条规定，股东会作出分配利润的决议的，董事会应当在股东会决议作出之日起 6 个月内进行分配。该条是对《公司法司法解释（五）》条文的修改性延续。据此，决议没有包括分配期限并不会导致决议无效，公司在 6 个月内分配即可。C 选项错误。

D 选项考查利润分配请求权。公司作出了利润分配决议后，自然需要向股东分配。但是本选项的难点在于，结合 B 选项，公司章程授权董事会审批利润分配方案的概括性授权无效，而依据题干表述，该公司又形成了董事会批准利润分配方案的决议。那么公司是否形成了利润分配决议呢？如果没有形成利润分配的决议，结合《公司法司法解释（四）》的规定，此时抽象利润分配

决议之诉的条件不成立，D 选项应当错误。但是需要考生注意的是，本题的特殊情形是公司董事和股东人员一致，因此在董事会上全体董事同意了该方案，也即意味着全体股东同意了该方案。而根据前引《公司法》第 59 条第 3 款的规定，对本条第 1 款所列事项股东以书面形式一致表示同意的，可以不召开股东会会议，直接作出决定，并由全体股东在决定文件上签名或者盖章。因此，实质上，该方案通过了股东会决议，属于作出了决议但未分配的情形，丙自然有权要求公司向其分配。D 选项正确。

2. ［答案］AB　　　［难度］中
［考点］资本公积金；利润分配

［命题和解题思路］本题系比较传统的题型，直接考查资本公积金和公司利润分配制度。考生只要把握住关于资本公积金、法定公积金、任意公积金的基础概念，熟练掌握公司利润分配制度即能作答。

［选项分析］A 选项是对资本公积金的考查。《公司法》第 213 条规定，股份有限公司以超过股票面值金额的发行价格发行股份所得的溢价款，应当列为公司资本公积金。根据题干事实，振兴公司注册资本为 1 亿元，而股东认缴的出资为 2 亿元。同时，股份公司并不适用认缴资本制，所有认缴出资均应实缴，因此，2020 年 4 月公司成立时该公司发行股份的溢价应为 1 亿元，并应当计入资本公积金。因此，A 选项正确。

B 选项考查的是利润分配制度。《公司法》第 210 条第 2 款规定，公司的法定公积金不足以弥补以前年度亏损的，在提取法定公积金之前，应当先弥补亏损。振兴公司 2020 年设立，2021 年亏损，因此，2022 年产生税后利润时，应先弥补上一年度亏损。因此，B 选项正确。

C 选项考查的也是利润分配制度。从 B 选项分析可知，在提取法定公积金前，应当先弥补亏损，再按照 10% 提取法定公积金。因此振兴公司应当提取的法定公积金应为 0.04 亿元，而非 0.08 亿元。因此，C 选项错误。

D 选项考查的是任意公积金的提取。《公司法》第 210 条第 3 款规定，提取任意公积金系股东会职权，因此 D 选项错误。考生如果能够理解，提取了任意公积金，就减少了股东的利润分配数

额，而利润分配方案的批准是股东会的职权，自然提取任意公积金也应当是股东会的职权，在不熟悉法条的情况下，也能排除该选项。

3. ［答案］AC　　　［难度］难

［考点］利润分配请求权；异议股东回购请求权

［命题和解题思路］本题综合考查公司利润分配制度，具体包括公司利润分配制度、股东利润分配请求权和异议股东回购请求权。本题知识点跨度较大，具有综合性，同时部分选项也没有直接的法律依据，因此提升了命题的难度。考生在面对公司利润分配问题时，可以从四个维度把握：(1) 利润分配属于公司的自由裁量权，公司可以决定分配也可以决定不分配；(2) 如果公司决定利润分配，需要满足公司法的强制性规定，这主要包括三点：第一，利润分配的原则：纯利分配原则和先计提公积金原则；第二，利润分配的顺序；第三，利润分配的比例（实缴，但可约定除外）；(3) 公司决定利润分配后，股东有权请求公司在法定的期限内执行分配决议，否则股东可以提起诉讼；(4) 公司决定不分配的，股东一般无权请求公司分配，但：第一，满足连续五年盈利但不分配的，可主张合理价格回购股权；第二，存在股东滥用权利导致不分配的，可以主张公司分配。

［选项分析］《公司法》第 89 条第 1 款、第 2 款规定："有下列情形之一的，对股东会该项决议投反对票的股东可以请求公司按照合理的价格收购其股权：（一）公司连续五年不向股东分配利润，而公司该五年连续盈利，并且符合本法规定的分配利润条件；（二）公司合并、分立、转让主要财产；（三）公司章程规定的营业期限届满或者章程规定的其他解散事由出现，股东会通过决议修改章程使公司存续。自股东会决议作出之日起六十日内，股东与公司不能达成股权收购协议的，股东可以自股东会决议作出之日起九十日内向人民法院提起诉讼。"本题中，该公司 2013 年成立，章程约定三年内不分红。由于初始章程由全体股东签字同意，因此属于全体股东一致约定的情形。根据《公司法》第 210 条的规定，有限公司利润分配，一般按照实缴比例，但是全体股东另有约定的除外。因此，2013 年、2014 年、2015 年可以不进行利润分配，符合《公司法》的规定。2016

年、2017 年、2018 年、2019 年连续四年未进行利润分配，尚未达到连续五年盈利且不进行利润分配的要求，因此 A 选项表述错误。

《公司法司法解释（四）》第 15 条规定，股东未提交载明具体分配方案的股东会或者股东大会决议，请求公司分配利润的，人民法院应当驳回其诉讼请求，但违反法律规定滥用股东权利导致公司不分配利润，给其他股东造成损失的除外。据此可知，利润分配是公司的自由裁量事项，股东一般情形下无权要求公司决议分配，因此 B 选项错误。

C 选项没有直接的法律依据，需要考生结合利润分配请求权的性质加以理解。在公司作出载有具体利润分配方案的股东会决议后，此时股东对公司的利润分配请求权实质上是一种债权请求权，具有确定的财产价值，当然可以对外转让。因此，C 选项正确。

根据《公司法》第 210 条规定，有限公司股东按照实缴的出资比例分取红利，但是全体股东约定不按照出资比例分取红利的除外。据此，唐氏公司成立时的初始章程规定"公司成立后三年内不分红"系全体股东对利润分配的约定。《公司法》第 210 条对利润分配的比例允许全体股东另行约定，同时，考生应注意这里的另行约定可以是约定不同于实缴比例的出资比例，也可以是任意其他比例，甚至不分红（属于 0% 的比例），这些都属于股东的意思自治。因此 D 选项表述错误。

4. ［答案］ACD　　　［难度］中

［考点］公司的收益分配制度（公司法对公司收益分配制度的强制性规定、公司收益分配顺序、股东利润的分配）

［命题和解题思路］本题旨在考查公司的收益分配制度，具体涉及法定公积金的提取、任意公积金的提取以及可分配利润的计算。针对该考点，以前的考查思路大体是针对公积金的用途、提取比例以及转增注册资本的注意事项等法律性规定，因此考生基本上也是依据该思路进行备考，主要侧重于理解记忆上述法律规定的内容。但是这次命题人别出心裁，以小案例的形式考查考生能否根据相关法条的规定准确地计算出公司法定公积金、可分配利润的具体数额。这就要求考生掌握以下两点：第一，准确地理解法条、适用法条，

尤其需要注意细节性的规定。例如，当公司的法定公积金不足以弥补以前年度的亏损时，按照《公司法》的规定，应当先用当年利润弥补亏损，然后再按照利润10%的比例提取本年度公司法定公积金，其中的"利润"是采取弥补亏损前的利润还是采取弥补亏损之后的利润？第二，于细节处见高下——精确掌握法条的每一处细节，不给命题人鱼目混珠留下任何的可乘之机，例如"公司法定公积金累计额为公司注册资本的百分之五十以上的，可以不再提取"，此处的表述是"可以不再提取"而并非"不可以再提取"。

[选项分析]《公司法》第210条第1款和第2款规定："公司分配当年税后利润时，应当提取利润的百分之十列入公司法定公积金。公司法定公积金累计额为公司注册资本的百分之五十以上的，可以不再提取。公司的法定公积金不足以弥补以前年度亏损的，在依照前款规定提取法定公积金之前，应当先用当年利润弥补亏损。"

A、B两个选项考查法定公积金的提取。本题中紫霞公司在2016年年底的法定公积金为5万元，不足以弥补以前年度亏损，所以，该公司当年的税后利润应当先用于弥补以前年度亏损3000万元，然后就剩余利润的部分按照10%的比例提取法定公积金，即[7000万（税后利润）-3000万（亏损）]×10%=400万（应提取的法定公积金）。所以，A选项表述正确，当选。

B选项是重点干扰项。根据上述规定，公司法定公积金累计额为公司注册资本的50%以上，可以不再提取。而B选项的表述有两个错误：第一，法定公积金不存在提取上限的问题，公司法所规定的是当公积金累计额超过注册资本的50%时，公司可以不再提取而非不能再提取；第二，上述规定"可以不再提取"的标准是"法定公积金累计额为公司注册资本的50%以上"，而非税后利润的50%以上。所以，B选项表述错误，不当选。

C选项考查任意公积金的提取。《公司法》第210条第3款规定："公司从税后利润中提取法定公积金后，经股东会决议，还可以从税后利润中提取任意公积金。"由此可知，公司经股东会决议，可以在提取法定公积金后就剩余的利润提取任意公积金。所以，C选项表述正确。

D选项考查公司可分配利润的确定。根据A

选项的分析可知，紫霞公司2016年度税后利润分配顺序如下：首先用于弥补以前年度的亏损（3000万元）；其次，在剩余利润的基础上，按照公司法规定提取10%作为法定公积金（400万元）。所以，在2016年度的公司税后利润中，可以向股东分配的利润为3600万元。此外，该公司之前法定公积金余额为5万元。所以，公司向股东可分配利润的上限为7000万（税后利润）-3000万（亏损）-400万（法定公积金）+5万（以前法定公积金余额）=3605万元。所以，D选项表述正确。

4. [答案] BCD（原答案为BD）　　　[难度] 易

[考点] 公司的财务会计报告制度；公司的收益分配制度

[命题和解题思路] 本题考查对《公司法》的熟悉程度，要求考生对《公司法》的相关规定理解到位，记忆准确。在本题的多个选项中，命题人都采取"掺沙子"之计对《公司法》的相关条款作了细微改动，例如A选项中的"自行审计"、C选项中的"可以"，考生如果审题不仔细或者记忆不准确，就会掉进命题陷阱。

[选项分析]《公司法》第208条第1款规定："公司应当在每一会计年度终了时编制财务会计报告，并依法经会计师事务所审计。"由此可知，公司编制的财务会计报告须由会计师事务所审计，而不能自行审计。所以，A选项错误。

《公司法》第210条第2款规定："公司的法定公积金不足以弥补以前年度亏损的，在依照前款规定提取法定公积金之前，应当先用当年利润弥补亏损。"由此可知，B选项正确。

《公司法》第214条第1款和第2款规定，公司的公积金用于弥补公司的亏损、扩大公司生产经营或者转为增加公司注册资本。公积金弥补公司亏损，应当先使用任意公积金和法定公积金；仍不能弥补的，可以按照规定使用资本公积金。该条规定改变了禁止资本公积金用来补亏的规定，因此我们根据新《公司法》修改本题的答案，同时也值得考生特别关注。C选项正确。

《公司法》第214条第3款规定，法定公积金转为增加注册资本时，所留存的该项公积金不得少于转增前公司注册资本的百分之二十五。由此可知，D选项正确。

第六章　公司的变更、分立、合并

📶 张某、李某为甲公司的股东，分别持股65%与35%，张某为公司董事长。为谋求更大的市场空间，张某提出吸收合并乙公司的发展战略。关于甲公司的合并行为，下列哪些表述是正确的？（2015-3-69）

A. 只有取得李某的同意，甲公司内部的合并决议才能有效

B. 在合并决议作出之日起15日内，甲公司须通知其债权人

C. 债权人自接到通知之日起30日内，有权对甲公司的合并行为提出异议

D. 合并乙公司后，甲公司须对原乙公司的债权人负责

详　解

[答案] AD　　[难度] 易

[考点] 公司合并的程序（合并协议、对债权人的通知、对债权人的救济）；公司合并的后果（合并后公司债权债务的承担）

[命题和解题思路] 本题考查的是考生对《公司法》中规定的公司合并程序及其合并后果的掌握情况。本题难度不大，考生只要熟悉相关法条便可得出正确的答案。但是，就命题陷阱而言，考生需要特别注意：《公司法》第220条规定的债权人异议仅仅是指在公司合并决议作出后，债权人有权要求公司清偿债务或者提供相应的担保，并非债权人在接到通知后有权对公司的合并行为本身提出异议。这两者还是有区别的！换句话说：

"我作出公司合并的决定后，你可以要求我清偿债务或者提供相应的担保，但是你无权对我的决定本身说三道四！"

[选项分析] 《公司法》第66条第3款规定："股东会作出修改公司章程、增加或者减少注册资本的决议，以及公司合并、分立、解散或者变更公司形式的决议，应当经代表三分之二以上表决权的股东通过。"由此可知，就公司合并事项的决议，须经代表三分之二以上表决权的股东通过。提议吸收合并乙公司的张某持股65%，尚且达不到三分之二以上的持股比例，所以该合并决议的生效通过必须经李某的同意。所以，A选项正确。

根据《公司法》第220条规定，公司应当自作出合并决议之日起10日内通知债权人，并于30日内在报纸上或者国家企业信用信息公示系统公告。所以，B选项错误，错在"15日"。

根据《公司法》第220条规定，债权人自接到通知书之日起30日内，未接到通知书的自公告之日起45日内，可以要求公司清偿债务或者提供相应的担保。由此可知，债权人的异议权仅指有权要求公司清偿债务或者提供相应的担保，无权对甲公司的合并行为本身提出异议。所以，C选项错误，错在"提出异议"。

《公司法》第221条规定："公司合并时，合并各方的债权、债务，应当由合并后存续的公司或者新设的公司承继。"由此可知，甲公司吸收合并乙公司后，乙公司主体资格消灭，仅甲公司存续，所以乙公司的债权债务由甲公司承继。所以，D选项正确。

第七章 公司的解散与清算

试 题

第一节 公司的解散

📶 **1.** 佳禾公司设立于 2015 年，其投资建设了佳禾商厦。公司有股东王某、张某和李某三人，其中王某和张某系夫妻，各持股 49%。2016 年王某和张某因感情发生纠纷，夫妻关系破裂，至此公司再未有效召开股东会。但因城市发展，佳禾商厦的租金持续上涨，公司盈利颇丰。据此，下列哪一表述是正确的？（2021 年回忆版）

A. 王某有权以自己的名义请求法院解散公司

B. 张某有权以股东的名义请求法院解散公司

C. 李某请求法院解散公司，应列公司为被告

D. 因该公司经营状况良好，因此法院不应裁判解散公司

📶 **2.** 瑞安有限公司设立于 2010 年，公司章程规定公司存续期为 10 年。2020 年 3 月，公司存续期间届满，但公司股东会并未修改章程。此后，瑞安公司依然开展营业活动，公司研发人员在"元宇宙"的概念下实现了 AR 技术的重大创新，给公司带来两笔数额较大的订单。2020 年 8 月，公司召开股东会决议修改公司章程，将公司存续期间延长至 2050 年。对该决议，仅有持股 3% 的小李表示反对。后决议通过并办理了变更手续。据此，下列哪一说法是正确的？（2021 年回忆版）

A. 如公司解散，公司股东有义务组织清算事务

B. 小李有权主张瑞安公司按照合理价格回购其股权

C. 小李有权主张其他赞同股东按照合理价格收购其股权

D. 公司应于 2020 年 3 月自动进入清算阶段

📶 **3.** 李某、王某、张某与陈某四人于 2016 年共同出资设立了俊实股份公司，持股比例分别为 60%、20%、10% 和 10%，李某为公司董事长、法定代表人。公司成立后，李某即因公司运营等问题与王某不和，一直未召开股东会。2020 年 3 月，李某提议将公司业务范围进行调整，并将修订公司章程的股东会决议发给张某、陈某两人。张某、陈某在决议上签字同意，且张某还模仿了王某的签名。2020 年 4 月，王某发现此事，要求公司召开股东会确认上述决议无效，并罢免李某的职务，否则要求公司回购其股权。对此，下列说法正确的是：（2020 年回忆版）

A. 如召开股东会应提前 15 日通知股东

B. 公司应回购王某的股权

C. 王某可诉请法院确认决议不成立

D. 王某可请求法院裁判解散公司

📶 **4.** 李桃是某股份公司发起人之一，持有 14% 的股份。在公司成立后的两年多时间里，各董事之间矛盾不断，不仅使公司原定上市计划难以实现，更导致公司经营管理出现严重困难。关于李桃可采取的法律措施，下列哪一说法是正确的？（2015-3-27）

A. 可起诉各董事履行对公司的忠实义务和勤勉义务

B. 可同时提起解散公司的诉讼和对公司进行清算的诉讼

C. 在提起解散公司诉讼时，可直接要求法院采取财产保全措施

D. 在提起解散公司诉讼时，应以公司为被告

📶 **5.** 某经营高档餐饮的有限责任公司，成立于 2004 年。最近四年来，因受市场影响，公司业绩逐年下滑，各董事间又长期不和，公司经营管理几近瘫痪。股东张某提起解散公司诉讼。对此，下列哪一表述是正确的？（2014-3-28）

A. 可同时提起清算公司的诉讼

B. 可向法院申请财产保全

C. 可将其他股东列为共同被告

D. 如法院就解散公司诉讼作出判决，仅对公司具有法律拘束力

第二节 公司的清算

📶 **1.** 月秀有限公司由甲、乙、丙三人发起设立，持股比例为 9∶5∶1。甲为公司董事兼任公司法定代表人，乙为公司总经理，丙未在公司任职，平

日也不参与公司治理。2022 年 5 月，月秀公司被行政主管部门责令关闭，但甲和乙一直没有组织清算。债权人丁为此多次督促月秀公司及时清算。据此，丁的下列哪一要求是合法的？（2023 年回忆版）

A. 甲承担怠于清算的责任

B. 乙承担怠于清算的责任

C. 丙承担怠于清算的责任

D. 加入清算组以维护自身权利

2. 因公司章程所规定的营业期限届满，蒙玛有限公司进入清算程序。关于该公司的清算，下列哪些选项是错误的？（2014-3-70）

A. 在公司逾期不成立清算组时，公司股东可直接申请法院指定组成清算组

B. 公司在清算期间，由清算组代表公司参加诉讼

C. 债权人未在规定期限内申报债权的，则不得补充申报

D. 法院组织清算的，清算方案报法院备案后，清算组即可执行

详　解

第一节　公司的解散

1. [答案] AB　　[难度] 中

[考点] 解散公司诉讼

[命题和解题思路] 本题是对股东解散公司诉讼的考查，考查难度不大。考生围绕这一考点，只要能掌握以下常考的内容即可选出答案：（1）股东解散公司诉讼的主体要求是持股 10% 以上的股东；（2）请求法院裁判解散公司的情形系公司治理僵局，而非经营困难或者股东权利受到损害；（3）法院在裁判解散公司之前应先进行调解，裁判解散公司之后进入公司清算程序。

[选项分析]《公司法》第 231 条规定，公司经营管理发生严重困难，继续存续会使股东利益受到重大损失，通过其他途径不能解决的，持有公司百分之十以上表决权的股东，可以请求人民法院解散公司。对于"公司经营管理发生严重困难"的理解，可参考《公司法司法解释（二）》第 1 条规定："单独或者合计持有公司全部股东表决权百分之十以上的股东，以下事由之一提起

解散公司诉讼，并符合公司法第一百八十二条规定的，人民法院应予受理：（一）公司持续两年以上无法召开股东会或者股东大会，公司经营管理发生严重困难的；（二）股东表决时无法达到法定或者公司章程规定的比例，持续两年以上不能做出有效的股东会或者股东大会决议，公司经营管理发生严重困难的；（三）公司董事长期冲突，且无法通过股东会或者股东大会解决，公司经营管理发生严重困难的；（四）经营管理发生其他严重困难，公司继续存续会使股东利益受到重大损失的情形。股东以知情权、利润分配请求权等权益受到损害，或者公司亏损、财产不足以偿还全部债务，以及公司被吊销企业法人营业执照未进行清算等为由，提起解散公司诉讼的，人民法院不予受理。"

据此可知，该公司自 2016 年以来一直未能召开股东会，符合公司持续两年无法召开股东会的情形，王某和张某分别持股 49%，因此有权请求法院解散公司，所以 A 选项、B 选项表述正确。

李某仅持股 2%，不足 10%，因此李某无权向法院提起公司解散之诉，C 选项表述错误。

请求法院解散公司的情形是公司治理僵局，公司盈利状况和股东权利是否受到损害，并非请求法院解散公司的情形，也非法院不判决解散公司的考虑因素，因此 D 选项表述错误。

2. [答案] B　　[难度] 中

[考点] 公司解散；异议股东回购请求权

[命题和解题思路] 本题考查公司解散和异议股东回购请求权，考查方式较为传统，难度不高。公司法规定的公司解散事由，包括自愿解散和强制解散。所谓自愿解散主要包括章程规定营业期限届满或者其他解散事项出现、股东会决议解散以及合并或分立解散；强制解散则包括行政强制解散即被依法吊销营业执照、责令关闭或者被撤销以及司法解散。公司出现解散事由的，除合并或分立解散外均须清算。其中考生要特别注意，章程规定的期限届满或者解散事由出现的，公司可以通过修改章程存续。同时，《公司法》第 89 条规定，公司章程规定的营业期限届满或者章程解散事由出现，股东会会议通过决议修改章程使得公司存续的，异议股东可以请求公司以合理价格回购股权。

[选项分析]《公司法》第89条第1款、第2款规定："有下列情形之一的，对股东会该项决议投反对票的股东可以请求公司按照合理的价格收购其股权：（一）公司连续五年不向股东分配利润，而公司该五年连续盈利，并且符合本法规定的分配利润条件；（二）公司合并、分立、转让主要财产；（三）公司章程规定的营业期限届满或者章程规定的其他解散事由出现，股东会通过决议修改章程使公司存续。自股东会决议作出之日起六十日内，股东与公司不能达成股权收购协议的，股东可以自股东会决议作出之日起九十日内向人民法院提起诉讼。"《公司法》第229条第1款规定："公司因下列原因解散：（一）公司章程规定的营业期限届满或者公司章程规定的其他解散事由出现；（二）股东会决议解散；（三）因公司合并或者分立需要解散；（四）依法被吊销营业执照、责令关闭或者被撤销；（五）人民法院依照本法第二百三十一条的规定予以解散。"《公司法》第230条规定："公司有前条第一款第一项、第二项情形，且尚未向股东分配财产的，可以通过修改公司章程或者经股东会决议而存续。依照前款规定修改公司章程或者经股东会决议，有限责任公司须经持有三分之二以上表决权的股东通过，股份有限公司须经出席股东会会议的股东所持表决权的三分之二以上通过。"《公司法》第232条规定："公司因本法第二百二十九条第一款第一项、第二项、第四项、第五项规定而解散的，应当清算。董事为公司清算义务人，应当在解散事由出现之日起十五日内组成清算组进行清算。清算组由董事组成，但是公司章程另有规定或者股东会决议另选他人的除外。清算义务人未及时履行清算义务，给公司或者债权人造成损失的，应当承担赔偿责任。"

据此，A选项认为如公司解散，公司股东有义务组织清算事务的表述错误。这是新《公司法》在清算义务人方面作出的重大调整与变化，即将有限公司的清算义务人由股东转为董事。B选项认为投反对票的股东有权主张公司按照合理价格收购股权，表述正确。C选项表述错误。对于D选项，一方面，根据《公司法》230条规定，可以通过修改章程使公司继续存续，因此并非章程规定营业期限届满，公司即解散；另一方面，公司清算也需要负有清算义务的主体组织清算组方

可展开。因此，D选项表述错误。

3. [答案] ACD　　[难度] 中
[考点] 公司决议的效力；异议股东回购请求权；司法裁判解散公司

[命题和解题思路] 该题以小案例的形式综合考查了公司股东会召集通知、异议股东回购请求权、司法裁判解散公司等制度。公司治理僵局是法考常考的考点，同时公司僵局又与股东会、股东权利等多项《公司法》制度密切联系。考生在应对此类问题时，不仅需要熟练掌握《公司法》及《公司法司法解释（二）》《公司法司法解释（五）》关于司法裁判解散公司的规定，还需要对与之关联的制度，尤其是股东知情权、异议股东回购请求权、利润分配请求权等制度相区分。

[选项分析] A选项考查的是临时股东会召集通知。《公司法》第115条规定，临时股东会应当于召开前15日通知股东。因此，A选项正确。

B选项考查的是公司回购股权的相关内容。考生在学习公司法时，涉及公司股权回购的部分，包括《公司法》第161条非上市股份公司异议股东回购请求权和第162条股份公司异议股东回购请求权以及股份回购的规定，以及《公司法司法解释（二）》《公司法司法解释（五）》所规定的在公司僵局时，可采取的其他解决途径中的请求公司回购股权的方式。对此，特别提示考生注意的是，异议股东回购请求权在条件满足时，公司负有回购义务应当回购，但是在公司僵局的调解中，作为解决途径的回购仅仅是股东可请求公司回购，公司并无回购义务。本题属于公司僵局中的股东会长期违法未召开的情形，并不满足异议股东回购请求权的行使条件。因此王某为解决公司矛盾，可请求公司回购自己的股权，但公司并无回购义务。因此，B选项错误。

C选项考查的是公司决议的效力。《公司法》第27条规定："有下列情形之一的，公司股东会、董事会的决议不成立：（一）未召开股东会、董事会会议作出决议；（二）股东会、董事会会议未对决议事项进行表决；（三）出席会议的人数或者所持表决权数未达到本法或者公司章程规定的人数或者所持表决权数；（四）同意决议事项的人数或者所持表决权数未达到本法或者公司章程规定的人数或者所持表决权数。"在本案事实中，该公司

并未召开股东会，且王某的签名为伪造，属于决议不成立的情形。因此，C 选项正确。

D 选项考查的是公司的司法裁判解散。《公司法》第 231 条规定，公司经营管理发生严重困难，继续存续会使股东利益受到重大损失，通过其他途径不能解决的，持有公司百分之十以上表决权的股东，可请求法院解散公司。对于公司经营管理发生严重困难的认定，可以参照《公司法司法解释（二）》，其具体规定了连续两年以上无法召开股东会的，属于可司法解散的情形。在本案事实中，该公司已经连续多年未召开股东会，属于可请求解散公司的情形。因此，D 选项正确。

4.［答案］D　　［难度］中
［考点］公司的解散（司法判决解散）
［命题和解题思路］本题主要考查的是《公司法》和《公司法司法解释（二）》对公司司法判决解散制度的规定，考查的内容较为琐碎细致，考生若不熟悉相关规定，很容易选错答案。但是，本题可以利用排除法轻易解决——"股东提起解散公司诉讼时，应以公司为被告"这个规定很多考生都应该熟悉，若考生对前三项的判定心存犹豫，可以直接根据该规定得出正确答案。此外，本题需要特别注意的一点是：董事之间长期冲突并不意味着处于长期冲突的这些董事违反了对公司的忠诚义务与勤勉义务，后者认定的标准是"是否违反法律、行政法规以及公司章程的规定"。这是命题人经常用来考查考生是否存在"想当然"的答题毛病的绝佳陷阱，考生不可不察！

［选项分析］《公司法》第 180 条规定，董事、监事、高级管理人员对公司负有忠实义务，应当采取措施避免自身利益与公司利益冲突，不得利用职权牟取不正当利益。董事、监事、高级管理人员对公司负有勤勉义务，执行职务应当为公司的最大利益尽到管理者通常应有的合理注意。公司的控股股东、实际控制人不担任公司董事但实际执行公司事务的，适用前两款规定。由此可知，仅当公司的董事、监事、高级管理人员违反法律、行政法规和公司章程时，我们才可认定上述人员违反了对公司的忠实义务与勤勉义务。显然，仅仅从题干中提及的"各董事之间矛盾不断"无法得出上述董事违反了该义务。此外，退一步讲，

即使上述董事违反了对公司的忠诚义务和勤勉义务，法律作出的处理也是：（1）公司行使归入权；（2）董事、监事、高级管理人员执行公司职务时违反法律、行政法规或者公司章程的规定，给公司造成损失的，应当承担赔偿责任。即公司高管人员所负的忠实义务与勤勉义务的履行不具有可诉性。所以，A 选项错误。

参考《公司法司法解释（二）》第 2 条规定，股东提起解散公司诉讼，同时又申请人民法院对公司进行清算的，人民法院对其提出的清算申请不予受理。人民法院可以告知原告，在人民法院判决解散公司后，依据《民法典》第 70 条、《公司法》第 183 条（现为第 232 条）和本规定第 7 条的规定，自行组织清算或者另行申请人民法院对公司进行清算。由此可知，B 选项错误，错在"同时提起"。

C 选项是重点干扰项。考生可能会忽略问题中的"直接"二字，而本选项恰好错就错在"直接"二字。参考《公司法司法解释（二）》第 3 条规定，股东提起解散公司诉讼时，向人民法院申请财产保全或者证据保全的，在股东提供担保且不影响公司正常经营的情形下，人民法院可予以保全。由此可知，C 选项错误，错在"直接"二字。

参考《公司法司法解释（二）》第 4 条第 1 款规定，股东提起解散公司诉讼应当以公司为被告。由此可知，D 选项正确。

5.［答案］B　　［难度］中
［考点］公司的解散（司法判决解散）
［命题和解题思路］命题人以小案例的形式来全方位考查司法判决解散制度，涉及的法律条文非常细致，以此了解考生对司法判决解散制度掌握的广度和深度。因而，正确解答本题需要对我国的司法判决解散制度有全面的了解，并对《公司法司法解释（二）》的相关条款记忆准确。本题尤其要求考生能够准确记忆股东提起解散诉讼的条件、被告以及申请财产保全的条件。

具体而言，股东代表诉讼制度即公司经营管理发生严重困难，继续存续会使股东利益受到重大损失，通过其他途径不能解决时，持有公司全部股东表决权 10% 以上的股东可以请求法院解散公司。但是，本题的考查范围并不局限于《公司

法》规定的这一诉讼程序上，而是对该程序作出具体规定的《公司法司法解释（二）》，具体涉及的知识点有：第一，解散公司的诉讼与清算公司的诉讼不可同时提起；第二，股东提起解散公司诉讼，在股东提供担保且不影响公司正常经营的情形下，可以向法院申请财产保全；第三，股东提起解散公司的诉讼，被告只能是公司；第四，法院就解散公司诉讼作出的判决，不仅对公司有法律约束力，而且对公司全体股东具有法律约束力。考生如不熟悉上述细节，很容易选错答案。

[选项分析]《公司法司法解释（二）》第2条规定："股东提起解散公司诉讼，同时又申请人民法院对公司进行清算的，人民法院对其提出的清算申请不予受理。人民法院可以告知原告，在人民法院判决解散公司后，依据民法典第七十条、公司法第一百八十三条和本规定第七条的规定，自行组织清算或者另行申请人民法院对公司进行清算。"由此可知，股东在提起司法解散公司诉讼时，不可以同时提起清算公司的诉讼。所以，A选项错误。

B项是本题的重点干扰项。《公司法司法解释（二）》第3条规定："股东提起解散公司诉讼时，向人民法院申请财产保全或者证据保全的，在股东提供担保且不影响公司正常经营的情形下，人民法院可予以保全。"由此可知，股东提起解散公司诉讼时，有权向人民法院申请财产保全或者证据保全。但是，能否获得法院的同意，关键看是否满足一定的条件，即股东提供担保且保全不影响公司正常经营。换而言之，向法院申请财产保全是股东的权利，但是权利能否实现由法院根据一定的标准作出决定。许多考生可能会误以为B选项错误，理由是本题没有交代张某是否符合财产保全的条件。考生之所以会产生如此误解，主要是因为审题不清。B选项只是表达了"张某可以向法院申请财产保全"的意思，并没有表达"张某的财产保全申请能够获得法院的同意"的意思。总而言之，"张某有权申请，但是否同意由法院决定"。所以，B选项正确。

《公司法司法解释（二）》第4条第1、2款规定："股东提起解散公司诉讼应当以公司为被告。原告以其他股东为被告一并提起诉讼的，人民法院应当告知原告将其他股东变更为第三人；

原告坚持不予变更的，人民法院应当驳回原告对其他股东的起诉。"由此可知，股东提起司法解散公司诉讼，公司作为被告，其他股东只能是诉讼第三人。所以，C选项错误。

《公司法司法解释（二）》第6条第1款规定："人民法院关于解散公司诉讼作出的判决，对公司全体股东具有法律约束力。"由此可知，法院关于解散公司诉讼作出的判决，不仅对公司具有法律约束力，而且对公司全体股东也具有法律约束力。所以，D选项错误。

第二节 公司的清算

1. [答案] A　　[难度] 中

[考点] 公司清算

[命题和解题思路] 本题考查公司解散清算的相关知识。由于2023年《公司法》修订后，该部分内容已经发生了变化，因此，我们在对题目改造时，也改变了原题目的设计，而是结合了新《公司法》重新进行了设计。本次《公司法》修订中，关于公司清算最大的变化是，将清算义务人统一为"董事"。原《公司法》规定，有限责任公司的清算组由"股东"组成，股份有限公司的清算组由"董事或者股东大会确定的人员"组成。这一修改是为了与《民法典》第70条保持一致而进行的修订，值得考生注意。

[选项分析]《公司法》第232条规定："公司因本法第二百二十九条第一款第一项、第二项、第四项、第五项规定而解散的，应当清算。董事为公司清算义务人，应当在解散事由出现之日起十五日内组成清算组进行清算。清算组由董事组成，但是公司章程另有规定或者股东会决议另选他人的除外。清算义务人未及时履行清算义务，给公司或者债权人造成损失的，应当承担赔偿责任。"A选项正确，BC选项错误。

同时，虽然新《公司法》颁布后，《公司法司法解释（二）》应当如何修订目前尚不明确，但债权人无权要求加入清算组应当是确定的。D选项错误。

2. [答案] BCD（原答案为ABCD）　[难度] 中

[考点] 公司的清算（清算组织的成立）

[命题和解题思路] 指令句明确本题的考点是公司的清算程序。从形式上看，命题人采取否

定设问法来增加本题的难度；从内容上看，命题人主要使用"偷梁换柱"和"掺沙子"的方法来设计各个选项，例如 A 选项中的"直接"、B 选项中的"清算组"以及 D 选项中的"备案"等，从而检验考生审题时的细心程度和对法条的熟悉程度。因此，本题的考查要求主要在"细"而不"深"，这提醒考生在做题时务必要仔仔细细审题，解题时不妨画出题干和选项中的关键词，以防不测！

此外，本题涉及的相关知识点如下：（1）公司股东无权直接向法院提出清算申请，股东提出清算申请须满足：公司逾期未成立清算组或者成立清算组后不清算。（2）公司在清算期间仍然具有法人资格，在办理注销登记之前，有关公司的诉讼仍可以公司的名义进行，但是应该由清算组负责人代表公司参加诉讼。（3）债权人在规定的期限内未申报债权，在公司清算程序终结前仍然有权申报。（4）法院组织清算的，清算方案应当报法院确认。

[选项分析]《公司法》第 233 条第 1 款规定，公司依照前条第一款的规定应当清算，逾期不成立清算组进行清算或者成立清算组后不清算的，利害关系人可以申请人民法院指定有关人员组成清算组进行清算。人民法院应当受理该申请，并及时组织清算组进行清算。针对"利害关系人"的解释，结合《公司法司法解释（二）》第 7 条

的规定，包括债权人、股东、董事等。因此 A 选项表述正确，不当选。

B 选项是本题的重点干扰项，"清算组负责人"不同于"清算组"，细节决定成败！《公司法司法解释（二）》第 10 条规定："公司依法清算结束并办理注销登记前，有关公司的民事诉讼，应当以公司的名义进行。公司成立清算组的，由清算组负责人代表公司参加诉讼；尚未成立清算组的，由原法定代表人代表公司参加诉讼。"由此可知，公司清算期间，由清算组负责人代表公司参加诉讼，而非清算组代表公司参加诉讼。所以，B 选项表述错误，当选。

《公司法司法解释（二）》第 13 条第 1 款规定："债权人在规定的期限内未申报债权，在公司清算程序终结前补充申报的，清算组应予登记。"由此可知，债权人未在规定期限内申报债权的，只要在公司清算程序终结前，仍然可以补充申报。所以，C 选项表述错误，当选。

D 选项也是干扰项，"确认"不同于"备案"，细节决定成败！《公司法司法解释（二）》第 15 条第 1 款规定："公司自行清算的，清算方案应当报股东会或者股东大会决议确认；人民法院组织清算的，清算方案应当报人民法院确认。未经确认的清算方案，清算组不得执行。"由此可知，法院组织清算的，清算方案应该报人民法院确认，而非备案。所以，D 选项表述错误，当选。

第八章　有限责任公司

试　题

第一节　有限责任公司的组织机构

1. 蜀国有限公司董事会有成员三人，分别为刘大、关二和张三，任期均自 2019 年至 2021 年。2019 年 12 月，刘大因家中变故向公司递交辞呈，辞去董事职位。尽管公司并未批准，但刘大再未继续在公司履职。2020 年因张三经营能力不足，蜀国有限公司股东会决议罢免张三的董事职务。据此，下列哪些说法是正确的？（2021 年回忆版）

A. 无论蜀国公司是否批准刘大的辞呈，均不会影响刘大辞职的法律效力

B. 因为刘大的辞职导致董事会人数不足法定人数，因此辞职不发生法律效力

C. 蜀国公司股东会决议罢免张三的董事职务并不必然导致张三丧失董事资格

D. 即使张三被罢免了董事职务，依然有权向公司要求支付剩余任期的薪资

2. 吴某是金泰公司的股东和法定代表人，持股 60%。该公司章程规定，公司对外担保须经股东会决议。银池公司向融通银行借款 1000 万元，为担保该笔贷款，银池公司邀请金泰公司为其提供担保。吴某遂制作了股东会决议，授权柯某为特别代理人，全权负责该对外担保事务，并伪造

了其他股东的签字。柯某与银池公司和融通银行协商后，签订了为银池公司向融通银行借款提供担保的协议。融通银行审查了金泰公司的股东会决议。后金泰公司小股东任某得知此事，且查明吴某为银池公司的实际控制人。据此，下列哪些选项是正确的？（2021 年回忆版）

A. 任某可请求法院确认该决议不成立

B. 柯某并非公司法定代表人，因此不构成表见代理

C. 该担保因融通银行审查了股东会决议而有效

D. 该担保必须经股东会决议，且吴某须表决回避

3. 2017 年 11 月，陆超、鲁祥、邓丽三人成立了锦惠有限公司，持股比例分别为 30%、60%、10%。鲁祥担任公司董事长兼法定代表人，邓丽担任公司唯一的监事。但鲁祥未按约定履行出资义务。2018 年 1 月，鲁祥违规决议锦惠公司为其本人提供担保，由此导致公司股权价值下降，造成损失 100 万元，而锦惠公司并未向其主张赔偿责任。对此，陆超有权进行下列哪些行为？（2018 年回忆版）

A. 提议召开临时股东会会议变更法定代表人

B. 直接要求鲁祥承担股权价值下降造成的损失

C. 直接要求鲁祥向公司履行出资义务

D. 提起代表诉讼，要求鲁祥向自己承担赔偿责任

4. 紫云有限公司设有股东会、董事会和监事会。近期公司的几次投标均失败，董事会对此的解释是市场竞争激烈，对手强大。但监事会认为是因为董事狄某将紫云公司的标底暗中透露给其好友的公司。对此，监事会有权采取下列哪些处理措施？（2016-3-69）

A. 提议召开董事会

B. 提议召开股东会

C. 提议罢免狄某

D. 聘请律师协助调查

5. 荣吉有限公司是一家商贸公司，刘壮任董事长，马姝任公司总经理。关于马姝所担任的总经理职位，下列哪一选项是正确的？（2015-3-26）

A. 担任公司总经理须经刘壮的聘任

B. 享有以公司名义对外签订合同的法定代理权

C. 有权制定公司的劳动纪律制度

D. 有权聘任公司的财务经理

6. 钱某为益扬有限公司的董事，赵某为公司的职工代表监事。公司为钱某、赵某支出的下列哪一项费用须经公司股东会批准？（2015-3-68）

A. 钱某的年薪

B. 钱某的董事责任保险费

C. 赵某的差旅费

D. 赵某的社会保险费

7. 新余有限公司共有股东 4 人，公司未设立董事会，股东刘某为董事，执行公司事务。在公司章程无特别规定的情形下，刘某可以行使下列哪一职权？（2013-3-25，改编）

A. 决定公司的投资计划

B. 否决其他股东对外转让股权行为的效力

C. 决定聘任公司经理

D. 决定公司的利润分配方案

第二节　有限责任公司的股权转让

1. 甲名下注册有一人有限公司高盛公司和个人独资企业华盛企业。甲因病去世后，其合法继承人乙和丙愿意继承上述两家企业继续从事经营活动。经查，目前高盛公司拖欠丁公司 100 万元债务不能清偿，并与华盛企业长期存在人员混同、财务混同的情形。据此，下列哪一说法是错误的？（2023 年回忆版）

A. 高盛公司不能依法继承，应清算并注销

B. 华盛企业不能依法继承，应清算并注销

C. 乙、丙可依法直接取得股东资格，成为高盛公司的股东

D. 华盛企业应对高盛公司的债务承担连带责任

2. 2020 年 3 月 2 日，王某和孙某达成股权互换协议，约定王某将自己持有的荣发有限公司 10% 的股权和孙某持有的大明有限公司的 20% 股权按照 1：1 的比例互换。通过互换，王某将持有大明有限公司 50% 的股权。荣发公司就该事项召开股东会，会上除燕小乙反对并要求按评估价行使优先购买权外，其他股东均同意。王某拒绝燕小乙的优先购买主张并积极推动协议的履行。后孙某协助王某完成了大明公司的股权变更登记，

但因荣发公司董事官某疏忽并未完成股东变更登记手续。2020 年 4 月，王某为融资需求又将该荣发有限公司 10% 的股权对外出质给不知情的贾某并完成了质押登记。据此，下列哪些选项是正确的？（2021 年回忆版）

A. 燕小乙因不满足"同等条件"而无权主张行使优先购买权

B. 王某又将荣发公司 10% 的股权对外出质属于无权处分

C. 贾某有权基于善意主张股权质押有效

D. 孙某有权请求王某和官某就自己的损失承担赔偿责任

📶 **3.** 汪某为兴荣有限责任公司的股东，持股 34%。2017 年 5 月，汪某因不能偿还永平公司的货款，永平公司向法院申请强制执行汪某在兴荣公司的股权。关于本案，下列哪一选项是正确的？（2017-3-28）

A. 永平公司在申请强制执行汪某的股权时，应通知兴荣公司的其他股东

B. 兴荣公司的其他股东自通知之日起 1 个月内，可主张行使优先购买权

C. 如汪某所持股权的 50% 在价值上即可清偿债务，则永平公司不得强制执行其全部股权

D. 如在股权强制拍卖中由丁某拍定，则丁某取得汪某股权的时间为变更登记办理完毕时

📶 **4.** 甲持有硕昌有限公司 69% 的股权，任该公司董事长；乙、丙为公司另外两个股东。因打算移居海外，甲拟出让其全部股权。对此，下列哪些说法是错误的？（2015-3-70）

A. 因甲的持股比例已超过 2/3，故不必征得乙、丙的同意，甲即可对外转让自己的股权

B. 若公司章程限制甲转让其股权，则甲可直接修改章程中的限制性规定，以使其股权转让行为合法

C. 甲可将其股权分割为两部分，分别转让给乙、丙

D. 甲对外转让其全部股权时，乙或丙均可就甲所转让股权的一部分主张优先购买权

第三节　公司决议效力瑕疵诉讼

📶 **1.** 白某、赵某于 2017 年 2 月共同出资成立了盛康有限公司，白某持股为 99%，担任董事长兼

法定代表人，赵某持股为 1%。2019 年 3 月 4 日，公司针对与盛大公司的合并召开股东会，未通知赵某参加。当日决议后，白某让其秘书王某在股东会决议上代签了赵某的签名。对此，下列哪一选项是正确的？（2019 年回忆版）

A. 赵某可以提起股东会决议撤销之诉

B. 赵某不可以提起股东会决议撤销之诉

C. 赵某可以提起股东会决议无效之诉

D. 赵某可以提起股东会决议不成立之诉

📶 **2.** 长生有限公司于 2016 年 4 月成立，吕杰持有 80% 股权并担任董事长，邓红持有 7% 股权。公司章程规定：公司召开股东会应当提前十天并以书面形式通知全体股东。为扩大经营规模，吕杰认为应当与常健公司合并，遂提议召开股东会会议，但因准备匆忙，在会议召开的八天前才通知邓红。长生公司召开了股东会，并对与常健公司的合并作出了决议，其中持有 90% 表决权的股东赞成，而邓红与持股 3% 表决权的股东反对，且邓红拒绝在决议上签字。对此，下列哪些选项是正确的？（2018 年回忆版）

A. 该次股东会会议的召集程序违反章程规定，邓红可以要求撤销该决议

B. 该次股东会会议的召集程序违反法律规定，邓红可以主张该决议无效

C. 邓红有权要求公司以合理价款回购其所持有长生公司的股权

D. 若邓红对股东会决议效力提起相关诉讼，应以公司为被告，其他股东列为第三人

详　解

第一节　有限责任公司的组织机构

1.［答案］AB　　［难度］难

［考点］董事的任期；董事的罢免

［命题和解题思路］本题针对董事的任期和董事罢免制度设问，属于对法条的细致考查。围绕这一考点，考生需要掌握以下考点：（1）董事会的规模，此为公司法强制性规定：公司董事人数最低为 3 人；（2）董事的任期和留任：董事任期不得超过 3 年，任期届满未及时改选或者任期内辞职导致低于法定人数的，原董事在该选出的董事就任前，仍应当履行董事职务；（3）董事任期

届满前股东会可解除董事职务，但董事可主张合理补偿。命题人在具体选项设计中考查较为细致，需要考生对法条规定全面把握，方能有效作答。

[选项分析]《公司法》第68条第1款规定，有限责任公司董事会成员为三人以上，其成员中可以有公司职工代表。《公司法》第70条第2款规定，董事任期届满未及时改选，或者董事在任期内辞任导致董事会成员低于法定人数的，在改选出的董事就任前，原董事仍应当依照法律、行政法规和公司章程的规定，履行董事职务。据此，A选项和B选项涉及的是董事刘大在任期内辞职，因刘大的辞职会导致董事人数不足法定最低人数三人，因此刘大在改选出的董事就任之前，仍应履行董事职务，也即辞职并不发生法律效力。因此A选项认为无论公司是否同意刘大辞职，均不影响刘大辞职的法律效力，表述正确。B选项认为因辞职导致董事人数不足法定最低人数，因此辞职不发生法律效力，表述正确。

《公司法》第71条规定，股东会可以决议解任董事，决议作出之日解任生效。无正当理由，在任期届满前解任董事的，该董事可以要求公司予以赔偿。据此，蜀国公司股东会可以决议罢免张三的董事职务，职务罢免后即时生效，并不产生董事留任的效果。因此C选项表述错误。考生对此要特别细致地把握，留任董事制度仅针对到期未改选和任内辞任两种情形，如果属于被罢免的情形，即使罢免导致董事人数不足法定最低人数也不会发生董事留任的效果。当然，考生也可结合生活常识判断，既然张三被罢免的理由是不称职，那么自然也没有让他继续履行职责的理由。

D选项则细致地考查了董事被罢免之后的补偿，按照《公司法》第71条的规定是给予赔偿，参照《公司法司法解释（五）》的规定属于合理补偿，具体合理补偿的数额可以结合解除的原因、剩余任期以及董事薪酬等因素综合判断。D选项中称张三有权主张剩余任期的薪资，显然是偷换概念的命题手法。当然，实际上考生也可通过生活常识判断，在不称职被罢免的情形下，剩余任期的薪资主张肯定不会得到法律的支持，否则就是奖励庸才。因此，D选项的表述错误。

2.［答案］AC ［难度］难
［考点］公司对外担保；公司决议

［命题和解题思路］本题主要考查公司对外担保的效力，出题方式较为新颖，反映了法考出题方式较为灵活的趋势。首先，一般公司对外越权担保，往往是结合越权代表的考点考查，即法定代表人未经法定程序或未经有权机关决议即对外担保，而本题则考查的是公司股东会并未决议是否同意担保，而是决议授权特别代理人全权负责。其次，本题也还结合考查了公司决议的效力，体现出一定的综合性。但是针对这种灵活性的考查，考生也大可不必慌张。所谓万变不离其宗，考生只要能全面地理解和掌握考点，就可以识破命题人的"障眼术"。实际上，公司对外担保可以由法定代表人作出也可以由代理人作出，未经股东会决议即构成越权代表或者越权代理，而越权代表或越权代理的担保效力如何认定的核心在于第三人是否属于善意。根据《担保制度司法解释》第7条规定，善意，是指相对人在订立担保合同时不知道且不应当知道法定代表人超越权限。针对此条，考生往往简单化理解为是否审查，而忽略了审查义务的原理在于法院可以推定其属于善意。因此，只要能证明第三人具有可被保护的善意，即可认定越权担保有效。考生如能理解这一点，不难给出答案。

［选项分析］《公司法》第15条规定："公司向其他企业投资或者为他人提供担保，按照公司章程的规定，由董事会或者股东会决议；公司章程对投资或者担保的总额及单项投资或者担保的数额有限额规定的，不得超过规定的限额。公司为公司股东或者实际控制人提供担保的，应当经股东会决议。前款规定的股东或者受前款规定的实际控制人支配的股东，不得参加前款规定事项的表决。该项表决由出席会议的其他股东所持表决权的过半数通过。"《担保制度司法解释》第7条规定："公司的法定代表人违反公司法关于公司对外担保决议程序的规定，超越权限代表公司与相对人订立担保合同，人民法院应当依照民法典第六十一条和第五百零四条等规定处理：（一）相对人善意的，担保合同对公司发生效力；相对人请求公司承担担保责任的，人民法院应予支持。（二）相对人非善意的，担保合同对公司不发生效力；相对人请求公司承担赔偿责任的，参照适用本解释第十七条的有关规定。法定代表人超越权限提供担保造成公司损失，公司请求法定代表人

承担赔偿责任，人民法院应予支持。第一款所称善意，是指相对人在订立担保合同时不知道且不应当知道法定代表人超越权限。相对人有证据证明已对公司决议进行了合理审查，人民法院应当认定其构成善意，但是公司有证据证明相对人知道或者应当知道决议系伪造、变造的除外。"

据此，可知公司对外担保，需要按照公司章程的规定由股东会或董事会作出决议，否则构成越权担保。但是需要考生仔细分析的问题是，《担保制度司法解释》仅规定了法定代表人越权对外签订担保合同应当如何处理的规则，而本案事实则是公司的代理人签订对外担保协议。此时应当如何分析呢？按照《民法典》第 162 条的规定，代理人在代理权限内，以被代理人名义实施的民事法律行为，对被代理人发生效力。而《民法典》第 172 条则规定，行为没有代理权、超越代理权或者代理权终止后，仍然实施代理行为，相对人有理由相信行为人有代理权的，代理行为有效。

首先，结合《民法典》关于代理行为的规定可知，柯某系金泰公司的代理人，但是由于授权柯某代理权的股东会决议属于公司控股股东吴某伪造，且金泰公司章程规定对外担保须经公司股东会的决议，因此柯某对外签订担保合同系无权代理，该担保是否有效，取决于相对人是否属于善意。其次，对于相对人的善意，参照《担保制度司法解释》第 7 条的规定，指相对人在订立担保合同时不知道且不应当知道法定代表人超越权限，可以得知"相对人有理由相信"的核心在于"相对人在订立担保合同时不知道且不应当知道代理人无权代理"。根据本案事实，融通银行审查了股东会决议，该决议的内容为公司股东会授权柯某全权负责决议事项，其内容实质是对柯某对外担保行为的事前批准，并未违反公司法的规定。尽管该决议系伪造的，但融通银行只要尽到形式审查的义务即可。因此，融通银行具备善意，有理由相信。最后，针对案例事实提到的，吴某系银池公司的实际控制人，可能有考生认为此时是否可以认定融通银行不属于善意，之所以有这种错误的印象，主要是考生在分析法律关系中混淆法律主体的原因造成的，要知道即使吴某系银池公司的实际控制人，也最多能够说明银池公司知道决议属于伪造，代理属于无权代理，但"相对人"是融通银行，对这些事实并无证据证明融通

银行知情。此外，可能还会有考生认为由于吴某是银池公司的实际控制人，因此该担保属于对内担保。考生需要注意公司对内担保，按照公司法的规定仅限于向股东或者实际控制人提供担保，向其他关联企业提供的担保并非对内担保。

综合以上分析可知，B 选项认为"柯某并非公司法定代表人，因此不构成表见代理"的表述错误，基于前述分析，柯某的行为可以构成表见代理。C 选项认为"该担保因融通银行审查了股东会决议而有效"表述正确。D 选项认为"该担保必须经股东会决议且吴某须表决回避"的表述错误。

A 选项涉及的是题干事实中的决议的效力问题。《公司法》第 27 条规定："有下列情形之一的，公司股东会、董事会的决议不成立：（一）未召开股东会、董事会会议作出决议；（二）股东会、董事会会议未对决议事项进行表决；（三）出席会议的人数或者所持表决权数未达到本法或者公司章程规定的人数或者所持表决权数；（四）同意决议事项的人数或者所持表决权数未达到本法或者公司章程规定的人数或者所持表决权数。"因此，在没有召开会议的情形下，即构成决议不成立。所以 A 选项表述正确。对此，可能有考生会误以为吴某系持股 60% 的股东，而伪造小股东签字，属于决议程序瑕疵因而可撤销的情形，进而可依据《公司法》第 26 条的规定，认为表决方式仅有轻微瑕疵且未对决议产生实质影响而属于可视为有效的情形。需要考生注意：未召开会议即伪造决议即为决议不成立，而无需再分析讨论决议是否属于可撤销的情形，即严重程序瑕疵可吸收轻微程序瑕疵。

3. ［答案］AC　　［难度］中

［考点］临时股东会会议；股东代表诉讼与直接诉讼；瑕疵出资

［命题和解题思路］本题旨在考查临时股东会会议、股东代表诉讼与直接诉讼、瑕疵出资的履行。股东会会议分为定期股东会会议和临时股东会会议。临时股东会会议通常是由于发生了涉及公司及股东利益的重大事项，无法等到股东会年会召开而临时召集的股东会会议。为了防范股东滥用这种制度，我国公司法对临时股东会会议的召集主体作出了严格限制，即代表 1/10 以上表决权的股东、1/3 以上的董事、监事会或者不

设监事会的公司的监事才可以提议召开临时股东会会议。股东出资义务是指股东按期足额缴纳其所认缴的出资额的义务。由于股东向其他股东承担违约责任的基础在于股东协议，而股东协议中约定了股东应当向公司完全履行出资义务，股东未履行出资义务时构成对其他股东的违约，因而此时其他股东可以要求其向公司继续缴纳出资。股东直接诉讼与股东代表诉讼均是股东享有的法定诉权，股东直接诉讼的诉讼请求有以下特点：诉讼请求所指向的受害对象为股东自身、诉讼结果归属于股东自身、诉讼目的是维护股东自身利益等；而股东代表（派生）诉讼的请求有以下特点：诉讼请求所指向的受害对象为公司、诉讼结果归属于公司、诉讼目的是维护公司的利益等。

[选项分析]《公司法》第62条规定，股东会会议分为定期会议和临时会议。定期会议应当按照公司章程的规定按时召开。代表十分之一以上表决权的股东、三分之一以上的董事或者监事提议召开临时会议的，应当召开临时会议。本题中，陆超持有锦惠公司30%的股权，已超过公司法所规定的持股比例，对于鲁祥作为公司的法定代表人滥用职权给公司造成严重损害，陆超有权提议召开临时股东会会议变更法定代表人。故选项A正确，当选。

《公司法》第189条第1、2款规定："董事、高级管理人员有前条规定的情形的，有限责任公司的股东、股份有限公司连续一百八十日以上单独或者合计持有公司百分之一以上股份的股东，可以书面请求监事会向人民法院提起诉讼；监事有前条规定的情形的，前述股东可以书面请求董事会向人民法院提起诉讼。监事会或者董事会收到前款规定的股东书面请求后拒绝提起诉讼，或者自收到请求之日起三十日内未提起诉讼，或者情况紧急、不立即提起诉讼将会使公司利益受到难以弥补的损害的，前款规定的股东有权为公司利益以自己的名义直接向人民法院提起诉讼。"本题中，鲁祥担任公司的董事长兼法定代表人，于2018年1月违规决议锦惠公司为其本人提供担保，并由此给锦惠公司造成损失100万元，鲁祥的行为已构成对忠实义务的违反。根据前述规定，陆超无权直接要求鲁祥承担损失，而应由有资格的主体向人民法院提起诉讼，故选项B错误，不当选。

《公司法》第49条第3款规定，股东未按期足额缴纳出资的，除应当向公司足额缴纳外，还应当对给公司造成的损失承担赔偿责任。本题中，鲁祥持有锦惠公司60%的股权，但至今未按约定履行出资义务，其行为已对公司和其他股东构成违约，公司或者其他股东均有权要求鲁祥向公司履行出资义务。故选项C正确，当选。

鲁祥的行为给锦惠公司造成严重损失后，锦惠公司并未向其主张赔偿责任，根据上述《公司法》第189条的规定，锦惠公司的股东为了公司的利益有权提起代表诉讼。另，关于股东代表诉讼的胜诉利益归属，可以参照《公司法司法解释（四）》第25条规定，股东依据《公司法》第151条（现为第189条）第2款、第3款规定直接提起诉讼的案件，胜诉利益归属于公司。股东请求被告直接向其承担民事责任的，人民法院不予支持。由此可知，股东代表诉讼的诉益直接归属于公司。故选项D错误，不当选。

4. [答案] BCD　　　[难度] 易
[考点] 有限责任公司的组织结构

[命题和解题思路] 根据指令句，本题考查的是监事会的职权，考生只要熟悉《公司法》第78、79条的相关内容即可轻松得分。本题考点单一，内容上无广度、无深度，考生只要通过选项内容与法条内容的对比即可排除错误选项；虽然采用小案例的命题形式，但没有设置干扰项。

[选项分析]《公司法》第78条规定："监事会行使下列职权：（一）检查公司财务；（二）对董事、高级管理人员执行职务的行为进行监督，对违反法律、行政法规、公司章程或者股东会决议的董事、高级管理人员提出解任的建议；（三）当董事、高级管理人员的行为损害公司的利益时，要求董事、高级管理人员予以纠正；（四）提议召开临时股东会会议，在董事会不履行本法规定的召集和主持股东会会议职责时召集和主持股东会会议；（五）向股东会会议提出提案；（六）依照本法第一百八十九条的规定，对董事、高级管理人员提起诉讼；（七）公司章程规定的其他职权。"由此可知，监事会有权提议召开股东会而非董事会。所以，A选项错误，B选项正确。

同时根据《公司法》第78条第2项的规定，监事会对于违反职责的董事，有权提出罢免的建议。所以，C 选项正确。

《公司法》第 79 条规定，监事可以列席董事会会议，并对董事会决议事项提出质询或者建议。监事会发现公司经营情况异常，可以进行调查；必要时，可以聘请会计师事务所等协助其工作，费用由公司承担。由此可知，监事会有权对公司异常的经营状况进行调查，必要时也可以聘请专业人士协助调查，专业人士的范围当然包括律师。所以，D 选项正确。

5. ［答案］C ［难度］易

［考点］有限责任公司的组织机构（董事会、总经理的职权及其聘任方式）

［命题和解题思路］本题考查的是有限责任公司的组织机构，具体涉及的知识点有董事会与总经理的职权划分、公司的法定代表人制度，考生需要精确地把握法条对董事会、总经理的权限规定。此外，考生必须纠正一个"想当然的"错误认识——公司的法定代表人一般都是董事长。《公司法》第 10 条规定，公司的法定代表人可以由董事、总经理担任。只有作为法定代表人的公司高管（董事、总经理）才有权直接以公司的名义对外签订合同。

［选项分析］《公司法》第 67 条第 2 款规定："董事会行使下列职权：（一）召集股东会会议，并向股东会报告工作；（二）执行股东会的决议；（三）决定公司的经营计划和投资方案；（四）制订公司的利润分配方案和弥补亏损方案；（五）制订公司增加或者减少注册资本以及发行公司债券的方案；（六）制订公司合并、分立、解散或者变更公司形式的方案；（七）决定公司内部管理机构的设置；（八）决定聘任或者解聘公司经理及其报酬事项，并根据经理的提名决定聘任或者解聘公司副经理、财务负责人及其报酬事项；（九）制定公司的基本管理制度；（十）公司章程规定或者股东会授予的其他职权。"由此可知，聘任公司的总经理与财务负责人的权力由公司董事会集体行使，而非董事长刘壮个人行使。所以，A 选项错误。

我国《民法典》规定法人的法定代表权由其法定代表人对外代表公司行使，同时我国并没有法定代理权制度。而《公司法》第 10 条第 1 款规定，公司的法定代表人按照公司章程的规定，由代表公司执行公司事务的董事或者经理担任。由

此可知，公司的总经理马姝不一定是公司的法定代表人。若总经理马姝不是荣吉有限公司的法定代表人，那么她以公司的名义对外签订合同需事先获得公司的授权。所以，B 选项错误。

《公司法》第 74 条规定，有限责任公司可以设经理，由董事会决定聘任或者解聘。经理对董事会负责，根据公司章程的规定或者董事会的授权行使职权。经理列席董事会会议。本条将原公司经理职权法定修改为根据章程或者董事会的授权行使相应职权。当然，一般在实践中除非章程有特别规定，否则总经理有权制定公司的劳动纪律制度。所以 C 选项不再根据本次《公司法》修改变更，维持其表述正确的判断。

D 选项是重点干扰项。很多考生可能不熟悉公司法的具体规定及其背后法理，错误地认为公司的董事长聘任公司总经理，而公司的总经理聘任财务经理。就财务负责人的聘任而言，公司总经理仅仅享有提名权，最终是否聘任的决定权由董事会享有。根据 A 选项的分析可知，聘任公司的财务负责人的权力由董事会行使，总经理马姝无权行使。所以 D 选项错误。

6. ［答案］A（原答案为 AB） ［难度］难

［考点］有限责任公司的组织机构（公司高管薪酬之支付及其决定权）

［命题和解题思路］本题旨在考查有限责任公司高管薪酬的支付及其决定权归属。绝大多数考生都知道董事、监事须经公司股东会批准的费用只有报酬事项，所以命题人在设计选项时使用了一招"狠招"：考查大家不太熟悉的知识点以探查考生的虚实（B 选项和 D 选项）。因此，本题的解题关键就在于认定四个选项中的费用（尤其是 B、D 两项）是否属于董事、监事的报酬事项。此外，本题还有一个解题思路：一般须经公司股东会批准的费用均是法律允许股东会自治并且涉及股东们切身利益的重大事项。首先，监事为履行职务而垫付的差旅费，监事当然有权要求公司报销，这是监事的法定权利，当然不需要股东会批准。其次，社会保险费是《劳动法》规定用人单位必须为劳动者缴纳的，这是公司的法定义务，当然不需要股东会批准。再次，董事责任保险费是一项保障董事利益的支付，按照新《公司法》的规定，由董事会决定，只需要投保后向股东会报告

即可。最后，显然，董事的年薪属于董事的报酬事项，应当经公司股东会批准。

［选项分析］《公司法》第59条第1款规定："股东会行使下列职权：（一）选举和更换董事、监事，决定有关董事、监事的报酬事项；（二）审议批准董事会的报告；（三）审议批准监事会的报告；（四）审议批准公司的利润分配方案和弥补亏损方案；（五）对公司增加或者减少注册资本作出决议；（六）对发行公司债券作出决议；（七）对公司合并、分立、解散、清算或者变更公司形式作出决议；（八）修改公司章程；（九）公司章程规定的其他职权。"由此可知，公司董事、监事的报酬事项须经公司股东会批准，即与报酬无关的其他对董事、监事的支付，并不需要股东会决议。本题中，A选项中钱某的年薪显然属于董事的报酬，须经公司股东会批准。所以，A选项正确，当选。

B选项是本题的重点干扰项。钱某的董事责任保险，是指在董事和高管执行公司职务的过程中，有不当行为导致第三方损害，以董事、经理向公司或者第三者（股东、债权人等）承担民事赔偿责任为保险标的的一种保险。此种保险是将该种"董事高管的赔偿责任"作为保险标的，风险移转至保险公司。对此，《公司法》第193条规定，公司可以在董事任职期间为董事因执行公司职务承担的赔偿责任投保责任保险。公司为董事投保责任保险或者续保后，董事会应当向股东会报告责任保险的投保金额、承保范围及保险费率等内容。该规定强调"公司为董事投保责任保险或者续保后，董事会应当向股东会报告"，显然该项职权并非股东会所有。因此，根据新《公司法》的规定，B选项错误，不当选。

《公司法》第82条规定，监事会行使职权所必需的费用，由公司承担。本题中赵某的差旅费属于监事费用，该项费用能否报销，关键要看该项费用是不是"行使职权所必需的费用"，符合相关的财务报销制度履行报销程序即可，无需公司股东会批准。此外，从差旅费的性质也可以得出结论：差旅费一般是公司工作人员履行职务所支付和垫付的费用，有权请求公司报销，自然也就不需要公司股东会批准。所以，C选项错误，不当选。

《劳动法》第72条规定，用人单位和劳动者

必须依法参加社会保险，缴纳社会保险费。赵某是公司职工代表监事，也就是该公司的劳动者。企业为劳动者缴纳社会保险费是企业的一项法定义务，社会保险属于强制险，当然不需要公司股东会的批准。所以，D选项错误，不当选。

7. ［答案］C　　［难度］中
［考点］有限公司的组织机构
［命题和解题思路］本题旨在考查不设董事会的董事的职权。有限公司的组织机构是历年考试的"常客"，命题人每年可谓是"绞尽脑汁"地从各个方面来考查。就本题而言，命题人适用的招数如下：一是使用"偷梁换柱"之计，故意将股东会的职权与董事会的职权混淆在一起，考查考生对董事会的职权究竟知多少；二是以部分考生可能不是很熟悉的"不设董事会的董事"而非"董事会"来考查其法定职权。因此，本题要求考生不仅准确记忆《公司法》的相关规定，而且从法理上对股东会与董事会的角色定位予以把握。

对于有限公司而言，股东会是公司的权力机构，有权决定公司的重大事项；董事会是公司的日常经营决策机构，负责执行股东会的决议和公司的经营管理活动。考生辨析两者职权的关键不在于死记硬背法条，而在于理解两者性质上和定位上的区别。一般而言，股东会以其权力机构的地位，其职权主要集中在公司的宏观事务上，例如公司章程修改等；而董事会以其日常经营决策机构的地位，其职权更多地体现在公司的中观事务层面，例如决定公司的经营计划、投资方案以及就股东会的重大决策制订方案等。此外，本题还存在一个陷阱，即董事会和不设董事会的董事的关系。股东人数较少或规模较小的有限公司可以不设董事会，只设一名董事，该董事享有董事会的职权。考生如果不熟悉这一点，也可能会选错答案。

［选项分析］A项中解题的关键词是"投资计划"。在旧法中，"投资计划"被认为更加宏观，属于股东会职权，而"投资方案"则被认为是投资计划的细化，属于董事会职权。"投资计划"与"投资方案"经常被命题者用来混淆考生视听，以此检验考生能否正确辨析股东会与董事会的职权。但2023年《公司法》取消了股东会投资计划的决定职权，而投资方案的职权依然保留在董事会手

中。从新《公司法》的角度来说，A 项依然表述错误，但是考生需要知道的是这种区分在新《公司法》下已经不再重要，无需了解和掌握。

B 项通过基本的法律常识即可轻易排除。《公司法》第 84 条规定，有限责任公司的股东之间可以相互转让其全部或者部分股权。股东向股东以外的人转让股权的，应当将股权转让的数量、价格、支付方式和期限等事项书面通知其他股东，其他股东在同等条件下有优先购买权。股东自接到书面通知之日起 30 日内未答复的，视为放弃优先购买权。两个以上股东行使优先购买权的，协商确定各自的购买比例；协商不成的，按照转让时各自的出资比例行使优先购买权。公司章程对股权转让另有规定的，从其规定。据此，在章程没有规定的情形下，有限公司股东对外转让股权只需要受到其他股东的优先购买权的限制。因此，B 项错误。

C 项考查经理的任免。《公司法》第 67 条第 2 款规定："董事会行使下列职权：（一）召集股东会会议，并向股东会报告工作；（二）执行股东会的决议；（三）决定公司的经营计划和投资方案；（四）制订公司的利润分配方案和弥补亏损方案；（五）制订公司增加或者减少注册资本以及发行公司债券的方案；（六）制订公司合并、分立、解散或者变更公司形式的方案；（七）决定公司内部管理机构的设置；（八）决定聘任或者解聘公司经理及其报酬事项，并根据经理的提名决定聘任或者解聘公司副经理、财务负责人及其报酬事项；（九）制定公司的基本管理制度；（十）公司章程规定或者股东会授予的其他职权。"《公司法》第 75 条规定，规模较小或者股东人数较少的有限责任公司，可以不设董事会，设一名董事，行使本法规定的董事会的职权。该董事可以兼任公司经理。此外，人事权在公司机构中的划分一般如下：（1）非由职工代表担任的董事、监事的任免及其报酬事项由股东会决定；（2）公司经理的任免及其报酬事项、公司副经理和财务负责人（根据经理的提名）的任免及其报酬事项由董事会决定；（3）除应由董事会任免以外的其他负责管理人员由经理决定。C 项正确。

决定公司利润分配方案属于公司宏观上的重大事项，属于公司股东会的职权。关于重大决策的职权划分总结如下：涉及年度财务预算和决算

的方案、公司利润分配方案和弥补亏损方案、增资或减资的方案、合并、分立、变更公司形式的方案以及解散和清算的方案等，一般是由董事会制订（注意：非制定）方案，即提出具体建议，而该方案的审议或者作出决议则由股东会行使，即此类方案能否通过的最终决定权掌握在股东会的手中。因此，D 项错误。

易混淆知识点

股东会与董事会的职权划分。

这是考生经常易混淆的知识点，也是命题者最喜欢考查的内容，因此有必要对两者进行细致比较：

	股东会职权	董事会职权
定位	重大事项的最终决定权	重大事项的提议、落实以及日常事务的决定权
人事任免方面	非由职工代表担任的董事、监事的任免及其报酬事项	经理的任免及其报酬事项，副经理和财务负责人（根据经理的提名）的任免及其报酬事项
重大决策方面	审议批准（方案）、作出决议	制订方案（年度财务预算、决算方案、分红、增减资、合并、分立、变更形式以及解散、清算等方案）

第二节　有限责任公司的股权转让

1. ［答案］A　　　［难度］难

［考点］股权继承；一人公司；个人独资企业

［命题和解题思路］本题综合考查一人公司和个人独资企业。关于一人公司，本次《公司法》修订中形式上变动较大，但是主要体现在取消了只能设立一人有限公司和不能转设的限制方面。其他条文实际上被转移吸收，实质内容变动不大。个人独资企业在法考中考查不多，针对个人独资企业，考生只需要把握同一人格、同一财产、同一责任的三个同一性即可，考点本身难度不大。

不过本题在这一问题上的设问具有一定的"匠心"，即一人公司法人人格否认，需要股东对一人公司的债务承担连带责任，而由于个人独资企业的财产即属于投资人的财产，因此该投资人/股东的连带责任的财产范围自然可以扩大到其所有的个人独资企业。对此，需要考生对责任财产有着更为深入、灵活的理解。

[选项分析] A选项和C选项考查的是自然人股东死亡后，股权继承和公司存续的规定。2023年《公司法》删除了一人有限公司一章，有限公司和股份公司均可为一人公司，并且除《公司法》有特别规定外，适用有限公司和股份公司的规定。《公司法》第90条规定了有限公司自然人股东死亡后，股权继承的内容，属于对原《公司法》的沿袭，没有变动，即"自然人股东死亡后，其合法继承人可以继承股东资格；但是，公司章程另有规定的除外"。因此，在甲死亡后，其合法继承人在没有章程规定的情形下可以继承股东资格。A选项错误，当选；C选项正确，不当选。

B选项考查的是个人独资企业的继承问题。虽然个人独资企业与投资人具有人格同一性，但是为了商业效率的考虑，《个人独资企业法》也规定了个人独资企业的继承问题。《个人独资企业法》第17条规定，个人独资企业投资人对本企业的财产依法享有所有权，其有关权利可以依法进行转让或继承。但是乙、丙是两个主体，已经超出了《个人独资企业法》关于投资者人数的限制。B选项正确，不当选。

D选项综合考查对个人独资企业的财产所有权的理解以及一人公司的法人人格否认问题。新《公司法》第23条第3款承袭了原《公司法》的规定，只有一个股东的公司，股东不能证明公司财产独立于股东自己的财产的，应当对公司债务承担连带责任。同时《个人独资企业法》第17该条规定，个人独资企业投资人对本企业的财产依法享有所有权，其有关权利可以依法进行转让或继承。因此，在法人人格否认的情况下，在高盛公司不能清偿债务时，应当由股东承担连带责任。而由于个人独资企业与投资者的人格同一性、财产同一性（即个人独资企业的财产即其投资人的财产），华盛企业应对高盛公司的债务承担连带责任。D选项正确，不当选。

2. [答案] ABCD　　[难度] 难

[考点] 优先购买权；股权转让后再次处分；股权质押

[命题和解题思路] 本题主要考查的是股权转让，命题较具有新意。第一，针对有限公司股权对外转让的考查，并没有采用常规购买股权的方式，而是采用了"股权互换"的非典型事实；第二，针对股权转让后原股东再次处分股权，也并未考查通常的"一股二卖"模式，而是针对质押的效力进行考查。综合来看，本题反映出近年来法考命题"新瓶装旧酒"的特点，重点考查考生对相关法律规则的理解的趋势。但是万变不离其宗，只要考生能够深入、全面地掌握相关知识点，认真分析题干事实，就能得出正确答案。

[选项分析] A选项中，燕小乙系荣发公司的股东，针对王某与孙某的股权互换，燕小乙的优先购买的主张是否成立需要结合股权对外转让中优先购买权的行使条件进行分析。《公司法》第84条规定，有限责任公司的股东之间可以相互转让其全部或者部分股权。股东向股东以外的人转让股权的，应当将股权转让的数量、价格、支付方式和期限等事项书面通知其他股东，其他股东在同等条件下有优先购买权。股东自接到书面通知之日起30日内未答复的，视为放弃优先购买权。两个以上股东行使优先购买权的，协商确定各自的购买比例；协商不成的，按照转让时各自的出资比例行使优先购买权。公司章程对股权转让另有规定的，从其规定。针对"同等条件"，可以参照《公司法司法解释（四）》第18条规定，人民法院在判断是否符合《公司法》第71条第3款（现为第84条第2款）及本规定所称的"同等条件"时，应当考虑转让股权的数量、价格、支付方式及期限等因素。本案事实中，王某和孙某达成股权置换协议，且经过互换王某将持有大明公司50%的股权。因此，即使燕小乙主张按照股权评估价优先购买，但依然采用的是现金的支付方式，进而影响王某增持大明公司股权所带来的价值增长。因此，燕小乙的主张并不满足"同等条件"，A选项的表述正确。

B选项和C选项涉及的是股权出质。王某和孙某达成股权互换协议，荣发公司的其他股东除燕小乙外也均表示赞同。此时，孙某已就股权享有实质权利。就此，针对王某在荣发公司办理完成股权登记变更手续前又将股权对外出质的行为，《公司法》第86条规定，股东转让股权的，应当书面通知公司，请求变更股东名册；需要办理变更登记的，并请求公司向公司登记机关办理变更登记。公司拒绝或者在合理期限内不予答复的，转让人、受让人可以依法向人民法院提起诉讼。股权转让的，受让人自记载于股东名册时起可以向公司主张行使股东权利。同时参照《公司法司法解释（三）》第27条第1款的规定，股权转让后尚未向公司登记机关办理变更登记，原股东将仍登记于其名下的股权转让、质押或者以其他方式处分，受让股东以其对于股权享有实际权利为由，请求认定处分股权行为无效的，人民法院可以参照《民法典》第311条的规定处理，即参照善意取得的规定处理。因此，B选项称该质押为无权处分的表述正确，C选项称贾某有权基于善意取得而主张质押有效的表述正确。

《公司法司法解释（三）》第27条第2款规定，原股东处分股权造成受让股东损失，受让股东请求原股东承担赔偿责任、对于未及时办理变更登记有过错的董事、高级管理人员或者实际控制人承担相应责任的，人民法院应予支持。因此孙某有权请求王某承担赔偿责任；而官某作为公司的董事未能及时办理变更登记导致孙某权益受损，也应当承担相应赔偿责任。因此，D选项的表述正确。

3. ［答案］C ［难度］易

［考点］有限责任公司的股权转让（对外转让的规则、条件和程序；强制执行过程中的股东优先购买权）

［命题和解题思路］本题旨在考查强制执行程序中的有限责任公司的股权转让。有限责任公司的股权转让属于历年考试中的重中之重，本题的考查则体现了命题人"重者恒重"的命题规律。因此，对于此种考点，备考诸君不可不下大功夫加以学习、理解、掌握！但是，就考查方式而言，本题的解题思路实在乏善可陈，四个选项都是法条内容的直接考查，只要考生准确记忆相应的法条，选出正确的答案并非难事。

［选项分析］A选项考查股权强制执行程序中的通知问题，B选项考查强制执行程序中其他股东优先购买权的行使。《公司法》第85条规定，

人民法院依照法律规定的强制执行程序转让股东的股权时，应当通知公司及全体股东，其他股东在同等条件下有优先购买权。其他股东自人民法院通知之日起满20日不行使优先购买权的，视为放弃优先购买权。由此可知，永平公司在申请强制执行汪某的股权时，应当由法院通知兴荣公司及其全体股东。A选项仅仅列明通知兴荣公司的其他股东，所以，A选项表述错误；B选项中"兴荣公司其他股东自通知之日起1个月内可以主张行使优先购买权"显然不符合法条的规定，所以，B项的表述也是错误的。

C选项考查强制执行中债务人权益保护问题。本题中股权属于可分割财产，所以对其强制执行应当以实现债权人的债权为限，不得超限执行损害债务人的利益。如汪某所持股权的50%在价值上即可清偿债务，则永平公司当然不得强制执行其全部股权。所以，C选项表述正确。

D选项考查强制执行程序中以拍卖方式取得股权的时间。《公司法》第87条规定，依照本法转让股权后，公司应当及时注销原股东的出资证明书，向新股东签发出资证明书，并相应修改公司章程和股东名册中有关股东及其出资额的记载。对公司章程的该项修改不需再由股东会表决。由此可知，丁某取得汪某股权的时间应以股东名册变更时为准。所以，D选项表述错误。

4. ［答案］ABD ［难度］中

［考点］有限责任公司的股权转让

［命题和解题思路］本题主要考查的是《公司法》第84条关于有限责任公司股权转让的规定。有限责任公司股权转让是历年考试的"常客"，考生都很重视，这无疑增加了本题的命题难度。因此，命题人只能采取"鱼目混珠"、"偷梁换柱"等方式在细节处彰显本题的难度，例如A选项以"资本多数决"来替换"人头决"、B选项中的"直接修改"。就解题思路而言，本题整体难度并不大，考生只要熟悉该法条的具体规定以及理解有限责任公司的股权转让须注意维护有限公司人合性的特殊要求，便很容易得出正确的答案。此外，股东对外转让股权，在同等条件下，其他股东享有优先购买权。关于"同等条件"的认定，需要根据股权转让的价格、支付方式、支付期限以及股权数量等合理条件综合认定。

[选项分析]《公司法》第84条规定,有限责任公司的股东之间可以相互转让其全部或者部分股权。股东向股东以外的人转让股权的,应当将股权转让的数量、价格、支付方式和期限等事项书面通知其他股东,其他股东在同等条件下有优先购买权。股东自接到书面通知之日起30日内未答复的,视为放弃优先购买权。两个以上股东行使优先购买权的,协商确定各自的购买比例;协商不成的,按照转让时各自的出资比例行使优先购买权。公司章程对股权转让另有规定的,从其规定。2023年《公司法》取消了原《公司法》中的股东同意权的设置,因此A选项表述中认为不必征得其他股东的同意的表述是正确的,但是以持股2/3作为原因,属于因果关系错误。因此A选项表述错误,当选。

B选项是重点干扰项,考生可能基于对"资本多数决"的机械性理解认为持股超过三分之二的甲有权直接修改公司章程,而忽视《公司法》中对修改公司章程有严格的程序性规定,进而误以为B选项是正确的,不当选。《公司法》第66条第3款规定,股东会会议作出修改公司章程、增加或者减少注册资本的决议,以及公司合并、分立、解散或者变更公司形式的决议,应当经代表三分之二以上表决权的股东通过。由此可知,修改公司章程是股东会的法定职权,且需要经过特别多数决通过。所以,甲无权直接修改公司章程,必须按照公司法规定或者公司章程约定的程序召集股东会对该事项进行表决。所以,B选项错误,当选。

《公司法》第84条第1款规定,有限责任公司的股东之间可以相互转让其全部或者部分股权。由此可知,由于股东之间转让股权没有新股东加入,不会破坏有限公司的人合性,所以公司内部股东之间可以自由、随便转让股权。所以,C选项正确,不当选。

《公司法》第84条第2款规定,股东向股东以外的人转让股权的,应当将股权转让的数量、价格、支付方式和期限等事项书面通知其他股东,其他股东在同等条件下有优先购买权。股东自接到书面通知之日起30日内未答复的,视为放弃优先购买权。两个以上股东行使优先购买权的,协商确定各自的购买比例;协商不成的,按照转让时各自的出资比例行使优先购买权。由此可知,

其他股东主张优先股买权的前提条件是"和外人同等的转让条件",具体而言,同等条件包括股权转让的价格、支付方式、支付期限以及股权数量等合理条件。如果外人购买甲的全部股权,而乙或丙仅仅就甲转让股权的一部分主张优先购买权,显然就这不符合同等条件的要求了。所以,D选项错误,当选。

难点解析

有限责任公司的股权转让

总原则	章程优先:章程中对股权转让有不同规定的,从其约定。
对内转让	(1)股东之间可以自由转让股权;无需通知其他股东或者取得其他股东的同意。
	(2)既可以转让全部股权,也可以转让部分股权。
对外转让	其他股东的优先购买权: 经股东同意转让的股权,在同等条件下,其他股东有优先购买权(但转让股东放弃转让的除外)。 "同等条件"包括转让股权的数量、价格、支付方式及期限等因素。 若两个以上的股东都愿意受让该转让的股权,应当通过协商确定各自受让比例;协商不成的,按照转让时各自的出资比例行使优先购买权。

第三节 公司决议效力瑕疵诉讼

1. [答案] A [难度] 中

[考点] 股东会决议瑕疵的效力

[命题和解题思路] 本题旨在考查股东会决议瑕疵的类型。对于股东会决议的瑕疵,可以分为内容上的瑕疵与程序上的瑕疵。股东会决议因内容上的瑕疵可能会导致股东会决议的无效,而股东会决议程序上的瑕疵可能会导致股东会决议的不成立与可撤销。股东会决议无效是指股东会决议在内容上违反了法律、行政法规而导致决议无效。而股东会决议的可撤销和不成立是股东会决议在程序上违反了法律、行政法规或者内容上违

反了公司章程而导致决议的不成立与可撤销。股东会决议的可撤销与不成立的根本区别在于制度价值不同。<mark>法律行为成立与否是事实判断问题，法律行为的效力是法律价值判断问题。若一项决议缺乏基本的成立要件，便无所谓效力评价的问题。</mark>二者的区别还有：其一，从瑕疵程度上看，总体来讲，可撤销决议的程序瑕疵严重程度相比较而言要弱于不成立的决议，后者的程序瑕疵非常严重，以至于决议不能成立；其二，从瑕疵原因上看，决议可撤销的事由除了程序上瑕疵外，还包括决议内容违反章程，而后者（决议不成立）的事由仅限于程序瑕疵。此外，为了防范股东滥用诉权，动辄提出决议可撤销之诉，从而影响公司决议的稳定性，《公司法》规定了会议的召集程序或者表决方式仅有轻微瑕疵，且对决议未产生实质影响的，对于股东提起的决议可撤销之诉不予支持。

[选项分析]《公司法》第 26 条规定，公司股东会、董事会的会议召集程序、表决方式违反法律、行政法规或者公司章程，或者决议内容违反公司章程的，股东自决议作出之日起 60 日内，可以请求人民法院撤销。但是，股东会、董事会的会议召集程序或者表决方式仅有轻微瑕疵，对决议未产生实质影响的除外。未被通知参加股东会会议的股东自知道或者应当知道股东会决议作出之日起 60 日内，可以请求人民法院撤销；自决议作出之日起 1 年内没有行使撤销权的，撤销权消灭。综上，赵某可以提起股东会决议的撤销之诉。故选项 A 正确，选项 B 错误。

《公司法》第 25 条规定，公司股东会、董事会的决议内容违反法律、行政法规的无效。本题中，盛康公司于 2019 年 3 月 4 日召开了股东会，决议的内容是盛康公司与盛大公司进行合并，即内容上并没有违反法律、行政法规。故选项 C 错误。

《公司法》第 27 条规定："有下列情形之一的，公司股东会、董事会的决议不成立：（一）未召开股东会、董事会会议作出决议；（二）股东会、董事会会议未对决议事项进行表决；（三）出席会议的人数或者所持表决权数未达到本法或者公司章程规定的人数或者所持表决权数；（四）同意决议事项的人数或者所持表决权数未达到本法或者公司章程规定的人数或者所持表决权数。"本

题中，盛康公司召开了股东会会议，并对决议事项进行了表决，且会议表决结果达到法定比例，因而不构成股东会决议的不成立。故选项 D 错误。

2. [答案] ACD　　[难度] 中

[考点] 股东会决议瑕疵的类型；股权回购请求权

[命题和解题思路] 本题旨在考查股东会决议瑕疵的类型、合并决议、股权回购请求权。对于股东会决议的瑕疵，《公司法》上规定了股东会决议的无效、股东会决议的可撤销和决议不成立等情形。从题干来看，本题是考查该股东会决议的可撤销，尤其是可撤销的事由。对于股东会决议瑕疵之诉，《公司法司法解释（四）》也对此进行了明确，考生要注意与股东派生诉讼中当事人的确定相区别。

[选项分析]《公司法》第 64 条第 1 款规定，召开股东会会议，应当于会议召开 15 日前通知全体股东；但是，公司章程另有规定或者全体股东另有约定的除外。本题中长生公司系有限公司，故长生公司的章程可以规定"公司召开股东会应当提前十天并以书面形式通知全体股东"。根据《公司法》第 25 条的规定，公司股东会、董事会的决议内容违反法律、行政法规的无效。第 26 条第 1 款规定，公司股东会、董事会的会议召集程序、表决方式违反法律、行政法规或者公司章程，或者决议内容违反公司章程的，股东自决议作出之日起 60 日内，可以请求人民法院撤销。但是，股东会、董事会的会议召集程序或者表决方式仅有轻微瑕疵，对决议未产生实质影响的除外。本题中，长生公司股东会决议的内容系与常健公司合并，内容上并未违反法律、行政法规。故选项 B 错误。另外，从题干中可以看出长生公司的股东会会议的召集时间违反了公司章程，程序上存在瑕疵，构成股东会决议的可撤销，邓红因此可以提起股东会决议的可撤销之诉，故选项 A 正确。

《公司法》第 89 条第 1 款规定："有下列情形之一的，对股东会该项决议投反对票的股东可以请求公司按照合理价格收购其股权：……（二）公司合并、分立、转让主要财产；……"从题干中可知，邓红针对长生公司与常健公司合并决议持反对意见，因此，邓红有权要求长生公司以合理价款回购其所持有长生公司的股权。故选项 C 正确。

《公司法司法解释（四）》第3条第1款规定，原告请求确认股东会或者股东大会、董事会决议不成立、无效或者撤销决议的案件，应当列公司为被告。对决议涉及的其他利害关系人，可以依法列为第三人。由此可知，若邓红对股东会决议效力提起诉讼时，应当以长生公司为被告，其他股东列为第三人。故选项D正确。

第九章　股份有限公司

试　题

第一节　股份有限公司的设立方式和程序

1. 甲、乙、丙等拟以募集方式设立厚亿股份公司。经过较长时间的筹备，公司设立的各项事务逐渐完成，现大股东甲准备组织召开公司成立大会。下列哪些表述是正确的？（2016-3-70）

A. 厚亿公司的章程应在成立大会上通过

B. 甲、乙、丙等出资的验资证明应由成立大会审核

C. 厚亿公司的经营方针应在成立大会上决定

D. 设立厚亿公司的各种费用应由成立大会审核

2. 顺昌有限公司等五家公司作为发起人，拟以募集方式设立一家股份有限公司。关于公开募集程序，下列哪些表述是正确的？（2014-3-72）

A. 发起人应与依法设立的证券公司签订承销协议，由其承销公开募集的股份

B. 证券公司应与银行签订协议，由该银行代收所发行股份的股款

C. 发行股份的股款缴足后，须经依法设立的验资机构验资并出具证明

D. 由发起人主持召开公司成立大会，选举董事会成员、监事会成员与公司总经理

第二节　股份有限公司的组织机构

1. 刘某与李某均为众实公司董事会成员，因就公司发展前景意见不一致而结下私怨，导致公司股东大会长期无法正常召开，严重影响公司经营。王某系众实公司小股东，于2020年4月受让公司12%的股权，当年5月10日提议董事会罢免上述两位董事并召集股东大会选任新董事。对此，下列哪些做法是正确的？（2020年回忆版）

A. 董事会收到提议后应召集股东会

B. 如董事会不召集股东会，该股东可自行召集

C. 董事会以董事罢免须经股东会为由，认定提议无效

D. 董事会如召集股东会，应提前20天通知股东

2. 茂森股份公司效益一直不错，为提升公司治理现代化，增强市场竞争力并顺利上市，公司决定重金聘请知名职业经理人王某担任总经理。对此，下列哪些选项是正确的？（2017-3-71）

A. 对王某的聘任以及具体的薪酬，由茂森公司董事会决定

B. 王某受聘总经理后，就其职权范围的事项，有权以茂森公司名义对外签订合同

C. 王某受聘总经理后，有权决定聘请其好友田某担任茂森公司的财务总监

D. 王某受聘总经理后，公司一旦发现其不称职，可通过股东会决议将其解聘

第三节　股份有限公司的股权转让

1. 斯宇公司系上市公司。2019年9月，斯宇公司董事会认为其公司的股价远远低于其公司的内在价值，提议进行股份回购。关于斯宇公司的股份回购，下列哪些表述是正确的？（2019年回忆版）

A. 回购的股份数不得超过本公司已发行股份总额的百分之十

B. 应通过公开的集中交易方式进行股份回购

C. 其股份回购行为应当报股东大会决议批准

D. 斯宇公司应在回购股份后半年内转让或者注销

2. 唐宁是沃运股份有限公司的发起人和董事之一，持有公司15%的股份。因公司未能上市，唐宁对沃运公司的发展前景担忧，欲将所持股份转让。关于此事，下列哪一说法是正确的？（2016-3-29）

A. 唐宁可要求沃运公司收购其股权

B. 唐宁可以不经其他股东同意对外转让其股份

C. 若章程禁止发起人转让股份，则唐宁的股份不得转让

D. 若唐宁出让其股份，其他发起人可依法主张优先购买权

第四节　对上市公司组织机构的特别规定

📶 **1.** 星煌公司是一家上市公司。现董事长吴某就星煌公司向坤诚公司的投资之事准备召开董事会。因公司资金比较紧张，且其中一名董事梁某的妻子又在坤诚公司任副董事长，有部分董事对此投资事宜表示异议。关于本案，下列哪些选项是正确的？（2016-3-71）

A. 梁某不应参加董事会表决

B. 吴某可代梁某在董事会上表决

C. 若参加董事会人数不足，则应提交股东大会审议

D. 星煌公司不能投资于坤诚公司

📶 **2.** 甲公司是一家上市公司。关于该公司的独立董事制度，下列哪一表述是正确的？（2015-3-28）

A. 甲公司董事会成员中应当至少包括 1/3 的独立董事

B. 任职独立董事的，至少包括一名会计专业人士和一名法律专业人士

C. 除在甲公司外，各独立董事在其他上市公司同时兼任独立董事的，不得超过 5 家

D. 各独立董事不得直接或间接持有甲公司已发行的股份

详　解

第一节　股份有限公司的设立方式和程序

1. ［答案］AD　　　［难度］易

［考点］股份有限公司的设立方式与程序（募集设立）

［命题和解题思路］本题旨在考查募集设立的股份公司创立大会的法定职权。这要求考生对《公司法》的相关规定理解到位，记忆准确。考生若对《公司法》第 104 条的规定较为熟悉，一眼便能看出 A 选项和 D 选项为正确选项。此外，命题人在本题的 C 选项中用股东大会的职权来混淆

创立大会的职权，如果审题不仔细或者记忆不准确，就会掉进命题陷阱。

［选项分析］《公司法》第 104 条第 1 款规定："公司成立大会行使下列职权：（一）审议发起人关于公司筹办情况的报告；（二）通过公司章程；（三）选举董事、监事；（四）对公司的设立费用进行审核；（五）对发起人非货币财产出资的作价进行审核；（六）发生不可抗力或者经营条件发生重大变化直接影响公司设立的，可以作出不设立公司的决议。"由此可知，A 选项和 D 选项分别对应着上述规定中的第 2 项和第 4 项。所以 A 选项和 D 选项正确。

《公司法》第 104 条第 1 款规定的是，公司成立大会对发起人非货币财产出资的作价进行审核，而非对验资证明进行审核。所以，B 选项错误。

原《公司法》第 99 条规定，本法第 37 条第 1 款关于有限责任公司股东会职权的规定，适用于股份有限公司股东大会。原《公司法》第 37 条第 1 款第 1 项规定，股东会行使下列职权：决定公司的经营方针和投资计划。但 2023 年修订的《公司法》取消了股东会决定公司经营方针和投资计划的职权。因此该项职权既非股东会职权，也非公司成立大会职权。所以，C 选项错误。

2. ［答案］AC　　　［难度］中

［考点］股份有限公司的设立方式与程序（募集设立）

［命题和解题思路］本题旨在考查股份有限公司设立的公开募集程序。命题人采取"偷梁换柱"的招数在本题设计了如下三处陷阱：第一，发起人需要与依法设立的证券公司、银行分别签订承销协议、代收股款协议，考生应该明确两个协议的签订主体以及签订目的，例如 B 选项中的"股款代收协议的签订主体"就属于张冠李戴。第二，由于股份公司与有限公司的区别（前者具有资合性与公众性，后者具有人合性与封闭性），所以，为了维护投资人的利益，《公司法》规定以募集方式设立的股份有限公司，其股款募足后必须经法定验资机构验资，而有限公司设立则无此强制性规定。第三，选举董事会成员、监事会成员是成立大会的职权，而股份公司总经理则由董事会聘任，不是由成立大会选举产生。考生如审题不细，

没有注意D选项中的"总经理"，非常容易误以为D选项正确。正确的解题思路应该是对相关法条记忆准确，审题严谨，将选项的内容与法条的规定进行——比对。

[选项分析]《公司法》第155条规定，公司向社会公开募集股份，应当由依法设立的证券公司承销，签订承销协议。由此可知，A选项表述正确。

《公司法》第156条第1款规定，公司向社会公开募集股份，应当同银行签订代收股款协议。由此可知，应当由发起人而非证券公司与银行签订代收股款协议。所以，B选项表述错误。

《公司法》第101条规定，向社会公开募集股份的股款缴足后，应当经依法设立的验资机构验资并出具证明。由此可知，C选项正确。

D选项涉及诸多法条，须——明确以辨析本项正误。第一，《公司法》第103条第1款规定："募集设立股份有限公司的发起人应当自公司设立时应发行股份的股款缴足之日起三十日内召开公司成立大会。发起人应当在成立大会召开十五日前将会议日期通知各认股人或者予以公告。成立大会应当有持有表决权过半数的认股人出席，方可举行。"第二，《公司法》第104条第1款规定："公司成立大会行使下列职权：（一）审议发起人关于公司筹办情况的报告；（二）通过公司章程；（三）选举董事、监事；（四）对公司的设立费用进行审核；（五）对发起人非货币财产出资的作价进行审核；（六）发生不可抗力或者经营条件发生重大变化直接影响公司设立的，可以作出不设立公司的决议。"第三，《公司法》第126条第1款规定，股份有限公司设经理，由董事会决定聘任或者解聘。由此可知，成立大会有权选举董事会成员、监事会成员，但是总经理由董事会聘任而不是由成立大会选举产生。所以，D选项错误。

第二节 股份有限公司的组织机构

1.［答案］AC ［难度］中

［考点］临时股东会的召集

［命题和解题思路］公司治理是我国近年来实践中的热点问题。公司治理中的股东会的程序也是法考近年来的热门话题。本题综合考查了股东会的职权、股东会的类型、股东提议召集股东会的权利

以及股东会召集程序等问题。本题体现出了法考越来越强的综合性考查，但是从选项来看，考查难度适中，只要考生能够掌握公司治理的基本法律制度与原理即可作答。

［选项分析］A选项考查的是股东提议召集股东会的权利。根据《公司法》第113条规定，有下列情形的，公司应当在两个月内召开临时股东会会议：（1）董事人数不足法定人数或者章程规定人数2/3时；（2）公司未弥补亏损达股本总额1/3时；（3）单独或者合计持有公司10%以上股份的股东请求时；（4）董事会认为必要时；（5）监事会提议召开时等。在本题题干中，王某持有公司股份12%，其提议召集股东会，属于《公司法》规定应当召开的情形，因此，董事会应当召集股东会。因此，A选项正确。

B选项考查的是股东自行召集股东会的权利。在此，考生必须特别注意的是，股份公司股东提议召集股东会的持股比例为10%，并无持股期限的限制，但是股东自行召集股东会则存在持股期限的限制。《公司法》第114条规定，可自行召集股东会的股东除应持股10%以上，还应连续90日以上持股。这是为了维护公司利益，避免短线投资的股东自行召集会议，给公司造成不必要的成本。在本题事实中，王某自2020年4月才受让股份，至5月10日提起召开股东会时不足3个月，因此此时如董事会不召集，其无法自行召集。此外，考生还需要注意的是，即使王某持股达90日以上，也需要满足自行召集的前置程序，即董事会不履行的，应当请求监事会召集，监事会不履行时方可自行召集。这也是为了维护公司利益，避免股东过度干预公司管理，降低公司效力率。因此，B选项错误。

C选项考查的是股东会的职权。选举与罢免非职工代表董事系股东会的职权而非董事会的职权，因此公司董事会以罢免董事须经股东会为由拒绝王某要求董事会罢免董事的提议是符合《公司法》规定的。因此，C选项正确。

D选项考查的是股东会召集的程序。需要考生注意，在《公司法》中也有不少期限需要特别关注。其中针对股东会的召集通知，股东会年会应当提前20日通知各股东，而临时股东会则应当提前15日通知。同时，考生需要注意，该期限如果章程没有特别规定，则只能提前不能延后，如

果章程另有规定，则章程规定也只能延长期限不能缩短期限。但是在章程没有另行规定时，只要公司在上述期限内通知即符合《公司法》的规定。D选项混淆了股东会年会与临时股东会的通知期限。因此，D选项错误。

2. ［答案］AB　　［难度］难

［考点］股份有限公司的组织机构（股东会的决议及其效力、对董事、经理的禁止性规定）

［命题和解题思路］本题旨在考查股份有限公司各个组织机构之间的职权划分。一般而言，只要是针对公司组织机构之间职权划分的考题，由于法条规定较为繁杂、细致，所以命题人设计陷阱的方法无非是"张冠李戴"或者"鱼目混珠"。因此，相应地，考生应当采取如下的应对措施或者备考技巧：第一，切记不可死记硬背法条，由于此部分法条内容过于庞杂、琐碎，所以必须研究其法条背后的立法考量，从而以理解促记忆，例如股东会作为公司权力机构，其职权范围的事项一般涉及公司宏观层面的重大事项，如修改公司章程等；第二，必须注意有限责任公司与股份有限公司之间关于组织机构权限的区别和联系，有针对性地对其进行总结、归类，例如"易混淆知识点"中关于"公司董事、监事以及高管的任免"制作的总结分析表，考生可以以此为参照尝试就重点知识点或者易混淆知识点制作表格，势必会大大提高自己的复习效率。

［选项分析］A选项考查经理的聘任及其报酬的决定权，C选项考查公司财务负责人的聘任决定权。《公司法》第120条第2款规定："本法第六十七条、第六十八条第一款、第七十条、第七十一条的规定，适用于股份有限公司。"而《公司法》第67条第2款规定："董事会行使下列职权：（一）召集股东会会议，并向股东会报告工作；（二）执行股东会的决议；（三）决定公司的经营计划和投资方案；（四）制订公司的利润分配方案和弥补亏损方案；（五）制订公司增加或者减少注册资本以及发行公司债券的方案；（六）制订公司合并、分立、解散或者变更公司形式的方案；（七）决定公司内部管理机构的设置；（八）决定聘任或者解聘公司经理及其报酬事项，并根据经理的提名决定聘任或者解聘公司副经理、财务负责人及其报酬事项；（九）制定公司的基本管理

制度；（十）公司章程规定或者股东会授予的其他职权。"由此可知，A选项表述符合法条的规定，正确，当选；C选项的表述不符合法条的规定，经理仅仅有权提请聘任财务负责人，而无权决定聘请财务负责人。所以，C选项表述错误，不当选。

B选项考查公司经理的职权。《公司法》第126条第2款规定，经理对董事会负责，根据公司章程的规定或者董事会的授权行使职权。经理列席董事会会议。一般而言，经理有权主持公司的生产经营管理工作，组织实施董事会决议，在其职权范围内，当然有权以茂森公司名义对外签约。所以，B选项表述正确，当选。

D选项考查公司经理的解聘。《公司法》第126条第1款规定，股份有限公司设经理，由董事会决定聘任或者解聘。由此可知，D选项中"通过股东会决议将其解聘"的表述不符合法条的规定——股份有限公司的总经理的聘任和解聘均由董事会决定。所以，D选项表述错误，不当选。

易混淆知识点

董事（董事长）、监事（监事会主席）、经理、副经理以及财务负责人的产生与罢免

职位	产生与罢免
董事	（1）非由职工代表担任的董事：由股东会选举和更换； （2）由职工代表担任的董事：由公司职工通过职工代表大会、职工大会或者其他形式民主选举产生以及更换；（两类公司） （3）董事职务的解除：董事任期届满前，公司股东会可以解除其职务。
监事	（1）非由职工代表担任的监事：由股东会选举和更换； （2）由职工代表担任的监事：由公司职工通过职工代表大会、职工大会或者其他形式民主选举产生以及更换。（两类公司）

职位	产生与罢免
	续表
董事长	（1）有限责任公司：董事会设董事长一人，可以设副董事长。董事长、副董事长的产生办法由公司章程规定。 （2）股份有限公司：董事会设董事长一人，可以设副董事长。董事长和副董事长由董事会以全体董事的过半数选举产生。
监事会主席	（1）有限责任公司：监事会设主席一人，由全体监事过半数选举产生。 （2）股份有限公司：监事会设主席一人，可以设副主席。监事会主席和副主席由全体监事过半数选举产生。
经理	由董事会决定聘任与解聘。（两类公司）
副经理、财务负责人	（1）由经理提名聘任或者解聘； （2）由董事会决定聘任或者解聘。（两类公司）

第三节　股份有限公司的股权转让

1. [答案] AB　　　 [难度] 中

[考点] 股份公司的股份回购

[命题和解题思路] 本题旨在考查股份公司的股份回购。股份回购，特别是上市公司股份回购是资本市场的基础性制度之一，对于优化资本结构、稳定公司控制权、提升公司投资价值、建立健全投资者回报机制具有重要作用。2013年《公司法》将回购的法定事由限于四种情形，由此严重阻碍了股份回购制度的市场功能与作用。2018年《公司法》将原来的"将股份奖励给本公司职工"这一情形修改为"将股份用于员工持股计划或者股权激励"，并增加"将股份用于转换上市公司发行的可转换为股票的公司债券"和"上市公司为维护公司价值及股东权益所必需"两种情形。2023年《公司法》对该规定予以保留。一般情形下，我国公司回购股份必须召开股东会，涉及各种事先通知、公告等事项和期限要求，程序规定

较为复杂，由此使得上市公司难以及时把握市场机会，合理安排回购计划。因此，现行《公司法》简化了股份回购的决策程序。公司因将股份用于员工持股计划或者股权激励、用于转换上市公司发行的可转换为股票的公司债券，以及上市公司为维护公司价值及股东权益所必需而收购本公司股份的，可以依照公司章程的规定或者股东会的授权，经三分之二以上董事出席的董事会会议决议，不必经股东会决议。此外，原《公司法》不允许将回购的股份以库存方式持有，限制了股份回购的市场化功能作用发挥的必要条件和空间，因而现行《公司法》提高了回购股份的数额上限，延长公司持有所回购股份的期限。因将股份用于员工持股计划或者股权激励、用于转换上市公司发行的可转换为股票的公司债券，以及上市公司为维护公司价值及股东权益所必需而收购本公司股份的，公司合计持有的本公司股份数不得超过本公司已发行股份总额的10%，并应当在3年内转让或者注销。

[选项分析]《公司法》第162条第1款规定："公司不得收购本公司股份。但是，有下列情形之一的除外：……（六）上市公司为维护公司价值及股东权益所必需。"本题中，斯宇公司的董事会认为其公司的股价远远低于其公司的内在价值，符合上述规定第6项的规定。另，《公司法》第162条第2款规定："公司因前款第一项、第二项规定的情形收购本公司股份的，应当经股东会决议；公司因前款第三项、第五项、第六项规定的情形收购本公司股份的，可以按照公司章程或者股东会的授权，经三分之二以上董事出席的董事会会议决议。"由此可知，斯宇公司为维护自身价值及股东权益所必需的股份回购事项，原则上应根据公司章程规定或者股东会授权，由公司的董事会行使，而非一定由股东会行使。故选项C错误。

《公司法》第162条第3款规定："公司依照本条第一款规定收购本公司股份后，属于第一项情形的，应当自收购之日起十日内注销；属于第二项、第四项情形的，应当在六个月内转让或者注销；属于第三项、第五项、第六项情形的，公司合计持有的本公司股份数不得超过本公司已发行股份总数的百分之十，并应当在三年内转让或者注销。"由此可知，斯宇公司若进行股份回购，则合计持有的本

公司股份数不得超过本公司已发行股份总额的10%，且在 3 年内转让或者注销。故选项 A 正确，选项 D 错误。

《公司法》第 162 条第 4 款规定："上市公司收购本公司股份的，应当依照《中华人民共和国证券法》的规定履行信息披露义务。上市公司因本条第一款第三项、第五项、第六项规定的情形收购本公司股份的，应当通过公开的集中交易方式进行。"由此可知，斯宇公司若进行股份回购，应当通过公开的集中方式进行股份回购。故选项 B 正确。

2. ［答案］B　　［难度］难

［考点］股份有限公司的股权转让（股份转让的限制）

［命题和解题思路］本题重点考查《公司法》对股份有限公司的股份转让的限制。此题的命题水平相当高明，考生稍不留神就有可能选错。若命题者单独考查《公司法》对有限公司股权转让的限制或者对股份公司股份转让的限制，大部分考生可能会觉得这是"小菜一碟"，只要熟悉了相关法条，本题便不在话下。所以，为了"混淆视听"，本题中命题者特意将两者混淆起来综合考查。再者，命题者还在 C 选项中重点考查了考生对公司法原理的理解和运用能力，例如公司章程的自治性与《公司法》的强制性之间如何协调处理。如此一来，便使天下考生对商法试题不敢小觑！这也提醒备考的考生——商法的备考不仅仅需要准确记忆相关明文规定的法律条款，而且还需要锻炼自己对未明文规定的相关商法原理的理解与运用能力。只有这样，考生才能在面对考题时真正"笑傲江湖"。

［选项分析］《公司法》第 162 条第 1 款规定："公司不得收购本公司股份。但是，有下列情形之一的除外：（一）减少公司注册资本；（二）与持有本公司股份的其他公司合并；（三）将股份用于员工持股计划或者股权激励；（四）股东因对股东会作出的公司合并、分立决议持异议，要求公司收购其股份；（五）将股份用于转换公司发行的可转换为股票的公司债券；（六）上市公司为维护公司价值及股东权益所必需。"由此可知，本案情形不属于《公司法》规定的股份有限公司股权收购的情形。所以，A 选项错误。

《公司法》第 157 条规定，股份有限公司的股东持有的股份可以向其他股东转让，也可以向股东以外的人转让；公司章程对股份转让有限制的，其转让按照公司章程的规定进行。因此，在章程没有规定的情形之下，只需要符合《公司法》规定的限制即可。对此，《公司法》第 160 条规定："公司公开发行股份前已发行的股份，自公司股票在证券交易所上市交易之日起一年内不得转让。法律、行政法规或者国务院证券监督管理机构对上市公司的股东、实际控制人转让其所持有的本公司股份另有规定的，从其规定。公司董事、监事、高级管理人员应当向公司申报所持有的本公司的股份及其变动情况，在就任时确定的任职期间每年转让的股份不得超过其所持有本公司股份总数的百分之二十五；所持本公司股份自公司股票上市交易之日起一年内不得转让。上述人员离职后半年内，不得转让其所持有的本公司股份。公司章程可以对公司董事、监事、高级管理人员转让其所持有的本公司股份作出其他限制性规定。股份在法律、行政法规规定的限制转让期限内出质的，质权人不得在限制转让期限内行使质权。"由此可知，针对发起人，现行《公司法》已经取消了转让限制。而针对董监高的转让只存在任职期间的比例限制和离职后的期限限制，并无股东同意的限制，因此 B 选项表述正确。同时，章程也只可限制发起人转让股份，而非禁止，否则构成了对股东处分权的完全剥夺，因此 C 选项错误。

优先购买权是《公司法》出于保护有限责任公司的人合性而赋予其股东的权利，以资合性为主要特征的股份公司自然无此保护需要，其股东也就没有优先购买权。所以，D 选项错误。

难点解析	
1. 公司法对股份有限公司股份转让的限制	
对场所的限制	转让股份应当在依法设立的证券交易场所进行，或者按照国务院规定的其他方式进行。
对原始股的限制	公司公开发行股份前已发行的股份，自公司股票在证券交易所上市交易之日起 1 年内不得转让。

对董监高的限制	（1）公司董事、监事、高级管理人员应当向公司申报所持有的本公司的股份及其变动情况； （2）在任职期间每年转让的股份不得超过其所持有本公司股份总数的25%； （3）所持本公司股份自公司股票上市交易之日起1年内不得转让； （4）上述人员离职后半年内，不得转让其所持有的本公司股份； （5）公司章程可以对公司董事、监事、高级管理人员转让其所持有的本公司股份作出其他限制性规定。

2. 有限责任公司的股权转让

总原则	章程优先：章程中对股权转让有不同规定的，从其约定。
对内转让	（1）股东之间可以自由转让股权：无需通知其他股东或者取得其他股东的同意。
	（2）既可以转让全部股权，也可以转让部分股权。
对外转让	其他股东的优先购买权： （1）经股东同意转让的股权，在同等条件下，其他股东有优先购买权（但转让股东放弃转让的除外）。 （2）"同等条件"包括转让股权的数量、价格、支付方式及期限等因素。 （3）若两个以上的股东都愿意受让该转让的股权，应当通过协商确定各自受让比例；协商不成的，按照转让时各自的出资比例行使优先购买权。

第四节　对上市公司组织机构的特别规定

1. ［答案］AC　　［难度］易

［考点］对上市公司组织机构的特别规定（上市公司董事表决的特别规定）

［命题和解题思路］本题旨在考查上市公司董

事会关联董事的回避制度，重点考查考生对《公司法》第139条的熟悉程度，要求考生对《公司法》的相关规定理解到位，记忆准确。总的来说，本题考点单一，内容上无广度、无深度，各个选项考生基本上都可以通过将法条的规定和选项内容进行对比轻易排除之。

［选项分析］《公司法》第139条规定，上市公司董事与董事会会议决议事项所涉及的企业或者个人有关联关系的，该董事应当及时向董事会书面报告。有关联关系的董事不得对该项决议行使表决权，也不得代理其他董事行使表决权。该董事会会议由过半数的无关联关系董事出席即可举行，董事会会议所作决议须经无关联关系董事过半数通过。出席董事会会议的无关联关系董事人数不足三人的，应当将该事项提交上市公司股东会审议。

根据上述法条可知，本题中董事梁某与董事会决议事项存在关联关系，所以梁某不得对该决议行使表决权，也不得委托他人代为行使表决权。所以，A选项正确，B选项错误。若出席董事会的无关联董事不足三人的，应将该事项提交上市公司股东会审议。所以，C选项正确。

《公司法》第14条规定，公司可以向其他企业投资。法律规定公司不得成为对所投资企业的债务承担连带责任的出资人的，从其规定。由此可知，投资是公司的权利能力之一，只要经过合法程序就可以对外进行投资，并不因为存在关联关系而被禁止，关联关系仅仅影响存在关联关系的董事的表决权。所以，D选项错误。

2. ［答案］A　　［难度］中

［考点］对上市公司组织机构的特别规定（上市公司的独立董事制度）

［命题和解题思路］本题主要考查的是考生对《公司法》独立董事制度的规定以及中国证监会《上市公司独立董事管理办法》的掌握情况，但主要是对《公司法》的考查。本题整体难度不大，命题人主要想考查考生审题是否耐心细致以及是否准确记忆相关法条，例如独立董事在董事会成员中的比例、独立董事的构成以及独立董事的兼职限制和持股限制等细节性规定。

［选项分析］2023年公布的《上市公司独立董事管理办法》第5条第1款规定，上市公司独立董事占董事会成员的比例不得低于三分之一，

且至少包括一名会计专业人士。故 A 选项表述正确；B 选项表述错误，错在独立董事的构成中并没有强制要求必须有 1 名法律专业人士。

C 选项考查独立董事兼职上市公司数量限制。《上市公司独立董事管理办法》第 8 条规定，独立董事原则上最多在三家境内上市公司担任独立董事，并应当确保有足够的时间和精力有效地履行独立董事的职责。所以，C 选项错误。

《上市公司独立董事管理办法》第 6 条规定："独立董事必须保持独立性。下列人员不得担任独立董事：（一）在上市公司或者其附属企业任职的人员及其配偶、父母、子女、主要社会关系；（二）直接或者间接持有上市公司已发行股份百分之一以上或者是上市公司前十名股东中的自然人股东及其配偶、父母、子女；（三）在直接或者间接持有上市公司已发行股份百分之五以上的股东或者在上市公司前五名股东任职的人员及其配偶、父母、子女；（四）在上市公司控股股东、实际控制人的附属企业任职的人员及其配偶、父母、子女；（五）与上市公司及其控股股东、实际控制人或者其各自的附属企业有重大业务往来的人员，

或者在有重大业务往来的单位及其控股股东、实际控制人任职的人员；（六）为上市公司及其控股股东、实际控制人或者其各自附属企业提供财务、法律、咨询、保荐等服务的人员，包括但不限于提供服务的中介机构的项目组全体人员、各级复核人员、在报告上签字的人员、合伙人、董事、高级管理人员及主要负责人；（七）最近十二个月内曾经具有第一项至第六项所列举情形的人员；（八）法律、行政法规、中国证监会规定、证券交易所业务规则和公司章程规定的不具备独立性的其他人员。前款第四项至第六项中的上市公司控股股东、实际控制人的附属企业，不包括与上市公司受同一国有资产管理机构控制且按照相关规定未与上市公司构成关联关系的企业。独立董事应当每年对独立性情况进行自查，并将自查情况提交董事会。董事会应当每年对在任独立董事独立性情况进行评估并出具专项意见，与年度报告同时披露。"由此可知，并非独立董事不得直接或间接持有甲公司已发行的股份，而是该公司独立董事可以持股，只是存在特定的持股比例限制。所以，D 选项错误。

第十章　普通合伙企业法

试　题

第一节　合伙财产与合伙人责任

📶 **1.** 浦乐普通合伙企业的合伙人甲向乙转让合伙份额，全体合伙人一致同意且均不主张优先购买。甲和乙特别约定：乙对入伙前债务不承担责任，一切责任均应由甲承担。甲与乙签订了《转让协议》，浦乐普通合伙企业的其他合伙人对此均知情并且同意。乙参与合伙企业经营后，该合伙企业的合伙协议并未修订且未办理市场主体登记的变更。两个月后，浦乐普通合伙企业一年前签订的《供货协议》约定的货款付款期届满，债权人丙要求浦乐普通合伙企业履行付款义务，却发现该企业财产无法清偿。据此，下列哪些说法是正确的？（2023 年回忆版）

A. 甲乙之间就债务承担的约定仅在二者之间生效

B. 乙已取得合伙人资格

C. 债权人丙可主张甲就合伙企业不能清偿的债务承担连带责任

D. 债权人丙可主张乙就合伙企业不能清偿的债务承担连带责任

📶 **2.** 甲、乙、丙各出资 10 万元共同购买了一辆货车进行货物运输运营，未约定运营期限。在货物运输过程中，货车发生了故障需要维修，甲想趁机对该货车进行全面保养以保证未来运营的安全。但乙认为从事货物运输的市场已经不景气，实际也并未赚钱，因此意欲退出。丁听闻后，想要购买乙的份额。据此，下列哪些说法是正确的？（2023 年回忆版）

A. 该车辆为甲、乙、丙共同共有

B. 保养和重大修缮需要三人共同同意

C. 乙如转让份额需经过甲和丙的一致同意

D. 乙可自行声明退出合伙，无需经过甲和丙同意

3. 乐道剧本杀体验中心（普通合伙）是罗某、武某和万某于 2016 年设立的普通合伙企业，合伙协议约定经营期限为 10 年。后因剧本杀市场竞争激烈，该企业一直经营不佳。2021 年 3 月，因资金短缺，罗某等三位合伙人邀请于某入伙。出于对罗某等三人的信任，于某未对该合伙企业调查，即签订了入伙协议，并登记成为了合伙人。于某入伙后得知了企业的真实经营状况，后悔不已，遂向罗某等三人主张因未向其如实告知企业财产状况而撤销入伙协议，但遭到罗某等三人的反对。于某见撤销协议无望，于是转而要求退伙。2021 年 6 月 1 日，罗某等三人同意，合伙企业于 2021 年 6 月 10 日为于某办理了退伙的变更登记。据此，下列哪些说法是正确的？（2021 年回忆版）

A. 于某签订入伙协议后即应对入伙前合伙企业的债务承担无限连带责任

B. 于某有权主张因为重大误解撤销入伙协议

C. 于某的退伙应当于 2021 年 6 月 1 日起生效

D. 2021 年 6 月 10 日后该企业对外所负的债务，于某均应承担无限连带责任

4. 甲、乙、丙共同出资成立了一普通合伙企业，甲于 2017 年向丁借款 100 万元，现到期无法清偿。甲决定以其持有该合伙企业的份额对丁进行清偿，乙、丙均表示不同意。对此，下列哪一选项是正确的？（2018 年回忆版）

A. 若丁向法院申请强制执行甲的合伙份额，应经其他合伙人一致同意

B. 可以合伙企业盈利对丁进行清偿

C. 若丁向法院申请强制执行甲的合伙份额，其他合伙人既不行使优先购买权也不同意对外转让份额的，则视为其他合伙人同意对外转让

D. 其他合伙人为了避免债权人强制执行甲的合伙份额，可协商代为清偿

5. 高崎、田一、丁福三人共同出资 200 万元，于 2011 年 4 月设立"高田丁科技投资中心（普通合伙）"，从事软件科技的开发与投资。其中高崎出资 160 万元，田、丁分别出资 20 万元，由高崎担任合伙事务执行人。2012 年 6 月，丁福为向钟冉借钱，作为担保方式，而将自己的合伙财产份额出质给钟冉。下列说法正确的是：（2013-3-92）

A. 就该出质行为，高、田二人均享有一票否决权

B. 该合伙财产份额质权，须经合伙协议记载与工商登记才能生效

C. 在丁福伪称已获高、田二人同意，而钟冉又是善意时，钟冉善意取得该质权

D. 在丁福未履行还款义务，如钟冉享有质权并主张以拍卖方式实现时，高、田二人享有优先购买权

第二节　合伙事务的执行规则

1. 甲、乙、丙三人设立益玩普通合伙企业，经营学习辅导业务。其中，甲为执行合伙人，乙负责后勤事务，丙不参与日常经营。一段时间后，该企业效益不佳。在此背景下，丙在工作之余发现了一个其认为难得的商业机会，遂自行以合伙人的身份以合伙企业的名义签订了合作协议。根据该协议，益玩普通合伙企业如想开展约定的合伙，需先垫资 100 万元。丙签订合同后告诉了甲和乙，对此，甲坚决反对，但乙表示不妨一试。据此，下列哪一说法是正确的？（2023 年回忆版）

A. 丙擅自签订的合伙协议对合伙企业不具有约束力

B. 益玩普通合伙企业可事后追认该合同使其有效

C. 乙、丙可撤销甲执行合伙人的身份

D. 甲、乙、丙可召开合伙人会议投票决定合同

2. 创融合伙企业是甲、乙、丙、丁四人设立的普通合伙企业。《合伙协议》约定甲、乙共同负责合伙事务的执行，并按此办理了市场主体登记。在运营过程中，甲代表创融合伙企业对外签订了一份买卖合同，购买电脑设备供企业使用。甲、乙共同代表企业签了一份技术合作合同。合伙人丁未经其他合伙人同意转让了其合伙份额。据此，下列哪些说法是正确的？（2023 年回忆版）

A. 买卖合同对该合伙企业发生效力

B. 技术合同对该合伙企业发生效力

C. 只有乙有权对买卖合同提出异议

D. 如其他合伙人未主张优先购买则丁的合伙份额转让有效

3. 张某系甲普通合伙企业的合伙人，在执行合伙事务的过程中因重大过失给合伙企业造成了

重大损失。对此，其他合伙人一致同意将其除名，但张某表示反对。虽然其他合伙人作出了对张某的除名决议，但因张某的反复抗议，除名决议虽送达张某但合伙企业并未完成合伙协议的变更登记。张某此后仍然代表甲普通合伙企业对外签订合同。2021年，因经营困难，甲普通合伙企业召开了合伙人会议，会议上除张某外其他合伙人一致决定解散合伙企业。据此，下列哪一项说法是正确的？（2021年回忆版）

A. 除名决议一经送达即对张某发生效力

B. 解散决议作出后，即应由执行合伙人负责清算

C. 除名作出后暂不生效，须法院确认不支持张某异议后方可生效

D. 解散决议由于张某异议因而未经全体合伙人一致同意而不生效力

4. 2017年2月，甲、乙两人各自出资25万元成立了和信汽车服务中心（普通合伙）。其中合伙协议约定，甲为合伙事务执行人，乙不参与经营。成立后，甲让其妹丙担任合伙事务的执行人。2017年12月，丙解聘了原有的技术人员，通过一系列的改革创新，实现了企业可持续利润增长，乙知情后并未予以制止。2019年2月，丙以和信汽车服务中心的名义向丁借款100万元，并以其门面房作抵押。对此，下列哪些选项是正确的？（2019年回忆版）

A. 乙知情后未予以制止，则可以视为其同意丙担任和信汽车服务中心的事务执行人

B. 丙无权解雇和信汽车服务中心原有的技术人员

C. 丙以和信汽车服务中心的门面房作抵押借款的行为无效

D. 若丙不能偿还到期债务，则丁可以向法院申请强制执行其门面房

5. 逐道茶业是一家生产销售野生茶叶的普通合伙企业，合伙人分别为赵、钱、孙。合伙协议约定如下：第一，赵、钱共同担任合伙事务执行人；第二，赵、钱共同以合伙企业名义对外签约时，单笔标的额不得超过30万元。对此，下列哪一选项是正确的？（2017-3-29）

A. 赵单独以合伙企业名义，与甲茶农达成协议，以12万元的价格收购其茶园的茶叶，该协议为有效约定

B. 孙单独以合伙企业名义，与乙茶农达成协议，以10万元的价格收购其茶园的茶叶，该协议为无效约定

C. 赵、钱共同以合伙企业名义与丙茶叶公司签订价值28万元的明前茶销售合同，该合同为有效约定

D. 赵、钱共同以合伙企业名义，与丁茶叶公司签订价值35万元的明前茶销售合同，该合同为无效约定

6. 兰艺咖啡店是罗飞、王曼设立的普通合伙企业，合伙协议约定罗飞是合伙事务执行人且承担全部亏损。为扭转经营亏损局面，王曼将兰艺咖啡店加盟某知名品牌，并以合伙企业的名义向陈阳借款20万元支付了加盟费。陈阳现在要求还款。关于本案，下列哪一说法是正确的？（2016-3-30）

A. 王曼无权以合伙企业的名义向陈阳借款

B. 兰艺咖啡店应以全部财产对陈阳承担还款责任

C. 王曼不承担对陈阳的还款责任

D. 兰艺咖啡店、王曼和罗飞对陈阳的借款承担无限连带责任

7. 某普通合伙企业为内部管理与拓展市场的需要，决定聘请陈东为企业经营管理人。对此，下列哪一表述是正确的？（2015-3-29）

A. 陈东可以同时具有合伙人身份

B. 对陈东的聘任须经全体合伙人的一致同意

C. 陈东作为经营管理人，有权以合伙企业的名义对外签订合同

D. 合伙企业对陈东对外代表合伙企业权利的限制，不得对抗第三人

8. 通源商务中心为一家普通合伙企业，合伙人为赵某、钱某、孙某、李某、周某。就合伙事务的执行，合伙协议约定由赵某、钱某二人负责。下列哪些表述是正确的？（2014-3-73）

A. 孙某仍有权以合伙企业的名义对外签订合同

B. 对赵某、钱某的业务执行行为，李某享有监督权

C. 对赵某、钱某的业务执行行为，周某享有异议权

D. 赵某以合伙企业名义对外签订合同时，钱

某享有异议权

9. 甲、乙、丙、丁以合伙企业形式开了一家餐馆。就该合伙企业事务的执行，下列哪些表述是正确的？（2013-3-72）

A. 如合伙协议未约定，则甲等四人均享有对外签约权

B. 甲等四人可决定任命丙为该企业的对外签约权人

C. 不享有合伙事务执行权的合伙人，以企业名义对外签订的合同一律无效

D. 不享有合伙事务执行权的合伙人，经其他合伙人一致同意，可担任企业的经营管理人

第三节　有限合伙人的权利和义务

1. 焰火 KTV 是一家有限合伙企业，其中王某是普通合伙人，其他人均为有限合伙人。有限合伙人孙某的入伙协议约定，孙某出资 20 万元，分期缴纳，以孙某协助王某负责卫生清理工作的工资逐月抵充。入伙协议签订后，王某并未办理变更工商登记。有限合伙人李某将有限份额转让给合伙企业以外的第三人，并未按照合伙协议的约定提前 30 日通知其他合伙人。有限合伙人张某将合伙企业的份额出质给了合伙企业以外的荣发公司作为自己的融资担保。据此，下列哪一说法是正确的？（2021 年回忆版）

A. 合伙协议中关于孙某的出资约定合法有效

B. 孙某因合伙企业未变更登记所以不具有合伙人资格

C. 李某因未提前 30 日通知其他合伙人所以转让无效

D. 张某的出质行为因未得到合伙人的一致同意而无效

2. 在甲合伙企业中，刘某为执行事务合伙人，李某为有限合伙人并兼任财务经理。后因发展需要，李某又被任命为策划经理。在企业运营中，李某以执行事务合伙人的名义与乙公司签订了业务合同，刘某对此知情，并未表示反对。后因企业发展不顺，甲企业对乙公司的业务合同处于违约状态。对此，下列哪一表述是正确的？（2020 年回忆版）

A. 李某被任命为财务经理须全体合伙人一致同意

B. 李某被任命为策划经理须半数以上合伙人同意

C. 甲合伙企业与乙公司的合同有效

D. 刘某与李某须对乙公司债务承担连带责任

3. 雀凰投资是有限合伙企业，从事私募股权投资活动。2017 年 3 月，三江有限公司决定入伙雀凰投资，成为其有限合伙人。对此，下列哪些选项是错误的？（2017-3-72）

A. 如合伙协议无特别约定，则须经全体普通合伙人一致同意，三江公司才可成为新的有限合伙人

B. 对入伙前雀凰投资的对外负债，三江公司仅以实缴出资额为限承担责任

C. 三江公司入伙后，有权查阅雀凰投资的财务会计账簿

D. 如合伙协议无特别约定，则三江公司入伙后，原则上不得自营与雀凰投资相竞争的业务

4. 灏德投资是一家有限合伙企业，专门从事新能源开发方面的风险投资。甲公司是灏德投资的有限合伙人，乙和丙是普通合伙人。关于合伙协议的约定，下列哪些选项是正确的？（2016-3-72）

A. 甲公司派驻灏德投资的员工不领取报酬，其劳务折抵 10% 的出资

B. 甲公司不得与其他公司合作从事新能源方面的风险投资

C. 甲公司不得将自己在灏德投资中的份额设定质权

D. 甲公司不得将自己在灏德投资中的份额转让给他人

5. 李军退休后于 2014 年 3 月，以 20 万元加入某有限合伙企业，成为有限合伙人。后该企业的另一名有限合伙人退出，李军便成为唯一的有限合伙人。2014 年 6 月，李军不幸发生车祸，虽经抢救保住性命，但已成为植物人。对此，下列哪一表述是正确的？（2015-3-30）

A. 就李军入伙前该合伙企业的债务，李军仅需以 20 万元为限承担责任

B. 如李军因负债累累而丧失偿债能力，该合伙企业有权要求其退伙

C. 因李军已成为植物人，故该合伙企业有权要求其退伙

D. 因唯一的有限合伙人已成为植物人，故该有限合伙企业应转为普通合伙企业

详 解

第一节 合伙财产与合伙人责任

1. [答案] ABCD　　　[难度] 中

[考点] 入伙；退伙；普通合伙人的责任承担

[命题和解题思路] 本题考查普通合伙企业入伙、退伙以及普通合伙人的无限连带责任，属于常规考点。首先，合伙人入伙可以分为新入伙与受让入伙；其次，合伙人份额的转让，需要全体合伙人一致同意，且其他合伙人有权优先购买；最后，合伙人新入伙的，对入伙前合伙企业的债务承担无限连带责任；合伙人退伙的，对基于其退伙前的原因发生的合伙企业债务，承担无限连带责任。合伙人之间就责任承担的约定不能对抗外部债权人。考生只要把握以上几个层次，本题很自然能够得出答案。

[选项分析] 《合伙企业法》第44条规定，入伙的新合伙人与原合伙人享有同等权利，承担同等责任。入伙协议另有约定的，从其约定。新合伙人对入伙前合伙企业的债务承担无限连带责任。因此，甲和乙之间关于债务承担的约定虽然在二者之间发生效力，即乙按照《合伙企业法》的规定承担无限连带责任后，可根据该协议向甲追偿，但是并不免除乙入伙后对普通合伙企业不能承担的债务所需承担的无限连带责任。AD选项正确。

《合伙企业法》第22条规定，除合伙协议另有约定外，合伙人向合伙人以外的人转让其在合伙企业中的全部或者部分财产份额时，须经其他合伙人一致同意。合伙人之间转让在合伙企业中的全部或者部分财产份额时，应当通知其他合伙人。《合伙企业法》第23条规定，合伙人向合伙人以外的人转让其在合伙企业中的财产份额的，在同等条件下，其他合伙人有优先购买权；但是，合伙协议另有约定的除外。《合伙企业法》第24条规定，合伙人以外的人依法受让合伙人在合伙企业中的财产份额的，经修改合伙协议即成为合伙企业的合伙人，依照本法和修改后的合伙协议享有权利，履行义务。据此本题中，乙已经可以依法受让甲的合伙财产份额。但问题是：（1）没有修改合伙协议；（2）没有变更登记。针对没有变更登记，考生应不陌生，并不属于生效要件；但没有修改合伙协议，是否可以因此认为不能成

为合伙企业的合伙人呢？对此，考生需要注意，虽然《合伙企业法》规定合伙企业应当签订合伙协议，合伙协议应当是书面的，并且合伙份额转让或新入伙还需要签订合伙协议。但是从合伙关系成立的角度来看，上述规定仅属于程序性管理规则。实际上，新入伙或者转让合伙协议，只要经过全体合伙人一致同意，就可以认为实际上合伙协议已经变更，只是没有修订新的书面合伙协议而已。因此，乙已经取得合伙人资格。B选项正确。

《合伙企业法》第53条规定，退伙人对基于其退伙前的原因发生的合伙企业债务，承担无限连带责任。甲已经将合伙份额转让给乙，但由于债务发生在其退伙前。因此，针对该债务，甲依然需要承担无限连带责任。C选项正确。

2. [答案] BCD　　　[难度] 难

[考点] 合伙财产；合伙事务的执行；合伙份额的转让、退伙

[命题和解题思路] 本题是对民事合伙的考查，属于民商融合的内容。除《合伙企业法》规定的营利性合伙外，还存在并未设立企业的民事合伙。但不论是《合伙企业法》规定的合伙企业还是《民法典》规定的民事合伙，在合伙关系的基本原则上并没有差异。考生结合《合伙企业法》学习即可。但需注意，只要当事人之间达成了"共同出资、共同经营、共享收益、共担风险"的原则即成立合伙关系。

[选项分析] 《民法典》第969条规定，合伙人的出资、因合伙事务依法取得的收益和其他财产，属于合伙财产。合伙合同终止前，合伙人不得请求分割合伙财产。《合伙企业法》第20条规定，合伙人的出资、以合伙企业名义取得的收益和依法取得的其他财产，均为合伙企业的财产。但上述条文均未规定合伙人对合伙（企业）的财产的所有状况。从理论上看，参考原《民法通则》第32条规定，合伙人投入的财产，由合伙人统一管理和使用。合伙经营积累的财产，归合伙人共有。其也仅规定了合伙企业的财产属于合伙人共有。但该共有究竟属于按份共有还是共同共有，理论上曾有分歧。对此，《民法典》第298条规定，按份共有人对共有的不动产或者动产按照其份额享有所有权。同时，《民法典》第305条规

定，按份共有人可以转让其享有的共有的不动产或者动产份额。其他共有人在同等条件下享有优先购买的权利。据此，只有按份共有人方可转让其共有份额。结合《合伙企业法》与《民法典》关于合伙份额转让的规定，合伙的共有应属于按份共有。这一观点也为实践中最高法以及地方法院所秉持。实际上，所谓认同属于共同共有的观点，只是站在了合伙中合伙人可以不按份额地对合伙财产行使权利，但忽略了《民法典》第300条的规定，共有人按照约定管理共有的不动产或者动产。而《民法典》970条则规定了合伙人事务执行的合同约定。A选项错误。

《民法典》第970条规定，合伙人就合伙事务作出决定的，除合伙合同另有约定外，应当经全体合伙人一致同意。合伙事务由全体合伙人共同执行。按照合伙合同的约定或者全体合伙人的决定，可以委托一个或者数个合伙人执行合伙事务；其他合伙人不再执行合伙事务，但是有权监督执行情况。合伙人分别执行合伙事务的，执行事务合伙人可以对其他合伙人执行的事务提出异议；提出异议后，其他合伙人应当暂停该项事务的执行。B选项正确。

《民法典》第974条规定，除合伙合同另有约定外，合伙人向合伙人以外的人转让其全部或者部分财产份额的，须经其他合伙人一致同意。C选项正确。

《民法典》第976条规定，合伙人对合伙期限没有约定或者约定不明确，依据本法第510条的规定仍不能确定的，视为不定期合伙。合伙期限届满，合伙人继续执行合伙事务，其他合伙人没有提出异议的，原合伙合同继续有效，但是合伙期限为不定期。合伙人可以随时解除不定期合伙合同，但是应当在合理期限之前通知其他合伙人。由于本题中并未约定合伙期限，因此属于不定期合伙。针对不定期合伙合同，合伙人可以随时解除。这也系《合伙企业法》第46条的规定，合伙协议未约定合伙期限的，合伙人在不给合伙企业事务执行造成不利影响的情况下，可以退伙，但应当提前30日通知其他合伙人。D选项正确。

3. [答案] ABC　　[难度] 难
[考点] 普通合伙人的入伙、退伙
[命题和解题思路] 本题对合伙企业法的考查

相对较难，延续了2020年以来在客观题考查中结合《民法典》考查合伙企业法的趋势。很多考生主要纠结于B选项撤销入伙协议，与ACD选项对于某作为合伙人入伙、退伙以及责任承担的表述之间可能的矛盾。相信有很多考生在解析这一问题的时候，总是在想如果没有B选项，那么本题的难度就降低很多。对于这一问题，需要考生掌握合同法律关系和组织法律关系的联系和区别。合伙企业的合伙协议同时具有合同性和组织性，因此即使依照合同法律关系被撤销或者解除，也依然需要适用合伙企业法中的组织规则，包括对外承担责任等以更好地保护合伙企业相关的其他权利主体，如债权人。能够掌握合同法、组织法之间的这一界分，本"难题"也就能够轻易破解。

[选项分析]《合伙企业法》第43条第1款规定，新合伙人入伙，除合伙协议另有约定外，应当经全体合伙人一致同意，并依法订立书面入伙协议。《合伙企业法》第44条第2款规定，新合伙人对入伙前合伙企业的债务承担无限连带责任。据此，于某入伙得到罗某等三位合伙人的一致同意且签订了合伙协议，因此应对入伙前合伙企业的债务承担无限连带责任。A选项表述正确。

《民法典》第148条规定，一方以欺诈手段，使对方在违背真实意思的情况下实施的民事法律行为，受欺诈方有权请求人民法院或者仲裁机构予以撤销。《合伙企业法》第43条第2款规定，订立入伙协议时，原合伙人应当向新合伙人如实告知原合伙企业的经营状况和财务状况。新入伙的合伙人需要与原合伙人一同对合伙企业的债务承担无限连带责任，因此，《合伙企业法》特别赋予了原合伙人全面告知合伙企业的如实告知义务。在本题事实中，罗某等三位原合伙人未如实告知于某合伙企业的经营状况和财务状况，属于对事实的隐瞒，导致了于某在违背真实意思的情况下签订了入伙协议，受到了欺诈，因此入伙协议属于可撤销的协议。所以B选项正确。

但是如"命题和解题思路"中已经论述的，部分考生可能会产生疑惑，如属于可撤销的协议，那么协议被撤销后应当自始没有发生效力，则如此A选项是否还属于正确？对此考生可以从两个角度解题：第一，直接解题法：《民法典》第148条规定的撤销权须由法院或仲裁机构行使，案例事实并未显示法院或者仲裁机构撤销该协议，因此协议在撤销前依然有效。第二，实质分析法：直接解题法并没有彻底解决问题，因为如果法院撤销协议，则于某是否还需要承担无限连带责任呢？这就涉及合同法和组织法的区分。合伙协议同时具有组织性和合同性，因此不能简单适用合同法的规则处理，即使在撤销协议后，也应当按照合伙企业法规定的合伙人退伙规则以及合伙企业清算规则处理，如最高法 2019 年民申 5588 号案例中的裁判规则。这是因为合伙企业涉及主体较多，尤其是合伙企业的债权人，所以不能简单套用合同法规则。针对原合伙人未履行告知义务的情形下，新合伙人依然需要对入伙前合伙企业的债务承担无限连带责任，而仅得向原合伙人主张赔偿损失。

《合伙企业法》第 45 条规定，合伙协议约定合伙期限的，在合伙企业存续期间，有系列情形之一的，合伙人可以退伙：（1）合伙协议约定的退伙事由出现；（2）经全体合伙人一致同意；（3）发生合伙人难以继续参加合伙事由；（4）其他合伙人严重违反合伙协议约定的义务。在本题中，于某主张退伙，且经全体合伙人一致同意，因此符合前述规定，C 选项表述正确。

《合伙企业法》第 53 条规定，退伙人对基于退伙前的原因发生的合伙企业债务，承担无限连带责任。因此 D 选项中将无限连带责任的范围扩大，表述错误。

4. [答案] D　　[难度] 中

[考点] 合伙人个人债务的清偿

[命题和解题思路] 本题旨在考查合伙人个人债务的清偿。首先应当正确把握《合伙企业法》第 42 条对合伙人个人债务的清偿规则。合伙人个人在合伙企业中的财产份额具有财产性，而债权人为了实现自身的债权，理所当然可以对合伙人在合伙企业的份额采取措施。但是债权人原则上不得以其对合伙企业的债务主张相互抵销，不得以其债权人的身份而主张代位行使合伙人在合伙企业中的权利。债权人申请强制执行合伙人在合伙企业的财产份额时，通知其他合伙人即可，无需经其他合伙人的同意。对此，考生要注意与合伙人向合伙人以外的人转让其合伙财产份额相区别。此外，在执行合伙人的合伙份额时，其他合伙人既不行使优先购买权，也不同意对外转让份

额的，则视为退伙。这一点与公司法中股权转让规则也要相区别。

[选项分析]《合伙企业法》第 42 条规定："合伙人的自有财产不足清偿其与合伙企业无关的债务的，该合伙人可以以其从合伙企业中分取的收益用于清偿；债权人也可以依法请求人民法院强制执行该合伙人在合伙企业中的财产份额用于清偿。人民法院强制执行合伙人的财产份额时，应当通知全体合伙人，其他合伙人有优先购买权；其他合伙人未购买，又不同意将该财产份额转让给他人的，依照本法第五十一条的规定为该合伙人办理退伙结算，或者办理消减该合伙人相应财产份额的结算。"由此可知，若丁向法院申请强制执行甲的合伙份额，只需通知其他合伙人即可，无须经其他合伙人一致同意，故选项 A 错误，不当选。

根据上述规定，合伙人可以其从合伙企业中分取的收益用于清偿，而不是以合伙企业盈利对其债权人进行清偿，故选项 B 错误，不当选。

同上，若丁向法院申请强制执行甲的合伙份额，其他合伙人不行使优先购买权，也不同意对外转让份额的，则视为退伙或者消减该合伙人相应财产份额，故选项 C 错误，不当选。

其他合伙人为了避免债权人强制执行甲的合伙份额，代甲进行清偿的行为符合代为清偿，且未违反法律法规的强制性规定，故选项 D 正确，当选。

5. [答案] AD　　[难度] 易

[考点] 合伙财产份额的质押

[命题和解题思路] 本题旨在考查合伙财产份额的质押。正确解答本题，需要考生仔细研读《合伙企业法》第 25 条关于质押合伙财产份额的具体规定。即未经其他合伙人一致同意，善意第三人无权取得普通合伙人以其合伙财产份额为质押物设立的质权。《合伙企业法》之所以如此规定，主要是服务于合伙企业的人合性，保证合伙人之间的信任关系不因质权而变动。但是，法律同样也赋予了无法取得质权的债权人以救济渠道：债权人有权要求该合伙人承担赔偿责任。考生若不熟悉《合伙企业法》的相关规定，非常容易误认为合伙财产份额的出质同样适用物权的善意取得制度。

[选项分析]《合伙企业法》第 25 条规定：

"合伙人以其在合伙企业中的财产份额出质的，须经其他合伙人一致同意；未经其他合伙人一致同意，其行为无效，由此给善意第三人造成损失的，由行为人依法承担赔偿责任。"由此可知，丁福以其合伙财产份额出质必须经过其他合伙人一致同意，换而言之，高、田二人均享有一票否决权，所以，A选项正确。此外，根据上述法条可知，普通合伙人以其合伙财产份额出质并不适用善意取得制度，所以C选项错误。不仅如此，上述法条并未表明，普通合伙人以其合伙财产份额出质必须记载于合伙协议并进行市场主体登记为生效要件。所以，B选项错误。

《合伙企业法》第23条规定："合伙人向合伙人以外的人转让其在合伙企业中的财产份额的，在同等条件下，其他合伙人有优先购买权；但是，合伙协议另有约定的除外。"由此可知，出于维护合伙企业人合性的立法考量，《合伙企业法》赋予合伙人以优先购买权。所以，当钟冉以拍卖方式实现其质权时，高、田二人享有优先购买权。所以，D选项正确。

第二节　合伙事务的执行规则

1. ［答案］C　　　　［难度］中

［考点］合伙事务的执行

［命题和解题思路］本题综合考查合伙企业中合伙事务的执行问题，属于常规考点，难度不大。考生只要能够熟记合伙事务执行的规则即可选出正确选项。

［选项分析］A选项考查非执行事务合伙人对外代表合伙企业的行为效力问题。对此，《合伙企业法》第26条规定，合伙人对执行合伙事务享有同等的权利。按照合伙协议的约定或者经全体合伙人决定，可以委托一个或者数个合伙人对外代表合伙企业，执行合伙事务。作为合伙人的法人、其他组织执行合伙事务的，由其委派的代表执行。《合伙企业法》第27条规定，依照本法第26条第2款规定委托一个或者数个合伙人执行合伙事务的，其他合伙人不再执行合伙事务。不执行合伙事务的合伙人有权监督执行事务合伙人执行合伙事务的情况。因此，合伙企业可以委派执行事务合伙人，并且委派后不执行合伙事务的合伙人不得再执行合伙事务。《合伙企业法》第37条规定，合伙企业对合伙人执行合伙事务以及对外代表合

企业权利的限制，不得对抗善意第三人。据此，虽然合伙企业委派了执行事务合伙人，但是其他合伙人执行合伙事务的，对善意第三人代表行为依然有效。A选项错误。由于选出了执行事务合伙人，合伙事务不再由全体合伙人决定。D选项错误。

B选项所谓事后追认是建立在合同效力待定的基础之上，但是结合A选项的解析可知，该合同是否有效不在于合伙企业是否追认，而在于第三人是否属于善意。B选项错误。

C选项考查委派的撤销。《合伙企业法》第29条第2款规定，受委托执行合伙事务的合伙人不按照合伙协议或者全体合伙人的决定执行事务的，其他合伙人可以决定撤销该委托。C选项正确。

2. ［答案］AB　　　　［难度］中

［考点］合伙事务的执行；合伙份额的转让

［命题和解题思路］本题考查的是合伙事务的执行规则，属于法考常考的考点。首先，考生需要掌握，普通合伙企业事务的执行的几个层次：第一，一般默认合伙人均有权执行合伙事务，即共同执行。第二，选择执行事务合伙人执行，此时非执行事务合伙人不得执行合伙事务。同时，执行事务合伙人的执行方式包括了共同执行和分别执行两类。共同执行要求数个执行事务合伙人一起执行合伙事务方为有效，而分别执行则无此限制。第三，合伙企业还可以聘任经理等管理人员。其中，执行事务合伙人越权执行合伙事务或者非执行事务合伙人越权或无权执行合伙事务，或者经理越权执行合伙事务，对于善意相对人而言，该合同依然有效。区分了这几个层次的知识，本题的答案也就呼之欲出了。但是，考生还需要注意，虽然本题考查的是基础知识，但是属于对基础知识易混内容的细致考查。

［选项分析］《民法典》第970条规定，合伙人就合伙事务作出决定的，除合伙合同另有约定外，应当经全体合伙人一致同意。合伙事务由全体合伙人共同执行。按照合伙合同的约定或者全体合伙人的决定，可以委托一个或者数个合伙人执行合伙事务；其他合伙人不再执行合伙事务，但是有权监督执行情况。合伙人分别执行合伙事务的，执行事务合伙人可以对其他合伙人执行的事务提出异议；提出异议后，其他合伙人应当暂停该项事务的执行。

《合伙企业法》第 26 条规定，合伙人对执行合伙事务享有同等的权利。按照合伙协议的约定或者经全体合伙人决定，可以委托一个或者数个合伙人对外代表合伙企业，执行合伙事务。作为合伙人的法人、其他组织执行合伙事务的，由其委派的代表执行。

《合伙企业法》第 29 条规定，合伙人分别执行合伙事务的，执行事务合伙人可以对其他合伙人执行的事务提出异议。提出异议时，应当暂停该项事务的执行。如果发生争议，依照本法第 30 条规定作出决定。受委托执行合伙事务的合伙人不按照合伙协议或者全体合伙人的决定执行事务的，其他合伙人可以决定撤销该委托。

据此，普通合伙企业委派执行事务合伙人共同执行合伙事务的，应当由执行事务合伙人对合伙事务共同执行，方为有效。B 选项正确。

《合伙企业法》第 37 条规定，合伙企业对合伙人执行合伙事务以及对外代表合伙企业权利的限制，不得对抗善意第三人。虽然 A 选项中该买卖合同系甲单方代表合伙企业签订的，但不能对抗善意第三人。A 选项正确。

合伙人分别执行合伙事务的，执行事务合伙人可以对其他合伙人执行的事务提出异议。本题中，合伙协议约定的是共同执行，即分别执行本身就是违法行为，也就更谈不上异议的救济了。C 选项错误。

《合伙企业法》第 22 条规定，除合伙协议另有约定外，合伙人向合伙人以外的人转让其在合伙企业中的全部或者部分财产份额时，须经其他合伙人一致同意。合伙人之间转让在合伙企业中的全部或者部分财产份额时，应当通知其他合伙人。《合伙企业法》第 23 条规定，合伙人向合伙人以外的人转让其在合伙企业中的财产份额的，在同等条件下，其他合伙人有优先购买权；但是，合伙协议另有约定的除外。据此，普通合伙人转让其合伙份额时，首先需要经过其他合伙人一致同意，方可转让。而在其他合伙人同意转让后，其他合伙人依然享有优先购买权。这与《公司法》中有限公司的规定不同。D 选项错误。

3. [答案] A　　[难度] 中

[考点] 普通合伙人除名；合伙企业解散；清算

[命题和解题思路] 本题系对普通合伙企业制度中合伙人除名、合伙企业解散以及合伙企业清算三个考点的综合考查。考查方式较为简单，属于识记法条即可解题的类型。对于普通合伙企业制度，考生在解题时容易与有限合伙企业制度混淆，需要考生在学习这两项制度时认真识记、细致甄别。

[选项分析] 《合伙企业法》第 49 条规定："合伙人有下列情形之一的，经其他合伙人一致同意，可以决议将其除名：（一）未履行出资义务；（二）因故意或者重大过失给合伙企业造成损失；（三）执行合伙事务时有不正当行为；（四）发生合伙协议约定的事由。对合伙人的除名决议应当书面通知被除名人。被除名人接到除名通知之日，除名生效，被除名人退伙。被除名人对除名决议有异议的，可以自接到除名通知之日起三十日内，向人民法院起诉。"在本题中，张某系普通合伙人，且因重大过失给合伙企业造成了重大损失，因此属于可以决议除名的情形，经其他合伙人一致同意后即可作出除名决议。除名决议在被除名人接到除名通知之日起生效。因此 A 选项表述正确，C 选项表述错误。

《合伙企业法》第 85 条规定："合伙企业有下列情形之一的，应当解散：……（三）全体合伙人决定解散；……"在本题中，张某已经被决议除名且除名决议已经送达，因此除名生效，被除名人退伙，张某已不具备合伙人资格。同时根据《合伙企业法》第 85 条的规定，合伙企业已经由全体合伙人决议解散，因此解散决议生效，D 选项的表述错误。

《合伙企业法》第 86 条规定："合伙企业解散，应当由清算人进行清算。清算人由全体合伙人担任；经全体合伙人过半数同意，可以自合伙企业解散事由出现后十五日内指定一个或者数个合伙人，或者委托第三人，担任清算人。自合伙企业解散事由出现之日起十五日内未确定清算人的，合伙人或者其他利害关系人可以申请人民法院指定清算人。"据此，合伙企业解散决议作出后，应由清算人进行清算。执行合伙人并非当然的清算人，因此 B 选项的表述错误。

4. [答案] AD　　[难度] 中

[考点] 合伙事务的执行

[命题和解题思路] 本题旨在考查合伙事务的执行。普通合伙企业中各合伙人都有权代表合伙企业对外执行合伙企业事务。然而，在现代市场经济高速发展的环境中，普通合伙企业也可以聘任合伙人以外的人从事企业的经营管理，利用他们的先进管理经验或专门的技术才能治理企业，提高效率，增强企业的竞争力。被合伙企业聘任的经营管理人员属于企业雇员，与企业之间是一种委托关系，因此这些管理人员应在合伙企业授权范围内履行职务并尽忠诚受托义务。合伙企业的授权范围即为受聘人员行使权利的范围。受聘人员严格按照合伙人授权从事合伙企业的经营管理。此外，由于经营管理人员在合伙企业中处于经营管理地位，因而在合伙企业经营过程中有一定的自主权，同时为了防范越权行事或者因故意或重大过失给企业造成损失，也对经营管理人员的行为作出了一定的限制。但是，这种限制往往并不为外部的第三人所知情，在这情况下，若发生越权行使职权的合伙事务执行人与第三人的交易，认定不知情的第三人签订的合同无效显然对第三人不公平。因而，合伙企业对合伙人执行合伙事务以及对外代表合伙企业权利的限制，不得对抗善意第三人。

[选项分析]《合伙企业法》第 31 条规定："除合伙协议另有约定外，合伙企业的下列事项应当经全体合伙人一致同意：……（六）聘任合伙人以外的人担任合伙企业的经营管理人员。"由前述第 6 项可知，合伙企业聘任合伙人以外的人担任合伙企业的经营管理人员时，原则上须经全体合伙人一致同意。本题中，按照合伙协议的约定，由甲担任合伙事务执行人，虽然甲未经乙的同意私自雇用其妹妹丙担任合伙事务的执行人，但后来乙知情后并未予以制止，则视为乙也同意丙担任合伙企业的经营管理人员。故选项 A 正确。

《合伙企业法》第 35 条规定："被聘任的合伙企业的经营管理人员应当在合伙企业授权范围内履行职务。被聘任的合伙企业的经营管理人员，超越合伙企业授权范围履行职务，或者在履行职务过程中因故意或者重大过失给合伙企业造成损失的，依法承担赔偿责任。"由此可知，被聘任的合伙企业的经营管理人员虽然与企业只是聘用关系，但由于其在企业中处于"经营管理"地位，在企

业经营过程中有一定自主权，因而丙有权解雇原合伙企业的技术人员。另一方面，丙解雇原技术人员的行为是为了合伙企业的发展，并未给合伙企业造成损失。故选项 B 错误。

《合伙企业法》第 37 条规定："合伙企业对合伙人执行合伙事务以及对外代表合伙企业权利的限制，不得对抗善意第三人。"合伙企业在实际生产经营过程中，一般对合伙人或者经营管理人执行合伙事务与对外代表合伙企业作出一定的分工与限制，根据合伙人意思自治原则及实际情况的需要，这些限制是正常和必要的，但这种限制通常并不为外部的第三人所知，在这种情形下，若发生越权行使职权的合伙事务执行人与第三人的交易，认定其与不知情的第三人签订的合同无效显然对第三人不公平。本题中，丙以和信汽车服务中心的门面房为抵押进行借款，丁不知情或者善意时，该借款抵押行为有效。故选项 C 错误。

《合伙企业法》第 31 条规定："除合伙协议另有约定外，合伙企业的下列事项应当经全体合伙人一致同意：（一）改变合伙企业的名称；（二）改变合伙企业的经营范围、主要经营场所的地点；（三）处分合伙企业的不动产；（四）转让或者处分合伙企业的知识产权和其他财产权利；（五）以合伙企业名义为他人提供担保；（六）聘任合伙人以外的人担任合伙企业的经营管理人员。"由此可知，丙以和信汽车服务中心的门面房作抵押的借款行为违反了上述规定，但根据《合伙企业法》第 37 条规定："合伙企业对合伙人执行合伙事务以及对外代表合伙企业权利的限制，不得对抗善意第三人。"即对于合伙事务执行人的限制不得对抗善意的第三人。综上，丙以和信汽车服务中心的门面房作抵押的借款行为有效，丙到期不能偿还时，丁可以向人民法院申请强制执行该合伙企业的门面房。故选项 D 正确。

5. [答案] C　　[难度] 中

[考点] 普通合伙事务执行的方式；普通合伙事务执行的规则

[命题和解题思路] 命题人旨在考查普通合伙事务的执行方式和执行规则，并且将之与合同效力的判断结合在一起进行综合考查。《合伙企业法》第 37 条规定："合伙企业对合伙人执行合伙

事务以及对外代表合伙企业权利的限制，不得对抗善意第三人。"本题考查的关键就在于"第三人是否为善意"对合伙人以合伙企业名义对外签订合同的效力的影响。只要考生理解了这一点，本题的问题自然迎刃而解。

[选项分析] A 选项是重点干扰项。本题合伙协议约定"赵、钱共同担任合伙事务执行人"，也就是说，赵、钱共同担任合伙事务执行人，而孙不是合伙事务执行人。此外，《合伙企业法》第37 条规定："合伙企业对合伙人执行合伙事务以及对外代表合伙企业权利的限制，不得对抗善意第三人。"也就是说，合伙人违反合伙协议中关于合伙事务执行权以及对外代表合伙企业权利的限制，与第三人签订合同，在合同本身不存在法定的无效事由时，判断该合同的效力关键在于第三人是否为善意。若第三人为善意的，该合同有效；若第三人不是善意的，该合同的效力待定。由此可知，A、B、D 三项中虽然合伙人对外签订协议违反了合伙协议的约定，但是均未明确交代第三人是否善意，所以一概而论地确定该约定有效或者无效，均是不恰当的。因此，A、B、D 三项都错误。

C 选项中赵、钱二人的行为符合合伙协议的约定，第三人是否知情也就无关紧要了，并且所签订的合同也不存在任何违反法律强制性规定的无效事由，所以二人执行合伙事务并无不当，所签订的合同是有效的约定。因此，C 选项正确。

6. [答案] B　　[难度] 中
[考点] 合伙人对外行为的效力
[命题和解题思路] 本题旨在考查普通合伙与第三人之间的关系，尤其是合伙人对外行为的效力更是历年考试的重中之重。命题者以此为角度进行考查时常常喜欢采取故意混淆的命题思路，将合伙人、合伙企业与第三人之间的关系故意打乱以设置不同的选项。这需要考生特别注意区分普通合伙的内部关系与外部关系，使"内部归内部"，尤其需要注意《合伙企业法》第37 条所确立的一条重要规则——"内部限制不对外"，即合伙企业对合伙人执行合伙事务以及对外代表合伙企业权利的限制，不得对抗善意第三人。

[选项分析]《合伙企业法》第26 条第1 款规定："合伙人对执行合伙事务享有同等的权利。"第27 条第1 款规定："依照本法第二十六条第二款规定委托一个或者数个合伙人执行合伙事务的，其他合伙人不再执行合伙事务。"由此可知，不是合伙事务执行人的王曼仅仅是不再执行合伙事务，并非无权执行合伙事务。而且合伙企业对合伙人执行合伙事务的限制是合伙人之间的内部约定，不具有对抗善意第三人的效力。所以，并非合伙事务执行人的王曼仍然有权以合伙企业的名义对外借款。所以，A 选项错误。

《合伙企业法》第38 条规定："合伙企业对其债务，应先以其全部财产进行清偿。"第39 条规定："合伙企业不能清偿到期债务的，合伙人承担无限连带责任。"由此可知，王曼以合伙企业名义向陈阳借来的20 万元属于合伙企业的债务，合伙企业应当以其全部财产进行清偿。所以，B 选项正确。

《合伙企业法》第33 条第2 款规定："合伙协议不得约定将全部利润分配给部分合伙人或者由部分合伙人承担全部亏损。"由此可知，本题合伙协议中关于罗飞承担全部亏损的约定无效，若合伙企业不能清偿到期债务时，王曼仍应该对陈阳承担还款责任。所以，C 选项错误。

D 选项是重点干扰项。根据 B 选项中列举的《合伙企业法》第38、39 条法条可知，普通合伙人对合伙债务承担责任具有补充性或者顺序性。只有在合伙企业不能清偿到期债务时，普通合伙人才需要承担无限连带责任，并非合伙企业与普通合伙人一起对外承担无限连带责任。所以，D 选项错误。

7. [答案] B　　[难度] 中
[考点] 第三人担任合伙企业经营管理人的条件、资格以及限制
[命题和解题思路] 本题旨在考查《合伙企业法》对第三人担任合伙企业经营管理人的相关规制。本题的整体难度适中，命题人要求考生需要熟悉《合伙企业法》对合伙人与企业经营管理人员的具体规定，并从理论上掌握两者履行职务时的差别。所以，本题的解题关键在于厘清合伙人与企业经营管理人员的区别及关系，现以表格的形式将两者的比较汇总如下：

	合伙人	经营管理人员
产生条件	共同出资，签订合伙协议。	经全体合伙人一致同意聘用。
与合伙企业关系	出资关系，由合伙协议调整，对企业债务承担无限连带责任。	聘任关系，由聘用合同调整，超越合伙企业授权范围履行职务，或者在履行职务过程中因故意或者重大过失给合伙企业造成损失的，依法承担赔偿责任。
权利区别	负责企业经营管理，执行合伙事务，对外代表合伙企业（当然权利）。	在合伙企业授权范围内履行职务（经授权的权利）。

此外，本题还有一个陷阱需要考生特别注意：在处理合伙企业内部权利限制与第三人权利保护的关系时，需要特别强调第三人的善意问题。

[选项分析] A 选项出题不够严谨。《合伙企业法》第 31 条规定："除合伙协议另有约定外，合伙企业的下列事项应当经全体合伙人一致同意：……（六）聘任合伙人以外的人担任合伙企业的经营管理人员。"由此可知，B 选项正确。对于 A 选项，企业经营管理人员可以是合伙人以外的人，但并非因为成为经营管理人员当然成为合伙人。陈东如果要具备合伙人的身份，还需要满足入伙的条件。所以，A 选项错误。但是该题目在表述时易造成考生的误解，属于不够严谨的出题，考生无须在此纠结。

《合伙企业法》第 35 条第 1 款规定："被聘任的合伙企业的经营管理人员应当在合伙企业授权范围内履行职务。"由此可知，作为经营管理人的陈东是否有权以合伙企业的名义对外签订合同，关键在于合伙企业是否对其授权。陈东无法凭借其经营管理人的身份而当然享有对外代表合伙企业的权利。所以，C 选项错误。

《合伙企业法》第 37 条规定："合伙企业对合伙人执行合伙事务以及对外代表合伙企业权利的限制，不得对抗善意第三人。"同理可知，合伙企业对陈东对外代表合伙企业权利的限制，同样不得对抗善意第三人，本选项错在忽略了第三人的

善意问题。此外，根据 C 选项的分析可知，合伙企业的经营管理人员只能在合伙企业授权范围内履行义务，所以其授权范围大小及边界只需以合法且合适的方法告知第三人即可对第三人产生对抗效力。所以，D 选项错误。

8. [答案] BD　　[难度] 易

[考点] 合伙事务的执行规则

[命题和解题思路] 本题考查合伙事务的执行规则。对于这样一个经常作为考查对象的问题，命题人选取的切入点是"合伙人对外签订合同的权利"、"监督权"以及"异议权"来设计各个选项。此外，命题人在进行选项设计时使用了其惯用的"偷梁换柱"之计检验考生的细心程度（B、C、D 选项中的两种权利的主体），这种细心程度很大程度上也是一个人知识储备的侧面反映。

本题正确的解题思路是对合伙事务执行权的约定、监督权以及异议权有准确的理解。要做到这一点，考生需要掌握如下知识点：合伙人之间通过合伙协议约定由一个或者数个合伙人执行合伙事务的，其他合伙人不再执行合伙事务，但是不执行合伙事务的合伙人享有监督权。若合伙人分别执行合伙事务的，执行事务合伙人可以对其他合伙人执行的事务提出异议，即执行合伙事务的合伙人之间互相享有异议权。考生必须准确掌握合伙人的监督权与异议权的权利主体及权利功能，否则可能会误以为不执行合伙事务的合伙人既享有监督权，又享有异议权。

[选项分析]《合伙企业法》第 27 条第 1 款规定："依照本法第二十六条第二款规定委托一个或者数个合伙人执行合伙事务的，其他合伙人不再执行合伙事务。"本题中合伙协议约定赵某、钱某二人负责执行合伙事务，则孙某不享有合伙事务的执行权，自然也就无权以合伙企业的名义对外签订合同。所以，A 选项错误。此外，考生需要特别注意一点：孙某虽然无权以合伙企业名义对外签订合同，但是孙某擅自签订的合同对善意第三人而言是合法有效的。

《合伙企业法》第 27 条第 2 款规定："不执行合伙事务的合伙人有权监督执行事务合伙人执行合伙事务的情况。"李某等三人虽然无合伙事务的执行权，但是有权监督赵某、钱某的业务执行行为。所以，B 选项正确。

《合伙企业法》第29条第1款规定："合伙人分别执行合伙事务的，执行事务合伙人可以对其他合伙人执行的事务提出异议。提出异议时，应当暂停该项事务的执行。如果发生争议，依照本法第三十条规定作出决定。"由此可知，只有都享有合伙事务执行权的合伙人之间才能享有异议权。所以，对赵某、钱某的业务执行行为，不享有合伙事务执行权的周某不享有异议权。但是针对赵某对外签订合同的行为，同样享有合伙事务执行权的钱某享有异议权。所以，C选项错误，D选项正确。

9. [答案] ABD　　[难度] 中

[考点] 普通合伙事务的执行；普通合伙与第三人的关系

[命题和解题思路] 根据本题的指令句可知，本题旨在考查合伙企业的内外部法律关系。从历年考题来看，无论命题人如何考查，无非是故意打乱合伙企业的内外部法律关系以迷惑考生。所以，对于我们来说，万变不离其宗的一条应对规则是"企业内部归内部，不具有对抗效力"。此外，就解题思路而言，从内部来看，合伙企业是典型的人合性企业，合伙人共同出资、共同经营、共负盈亏，对合伙企业的事务都享有执行权利。但是，合伙人之间可以根据内部协议委托一个或者数个合伙人对外代表合伙企业、执行合伙事务。从外部来看，合伙人之间就执行合伙事务以及对外代表合伙企业的内部协议限制，不得对抗善意第三人。考生掌握了上述两点，选出准确的答案自然就是水到渠成的事情了。

[选项分析]《合伙企业法》第26条第1款规定："合伙人对执行合伙事务享有同等的权利。"由此可知，若合伙协议对业务执行权未约定，四名合伙人对执行合伙事务享有同等的权利，四人当然都享有对外签约权。所以，A选项正确。

《合伙企业法》第26条第2款规定："按照合伙协议的约定或者经全体合伙人决定，可以委托一个或者数个合伙人对外代表合伙企业，执行合伙事务。"所以，四名合伙人可以委托丙为该企业的对外签约人。所以，B选项正确。

《合伙企业法》第37条规定："合伙企业对合伙人执行合伙事务以及对外代表合伙企业权利的限制，不得对抗善意第三人。"由此可知，合伙企业内部关于合伙人业务执行权以及对外代表合伙企业权利的限制不能对抗善意第三人。所以，不享有合伙事务执行权的合伙人，以企业名义对外签订的合同对合伙企业有效。此外，本题也可以根据《民法典》中民事法律行为效力的规则及原理来处理，《民法典》第146条第1款规定："行为人与相对人以虚假的意思表示实施的民事法律行为无效。"《民法典》第153条规定："违反法律、行政法规的强制性规定的民事法律行为无效。但是，该强制性规定不导致该民事法律行为无效的除外。违背公序良俗的民事法律行为无效。"《民法典》第154条规定："行为人与相对人恶意串通，损害他人合法权益的民事法律行为无效。"由此可知，法律直接否认某种合同的效力的原因无外乎此类合同具有较大的社会危害性或不适合当事人意思自治解决。反而言之，若某一种合同的瑕疵不具有较大的社会危害性或者该瑕疵可以通过当事人意思自治解决，那么法律不应该直接否认其效力，譬如本题中不享有合伙业务执行权的合同人对外签订的合同。所以，C选项错误。

D选项是本题的重点干扰项，也是考生最容易选错的选项。《合伙企业法》第31条第6项规定："除合伙协议另有约定外，合伙企业的下列事项应当经全体合伙人一致同意：……（六）聘任合伙人以外的人担任合伙企业的经营管理人员。"部分考生可能会产生如下疑问：法律只明确规定合伙企业可以聘任合伙人以外的人担任合伙企业的经营管理人员，那么不享有合伙事务执行权的合伙人能否被聘任担任经营管理人员？这种疑问主要是因为考生没有明确理解《合伙企业法》的性质，即以私法规范为主、以公法规范为辅。涉及合伙企业经营管理的事项属于合伙企业内部自治性事项，适用"法无禁止即自由"的原则。此外，由于合伙企业的人合性，只要经全体合伙人同意，不享有合伙事务执行权的合伙人当然可以被聘请担任企业的经营管理人员。所以，D选项正确。

第三节　有限合伙人的权利和义务

1. [答案] A　　[难度] 难

[考点] 有限合伙企业

[命题和解题思路] 本题考查有限合伙企业。该考点虽然系法考的常考考点，但是该题命题方

式比较灵活，难度较大。A 选项涉及的是有限合伙人的出资，《合伙企业法》规定有限合伙人不得以劳务出资。但是本题却绕开这一直接考点，而是采用了以劳务报酬抵充出资的方式，需要考生对有限合伙人出资的禁止规定有更为深入的理解。B 选项考查的是合伙人的资格何时获得。关于股东资格的获得，公司法中经常考查，但在合伙企业中考查不多。C 选项考查的是有限合伙人合伙份额的对外转让，《合伙企业法》规定需要提前 30 日通知其他合伙人，但并没有规定违反通知义务的效力。D 选项考查的是有限合伙人合伙份额出质，考查方式相对传统。可见本题选项均相对灵活。考生仅掌握《合伙企业法》的规则很难作答，而需要对涉及的考点深入掌握。具体解题分析见答案解析。

[选项分析]《合伙企业法》第 64 条第 2 款规定，有限合伙人不得以劳务出资。之所以这样规定，是因为有限合伙人对合伙企业的债务承担有限责任，因此需要确定有限合伙人的出资具体数额，以更好地保护合伙企业权益以及合伙企业债权人的权益。在本题中，合伙协议约定孙某出资 20 万元，分期缴纳，以孙某协助王某负责卫生清理工作的工资逐月抵充。在不得劳务出资的情形之下，很多考生困惑于工资可否用于出资。首先，工资属于劳动债权，是对已经发生的劳务的对价，属于其他财产权的范畴。其次，如果该工资属于从已发生的劳务中已经获取的工资自然没有问题，但是在本题中是以孙某未来协助王某负责卫生清理工作的工资抵充。对此是否可行，需要进一步分析，以未来的劳务作为出资和未来的工资作为出资的差别。从形式上来看，以未来的劳务作为出资，合伙企业无需向出资人支付工资，而提供劳务者如果不再提供劳务或者劳务不符合约定，合伙企业也很难强制要求出资人继续提供劳务。因此，在这种背景之下，合伙企业特别规定有限合伙人不得以劳务作为出资。而以未来的工资作为出资，依然是以未来的货币请求权出资，如提供劳务者不再提供劳务或劳务不符合约定，则企业可以不发工资或少发工资，而因此，有限合伙人若无法按照合伙协议的约定足额缴纳出资，其依然可以承担补足义务。再次，《合伙企业法》第 65 条规定，有限合伙人应当按照合伙协议的约定按期足额缴纳出资，因此有限合伙人可以分期缴纳出资。至于有限合伙人缴纳出资的款项因何而来在所不论，因此用为合伙企业提供服务的报酬支付，自然也并不违法。协议约定用劳务报酬抵充出资也不过是观念交付。最后，很多考生可能还有质疑之处在于《合伙企业法》第 68 条第 1 款规定，有限合伙人不执行合伙事务，不得对外代表有限合伙企业。合伙协议约定，孙某协助普通合伙人负责卫生清理工作，是否属于执行合伙事务呢？执行合伙事务与合伙企业的具体管理事项并不等同。之所以有限合伙企业禁止有限合伙人执行合伙事务，是因为有限合伙人仅承担有限责任，如负责合伙企业的决议管理等，可能会造成高风险行为，损害合伙企业的权益。但本题中孙某仅负责卫生清理工作，与合伙企业法该项制度的功能无涉，因此并不构成对《合伙企业法》第 68 条的违反。综合以上分析，A 选项正确。

B 选项涉及合伙人的资格获得。虽然《合伙企业法》第 9 条规定，合伙人身份证明等系合伙企业的登记事项。但是考生联系股东资格形式要件中的生效要件和登记要件，即能破题：市场主体登记仅具有对抗效力。同时根据《合伙企业法》第 43 条的规定，实际上合伙人身份经全体合伙人一致同意且依法订立书面协议即可获得。因此，B 选项表述错误。

C 选项涉及有限合伙人合伙份额对外转让。《合伙企业法》第 73 条规定，有限合伙人可以按照合伙协议的约定向合伙人以外的人转让其在有限合伙企业中的财产份额，但应当提前 30 日通知其他合伙人。问题在于"提前 30 日通知其他合伙人"的效力应当如何认定。有限合伙人的财产份额与普通合伙人不同，因其不执行合伙事务且仅需承担有限责任，因此可以对外转让财产份额。此处有限合伙人财产对外转让的通知义务与债权转让的通知义务类似，违反并不会导致转让无效。因此 C 选项表述错误。

D 选项涉及有限合伙人财产份额出质。《合伙企业法》第 72 条规定，有限合伙人可以将其在有限合伙企业中的财产份额出质；但是，合伙协议另有约定的除外。本题中合伙协议并无约定，因此可以出质。D 选项表述错误。考生只要能够区分有限合伙人和普通合伙人份额出质规则的不同即可排除 D 选项。

2. ［答案］C　　　［难度］中
［考点］有限合伙人合伙事务的执行
［命题和解题思路］本题考查的是有限合伙人合伙事务的执行。在有限合伙制度中，有限合伙人合伙事务的执行禁止属于法考经常考查的内容。《合伙企业法》第68条第1款规定了有限合伙人不得执行合伙事务，不得对外代表有限合伙企业。同时，还特别规定了八类有限合伙人可以采取的行为。这属于合伙企业法的强制性规定。如果有限合伙人违反规定参与执行合伙事务，则有可能丧失有限责任。对此，《合伙企业法》第76条规定，第三人有理由相信有限合伙人为普通合伙人并与其交易的，有限合伙人应当对该笔交易承担与普通合伙人同样的责任。

［选项分析］A、B选项涉及的都是有限合伙人李某被任命为有限合伙企业管理人员的内容。由于上述两个选项内容不同，容易给考生造成迷惑。这也是命题人在考验考生的定力。实际上，由于有限合伙人禁止执行合伙事务，这也是有限合伙人能够享有有限责任保护的前提。因此，不论是全体合伙人一致同意还是半数以上同意的说法均不符合《合伙企业法》的规定。因此，A、B选项均错误。

C选项考查的是有限合伙人以普通合伙人名义对外订立的合同的效力。由于有限合伙企业中只能由执行事务合伙人对外代表合伙企业，因此有限合伙人代表合伙企业对外签订合同构成无权代理。针对无权代理行为，如果相对人善意相信有限合伙人具有合法的代理权，则该行为有效。在本案中，李某以执行事务合伙人的名义与乙公司签约，对此执行事务合伙人知晓，未提出反对，因此可以推知乙公司为善意第三人，该协议有效。因此，C选项正确。

D选项考查的是有限合伙人越权代表后构成代表普通合伙人的责任承担。需要考生注意的是，《合伙企业法》规定的是承担与普通合伙人同样的责任。而普通合伙人承担的责任，按照《合伙企业法》的规定是就合伙企业不能履行的部分承担连带责任，而并非全部承担连带责任。因此，D选项错误。

3. ［答案］ABCD　　　［难度］中
［考点］有限合伙企业的设立条件与程序；有

限合伙人的权利与义务
［命题和解题思路］本题旨在考查有限合伙人的权利与义务。命题人以否定设问的方式，以此设计了四个选项——依次考查有限合伙人的入伙、责任形式、知情权以及同业竞争的相关规定，比较全面地考查了有限合伙人的权利义务。从考查方式上看，四个选项的设计难度一般，属于对法条的直观考查，考生只要熟悉相关法条即可——判断正误；从陷阱设置上来看，命题人主要采取如下方式设置陷阱：其一，采取否定设问的方法，让考生选择错误的选项而非正确的选项；其二，采取"鱼目混珠"和"缺斤少两"的方法来达到使考生真假难辨的目的，例如A选项中"全体普通合伙人"、B选项中的"实缴出资额"、C选项中故意省略"涉及自身利益的情况"以及D选项中的"原则禁止、例外允许"等。考生若对此稍不留神，就会丢分！

［选项分析］A选项是重点干扰项，考查有限合伙人的入伙。《合伙企业法》第60条规定："有限合伙企业及其合伙人适用本章规定；本章未作规定的，适用本法第二章第一节至第五节关于普通合伙企业及其合伙人的规定。"关于有限合伙企业有限合伙人的入伙，本法第三章"有限合伙企业"并未规定，所以适用本法第二章第一节至第五节关于普通合伙企业及其合伙人的规定：《合伙企业法》第43条第1款规定："新合伙人入伙，除合伙协议另有约定外，应当经全体合伙人一致同意，并依法订立书面入伙协议。"由此可知，三江公司成为新的有限合伙人需要全体合伙人的一致同意，并非全体普通合伙人的一致同意。所以，A选项表述错误，当选。

B选项考查有限合伙人对入伙前的合伙企业债务承担。《合伙企业法》第77条规定："新入伙的有限合伙人对入伙前有限合伙企业的债务，以其认缴的出资额为限承担责任。"由此可知，三江公司对其入伙前雀凰投资对外债务，应当以其认缴而非实缴的出资额为限承担责任。所以，B选项表述错误，当选。

C选项考查有限合伙人的知情权。《合伙企业法》第68条第2款规定："有限合伙人的下列行为，不视为执行合伙事务：……（五）对涉及自身利益的情况，查阅有限合伙企业财务会计账簿等财务资料；……"由此可知，只有在涉及自身利益的情况下，三江公司才有权查阅雀凰投资的财务会计账簿。所以，C选项表述错误，当选。

D选项考查有限合伙人的同业竞争。《合伙企业法》第71条规定："有限合伙人可以自营或者同他人合作经营与本有限合伙企业相竞争的业务；但是，合伙协议另有约定的除外。"由此可知，D选项表述错误，当选。

易混淆点解析

（1）有限合伙企业与普通合伙企业合伙人的知情权

类型	知情权内容
普通合伙人	为了解合伙企业的经营状况和财务状况，有权查阅合伙企业会计账簿等财务资料；合伙人均享有上述知情权，不区分合伙事务执行人和非执行人而有所差别对待。
有限合伙人	有权查阅有限合伙企业财务会计账簿等财务资料，但仅限于涉及自身利益的前提下。

（2）对比学习：关于股东知情权相关规定的汇总

	有限公司股东	股份公司股东
会计账簿	有权查阅、无权复制	无权查阅、无权复制
公司章程、股东会会议记录、董事会和监事会决议以及财务会计报告	有权查阅、有权复制	有权查阅、无权复制
股东名册	未作规定	有权查阅、无权复制

4. ［答案］BC ［难度］中

［考点］有限合伙企业的设立条件与程序（合伙协议）

［命题和解题思路］根据本题的指令句可知，本题旨在考查有限合伙企业的合伙协议，重点考

查合伙人的意思自治在合伙协议的边界，即哪些事项是允许合伙协议另行约定的，而哪些是禁止合伙协议另行约定的。与此类似的考点是"股东的意思自治在公司章程中的边界"，考生备考时需要注意对比记忆，两者都是历年试题中的"常客"。就本题而言，整体难度不大，考生只要熟悉《合伙企业法》第64、71、72、73条等条款所规定的相关内容即可轻松得分。本题考点单一，内容上无广度、无深度，各个选项考生基本上都可以通过将法条的规定和选项内容进行对比轻易排除之。

［选项分析］《合伙企业法》第64条规定："有限合伙人可以用货币、实物、知识产权、土地使用权或者其他财产权利作价出资。有限合伙人不得以劳务出资。"究其原因，有限合伙人以自己的出资额为限对合伙企业的债务承担有限责任，所以，其出资必须满足可以用货币估价和可以依法转让的条件。显然，劳务不符合上述条件。因此，有限合伙人甲公司不得以劳务出资，作为有限合伙人的法人派驻的员工同样不得以劳务折抵。所以，A选项错误。

《合伙企业法》第71条规定："有限合伙人可以自营或者同他人合作经营与本有限合伙企业相竞争的业务；但是，合伙协议另有约定的除外。"由此可知，合伙协议可以约定有限合伙人的竞业禁止义务。所以，B选项正确。

《合伙企业法》第72条规定："有限合伙人可以将其在有限合伙企业中的财产份额出质；但是，合伙协议另有约定的除外。"由此可知，合伙协议可以约定有限合伙人不得将其财产份额出质。所以，C选项正确。

D选项是本题的重点干扰项。《合伙企业法》第73条规定："有限合伙人可以按照合伙协议的约定向合伙人以外的人转让其在有限合伙企业中的财产份额，但应当提前三十日通知其他合伙人。"由此可知，有限合伙人对外转让其财产份额并非合伙协议可以另行约定的事项。这主要是由于有限合伙人以其财产份额为限对外承担有限责任而非无限连带责任，其法律地位"类似于"公司中的股东，对外转让其财产份额是其依法享有的自由，合伙协议不得剥夺。所以，D选项错误。

难点解析

1. 公司章程可以自由约定的事项

股份公司	（1）对公司董监高转让其所持本公司股份作出其他限制性规定。 （2）股东会选举董事或者监事实行累计投票制，可以由公司章程规定或者股东会决议。
有限公司	（1）自然人股东死亡后，其合法继承人可以继承其股东资格；章程另有规定除外。 （2）召开股东会会议，应当提前15日通知全体股东；章程另有规定或全体股东另有约定的除外。 （3）公司章程对股权转让另有规定的，从其规定。 （4）有限责任公司的自然人股东因继承发生变化时，其他股东主张依据《公司法》第71条第3款规定行使优先购买权的，人民法院不予支持，但公司章程另有规定或者全体股东另有约定的除外。
两类公司	（1）关于不按照出资比例分取红利或者公司增资时不按照出资比例优先认缴出资的规定（股份公司章程可以规定不按照持股比例分取红利）。 （2）关于公司法定代表人人选（限于董事或者经理）的规定。 （3）关于公司向其他企业投资或者为他人提供担保的决议机关（董事会或者股东会）以及对外投资或者担保限额的规定。 （4）公司章程对经理职权另有规定的，从其规定。 （5）公司章程对公司注册资本及出资程序有权自行规定。

2. 有限合伙企业合伙协议可以另行约定的事项

利润分配方式		有限合伙企业不得将全部利润分配给部分合伙人；但是，合伙协议另有约定的除外。
有限合伙人	自我交易	有限合伙人可以同本有限合伙企业进行交易；但是，合伙协议另有约定的除外。
	竞业禁止义务	有限合伙人可以自营或者同他人合作经营与本有限合伙企业相竞争的业务；但是，合伙协议另有约定的除外。
	对外转让其财产份额	有限合伙人可以将其在有限合伙企业中的财产份额出质；但是，合伙协议另有约定的除外。

5. ［答案］A　　［难度］中

［考点］有限合伙人制度

［命题和解题思路］本题题干中解题的关键词有"20万元"、"有限合伙企业"、"有限合伙人"以及"植物人"等词。命题人通过题干中的关键词与各个选项中的不同问题结合在一起综合考查有限合伙人制度，这就需要考生在熟记法条的基础上运用法条解决案例，具体涉及的知识点有"有限合伙人的责任形式"、"有限合伙人的退伙"以及"有限合伙企业向普通合伙企业的转化"等。此外，本题存在一些思维误区需要特别注意：有限合伙人丧失偿债能力并不会导致其当然退伙，有限合伙人丧失民事行为能力也并不会导致其退伙。这些规定的背后法理是有限合伙人仅仅以其出资额为限对合伙企业的债务承担责任，而非承担无限责任。

［选项分析］《合伙企业法》第77条规定："新入伙的有限合伙人对入伙前有限合伙企业的债务，以其认缴的出资额为限承担责任。"所以，A选项正确。

B选项是重点干扰项。丧失偿债能力是普通合伙人当然退伙的事由，而非有限合伙人当然退伙的法定事由。《合伙企业法》第78条规定："有限合伙人有本法第四十八条第一款第一项、第三项至第五项所列情形之一的，当然退伙。"第48条第1款规定："合伙人有下列情形之一的，当然退伙：（一）作为合伙人的自然人死亡或者被依法宣告死亡；……（三）作为合伙人的法人或者其他组织依法被吊销营业执照、责令关闭、撤销，或者被宣告破产；（四）法律规定或者合伙协议约定合伙人必须具有相关资格而丧失该资格；（五）合伙人在合伙企业中的全部财产份额被人民法院强制执行。"显然，有限合伙人丧失偿债能力并非《合伙企业法》第78条规定的有限合伙人当然退伙的事由。所以，B选项错误。

《合伙企业法》第79条规定："作为有限合伙人的自然人在有限合伙企业存续期间丧失民事行为能力的，其他合伙人不得因此要求其退伙。"由此可知，即使李军成为植物人，其他合伙人也不能当然要求其退伙。所以，C选项错误。

《合伙企业法》第75条规定："有限合伙企业仅剩有限合伙人的，应当解散；有限合伙企业仅剩普通合伙人的，转为普通合伙企业。"根据B、C两选项的分析可知，合伙人丧失行为能力成为植物人并不会导致其丧失有限合伙人的身份。此外，第61条第2款规定："有限合伙企业至少应当有一个普通合伙人。"所以，李军成为植物人并不会导致有限合伙企业难以继续存在从而转化为普通合伙企业。所以，D选项错误。

第十一章 个人独资企业法

试 题

📶 **1.** 李某设立个人独资企业，后因经营困难，该企业账面只剩10万元资产。李某决定不再经营该企业，并自行清算。经过清算发现该企业拖欠了10万元的工人劳动报酬和社会保险费用、5万元的税费以及乙公司货款20万元。据此，下列哪些说法是正确的？（2023年回忆版）

A.10万元应先用于清偿劳动报酬和社会保险费用

B.李某应对5万元税费承担连带责任

C.李某对于拖欠乙公司的20万元货款承担连带责任

D.该企业解散5年后，如债权人提出清偿，则李某的责任消灭

📶 **2.** "李老汉私房菜"是李甲投资开设的个人独资企业。关于该企业遇到的法律问题，下列哪一选项是正确的？（2017-3-30）

A.如李甲在申请企业设立登记时，明确表示以其家庭共有财产作为出资，则该企业是以家庭成员为全体合伙人的普通合伙企业

B.如李甲一直让其子李乙负责企业的事务管理，则应认定为以家庭共有财产作为企业的出资

C.如李甲决定解散企业，则在解散后5年内，李甲对企业存续期间的债务，仍应承担偿还责任

D.如李甲死后该企业由其子李乙与其女李丙共同继承，则该企业必须分立为两家个人独资企业

📶 **3.** 关于合伙企业与个人独资企业的表述，下列哪一选项是正确的？（2013-3-30）

A.二者的投资人都只能是自然人

B.二者的投资人都一律承担无限责任

C.个人独资企业可申请变更登记为普通合伙企业

D.合伙企业不能申请变更登记为个人独资企业

详 解

1. [答案] AD [难度] 中
[考点] 个人独资企业

[命题和解题思路] 本题考查个人独资企业投资人对个人独资企业的责任承担以及个人独资企业的清算顺序的问题。个人独资企业在法考中分值较少，考查不难。考生只要能够把握个人独资企业的特性，识别特殊规则即可得分。

[选项分析] A选项考查个人独资企业的清算顺序，按照《个人独资企业法》第29条的规定，个人独资企业解散的，财产应当按照下列顺序清偿：（1）所欠职工工资和社会保险费用；（2）所欠税款；（3）其他债务。A选项正确。

B、C选项考查个人独资企业投资者对个人独

资企业债务的承担。对此，考生一定要注意个人独资企业没有自己独立的人格，其责任就是投资人的责任，因此《个人独资企业法》第31条规定，个人独资企业财产不足以清偿债务的，投资人应当以其个人的其他财产予以清偿。从这一表述能够看出：第一，个人独资企业的财产依然是个人的财产，因此才表述为"其他财产"；第二，个人独资企业的投资人需要清偿个人独资企业的债务；第三，由于条文表述为"不足以清偿债务的"，因此有理论认为该清偿责任为补充的清偿责任。但是无论如何，个人独资企业的投资者承担的责任并非连带责任，而是对自己责任的清偿责任。BC选项错误。

D选项考查个人独资企业投资者个人清偿责任的除斥期限。《个人独资企业法》第28条规定，个人独资企业解散后，原投资人对个人独资企业存续期间的债务仍应承担偿还责任，但债权人在5年内未向债务人提出偿债请求的，该责任消灭。D选项正确。

2. ［答案］C　　　［难度］易

［考点］个人独资企业的特征；个人独资企业事务的管理；个人独资企业的解散事由；个人独资企业的清算

［命题和解题思路］本题旨在考查个人独资企业的相关法律制度。命题人选择"个人独资企业的特征"、"个人独资企业的事务管理"以及"个人独资企业的解散与继承"等细节对个人独资企业进行了全面细致的考查。但是，就考查方式和命题技巧而言，本题的四个选项均可以通过法条对比或者通过关于个人独资企业的基础知识直接排除。

［选项分析］A、B两选项考查家庭财产作为个人独资企业出资的问题。《个人独资企业法》第18条规定："个人独资企业投资人在申请企业设立登记时明确以其家庭共有财产作为个人出资的，应当依法以家庭共有财产对企业债务承担无限责任。"由此可知，个人出资财产的来源和内容不改变个人独资企业的性质。所以，A选项的表述是错误的。

由谁来负责个人独资企业的事务管理，与该企业的出资来源和出资内容没有直接的逻辑关系，B选项中的推理是不恰当的。所以，B选项的表述是错误的。

C选项考查个人独资企业解散后的债务承担问题。《个人独资企业法》第28条规定："个人独资企业解散后，原投资人对个人独资企业存续期间的债务仍应承担偿还责任，但债权人在五年内未向债务人提出偿债请求的，该责任消灭。"由此可知，C选项表述正确。

D选项考查个人独资企业的继承问题。《个人独资企业法》第17条规定："个人独资企业投资人对本企业的财产依法享有所有权，其有关权利可以依法进行转让或继承。"由此可知，个人独资企业的继承不改变个人独资企业的性质。所以，D选项错误。

3. ［答案］C　　　［难度］易

［考点］合伙企业；个人独资企业的特征

［命题和解题思路］本题旨在考查合伙企业、个人独资企业的特征，总体来说相对简单，考生只需要熟悉相关法条即可选出正确答案。

［选项分析］《合伙企业法》第2条第1款规定："本法所称合伙企业，是指自然人、法人和其他组织依照本法在中国境内设立的普通合伙企业和有限合伙企业"《个人独资企业法》第2条规定："本法所称个人独资企业，是指依照本法在中国境内设立，由一个自然人投资，财产为投资人个人所有，投资人以其个人财产对企业债务承担无限责任的经营实体。"由此可知，个人独资企业的投资人只能是自然人，而合伙企业的投资人可以是自然人、法人以及其他组织，所以，A项错误。

B项是重点干扰项，考生容易将思维局限于普通合伙企业，而忽视有限合伙企业的存在。《合伙企业法》第2条第3款规定："有限合伙企业由普通合伙人和有限合伙人组成，普通合伙人对合伙企业债务承担无限连带责任，有限合伙人以其认缴的出资额为限对合伙企业债务承担责任。"此外，根据A项中的解析可知，个人独资企业的出资人对企业的债务承担无限责任。所以，并非二者的投资人都一律承担无限责任。所以，B项错误。

由于合伙企业与个人独资企业都不具有法人资格，两者的企业形式可以互相转换：个人独资企业如果符合合伙企业的设立要求，可以变更为合伙企业；同样，如果合伙企业只剩下一个合伙人，也可以变更为个人独资企业。所以，C选项正确，D选项错误。

第十二章 企业破产法

试 题

第一节 破产申请和受理

1. 蕉叶餐饮公司于 2020 年 8 月被法院裁定破产。管理人接管财产后，通知蕉叶餐饮公司门店的出租方大恒地产公司，决定解除租赁协议。大恒地产公司拒绝，表示该协议约定租期十年，目前尚有三年的租期，且按照租赁协议的约定，该协议须严格履行，任何一方无权提前解除协议，对协议履行存在争议的应提交北京仲裁委仲裁。据此，下列哪一表述是正确的？（2021 年回忆版）

A. 协议自管理人通知大恒地产公司解除决定时自然解除

B. 协议应由管理人向北京仲裁委提交仲裁申请时解除

C. 如仲裁委裁定解除，应自裁定书送到债权人时解除

D. 协议应继续履行，除非双方一致合意解除

2. 圣火公司员工徐良才因工伤住院治疗，久治未愈。截至 2017 年 3 月，其医疗费、护理费一直由圣火公司垫付。2018 年 6 月，该公司向徐良才一次性支付 10 万元赔偿金后便不再垫付后续医疗费。徐良才认为该赔偿金过低，于 7 月向法院提起诉讼，要求圣火公司支付理疗费、护理费、伤残补助金等共计 20 万元。2018 年 9 月圣火公司出现破产原因，2018 年 10 月法院裁定受理其破产申请。对此，下列哪些说法是正确的？（2018 年回忆版）

A. 管理人可以要求徐良才返还医疗费、护理费

B. 徐良才有权参加债权人会议

C. 对于该公司向徐良才支付的赔偿金，管理人可向法院申请予以撤销

D. 法院裁定受理圣火公司的破产申请后，徐良才提起的诉讼应当中止审理

3. 2013 年 3 月，债权人甲公司对债务人乙公司提出破产申请。下列哪些选项是正确的？（2013-3-73）

A. 甲公司应提交乙公司不能清偿到期债务的证据

B. 甲公司应提交乙公司资产不足以清偿全部债务的证据

C. 乙公司就甲公司的破产申请，在收到法院通知之日起七日内可向法院提出异议

D. 如乙公司对甲公司所负债务存在连带保证人，则其可以该保证人具有清偿能力为由，主张其不具备破产原因

第二节 管理人

祺航公司向法院申请破产，法院受理并指定甲为管理人。债权人会议决定设立债权人委员会。现昊泰公司提出要受让祺航公司的全部业务与资产。甲的下列哪一做法是正确的？（2016-3-31）

A. 代表祺航公司决定是否向昊泰公司转让业务与资产

B. 将该转让事宜交由法院决定

C. 提议召开债权人会议决议该转让事宜

D. 作出是否转让的决定并将该转让事宜报告债权人委员会

第三节 债务人财产

1. 魏恒有限公司的破产管理人为履行管理人职责，决定聘请财务管理人员负责该公司破产事务的财务事项。对此，下列哪一说法是正确的？（2021 年回忆版）

A. 破产管理人可以直接聘请财务管理人员

B. 聘任财务管理人员应向债权人委员会报告并获得债权人委员会的同意

C. 财务管理人员的薪酬应由债权人会议批准

D. 财务管理人员的报酬可由破产管理人随时支付

2. 2019 年 5 月 10 日，法院受理了奋飞公司的破产申请。同年底，经管理人查明，奋飞公司股东赖倩认缴出资 100 万元，认缴期限已届满但仍未缴纳；股东狄萧的出资期限为 2020 年 10 月 1 日。对此，下列哪些选项是正确的？（2020 年回忆版）

A. 管理人有权要求赖情向公司缴纳出资

B. 管理人有权要求狄萧向公司缴纳出资

C. 狄萧有权以出资未到期为由抗辩

D. 如公司欠赖情 100 万元货款，赖情可主张抵销其应缴纳的出资

3. 2017 年 4 月，黄奕、赵建、郑道共同出资成立了光辉有限公司，注册资本为 500 万元。公司章程约定，黄奕以货币出资，认缴 300 万元，出资期限为 2039 年 4 月 1 日，赵建与郑道均以非货币出资，分别认缴 150 万元、50 万元，公司成立时缴纳。2019 年，因国家政策性调整，光辉公司经营负债 1000 万元。鼎泰公司是光辉公司的债权人之一，其债权已到期。对此，下列哪些选项是正确的？（2019 年回忆版）

A. 鼎泰公司可以要求黄奕提前缴纳所认缴的 300 万元出资

B. 鼎泰公司不可以要求黄奕提前缴纳所认缴的 300 万元出资

C. 若鼎泰公司向法院申请光辉公司破产，法院应当裁定受理

D. 若鼎泰公司已向法院申请执行，而法院穷尽执行措施却无财产执行，光辉公司已具备破产原因，但不申请破产时，鼎泰公司可以要求黄奕提前缴纳所认缴的 300 万元出资

4. 法院受理了利捷公司的破产申请。管理人甲发现，利捷公司与翰扬公司之间的债权债务关系较为复杂。下列哪些说法是正确的？（2016-3-73）

A. 翰扬公司的某一项债权有房产抵押，可在破产受理后行使抵押权

B. 翰扬公司与利捷公司有一合同未履行完毕，甲可解除该合同

C. 翰扬公司曾租给利捷公司的一套设备被损毁，侵权人之前向利捷公司支付了赔偿金，翰扬公司不能主张取回该笔赔偿金

D. 茹洁公司对利捷公司负有债务，在破产受理后茹洁公司受让了翰扬公司的一项债权，因此茹洁公司无需再向利捷公司履行等额的债务

5. 2014 年 6 月经法院受理，甲公司进入破产程序。现查明，甲公司所占有的一台精密仪器，实为乙公司委托甲公司承运而交付给甲公司的。关于乙公司的取回权，下列哪一表述是错误的？（2014-3-31）

A. 取回权的行使，应在破产财产变价方案或和解协议、重整计划草案提交债权人会议表决之前

B. 乙公司未在规定期限内行使取回权，则其取回权即归于消灭

C. 管理人否认乙公司的取回权时，乙公司可以诉讼方式主张其权利

D. 乙公司未支付相关运输、保管等费用时，保管人可拒绝其取回该仪器

6. 甲公司因不能清偿到期债务且明显缺乏清偿能力，遂于 2014 年 3 月申请破产，且法院已受理。经查，在此前半年内，甲公司针对若干债务进行了个别清偿。关于管理人的撤销权，下列哪些表述是正确的？（2014-3-74）

A. 甲公司清偿对乙银行所负的且以自有房产设定抵押担保的贷款债务的，管理人可以主张撤销

B. 甲公司清偿对丙公司所负的且经法院判决所确定的货款债务的，管理人可以主张撤销

C. 甲公司清偿对丁公司所负的为维系基本生产所需的水电费债务的，管理人不得主张撤销

D. 甲公司清偿对戊所负的劳动报酬债务的，管理人不得主张撤销

第四节　债权申报

1. 2023 年 8 月，某法院裁定受理了林纶公司的破产申请并指定了管理人。林纶公司的债权人甲公司向管理人申报了 1 亿元债权，管理人审查后认定甲公司申报的债权数额难以确定，以此为由拒绝将甲公司申报的债权登记至债权登记册予以确认。林纶公司第一次债权人会议将于 11 月 15 日召开，甲公司想要参加债权人会议并表决。为此，甲公司找到某律师，该律师给出若干建议。该律师的下列哪些建议是正确的？（2023 年回忆版）

A. 甲公司的债权数额经法院确认后即可参加债权人会议

B. 甲公司得到法院临时确定的债权数额后可出席会议并表决

C. 甲公司可向某法院起诉管理人以确认甲公司债权

D. 甲公司可向某法院起诉林纶公司以确认甲公司债权

2. 2018 年，明漆有限公司向黄河金融公司借款 1000 万元，期限五年。对于该笔借款，平梁有限公司向黄河金融公司出具了担保函，约定到期后如明漆有限公司不能清偿债务，则由平梁有限公司承担清偿责任。2020 年 9 月，明漆有限公司被法院裁定破产，黄河金融公司向管理人申报了全部债权。此后不久，平梁有限公司也被法院裁定破产。据此，下列哪些说法是正确的？（2021 年回忆版）

A. 如黄河金融公司向平梁有限公司追偿，平梁有限公司有权主张先诉抗辩

B. 平梁有限公司有权以将来求偿权向明漆有限公司管理人申报债权

C. 黄河金融公司有权向明漆有限公司和平梁有限公司分别申报全部债权

D. 破产后，针对明漆有限公司和平梁有限公司的债权和担保债权均停止计息

3. 2017 年 3 月 2 日，帝诺有限公司因资不抵债进入破产重整程序。中旺公司于 2015 年 2 月因向帝诺公司提供商品，对帝诺公司享有 100 万元到期债权，但因公司业务繁忙，在债权申报期间未进行债权申报。2018 年 1 月，帝诺公司重整计划执行完毕，全体普通债权人的清偿比例为 45%。对此，下列哪些说法是正确的？（2018 年回忆版）

A. 帝诺公司无须对中旺公司承担偿还义务

B. 参考帝诺公司的重整方案，按同性质债权等比例向中旺公司清偿

C. 帝诺公司全额清偿中旺公司的债权

D. 帝诺公司的重整方案对中旺公司具有法律效力

4. A 公司因经营不善，资产已不足以清偿全部债务，经申请进入破产还债程序。关于破产债权的申报，下列哪些表述是正确的？（2015-3-73）

A. 甲对 A 公司的债权虽未到期，仍可以申报

B. 乙对 A 公司的债权因附有条件，故不能申报

C. 丙对 A 公司的债权虽然诉讼未决，但丙仍可以申报

D. 职工丁对 A 公司的伤残补助请求权，应予以申报

第五节　重整程序

1. 久金有限公司因资产不足以清偿到期债务，被法院裁定破产重整。2021 年 5 月，久金有限公司重整计划草案经债权人会议通过，并得到法院裁定批准。在重整计划的执行中，公司董事长李某提出，由于房地产市场的环境变化，久金有限公司名下 A 地块应当出售以回笼资金，但破产管理人则认为按照现在市场情形该地块依然可以继续开发经营。对于该事项，下列哪一主体有权决定？（2021 年回忆版）

A. 管理人

B. 债权人会议

C. 破产管辖法院

D. 破产公司

2. 斧子公司因经营不善，于 2018 年 5 月向法院申请了破产重整。法院受理后指定了管理人。建设银行向管理人申报了债权 1000 万元，该债权以公司房屋作为抵押。为重整事务顺利进行，管理人决定以债务人应收账款作为质押，向乙公司借款 500 万元，约定两年后偿还本息 550 万元。后重整失败，斧子公司无力偿还乙公司债务，并于 2020 年 12 月被法院宣告破产。针对以上事实，下列说法正确的是：（2020 年回忆版）

A. 乙公司有权主张 550 万元的债权优先于普通债权人受偿

B. 乙公司有权主张 550 万元的债权优先于银行受偿

C. 乙公司有权主张 500 万元的债权优先于普通债权人受偿

D. 乙公司有权主张 500 万元的债权优先于银行受偿

3. 思瑞公司不能清偿到期债务，债权人向法院申请破产清算。法院受理并指定了管理人。在宣告破产前，持股 20% 的股东甲认为如引进战略投资者乙公司，思瑞公司仍有生机，于是向法院申请重整。关于重整，下列哪一选项是正确的？（2017-3-31）

A. 如甲申请重整，必须附有乙公司的投资承诺

B. 如债权人反对，则思瑞公司不能开始重整

C. 如思瑞公司开始重整，则管理人应辞去职务

D. 只要思瑞公司的重整计划草案获得法院批准，重整程序就终止

4. 关于破产重整的申请与重整期间，下列哪一表述是正确的？（2015-3-31）

A. 只有在破产清算申请受理后，债务人才能向法院提出重整申请

B. 重整期间为法院裁定债务人重整之日起至重整计划执行完毕时

C. 在重整期间，经债务人申请并经法院批准，债务人可在管理人监督下自行管理财产和营业事务

D. 在重整期间，就债务人所承租的房屋，即使租期已届至，出租人也不得请求返还

5. 尚友有限公司因经营管理不善，决定依照《破产法》进行重整。关于重整计划草案，下列哪些选项是正确的？（2013-3-74）

A. 在尚友公司自行管理财产与营业事务时，由其自己制作重整计划草案

B. 债权人参加讨论重整计划草案的债权人会议时，应按法定的债权分类，分组对该草案进行表决

C. 出席会议的同一表决组的债权人过半数同意重整计划草案，即为该组通过重整计划草案

D. 三分之二以上表决组通过重整计划草案，重整计划即为通过

第六节　破产清算程序

舜泰公司因资产不足以清偿全部到期债务，法院裁定其重整。管理人为维持公司运行，向齐某借款20万元支付水电费和保安费，约定如1年内还清就不计利息。1年后舜泰公司未还款，还因不能执行重整计划被法院宣告破产。关于齐某的债权，下列哪些选项是正确的？（2017-3-73）

A. 与舜泰公司的其他债权同等受偿

B. 应从舜泰公司的财产中随时清偿

C. 齐某只能主张返还借款本金20万元

D. 齐某可主张返还本金20万元和逾期还款的利息

详　解

第一节　破产申请和受理

1.［答案］A　　［难度］中
［考点］破产受理的法律效果

［命题和解题思路］本题考查破产受理的法律效果中的待履行的双务合同管理人的解除权。破产受理的法律效果一直是法考常考的重点考点。针对待履行的双务合同，管理人有权决定解除或者继续履行。该考点属于识记即能作出的简单考点，这说明法考在提升试题灵活的同时，也没有放松对基础制度和基础内容的考查。因此，夯实基础是法考备考的不二法门。

［选项分析］《企业破产法》第18条规定，人民法院受理破产申请后，管理人对破产申请受理前成立而债务人和对方当事人均未履行完毕的合同有权决定解除或者继续履行，并通知对方当事人。管理人自破产申请受理之日起2个月内未通知对方当事人，或者自收到对方当事人催告之日起30日内未答复的，视为解除合同。管理人决定继续履行合同的，对方当事人应当履行；但是，对方当事人有权要求管理人提供担保。管理人不提供担保的，视为解除合同。据此，蕉叶餐饮公司和大恒地产公司的租赁协议系破产申请前成立的均未履行完毕的合同，因此，管理人有权自行决定解除合同或者继续履行。因此A选项正确，其余选项均错误。

2.［答案］BD　　［难度］中
［考点］破产债权；职工债权；破产撤销权的限制

［命题和解题思路］本题旨在考查破产申请受理的法律效力。一方面，根据《企业破产法》，为保护多数债权人的利益，实现公平清偿，规定了破产程序优先于民事诉讼程序，即破产申请裁定受理后，已经开始而尚未终结的有关债务人的民事诉讼或者仲裁应当中止。另一方面，我国《企业破产法》规定的偏颇性清偿行为主要包括第31条规定的"对未到期的债务提前清偿"、"对没有财产担保的债务提供财产担保"和第32条规定的"危机期间的个别清偿行为"，但对于例外情形的规定仅限于第32条的但书条款，即"个别清偿使债务人财产受益的除外"。"债务人支付劳动报酬、人身损害赔偿金"的个别清偿，严格意义来讲，不属于"使债务人财产受益"的情形，但从生存权特别保护的角度出发，有必要将这种情形纳入不可撤销的范畴，即债务人为其支付的劳动报酬、人身损害赔偿金不受第32条规定的限制，

管理人不得对此行使撤销权。

[选项分析]《企业破产法》第32条规定："人民法院受理破产申请前六个月内，债务人有本法第二条第一款规定的情形，仍对个别债权人进行清偿的，管理人有权请求人民法院予以撤销。但是，个别清偿使债务人财产受益的除外。"《企业破产法司法解释（二）》第16条规定："债务人对债权人进行的以下个别清偿，管理人依据企业破产法第三十二条的规定请求撤销的，人民法院不予支持：（一）债务人为维系基本生产需要而支付水费、电费等的；（二）债务人支付劳动报酬、人身损害赔偿金的；（三）使债务人财产受益的其他个别清偿。"本题中，2018年9月圣火公司出现破产原因，而2018年6月圣火公司向徐良才支付的10万元赔偿金发生在《企业破产法》第32条规定的6个月的期间内，但根据上述规定，2018年6月圣火公司向徐良才支付的10万元赔偿金不属于可撤销的情形，故C选项错误。此外，截至2017年3月，圣火公司已向徐良才支付的医疗费、护理费并不符合法定的可撤销范围。不仅如此，这部分费用不会使债务人财产受益，却直接影响到徐良才的生命健康权。因此，圣火公司不可以要求徐良才返还上述费用，故选项A错误。

《企业破产法》第44条规定："人民法院受理破产申请时对债务人享有债权的债权人，依照本法规定的程序行使权利"。本题中，徐良才系圣火公司的员工，因工伤住院治疗，故徐良才对圣火公司享有债权。另，根据《企业破产法》第59条第1款规定："依法申报债权的债权人为债权人会议的成员，有权参加债权人会议，享有表决权。"《企业破产法》第48条规定："债权人应当在人民法院确定的债权申报期限内向管理人申报债权。债务人所欠职工的工资和医疗、伤残补助、抚恤费用，所欠的应当划入职工个人账户的基本养老保险、基本医疗保险费用，以及法律、行政法规规定应当支付给职工的补偿金，不必申报，由管理人调查后列出清单并予以公示。职工对清单记载有异议的，可以要求管理人更正；管理人不予更正的，职工可以向人民法院提起诉讼。"本题中，徐良才因工伤而要求圣火公司支付的理疗费、护理费、伤残补助金等赔偿金属于职工债权的范畴，可以不进行申报，有权参加圣火公司的债权

人会议，故选项B正确。

《企业破产法》第20条规定："人民法院受理破产申请后，已经开始而尚未终结的有关债务人的民事诉讼或者仲裁应当中止；在管理人接管债务人的财产后，该诉讼或者仲裁继续进行。"本题中，徐良才提起诉讼的时间是2018年7月，而圣火公司的破产申请受理之日为2018年10月，故徐良才提起的诉讼应当中止，选项D正确。

3. [答案]AC　　　[难度]中

[考点]破产案件的申请；破产案件的受理

[命题和解题思路]本题主要考查破产案件的申请与受理，具体涉及《企业破产法》和《企业破产法司法解释（一）》的相关规定。本题属于对法条规定的直接考查，但是命题人在本题中采用的招数却不容小觑：一是采用"偷梁换柱"之计，考查考生是否精确地掌握了《企业破产法司法解释（一）》第6条的规定（B选项中的"全部债务"or"到期债务"）；二是采用"疑兵之计"，故意在D选项中增加"债务人的连带保证人具有清偿能力"的条件来干扰考生对债务人破产原因的判断。

本题的解题思路如下：就破产案件而言，有权提出申请的主体包括债权人、债务人以及清算人，但是申请的条件有所不同：债务人提出申请，既要提交自身不能清偿到期债务的证据，又要提交自身资产不足以清偿全部债务或者明显缺乏偿债能力的证据；而债权人提出申请，则只需提交债务人不能清偿到期债务的证据即可。由此可见，债务人自身提出破产申请的条件则要严格得多。针对债权人的破产申请，债务人有权自收到人民法院的通知之日起7日内提出异议。此外，只要债务人已经丧失偿债能力，对债务人的债务负有连带责任的人是否丧失清偿能力，均不影响认定债务人具备破产原因。

[选项分析]《企业破产法司法解释（一）》第6条规定，债权人申请债务人破产的，应当提交债务人不能清偿到期债务的有关证据。由此可知，债权人提出破产申请的，只需提交债务人不能清偿到期债务的证据即可，并不需要提交债务人资产不足以清偿全部债务的证据。所以，A选项正确，B选项错误。

《企业破产法》第10条第1款规定："债权人

提出破产申请的，人民法院应当自收到申请之日起五日内通知债务人。债务人对申请有异议的，应当自收到人民法院的通知之日起七日内向人民法院提出。人民法院应当自异议期满之日起十日内裁定是否受理。"由此可知，C 选项正确。

《企业破产法司法解释（一）》第 1 条第 2 款规定："相关当事人以对债务人的债务负有连带责任的人未丧失清偿能力为由，主张债务人不具备破产原因的，人民法院应予支持。"由此可知，D 选项错误。

难点解析

破产案件的申请是《企业破产法》的重点知识点，根据申请主体的不同，破产申请可以分为债务人的申请、债权人的申请以及清算人的申请。不同的破产申请，其申请条件以及可申请的程序都有所不同。现将其汇总如下：

	债务人申请	债权人申请	清算人申请
申请条件	（1）不能清偿到期债务＋资不抵债；（导致重整或和解或清算）（2）不能清偿到期债务＋明显缺乏清偿能力；（导致重整或和解或清算）（3）有明显丧失清偿能力的可能性；（导致重整）	（1）债务人不能清偿到期债务；（2）企业法人已解散但未清算或者未在合理期限内清算完毕，债权人申请债务人破产清算的，除债务人在法定异议期限内举证证明其未出现破产原因外，人民法院应当受理。	企业法人已解散或者未在合理期限内清算完毕，资产不足以清偿债务的，依法负有清算责任的人应该向法院申请。
可申请的程序	重整、和解或者破产清算	重整、破产清算	破产清算

第二节　管理人

[答案] C（原答案为 D，根据《企业破产法

司法解释（三）》修改为 C）　　　[难度] 中

[考点] 管理人的职责；债权人委员会

[命题和解题思路] 由案情介绍可知，本题旨在考查法院——管理人——债权人会议（委员会）三者之间的职权划分及其相互之间的关系。命题者以"昊泰公司提出要受让祺航公司的全部业务与资产"为切入点对法院、管理人以及债权人会议（委员会）在债务人财产的处分中所处的角色定位进行深入考查。这就要求考生不仅需要掌握上述三方主体的基本角色定位，即管理人有权管理和处分债务人财产、债权人会议有权监督债务人财产的管理和处分、债权人会议有权通过涉及自身利益的重大财产处分行为，而且还要准确记忆相关法律条款的具体规定，例如管理人独立行使管理和处分债务人的财产的权利，并非代表债务人为之。

[选项分析] A 选项是本题的重点干扰。考生若稍不留神忽略"代表"二字，就有可能作出错误的判断。《企业破产法》第 25 条第 1 款第 6 项规定："管理人履行下列职责：……（六）管理和处分债务人的财产；……"由此可知，管理和处分债务人的财产属于管理人独立行使的法定职权之一，管理人可以独立决定，不需要代表债务人作出是否向昊泰公司转让业务和资产的决定。但是，管理人"代表债务人参加诉讼、仲裁或者其他法律程序"则是可以的。所以，A 选项错误。

《企业破产法》第 23 条第 1 款规定："管理人依照本法规定执行职务，向人民法院报告工作，并接受债权人会议和债权人委员会的监督。"由此可知，管理人依法独立管理和处分债务人的财产，只需要向人民法院报告工作，并非由法院来决定财产的处理。此外，《企业破产法》第 26 条规定："在第一次债权人会议召开之前，管理人决定继续或者停止债务人的营业或者有本法第六十九条规定行为之一的，应当经人民法院许可。"考生需要特别注意：此时，也仅仅是需要"法院许可"，并非交由法院来决定。所以，B 选项错误。

《企业破产法司法解释（三）》第 15 条第 1 款规定，管理人处分《企业破产法》第 69 条规定的债务人重大财产的，应当事先制作财产管理或者变价方案并提交债权人会议进行表决，债权人会议表决未通过的，管理人不得处分。《企业破产

法》第69条第1款规定："管理人实施下列行为，应当及时报告债权人委员会：（一）涉及土地、房屋等不动产权益的转让；（二）探矿权、采矿权、知识产权等财产权的转让；（三）全部库存或者营业的转让；……（十）对债权人利益有重大影响的其他财产处分行为。"本题祺航公司要转让全部业务和资产，属于重大财产转让，因此应当首先提交债权人会议表决，所以，C选项正确，D选项错误。

考生需要特别注意《企业破产法司法解释（三）》第15条对《企业破产法》第69条的修正。

难点解析

管理人、债权人会议与债权人委员会
之间的职权划分及其关系

	职权	关系
管理人	（1）调查、管理和处分债务人财产的权利：①调查债务人财产状况，制作财产状况报告；②接管债务人的财产、印章和账簿、文书等资料；③管理和处分债务人的财产。（2）接管债务人的经营权。	（1）提议召开债权人会议；（2）依照本法规定执行职务，向人民法院报告工作，并接受债权人会议和债权人委员会的监督。
债权人会议	表决通过权：（1）通过重整计划；（2）通过和解协议；（3）通过债务人财产的管理方案；（4）通过破产财产的变价方案；（5）通过破产财产的分配方案；	（1）申请人民法院更换管理人，审查管理人的费用和报酬；（2）监督管理人；（3）选任和更换债权人委员会成员。
债权人委员会	监督权：（1）监督债务人财产的管理和处分；（2）监督破产财产分配。	（1）管理人实施对债权人利益有重大影响的其他财产处分行为，应当及时报告债权人委员会；（2）未设立债权人委员会的，管理人实施前述行为应当及时报告人民法院。

第三节 债务人财产

1. [答案] D　　[难度] 难

[考点] 管理人；破产费用

[命题和解题思路] 本题考查管理人和破产费用两个考点，但是考查的角度比较独特，具有一定的难度。这说明考生在准备法考时，针对比较细碎的知识点也要在原理掌握的基础上相对全面地掌握。实际上，在破产程序中管理人的功能类似于公司治理中董事会的角色，董事会在管理公司时无法事事亲力亲为，在破产程序中也并不要求管理人事事躬亲。因此管理人可聘用必要的工作人员，但为保护债权人的利益须经法院许可。此外，工作人员报酬等费用也属于为了展开破产程序而需要的费用，属于破产费用。在理解上述原理的基础上，相关"细碎"知识点全面掌握并不困难。

[选项分析]《企业破产法》第28条规定，管理人经人民法院许可，可以聘用必要的工作人员。管理人的报酬由人民法院确定。债权人会议对管理人的报酬有异议的，有权向人民法院提出。因此，AB选项表述错误。

《企业破产法》第25条规定："管理人履行下列职责：……（三）决定债务人的内部管理事务；（四）决定债务人的日常开支和其他必要开支；……"据此，财务管理人员的薪酬属于日常开支和其他必要开支，属于管理人决定的事项，C选项表述错误。

《企业破产法》第41条规定，管理人执行职务的费用、报酬和聘用工作人员的费用，属于破产费用。《企业破产法》第43条第1款规定，破产费用和共益债务由债务人财产随时清偿。因此财务管理人员的报酬可随时支付，D选项表述正确。

2. ［答案］AB　　［难度］易

［考点］破产追回权；破产抵销权

［命题和解题思路］债务人财产是《企业破产法》规则最多的内容，也是本题的命题背景。本题分别考查了破产追回权与破产抵销权的内容。《企业破产法》第35条规定，人民法院受理破产申请后，债务人的出资人尚未完全履行出资义务的，管理人应当要求该出资人缴纳所认缴的出资，而不受出资期限的限制。也即在企业破产中，认缴而未实缴的出资加速到期。同时，考生还应当注意出资人对企业负有的出资义务，是法定义务，并非债权，因此不得以对企业享有的债权主张与未履行的出资义务抵销。只要考生熟悉掌握出资人的出资义务属于法定义务，而非对公司负有的一般债务，即可破解此题。

［选项分析］A选项和B选项涉及的是破产中出资加速到期的问题。在公司破产受理后，管理人有权追回股东应缴纳而未缴纳的出资，同时针对尚未到期的出资也视为已经到期，管理人同样有权追回。因此A、B选项正确，C选项错误。

D选项涉及的是出资人对企业负有的出资义务不得与其对企业享有的债权主张抵销的制度安排。对此，《企业破产法司法解释（二）》第46条特别规定，债务人的股东因欠缴债务人的出资或者抽逃出资对债务人所负的债务，不得主张与债务人对其负有的债务抵销。因此，D选项错误。

3. ［答案］BD　　［难度］中

［考点］股东出资的加速到期

［命题和解题思路］本题旨在考查股东出资的加速到期。公司不能清偿到期债务，在公司治理层面已成为一个非常严重的问题。这种情形下，对该公司的关注，不仅仅涉及合同法领域，还涉及公司法、破产法等诸多领域，由此应在相关的利害关系人之间进行审慎的利益平衡。在认缴制下，对于公司股东而言，尽管章程规定了明确的

出资期限，但由于出资义务的对象是公司，因此，章程规定的出资期限不能超过公司的存续期限。若公司破产或者强制清算，则视为章程规定的出资期限届满，即适用于加速到期。另外，在认缴制下，公司债权人以公司不能清偿到期债务为由，请求未到出资期限的股东在未出资范围内对公司不能清偿的债务承担补充赔偿责任的，人民法院应否支持，存在两种截然不同的观点。考虑到股东享有期限利益的价值取向，则不能违反公司法的基本价值，动摇认缴制下对股东出资期限利益认可的基石。即对于上述情形，原则上不适用于加速到期。但是，当公司债务产生后，公司股东会决议延长股东的出资期限以逃避公司不能履行债务时其股东将被要求补足出资义务，或者公司作为被执行人的案件，因穷尽执行措施无财产可供执行，已具备破产原因，但公司不申请破产的情形，则可以要求股东未届期限的认缴出资加速到期。对此，《全国法院民商事审判会议纪要》也予以明确。

［选项分析］《企业破产法》第35条规定："人民法院受理破产申请后，债务人的出资人尚未完全履行出资义务的，管理人应当要求出资人缴纳所认缴的出资，而不受出资期限的限制。"《公司法司法解释（二）》第22条第1款规定："公司解散时，股东尚未缴纳的出资均应作为清算财产。股东尚未缴纳出资，包括到期应缴纳的出资，以及依照公司法第二十六条和第八十条的规定分期缴纳尚未届满缴纳期限的出资。"由此可知，在破产和解散清算的情形下，股东的出资义务应当加速到期。

《公司法司法解释（三）》第13条第2款规定："公司债权人请求未履行或者未全面履行出资义务的股东在未出资本息范围内对公司债务不能清偿的部分承担补充赔偿责任的，人民法院应予支持……"《最高人民法院关于民事执行中变更、追加当事人若干问题的规定》第17条规定："作为被执行人的营利企业法人，财产不足以清偿生效法律文书确定的债务，申请执行人申请变更、追加未缴纳或未足额缴纳出资的股东、出资人或依公司法规定对该出资承担连带责任的发起人为被执行人，在尚未缴纳出资的范围内依法承担责任的，人民法院应予支持。"对于上述规定是否适用于加速到期，考虑到股东享有期限利益的价值

取向，一般仅适用于认缴期限已届满而未缴纳或者未足额缴纳的情形，而不适用于股东出资义务加速到期。

综上分析，本题中，黄奕的出资期限为2039年4月1日，截止到2019年，缴纳出资的期限尚未到期，且未表明公司出现破产或者清算等情形，因此，鼎泰公司不可以要求黄奕提前缴纳所认缴的300万元出资。故选项A错误，选项B正确。

《企业破产法》第2条第1款规定："企业法人不能清偿到期债务，并且资产不足以清偿全部债务或者明显缺乏清偿能力的，依照本法规定清理债务。"本题中，光辉公司只是经营负债1000万元，并未表明出现了破产原因。故选项C错误。

在有生效判决，经公司债权人申请执行的情况下，若穷尽执行措施，公司仍无财产可供执行，已具备破产原因，但公司不申请破产的，其结果与《企业破产法》第2条规定的"公司资产不足以清偿全部债务或者明显缺乏清偿能力"完全相同。此种情形下，股东未届期限的认缴出资，可以依照《企业破产法》第35条的规定，加速到期。即可以提前要求未履行或者未完全履行出资义务的股东履行其出资义务。故选项D正确。

4. [答案] BC　[难度] 中

[考点] 别除权；取回权；抵销权

[命题和解题思路] 本题题干中的案情介绍较为简单概括，命题人主要通过四个选项的小案例分别考查在破产程序中行使四种实体权利——别除权、待履行合同的处置权、取回权以及抵销权。此外，就破产法方向的命题规律而言，命题人似乎格外青睐于时间点在实体权利行使方面的法律意义，并且以此作为设置陷阱的最佳工具，本题就是一个典型的案例，例如A选项中的别除权应当在破产宣告后行使，C选项中财产毁损、损失发生的时间对取回权行使的意义以及D选项中次债务人受让他人对债务人的债权的时间对其抵销权行使的法律意义。因此，破产法中时间点的法律意义的重要性不言而喻，备考诸君不可不察！

[选项分析] A选项是本题的重点干扰项，主要考查考生对法条的融会贯通能力。《企业破产法》第107条规定："人民法院依照本法规定宣告债务人破产的，应当自裁定作出之日起五日内送达债务人和管理人，自裁定作出之日起十日内通

知已知债权人，并予以公告。债务人被宣告破产后，债务人称为破产人，债务人财产称为破产财产，人民法院受理破产申请时对债务人享有的债权称为破产债权。"第109条规定："对破产人的特定财产享有担保权的权利人，对该特定财产享有优先受偿的权利。"由上述法条可知，债权人就债务的特定财产行使优先受偿权的前提是该债务人已经成为破产人，而只有在债务人被宣告破产后，债务人才称为破产人。换句话说，债权人只有在破产宣告后方可行使别除权。所以，A选项错误。

《企业破产法》第18条第1款规定："人民法院受理破产申请后，管理人对破产申请受理前成立而债务人和对方当事人均未履行完毕的合同有权决定解除或者继续履行，并通知对方当事人……"由此可知，对于尚未履行完毕的合同，管理人可以选择继续履行，也可以解除合同。所以，B选项正确。

《企业破产法司法解释（二）》第32条第1、2款规定："债务人占有的他人财产毁损、灭失……保险金、赔偿金已经交付给债务人，或者代偿物已经交付给债务人且不能与债务人财产予以区分的，人民法院应当按照以下规定处理：（一）财产毁损、灭失发生在破产申请受理前的，权利人因财产损失形成的债权，作为普通破产债权清偿；（二）财产毁损、灭失发生在破产申请受理后的，因管理人或者相关人员执行职务导致权利人损害产生的债务，作为共益债务清偿。"本案中"曾租"和"……之前"表明设备出租和受损发生在受理利捷公司破产申请之前，并且赔偿金已经交付给了债务人利捷公司。因此，本题中翰扬公司不能主张取回该笔赔偿金，只能申报债权，作为普通破产债权在破产清偿程序中参与集体清偿。所以，C选项正确。

《企业破产法》第40条第1项规定："债权人在破产申请受理前对债务人负有债务的，可以向管理人主张抵销。但是，有下列情形之一的，不得抵销：（一）债务人的债务人在破产申请受理后取得他人对债务人的债权的；……"由此可知，能否抵销关键看次债务人取得他人对债务人的债权的时间。本题中次债务人茹洁公司在破产受理后才受让了翰扬公司对债务人的一项债权，所以此债权不得抵销。所以，D选项错误。

难点解析

本题的难点在于《企业破产法司法解释（二）》第 32 条规定的债务人占有的他人财产毁损、灭失时取回权的行使规则，因其法条规定复杂繁琐，现以表格的形式归纳如下：

债务人占有的他人财产毁损、灭失	
情形 1：获得的保险金、赔偿金、代偿物尚未交付给债务人，或者代偿物虽已交付给债务人但能与债务人财产予以区分的	情形 2：保险金、赔偿金已经交付给债务人，或者代偿物已经交付给债务人且不能与债务人财产予以区分的
权利人可以主张取回就此获得的保险金、赔偿金、代偿物。	（1）财产毁损、灭失发生在破产申请受理前的，权利人因财产损失形成的债权，作为普通破产债权清偿；（2）财产毁损、灭失发生在破产申请受理后的，因管理人或者相关人员执行职务导致权利人损害产生的债务，作为共益债务清偿。

5. ［答案］B ［难度］中

［考点］取回权（一般取回权）

［命题和解题思路］本题指令句明确本题考查的是取回权。命题人设计的四个选项分别对应着取回权的"行使期限"、"逾期行使的后果"、"行使方式"以及"行使费用"，以此考查考生对《企业破产法司法解释（二）》中关于取回权相关规定的熟悉程度。此外，从形式上看，命题人采取否定设问的形式无疑又增加了本题的难度。本题解题思路乏善可陈，但是值得考生特别注意的是取回权在性质上属于物权请求权，所以它不会因为超过规定的行使期限而消灭。逾期行使，只会导致权利人承担延迟行使取回权增加的相关费用。考生如不了解《企业破产法司法解释（二）》的具体规定以及取回权的性质，容易将之误认为类似于形成权——受除斥期间的约束，若

逾期未行使，则权利消灭。

［选项分析］B 选项是本题的重点干扰项。《企业破产法司法解释（二）》第 26 条规定："权利人依据企业破产法第三十八条的规定行使取回权，应当在破产财产变价方案或者和解协议、重整计划草案提交债权人会议表决前向管理人提出。权利人在上述期限后主张取回相关财产的，应当承担延迟行使取回权增加的相关费用。"由此可知，第一，权利人行使取回权的期限是在破产财产变价方案或者和解协议、重整计划草案提交债权人会议表决前；第二，权利人超过期限行使取回权并不会导致取回权的丧失，只是需要承担延迟行使取回权增加的相关费用。所以，A 选项的表述正确，B 选项的表述不正确，答案应当选择 B。

《企业破产法司法解释（二）》第 27 条第 1 款规定："权利人依据企业破产法第三十八条的规定向管理人主张取回相关财产，管理人不予认可，权利人以债务人为被告向人民法院提起诉讼请求行使取回权的，人民法院应予受理。"由此可知，当管理人否认权利人的取回权时，权利人有权提起诉讼主张权利。所以，C 选项的表述正确。

《企业破产法司法解释（二）》第 28 条规定："权利人行使取回权时未依法向管理人支付相关的加工费、保管费、托运费、委托费、代销费等费用，管理人拒绝其取回相关财产的，人民法院应予支持。"由此可知，权利人乙公司未支付相关运输、保管等费用时，保管人有权拒绝其取回该仪器。所以，D 选项的表述正确。

6. ［答案］CD ［难度］中

［考点］破产撤销权

［命题和解题思路］本题旨在考查破产撤销权的行使规则，命题人依次选取"对以自有财产设定担保物权的债权"、"经判决确定的债权"、"因维系基本生产需要所负的债权"以及"因支付劳动报酬所负的债权"等四项被个别清偿的债权来综合考查撤销权的行使。考生只要熟悉掌握《企业破产法司法解释（二）》第 14、15、16 条的规定，准确记忆管理人破产撤销权的例外情形，即可轻松地判断出本题四个选项中的情形均属于不适用破产撤销权的法定情形。从整体上看，上述法条属于破产撤销权的例外情形，但是考生更需要注意的是上述法条中涉及的"例外之例外的情

形"。毫无疑问，这才是历年考试的重点、难点！

[选项分析]《企业破产法司法解释（二）》第14条规定："债务人对以自有财产设定担保物权的债权进行的个别清偿，管理人依据企业破产法第三十二条的规定请求撤销的，人民法院不予支持。但是，债务清偿时担保财产的价值低于债权额的除外。"由此可知，管理人无权撤销甲公司对乙银行所负的且以自有房产设定抵押担保的贷款债务的清偿行为。所以，A选项表述错误。

《企业破产法司法解释（二）》第15条规定："债务人经诉讼、仲裁、执行程序对债权人进行的个别清偿，管理人依据企业破产法第三十二条的规定请求撤销的，人民法院不予支持。但是，债务人与债权人恶意串通损害其他债权人利益的除外。"由此可知，针对甲公司清偿对丙公司所负的且经法院判决所确定的货款债务的行为，管理人无权撤销。所以，B选项表述错误。

《企业破产法司法解释（二）》第16条规定："债务人对债权人进行的以下个别清偿，管理人依据企业破产法第三十二条的规定请求撤销的，人民法院不予支持：（一）债务人为维系基本生产需要而支付水费、电费等的；（二）债务人支付劳动报酬、人身损害赔偿金的；（三）使债务人财产受益的其他个别清偿。"由此可知，C、D两选项表述正确。

难点解析

破产撤销权是破产管理人的一项重要权利，现将相关知识点汇总如下：

	可撤销的破产欺诈行为（法院受理破产申请1年内）	可撤销的个别清偿行为（法院受理破产申请前6个月内）
具体情形	（1）无偿转让财产的；（2）以明显不合理的价格进行交易的；（3）对没有财产担保的债务提供担保的；（4）对未到期的债务提前清偿的；（5）放弃债权的。	法院受理破产申请前6个月内，债务人已经具备破产原因的情形，仍对个别债权人（已到期债权）进行清偿，管理人有权撤销。
例外	对未到期的债务提前清偿的，若该债务在破产申请受理前已经到期的，不予撤销。但是，该清偿行为发生在破产申请受理前6个月内且债务人出现破产原因的，可以撤销。对未到期的债务提前清偿的，若该债务在破产申请受理前已经到期的，不予撤销。但是，该清偿行为发生在破产申请受理前6个月内且债务人出现破产原因的，可以撤销。	（1）债务人对以自有财产设定担保物权的债权进行的个别清偿，不予撤销；（清偿时担保财产的价值低于债权额除外）（2）债务人经诉讼、仲裁、执行程序对债权人进行的个别清偿，不予撤销；（债务人与债权人恶意串通损害其他债权人利益的除外）（3）债务人为维系基本生产需要而支付水费、电费等的个别清偿，不予撤销；（4）债务人支付劳动报酬、人身损害赔偿金的个别清偿，不予撤销；（5）使债务人财产受益的其他个别清偿，不予撤销。
行使后果	（1）债务人所实施的财产处分行为无效；（2）管理人行使撤销权所对应的财产，列入债务人财产。	

第四节　债权申报

1. ［答案］BD

［考点］债权申报

［命题和解题思路］本题考查债权申报，是近年来破产法的热点考点。首先，考生需注意债权人行使债权人权利的起点是债权申报。对于债权申报的实体规则，很多考生都很熟悉，但是对于债权申报的程序规则，往往没有重点掌握。本题重点考查的就是债权申报的程序及其救济，这反映了近年来法考对商法回归细节的考查趋势。但是本题考查难度并不高，考生只要能够熟记法律规则，即能顺利作答。

［选项分析］A 选项与 B 选项混淆了待定债权的申报规则与债权申报的一般要求。《企业破产法》第 59 条第 1—3 款规定："依法申报债权的债权人为债权人会议的成员，有权参加债权人会议，享有表决权。债权尚未确定的债权人，除人民法院能够为其行使表决权而临时确定债权额的外，不得行使表决权。对债务人的特定财产享有担保权的债权人，未放弃优先受偿权利的，对于本法第六十一条第一款第七项、第十项规定的事项不享有表决权。"据此，债权人只有在申报债权后，才能够依法成为债权人会议的成员，即有权参加债权人会议，享有表决权。而本条第 2 款规定的则是，针对债权尚未确定的债权人，即使申报了债权，除法院为其临时确定债权额外，可以出席债权人会议，但是不享有表决权。A 选项错误，B 选项正确。

《企业破产法》第 57 条规定，管理人收到债权申报材料后，应当登记造册，对申报的债权进行审查，并编制债权表。债权表和债权申报材料由管理人保存，供利害关系人查阅。《企业破产法》第 58 条规定，依照本法第 57 条规定编制的债权表，应当提交第一次债权人会议核查。债务人、债权人对债权表记载的债权无异议的，由人民法院裁定确认。债务人、债权人对债权表记载的债权有异议的，可以向受理破产申请的人民法院提起诉讼。据此，管理人收到债权申报材料后，应当登记造册（债权登记册），但对债权的最后确认应当由债权人会议核查确认。同时，如果债权人对债权申报的确认存在异议的，《企业破产法司法解释（三）》第 8 条规定，债务人、债权人对

债权表记载的债权有异议的，应当说明理由和法律依据。经管理人解释或调整后，异议人仍然不服的，或者管理人不予解释或调整的，异议人应当在债权人会议核查结束后 15 日内向人民法院提起债权确认的诉讼。当事人之间在破产申请受理前订立有仲裁条款或仲裁协议的，应当向选定的仲裁机构申请确认债权债务关系。《企业破产法司法解释（三）》第 9 条规定，债务人对债权表记载的债权有异议向人民法院提起诉讼的，应将被异议债权人列为被告。债权人对债权表记载的他人债权有异议的，应将被异议债权人列为被告；债权人对债权表记载的本人债权有异议的，应将债务人列为被告。对同一笔债权存在多个异议人，其他异议人申请参加诉讼的，应当列为共同原告。据此，债权人在管理人解释或调整后仍不服或者管理人不予解释或调整后，应以债务人为被告向破产法院提起诉讼。C 选项错误，D 选项正确。

2. ［答案］CD　　［难度］中

［考点］债权申报

［命题和解题思路］本题考查担保债权的申报问题，属于法考常考的重点问题。破产法关于担保债权的申报分别规定在破产法和破产法司法解释之中，同时《担保制度司法解释》也有新的规定，考生在准备中应将这些零散的法条集中起来综合学习，力争一举破解。

［选项分析］《企业破产法》第 51 条规定，债务人的保证人或者其他连带债务人已经代替债务人清偿债务的，以其对债务人的求偿权申报债权。债务人的保证人或者其他连带债务人尚未代替债务人清偿债务的，以其对债务人的将来求偿权申报债权。但是，债权人已经向管理人申报全部债权的除外。《企业破产法》第 52 条规定，连带债务人数人被裁定适用本法规定的程序的，其债权人有权就全部债权分别在各破产案件中申报债权。《企业破产法司法解释（三）》第 4 条规定，保证人被裁定进入破产程序的，债权人有权申报其对保证人的保证债权。主债务未到期的，保证债权在保证人破产申请受理时视为到期。一般保证的保证人主张行使先诉抗辩权的，人民法院不予支持，但债权人在一般保证人破产程序中的分配额应予提存，待一般保证人应承担的保证责任确定后再按照破产清偿比例予以分配。保证人被确定

应当承担保证责任的，保证人的管理人可以就保证人实际承担的清偿额向主债务人或其他债务人行使求偿权。《企业破产法司法解释（三）》第5条规定，债务人、保证人均被裁定进入破产程序的，债权人有权向债务人、保证人分别申报债权。债权人向债务人、保证人均申报全部债权的，从一方破产程序中获得清偿后，其对另一方的债权额不作调整，但债权人的受偿额不得超出其债权总额。保证人履行保证责任后不再享有求偿权。

据此，在担保人平梁有限公司被裁定破产后，债权人有权申报保证债权。在债务未到期时，保证债权在保证人申请受理时视为已到期，一般保证的保证人丧失先诉抗辩权。因此A选项表述错误。

债务人破产的，保证人尚未代替债务人清偿债务的，可以以将来求偿权申报，但是债权人已经申报全部债权的除外。本题中债权人黄河金融公司已经向债务人管理人申报债权，因此B选项表述错误。

债务人和保证人均被裁定破产的，债权人有权向债务人、保证人分别申报债权，因此C选项的表述正确。

根据《企业破产法》第46条第2款的规定，付利息的债权自破产申请受理时起停止计息，因此D选项表述正确。

3. ［答案］BD　　［难度］中

［考点］未申报破产债权的法律后果

［命题和解题思路］本题旨在考查破产程序中未及时申报破产债权的法律后果。根据题干可知，中旺公司对帝诺公司享有的100万元债权系普通债权，但该债权因帝诺公司进行破产重整程序而转化为普通破产债权。债权人应当在破产债权申报期限内向管理人申报债权。若债权人未按期申报，则对于已分配的财产不再对其进行补充分配。不仅如此，若债务人进入重整程序，债权人未按期申报债权时，债权人在重整期间内不得行使任何要求偿债的权利，但可以在重整计划执行完毕后，按照重整计划规定的同类债权的清偿条件行使权利。

［选项分析］《企业破产法》第48条第1款规定："债权人应当在人民法院确定的债权申报期限内向管理人申报债权。"第56条第1款又规定："在人民法院确定的债权申报期限内，债权人未申报债权的，可以在破产财产最后分配前补充申报；

但是，此前已进行的分配，不再对其补充分配。为审查和确认申报债权的费用，由补充申报人承担。"由此可知，帝诺公司虽未在债权申报期间申报债权，但只要在破产财产分配前，仍然具有申报的权利，帝诺公司仍须对中旺公司承担偿还义务，选项A错误，不当选。

根据上述规定，原则上债权人未在债权申报期限内申报债权，并不当然地丧失其债权，只要在破产财产最后分配前补充申报即可，但是债权人也要对自身未积极作出的行为承担一定后果，即对此前已分配的债权，不再对其补充分配，故选项C错误，不当选。

《企业破产法》第92条第1款与第2款规定："经人民法院裁定的重整计划，对债务人和全体债权人均有约束力。债权人未依照本法申报债权的，在重整计划执行期间不得行使权利；在重整计划执行完毕后，可以按照重整计划规定的同类债权的清偿条件行使权利。"由此可知，尽管中旺公司未在债权申报期间内申报债权，但法院裁定的帝诺公司重整方案对中旺公司具有约束力，即按照帝诺公司重整计划中所确定清偿比例进行，故选项B、D均正确，当选。

4. ［答案］AC　　［难度］易

［考点］破产债权申报（债权申报的范围）

［命题和解题思路］本题主要考查的是《企业破产法》对破产债权的申报范围的规定。命题人在本题中选取了未到期债权、附条件债权、诉讼未决债权以及伤残补助请求权等四种债权作为考查对象。解答这类问题的技巧，就像卖油翁所说的："无他，唯手熟尔！"考生若熟读《企业破产法》数十遍，本题自然也就手到擒来！因此，本题虽然相对简单，但是却不容小觑，毕竟"绝不在简单的题目上丢分"也不是一件容易事情。

［选项分析］《企业破产法》第46条第1款规定："未到期的债权，在破产申请受理时视为到期。"由此可知，未到期的债权属于可申报债权的范围。所以，A选项正确。

《企业破产法》第47条规定："附条件、附期限的债权和诉讼、仲裁未决的债权，债权人可以申报。"由此可知，附条件的债权与诉讼未决的债权均可以作为破产债权申报，所以B选项错误，C选项正确。

《企业破产法》第48条第2款规定："债务人所欠职工的工资和医疗、伤残补助、抚恤费用，所欠的应当划入职工个人账户的基本养老保险、基本医疗保险费用，以及法律、行政法规规定应当支付给职工的补偿金，不必申报，由管理人调查后列出清单并予以公示……"由此可知，职工对公司的伤残补助请求权不必申报，只需由管理人调查后列出清单并予以公示即可。所以，D选项错误。

第五节　重整程序

1. ［答案］D　　［难度］中

［考点］重整计划的执行

［命题和解题思路］本题考查破产重整计划执行。重整是近年来比较热门的实践和理论问题，但命题难度不大。重整是救活企业的过程，核心问题在于重整计划的制定。在重整计划通过且经过法院批准后，具体的执行则应当由债务人负责，管理人仅具有监督权。这里的监督是指债务人是否能够执行重整计划，或者是否实际执行重整计划进行监督，而非对破产公司的日常事务具体负责。考生能够熟练掌握这一内容，本题不难破解。

［选项分析］《企业破产法》第89条规定，重整计划由债务人负责执行。人民法院裁定批准重整计划后，已接管财产和营业事务的管理人应当向债务人移交财产和营业事务。

据此，久金公司的重整计划应由债务人即久金公司执行，就A地块是否应当出售回笼属于具体公司的管理事务，因此，有权决定的主体应为破产公司，所以D选项正确。

2. ［答案］C　　［难度］难

［考点］共益债务；破产重整

［命题和解题思路］本题考查的是企业重整期间新借款的清偿问题。《企业破产法》第75条第2款规定，在重整期间，债务人或者管理人为继续营业而借款的，可以为该借款设定担保。《企业破产法司法解释（三）》第2条进一步规定，破产受理后，经债权人会议决议通过，或者第一次债权人会议召开前经法院许可，管理人或者自行管理的债务人可以为债务人继续营业而借款。提供借款的债权人主张参照《企业破产法》第42条第4项的规定优先于普通破产债权清偿的，法院应予

支持，但其主张优先于此前已就债务人特定财产享有担保的债权清偿的，法院不予支持。在理论上，一般认为此时的新借款可作为共益债务，具有随时清偿的优先性。但是本题的迷惑性在于，考生还需要进一步确认乙公司究竟有权主张优先清偿的债权数额是多少。关于这一内容，就需要考生结合《企业破产法》第46条的规定分析。《企业破产法》第46条规定，附利息的债权自破产申请受理时停止计息。

［选项分析］A、B选项认为乙公司有权主张550万元的债权，根据《企业破产法》第46条规定，附利息的债权自破产申请受理时停止计息，因此乙公司仅有权请求就本金部分优先受偿。因此，A、B选项错误。

C、D选项虽然均认为乙公司仅有权就本金500万元主张优先清偿，但是根据《企业破产法》及其司法解释的规定，该新借款的债权仅优先于普通债权人，无法优先于已设立担保的债权人。本题事实上，银行就甲公司享有房产抵押的担保债权。同时，尽管乙公司的债权也以公司应收账款作为质押，但是这两项担保属于不同类型的担保，并不存在《企业破产法司法解释（二）》第2条2款规定的情形。因此，C选项正确，D选项错误。

3. ［答案］D　　［难度］易

［考点］重整程序的发动；重整期间营业保护的特别规定；重整程序的终止

［命题和解题思路］本题中命题人以小案例的形式，对重整程序的发动及其效果、重整程序的终止进行综合考查，考生只要熟悉《企业破产法》第70、71、73以及87条所规定的相关内容即可轻松得分。本题考点单一，内容上无广度、无深度，各个选项考生基本上都可以通过将法条的规定和选项内容进行对比轻易排除。所以，这种试题是考试中典型的送分题，出现频率不高，"得之我幸，不得我命"。

［选项分析］A选项考查重整程序的申请。《企业破产法》第70条第2款规定："债权人申请对债务人进行破产清算的，在人民法院受理破产申请后、宣告债务人破产前，债务人或者出资额占债务人注册资本十分之一以上的出资人，可以向人民法院申请重整。"由此可知，本题甲向人民法院申请重整符合时间要求和持股比例要求，不

要求其必须附有乙公司的投资承诺。所以，A 选项的表述是错误的。

B 选项考查重整程序的启动。《企业破产法》第 71 条规定："人民法院经审查认为重整申请符合本法规定的，应当裁定债务人重整，并予以公告。"由此可知，重整程序的启动不需要征得债权人的同意。所以，B 选项表述是错误的。

C 选项考查重组程序的启动是否会导致管理人辞职。《企业破产法》第 73 条规定："在重整期间，经债务人申请，人民法院批准，债务人可以在管理人的监督下自行管理财产和营业事务。有前款规定情形的，依照本法规定已接管债务人财产和营业事务的管理人应当向债务人移交财产和营业事务，本法规定的管理人的职权由债务人行使。"由此可知，重组程序的启动并不会必然导致管理人辞职。所以，C 选项的表述是错误的。

D 选项考查重整程序的终止。《企业破产法》第 87 条第 3 款规定："人民法院经审查认为重整计划草案符合前款规定的，应当自收到申请之日起三十日内裁定批准，终止重整程序，并予以公告。"由此可知，D 选项的表述是正确的。

4. [答案] C　　[难度] 易

[考点] 破产重整程序

[命题和解题思路] 命题人在本题中主要考查了《企业破产法》中的重整制度与破产取回权。本题的难度并不大，基本上可以说是一道送分题，只要考生熟悉相关法条，对重整制度和破产取回权的行使有清楚的认识，得出正确答案并不是难事。

[选项分析]《企业破产法》第 70 条第 1 款规定："债务人或者债权人可以依照本法规定，直接向人民法院申请对债务人进行重整。"由此可知，只要债务人符合企业法人重整的条件，债务人可以直接向人民法院申请对债务人进行重整。所以，A 选项错误。

《企业破产法》第 72 条规定："自人民法院裁定债务人重整之日起至重整程序终止，为重整期间。"由此可知，重整计划的执行不属于重整期间之内。所以，B 选项错误。

《企业破产法》第 73 条第 1 款规定："在重整期间，经债务人申请，人民法院批准，债务人可以在管理人的监督下自行管理财产和营业事务。"由此可知，C 选项正确。

D 选项是重点干扰项。"买卖不破租赁"规则在本题的破产重整程序中不得适用。《企业破产法司法解释（二）》第 2 条规定："下列财产不应认定为债务人财产：（一）债务人基于仓储、保管、承揽、代销、借用、寄存、租赁等合同或者其他法律关系占有、使用的他人财产；……"由此可知，债务人承租的房屋不属于债务人的财产。《企业破产法》第 76 条规定："债务人合法占有的他人财产，该财产的权利人在重整期间要求取回的，应当符合事先约定的条件。"由此可知，债务人签订的租赁合同在重整期间已经届期，出租人可以根据事先租赁合同的约定，要求返还房屋。所以，D 选项错误。

5. [答案] AB　　[难度] 易

[考点] 重整计划的通过和批准（分组表决程序、批准程序）

[命题和解题思路] 试题的指令句明确了本题的考点为重整计划草案的制作与通过。本题的命题技巧和考查方式没有高深莫测，只是对法条的关键性规定进行了细致入微的考查，例如 C、D 两项中的通过标准。重整计划的通过在程序上具有相当的复杂性，集中体现在债权人对重整计划草案的表决方式上。具体而言，首先，按照法定的债权分类，分组对重整计划草案进行表决；其次，每组通过重整计划草案，其通过标准是出席会议的同一表决组的债权人过半数同意重整计划草案，并且其所代表的债权额占该组债权总额的三分之二以上；最后，各表决组均通过重整计划草案时，重整计划即为通过。考生需要对上述"分组表决机制"谙熟于心，方能顺利地选出正确答案。

[选项分析]《企业破产法》第 80 条规定："债务人自行管理财产和营业事务的，由债务人制作重整计划草案。管理人负责管理财产和营业事务的，由管理人制作重整计划草案。"由此可知，谁掌握企业财产和营业实务的管理权，谁就是制作重整计划草案的责任主体。这一点不难理解，重整是为了使具有破产原因的企业"起死回生"，如果制作重整计划草案的责任主体不掌握企业的财产和业务的经营权，那么它所制定的重整计划草案又怎么能够发挥到"起死回生"的效果呢？所以，在债务人尚友公司自行管理财产与营业事务时，由其自己制作重整计划草案。由此可知，A 选项正确。

《企业破产法》第82条规定："下列各类债权的债权人参加讨论重整计划草案的债权人会议，依照下列债权分类，分组对重整计划草案进行表决：（一）对债务人的特定财产享有担保权的债权；（二）债务人所欠职工的工资和医疗、伤残补助、抚恤费用，所欠的应当划入职工个人账户的基本养老保险、基本医疗保险费用，以及法律、行政法规规定应当支付给职工的补偿金；（三）债务人所欠税款；（四）普通债权。人民法院在必要时可以决定在普通债权组中设小额债权组对重整计划草案进行表决。"所以，对重整计划草案进行表决时，应当分组进行。由此可知，B选项是正确的。

《企业破产法》第84条第2款规定："出席会议的同一表决组的债权人过半数同意重整计划草案，并且其所代表的债权额占该组债权总额的三分之二以上的，即为该组通过重整计划草案。"由此可知，每一组通过重整计划草案的标准是"该组人数过半数同意"且"该组总债权的三分之二以上比例同意"，并非单纯的人数过半决。所以，C选项是错误的。

《企业破产法》第86条第1款规定："各表决组均通过重整计划草案时，重整计划即为通过。"由此可知，D选项错误。

难点解析

重整计划的制作与通过的相关考点汇总：

重整计划的制作主体	谁管理债务人的财产和营业事务，谁制作重整计划。
重整计划的通过（分组表决机制）	（1）人民法院应当自收到重整计划草案之日起30日内召开债权人会议，对重整计划草案进行表决。（时间限制） （2）出席会议的同一表决组的债权人过半数同意重整计划草案，并且其所代表的债权额占该组债权总额的三分之二以上的，即为该组通过重整计划草案。（单独每组的通过标准） （3）各表决组均通过重整计划草案时，重整计划即为通过。（整体通过标准） （4）债务人或者管理人应当向债权人会议就重整计划草案作出说明，并回答询问。

第六节　破产清算程序

[答案] BC　　[难度] 中

[考点] 破产分配（破产清偿顺序、破产分配方案）；债务人财产（破产费用和共益债务）

[命题和解题思路] 本题旨在考查共益债务的认定、清偿顺序以及破产受理后附利息债权的处理。对于共益债务的认定、清偿顺序以及破产受理后附利息债权停止计息等知识点，考生一般很清楚，但是如何认定某一债权属于附利息债权，考生未必都有比较清楚的认识。命题人采用避实就虚的策略，又增加"管理人与齐某之间关于'如1年内还清就不计利息'的约定"作为干扰项，主要考查考生能否准确地认定该债权属于附利息的债权。此外，命题人还故意不使用考生较为熟悉的"破产申请受理之日"的表述，不明确交代该公司的破产申请是否已经受理的事实，而是更换成"宣告破产"。考生若因大意而准备不周或者审题不细，都会被命题人"一剑封喉"而呜呼哀哉。

[选项分析] A、B选项考查共益债务的认定及清偿顺序。《企业破产法》第42条第4项规定："人民法院受理破产申请后发生的下列债务，为共益债务：……（四）为债务人继续营业而应支付的劳动报酬和社会保险费用以及由此产生的其他债务；……"由此可知，管理人为维持公司运行，向齐某借来用于支付水电费和保安费的20万元的借款，属于共益债务。《企业破产法》第43条第1款规定："破产费用和共益债务由债务人财产随时清偿。"由此可知，该20万元借款作为共益债务，应当由债务人财产随时清偿。所以，A选项表述错误，B选项表述正确。

C、D两选项考查破产受理后附利息债权的处理。其中，D选项是重点干扰项。《企业破产法》第46条第2款规定："附利息的债权自破产申请受理时起停止计息。"本题中管理人与齐某之间约定如1年内还清就不计利息，换句话说，超过1年未还清则开始计算利息。这就意味着齐某的债权仍然是附利息的债权，只不过利息的起算点是借款后满1年。虽然1年后舜泰公司未如约还款，依据约定应当计算借款利息，但是由于该公司1年后已经被法院宣告破产，根据上述法条规定，该20万元借款的利息自破产受理之日起即停止计算。所以，管理人与齐某之间关于计算利息的约定根本无法实现，则齐某只能主张返还借款本金 20 万元。

所以，C 选项表述正确，D 选项表述错误。

第十三章　票据法

试　题

第一节　票据的特征

1. 依票据法原理，票据具有无因性、设权性、流通性、文义性、要式性等特征。关于票据特征的表述，下列哪一选项是错误的？（2014-3-32）

A. 没有票据，就没有票据权利

B. 任何类型的票据都必须能够进行转让

C. 票据的效力不受票据赖以发生的原因行为的影响

D. 票据行为的方式若存在瑕疵，不影响票据的效力

2. 甲未经乙同意而以乙的名义签发一张商业汇票，汇票上记载的付款人为丙银行。丁取得该汇票后将其背书转让给戊。下列哪一说法是正确的？（2013-3-31）

A. 乙可以无权代理为由拒绝承担该汇票上的责任

B. 丙银行可以该汇票是无权代理为由而拒绝付款

C. 丁对甲的无权代理行为不知情时，丁对戊不承担责任

D. 甲未在该汇票上签章，故甲不承担责任

第二节　票据权利

1. 甲公司为履行与乙公司的箱包买卖合同，签发一张以乙公司为收款人、某银行为付款人的汇票，银行也予以了承兑。后乙公司将该汇票背书赠与给丙。此时，甲公司发现乙公司的箱包为假冒伪劣产品。关于本案，下列哪一选项是正确的？（2016-3-32）

A. 该票据无效

B. 甲公司不能拒绝乙公司的票据权利请求

C. 丙应享有票据权利

D. 银行应承担票据责任

2. 甲公司为清偿对乙公司的欠款，开出一张收款人是乙公司财务部长李某的汇票。李某不慎将汇票丢失，王某拾得后在汇票上伪造了李某的签章，并将汇票背书转让给外地的丙公司，用来支付购买丙公司电缆的货款，王某收到电缆后转卖得款，之后不知所踪。关于本案，下列哪些说法是正确的？（2016-3-74）

A. 甲公司应当承担票据责任

B. 李某不承担票据责任

C. 王某应当承担票据责任

D. 丙公司应当享有票据权利

第三节　票据抗辩与补救

甲向乙购买原材料，为支付货款，甲向乙出具金额为 50 万元的商业汇票一张，丙银行对该汇票进行了承兑。后乙不慎将该汇票丢失，被丁拾到。乙立即向付款人丙银行办理了挂失止付手续。下列哪些选项是正确的？（2014-3-75）

A. 乙因丢失票据而确定性地丧失了票据权利

B. 乙在遗失汇票后，可直接提起诉讼要求丙银行付款

C. 如果丙银行向丁支付了票据上的款项，则丙应向乙承担赔偿责任

D. 乙在通知挂失止付后十五日内，应向法院申请公示催告

第四节　汇票和支票

1. 甲公司向乙公司出具了 100 万元汇票并交付，汇票记载由商辉银行承兑，付款日为 2022 年 12 月 21 日。随后乙公司将该汇票以 85 万元的价格贴现给了丙公司。丙公司随后又将该汇票背书给了丁公司。票据到期前，丁公司工作人员持票到商辉银行要求承兑，但银行发现甲公司的公司账户已被法院冻结，遂拒绝承兑与付款。丁公司因自身财务混乱，至 2023 年 7 月前尚未行使追索权，2023 年 7 月 31 日方才追索。据此，下列哪一说法是正确的？（2023 年回忆版）

A. 乙公司可以以贴现无效为由拒绝向丁公司承担责任

B. 商辉银行拒绝承兑后不再承担责任

C. 甲公司因账户被冻结不再承担责任

D. 丁公司不可以对乙公司行使追索权

2. 龙潭公司安排业务员张某向天马公司采购农用车，并由龙潭公司开具支票，支票中注明"见票一个月内支付"，但未填写金额和收款人，授权张某在支付农用车价款时具体填写。张某前往天马公司后，发现电动自行车品质更优，因此擅自主张购买电动自行车，并填写了金额和收款人后将支票交付给了天马公司。后龙潭公司拒绝接受电动自行车并主张解除买卖合同。据此，下列说法正确的是：（2021 年回忆版）

A. "见票一个月内支付"的记载无效

B. 因未记载金额而支票无效

C. 因未记载收款人而支票无效

D. 因张某填写金额和收款人而支票无效

3. 焕然公司向特拉斯公司采购 10 台车辆，为支付价款，焕然公司将自己持有的汇票背书转让给了特拉斯公司。该汇票由恒远公司开具，付款人为丁银行，且已得到丁银行的承兑。在票据到期之前，特拉斯公司因为资金紧张找丁银行申请票据贴现。丁银行发现恒远公司的全部财产均已经被债权人保全，因此拒绝贴现，并明确告知特拉斯公司票据到期后因恒远公司已无支付能力而不会再履行付款义务。关于特拉斯公司的追索，下列哪一说法是正确的？（2021 年回忆版）

A. 有权在票据到期前即向恒远公司和焕然公司追索

B. 有权在票据到期前即向丁银行追索

C. 有权在票据到期后向丁银行追索

D. 有权在票据到期后向恒远公司和焕然公司追索

4. 甲公司以吸收合并的方式收购了乙公司。合并完成后，发现甲公司持有原乙公司出具的由丙银行承兑的汇票，但已过承兑期。经查，该汇票收款人为丁公司，而后由丁公司背书转让给甲公司，并一直由甲公司持有。对此，以下哪一说法是正确的？（2020 年回忆版）

A. 丙银行须承担承兑义务

B. 丁公司应承担票据责任

C. 因乙公司已经注销，该票据失效

D. 因甲公司与乙公司合并，该票据失效

5. 亿凡公司与五悦公司签订了一份买卖合同，由亿凡公司向五悦公司供货；五悦公司经连续背书，交付给亿凡公司一张已由银行承兑的汇票。亿凡公司持该汇票请求银行付款时，得知该汇票已被五悦公司申请公示催告，但法院尚未作出除权判决。关于本案，下列哪一选项是正确的？（2017-3-32）

A. 银行对该汇票不再承担付款责任

B. 五悦公司因公示催告可行使票据权利

C. 亿凡公司仍享有该汇票的票据权利

D. 法院应作出判决宣告票据无效

6. 甲从乙处购置一批家具，给乙签发一张金额为 40 万元的汇票。乙将该汇票背书转让给丙。丙请丁在该汇票上为"保证"记载并签章，随后又将其背书转让给戊。戊请求银行承兑时，被银行拒绝。对此，下列哪一选项是正确的？（2015-3-32）

A. 丁可以采取附条件保证方式

B. 若丁在其保证中未记载保证日期，则以出票日期为保证日期

C. 戊只有在向丙行使追索权遭拒绝后，才能向丁请求付款

D. 在丁对戊付款后，丁只能向丙行使追索权

7. 关于汇票的表述，下列哪些选项是正确的？（2013-3-75）

A. 汇票可以质押，当持票人将汇票交付给债权人时质押生效

B. 如汇票上记载的付款人在承兑之前即已破产，出票人仍须承担付款责任

C. 汇票的出票人既可以是银行、公司，也可以是自然人

D. 如汇票上未记载出票日期，该汇票无效

详 解

第一节 票据的特征

1. [答案] D　[难度] 易

[考点] 票据的特征（票据的要式性、票据的流通性、票据的无因性）

[命题和解题思路] 本题以否定设问的形式来考查票据的基本特征。虽然内容上具有一定的理论性，但是所涉及的知识点都比较基础。只要考生能够熟悉掌握票据的各项基本特征，非常容易

得出正确的答案。如果不能准确地分辨票据的各项特征，本题还可以采取"一一对应"的思路来解答，即将每个选项表达的意思与题干中列出的票据特征的字面意思对应起来。能对得上，则该项即是正确的；否则，该项便是错误的，当选。A选项对应设权性，B选项对应流通性，C选项对应无因性，D选项无法与要式性对应，则本题答案选择D选项。

[选项分析] 票据是设权证券，即票据权利的发生必须首先作成票据。针对这一票据特征的经典的表述就是"没有票据，就没有票据权利"。所以，A选项正确，不当选。

票据具有流通性。所谓流通性，是指票据可以通过背书或者交付的方式自由转让。流通性是票据的基本特征，如果票据不能流通，就不能称之为票据。我国《票据法》规定汇票、本票、支票均可以流通。所以，B选项正确，不当选。

票据具有无因性。所谓无因性，是指票据的效力与作成票据的原因完全分离，票据自身的效力与票据产生的原因的效力无关，即使原因关系无效或者有瑕疵，均不影响票据的效力。但是，票据的无因性不是绝对的，直接权利义务人之间符合条件的可以以原因关系的效力来抗辩。C选项从一般意义上将票据的无因性解释为"票据的效力不受票据赖以发生的原因行为的影响"，表述上正确，不当选。

票据具有要式性。所谓要式性，是指票据上的行为（出票、背书、承兑、保证、追索等）必须严格按照规定的程序和规则进行，否则票据行为无效。此外，我国《票据法》还规定了票据上的必须记载的事项，若不记载，票据无效。因此，票据行为的方式若存在瑕疵，可能会影响票据的效力。所以，D选项表述错误，当选。

2. [答案] A [难度] 易

[考点] 无权代理；票据的特征（票据的无因性）

[命题和解题思路] 本题综合考查了民法上的无权代理以及票据法上票据行为的无因性，如此将一般法和特别法的规定结合在一起综合考查是今后命题的趋势，考生在备考时应当对此有所准备。本题的解题关键在于：其一，行为人无权代理，被代理人拒绝追认的，由行为人承担责任；

其二，票据行为具有独立性，出票行为的无效不影响其他票据行为的效力。考生如果不熟悉上述两点，本题很容易选错答案。

[选项分析] 甲未经乙同意而以乙的名义签发商业汇票，构成民法上的无权代理。《民法典》第171条第1款规定："行为人没有代理权、超越代理权或者代理权终止后，仍然实施代理行为，未经被代理人追认的，对被代理人不发生效力。"乙如果拒绝追认，那么汇票上的签章就不是乙的真实签章，则乙不是该票据的出票人，所以乙不用承担票据责任。因此，A项正确。

《最高人民法院关于审理票据纠纷案件若干问题的规定》第65条规定："具有下列情形之一的票据，未经背书转让的，票据债务人不承担票据责任；已经背书转让的，票据无效不影响其他真实签章的效力：（一）出票人签章不真实的；（二）出票人为无民事行为能力人的；（三）出票人为限制民事行为能力人的。"由此可知，出票行为的无效不影响其他票据行为的效力。本题中虽然出票行为无效，但是丁的背书行为真实有效，所以戊享有受法律保护的票据权利，丙银行无权以该汇票是无权代理为由而拒绝付款。因此，B选项错误。此外，虽然乙的出票行为不真实，但是该汇票已经由丁背书转让给了戊，且丁的背书行为真实有效，所以丁应该对其后手戊承担票据责任。因此，C项错误。

D项是本题的重点干扰项。考生容易仅仅关注甲是否应该承担票据责任而忽略甲应该承担的无权代理责任。具体而言，虽然甲也没有在汇票上签章，不用承担票据责任，但是若乙拒绝追认，甲需要承担无权代理的责任。所以，D项错误。

第二节 票据权利

1. [答案] D [难度] 中

[考点] 票据权利的取得（票据权利的继受取得）；票据原因关系；票据的赠与；票据抗辩的种类（人的抗辩）

[命题和解题思路] 本题旨在考查票据的无因性问题、对人抗辩问题以及抗辩延续问题。为了迷惑考生，命题者别出心裁将上述票据法的知识点融入以下两类法律关系中进行深入考查：一是票据原因关系，即甲乙之间的买卖合同关系、乙丙之间的赠与合同关系；二是票据关系，即甲的

出票、乙的背书以及银行的承兑法律关系。如此看来，命题者可谓用心良苦。考生若想在应对本题时游刃有余，一方面必须对上述法律关系进行系统梳理，使之清晰明晰；另一方面必须熟练掌握票据的无因性、票据对人抗辩的种类以及抗辩延续性等票据法规定及原理。

[选项分析] 票据具有无因性，即票据的原因关系出现瑕疵的情况下，票据不因此而无效。由于承兑是一种独立的票据行为，本题中已经予以承兑的该银行自然应当承担票据责任。所以，A 选项错误，D 选项正确。

《票据法》第 13 条第 1、2 款规定："票据债务人不得以自己与出票人或者与持票人的前手之间的抗辩事由，对抗持票人。但是，持票人明知存在抗辩事由而取得票据的除外。票据债务人可以对不履行约定义务的与自己有直接债权债务关系的持票人，进行抗辩。"由此可知，直接当事人之间可以用票据原因关系对抗票据关系。本题中乙公司提供假冒伪劣的箱包产品，在原因关系中构成可以对抗持票人的法定理由，所以甲公司可以拒绝乙公司的票据权利请求。所以，B 选项错误。

C 选项是重点干扰项。《票据法》第 11 条第 1款规定："因税收、继承、赠与可以依法无偿取得票据的，不受给付对价的限制。但是，所享有的票据权利不得优于其前手的权利。"由此可知，无对价取得票据权利的，其票据权利不得优于其前手，即前手没有票据权利，无对价取得者也没有票据权利。本题中丙的票据权利来源于前手乙公司的背书赠与，由于乙公司不享有对甲公司的票据权利，丙自然也就不享有票据权利。所以，C 选项错误。

难点解析

本题的难点如下：

1. 票据的无因性问题。票据法律关系是一种单纯的金钱支付关系，权利人享有票据权利只以持有符合票据法规定的有效票据为必要，至于票据赖以发生的原因则在所不问。即使原因关系无效或者有瑕疵，均不影响票据的效力，但是票据的无因性也不应绝对化。

2. 票据的对人抗辩问题，即票据无因性的例外：

	对人抗辩，是指由于票据债务人和特定的债务人之间存在一定的关系而发生的抗辩，该类抗辩，仅能针对特定的持票人主张。
对与自己有直接债权债务关系的持票人的抗辩	（1）不履行约定义务的与票据债务人有直接债权债务关系的持票人；（2）在直接当事人之间，如果存在票据债务人未受领对价或已经进行了相当于票据金额的给付时，票据债务人可以提出抗辩；（3）票据原因关系无效、不存在或者消灭的情况下，票据债务人可以对有直接原因关系的票据权利人提出抗辩。
知情抗辩	持票人明知存在抗辩事由而取得票据的。
对非善意持票人的抗辩	（1）以欺诈、偷盗或者胁迫等手段取得票据的，或者明知有前列情形，出于恶意取得票据的，不得享有票据权利。（2）持票人因重大过失取得不符合票据法规定的票据的，也不得享有票据权利。

2. [答案] ABD　　[难度] 难

[考点] 票据的伪造；票据行为（票据行为的特征）；票据权利的取得（票据权利的原始取得）

[命题和解题思路] 本题旨在考查票据被伪造后的相关法律后果，命题者匠心独运地将票据行为的独立性、票据权利的原始取得以及票据被伪造后的法律效果等知识点串联起来对考生进行综合考查，所以此题难度较大，并非考生可以单纯凭借准确记忆法条所能解决的。尽管考查方式已经如此复杂，命题者仍意犹未尽，又在 C 选项中"偷梁换柱"，以"票据责任"代替"伪造票据应当承担的民事责任"来迷惑考生。不仅如此，命题者还通过 D 选项来对比考查"民法上一般的善意取得"和"票据法上票据权利的善意取得"两种制度中认定善意的不同标准。

[选项分析] 票据行为具有独立性，即就统一票据所为的若干票据行为互不牵连，都分别依各

行为人在票据上记载的内容，独立地发生效力。《票据法》第14条第2款规定："票据上有伪造、变造的签章的，不影响票据上其他真实签章的效力。"由此可知，伪造的签章不影响票据上真实签章的效力，所以出票人甲公司应当承担票据责任。此外，将自然人作为汇票出票时的收款人并不违反我国《票据法》的规定，甲公司的出票行为是合法有效的。所以，A选项正确。

《票据法》第14条第3款规定："票据上其他记载事项被变造的，在变造之前签章的人，对原记载事项负责；在变造之后签章的人，对变造之后的记载事项负责；不能辨别是在票据被变造之前或者之后签章的，视同在变造之前签章。"由此可知，李某是被伪造人，不承担票据责任。所以，B选项正确。

C选项是本题的重点干扰项。考生需要特别注意：伪造票据的民事责任不等于票据责任，而票据伪造人应当承担的是前种责任。《票据法》第14条第1款规定："票据上的记载事项应当真实，不得伪造、变造。伪造、变造票据上的签章和其他记载事项的，应当承担法律责任。"本案中王某虽是票据的伪造人，但是他并未在票据上签字盖章，依法应当承担伪造票据的民事责任而非票据责任。所以，C选项错误。

《票据法》第12条规定："以欺诈、偷盗或者胁迫等手段取得票据的，或者明知有前列情形，出于恶意取得票据的，不得享有票据权利。持票人因重大过失取得不符合本法规定的票据的，也不得享有票据权利。"本案中丙公司取得票据并无上述法条规定的恶意和重大过失的情形，因此其应当享有票据权利。所以，D选项正确。

难点解析

本题的难点在于判断丙公司是否享有票据权利。部分考生可能沿袭民法上的善意取得的思维定式，错误地认为本题未设计丙是否对此知情即善意与否而无法判断其是否符合善意取得，所以也就无法判断丙公司是否享有票据权利。其实，票据权利的善意取得与民法上一般的善意取得有所不同，主要体现在判断是否为善意的依据上：前者以持票人是否为恶意或者重大过失为标准，后者以受让人是否知情为标准。本案中作为自然

人的李某的签章较为容易伪造，丙公司身处外地、经连续背书而受让该票据，且票据形式合法，丙公司也实际支付了对价，上述案情介绍并没有显示丙公司对取得该票据存在恶意或重大过失。因此，丙公司应该享有票据权利。

第三节　票据抗辩与补救

[答案] BC　　[难度] 难

[考点] 票据丧失与补救（挂失止付的条件、程序与后果）

[命题和解题思路] 本题所考查的是票据丧失与补救，具体涉及的法条是《票据法》第15条："票据丧失，失票人可以及时通知票据的付款人挂失止付，但是，未记载付款人或者无法确定付款人及其代理付款人的票据除外。收到挂失止付通知的付款人，应当暂停支付。失票人应当在通知挂失止付后三日内，也可以在票据丧失后，依法向人民法院申请公示催告，或者向人民法院提起诉讼。"本题所涉及的法条虽然看起来很简单，但是若想准确透彻地理解这一法条却并非易事，命题人想要考查的正是考生的法条理解能力。本法条有两处陷阱最容易使考生产生误解：其一，上述法条仅仅规定"付款人在收到挂失止付通知时应当暂停支付"，并没有规定违反该强制性义务的赔偿责任，所以部分考生可能会误以为C选项是错误的。其二，上述法条仅仅规定"失票人在通知挂失止付后三日内可以向人民法院提起诉讼"，但并未明确规定失票人可以直接提起诉讼要求付款人付款，所以有的考生可能会误认为B选项是错误的。其实，以上两点误解均是考生机械地理解法条的结果。至于误解的详细说明，请参见选项分析。因此，考生备战时，对于重点法条，不仅要记住了，而且要吃透了！

[选项分析] A选项是本题的重点干扰项。考生可能基于对票据设权性的机械理解，而忽视A选项中的"确定性地"题眼，进而错误地认为本选项是正确的。其实，何谓"确定性地丧失了票据权利"？即再也没有补救措施以恢复票据权利的可能了。显然，这是不符合"朴素的公平正义观"的，根据常识即可排除。《票据法》第15条第1款规定："票据丧失，失票人可以及时通知票据的付款人挂失止付，但是，未记载付款人或者无法

确定付款人及其代理付款人的票据除外。"由此可知，票据丧失后，乙可以采取补救措施来救济其权利，例如通知付款人挂失止付，并不是确定地丧失票据权利。所以，A 选项错误。

《票据法》第 15 条第 3 款规定："失票人应当在通知挂失止付后三日内，也可以在票据丧失后，依法向人民法院申请公示催告，或者向人民法院提起诉讼。"由此可知，失票人的票据权利既可以通过向人民法院申请公示催告实现，也可以通过向人民法院提起诉讼要求丙银行付款。所以，B 选项正确。

《票据法》第 15 条第 2 款规定："收到挂失止付通知的付款人，应当暂停支付。"由此可知，收到失票人的挂失止付通知后，暂停支付是付款人的法定义务。本题中失票人乙在丢失票据后立即向付款人丙银行办理了挂失止付手续，如果丙银行仍然向丁支付了票据上的款项，那么它的支付行为则违反了其法定义务。虽然法律并未明确规定付款人违反这一义务的赔偿责任，但是根据法理，付款人应当向失票人承担相应的赔偿责任。所以，C 选项正确。

《票据法》第 15 条第 3 款规定："失票人应当在通知挂失止付后三日内，也可以在票据丧失后，依法向人民法院申请公示催告，或者向人民法院提起诉讼。"由此可知，失票人向人民法院申请公示催告的期限应当是通知挂失止付后 3 日内，而非 15 日内。所以，D 选项错误。

难点解析

本题的难点在于 A 选项，即部分考生可能认为 A 选项如果是错误的，那岂不是与票据的设权性相冲突吗？其实不然，所谓票据的设权性，即没有票据，就没有票据权利。部分考生可能会机械地理解这一点，误认为乙因丢失票据而确定性地丧失了票据权利。其实，正是因为票据具有的设权性，持票人一旦丧失票据，其权利行使也就丧失了法律依据。所以，一方面为了保障票据的正常流通，另一方面为了保护意外丧失票据占有的持票人的合法权益，我国《票据法》规定了票据丧失后的三种补救措施：挂失止付、公示催告以及提起诉讼。失票人可以通过上述三种措施来避免自身票据权利因意外丧失票据占有而确定性丧失。其实，A 选项可以通过法律常识加以排

除："所谓"确定性地丧失了票据权利"，是指失票人再也没有任何补救措施来恢复自身票据权利的可能了。仅仅因持票人的粗心大意，就让其付出如此大的代价，显然，这是不符合"朴素的公平正义观"的。

第四节　汇票和支票

1. [答案] B　　[难度] 难

[考点] 贴现；承兑；追索权

[命题和解题思路] 本题综合考查票据贴现、承兑以及追索权等内容。考生对此首先要理解汇票出票时的第一债务人是出票人，只是在付款人承诺到期付款即承兑后，付款人才产生票据责任，成为第一债务人。因此，付款人有权拒绝承兑。这一考点来自实践案例，同时可以考查考生对汇票法律关系的理解。其次，贴现在我国属于商业银行等金融机构才能从事的金融行为，不具有贴现资质机构的贴现，贴现本身无效。但基于票据的无因性，其并不影响后手的合法权利。该考点属于《全国法院民商事审判工作会议纪要》的规定，属于对金融法和商法的融合考查。

[选项分析] A 选项考查考生对贴现制度的理解。首先，所谓贴现是指银行承兑汇票的持票人在汇票到期前，为了取得资金，贴付一定利息将票据权利转让给银行的票据行为。《全国法院民商事审判工作会议纪要》第 101 条规定，票据贴现属于国家特许经营业务，合法持票人向不具有法定贴现资质的当事人进行"贴现"的，该行为应当认定无效，贴现款和票据应当相互返还。当事人不能返还票据的，原合法持票人可以拒绝返还贴现款。人民法院在民商事案件审理过程中，发现不具有法定资质的当事人以"贴现"为业的，因该行为涉嫌犯罪，应当将有关材料移送公安机关。民商事案件的审理必须以相关刑事案件的审理结果为依据的，应当中止诉讼，待刑事案件审结后，再恢复案件的审理。案件的基本事实无须以相关刑事案件的审理结果为依据的，人民法院应当继续审理。根据票据行为无因性原理，在合法持票人向不具有贴现资质的主体进行"贴现"，该"贴现"人给付贴现款后直接将票据交付其后手，其后手支付对价并记载自己为被背书人后，又基于真实的交易关系和债权债务关系将票据进

行背书转让的情形下，应当认定最后持票人为合法持票人。简单来说，就是民间贴现本身在贴现当事人之间无效，属于对人的抗辩。但因为票据关系的无因性，并不影响贴现机构后续又将票据背书转让给其他主体后，后手的合法权利。由于该票据被拒绝承兑，根据《票据法》第61条的规定："汇票到期被拒绝付款的，持票人可以对背书人、出票人以及汇票的其他债务人行使追索权。汇票到期日前，有下列情形之一的，持票人也可以行使追索权：（一）汇票被拒绝承兑的；（二）承兑人或者付款人死亡、逃匿的；（三）承兑人或者付款人被依法宣告破产的或者因违法被责令终止业务活动的。"可知，持票人有权追索。AD选项均错误。

B选项考查对承兑的理解。《票据法》第19条第1款规定，汇票是出票人签发的，委托付款人在见票时或者在指定日期无条件支付确定的金额给收款人或者持票人的票据。《票据法》第38条规定，承兑是指汇票付款人承诺在汇票到期日支付汇票金额的票据行为。据此，汇票出票时，是出票人委托付款人/承兑人无条件付款，此时付款人/承兑人并不当然接受委托，负有票据责任。只有在承兑人承兑即承诺接受委托时，承兑人才负有票据责任。B选项正确。

C选项考查出票人的责任。在票据被拒绝承兑后，根据《票据法》第26条规定："出票人签发汇票后，即承担保证该汇票承兑和付款的责任。出票人在汇票得不到承兑或者付款时，应当向持票人清偿本法第七十条、第七十一条规定的金额和费用。"因此，甲公司虽然账户被冻结，仍需承担责任。C选项错误。

2. [答案] A
[考点] 支票；票据无因性　　[难度] 中
[命题和解题思路] 本题考查的是支票的特别规定。在法考票据法的考查中，常规重点是汇票法律制度。但关于支票也时有考查。本题对支票的考查具有综合性，但是知识点相对简单。考生核心掌握以下考点不难得到答案：（1）"空白支票"和"空头支票"。所谓空白支票指的是金额在出票时未记载的支票，只要经出票人授权补记即可使用，但补记前不得使用；所谓"空头支票"则指的是出票人的支票金额超过付款时在付款人

处存有的存款金额。空头支票不得签发，签发无效。（2）支票中必须记载否则票据无效的事项："支票"字样、无条件支付的委托、付款人名称、出票日期和签章；不得记载否则记载无效的事项：支票限于见票给付，不得另行记载付款日期，否则记载无效。

[选项分析]《票据法》第84条规定，支票必须记载下列事项：（1）表明"支票"的字样；（2）无条件支付的委托；（3）确定的金额；（4）付款人名称；（5）出票日期；（6）出票人签章。支票上未记载前款规定事项之一的，支票无效。《票据法》第85条规定，支票上的金额可以由出票人授权补记，未补记前的支票，不得使用。《票据法》第86条规定，支票上未记载收款人名称的，经出票人授权，可以补记。支票上未记载付款地的，付款人的营业场所为付款地。支票上未记载出票地的，出票人的营业场所、住所或者经常居住地为出票地。出票人可以在支票上记载自己为收款人。

因此，在出票时未记载金额、收款人可以由出票人授权补记。张某系龙潭公司的业务员，在龙潭公司的授权下使用支票，因此其填写金额和收款人属于出票人的授权补记。而针对龙潭公司解除合同的主张，则属于原因行为争议，基于票据的无因性，张某并未超出龙潭公司对其的补记授权，因此补记有效。所以BCD选项错误。

《票据法》第90条规定，支票限于见票即付，不得另行记载付款日期。另行记载付款日期的，该记载无效。本题中支票注明"见票一个月付款"，属于另行记载付款日期，因此该记载无效，A选项正确。

3. [答案] D
[考点] 追索权　　[难度] 中
[命题和解题思路] 本题是对票据追索权的考查。票据追索权分为一般追索权和期前追索权。其中一般追索权系汇票到期被拒绝付款的，持票人对背书人、出票人以及其他债务人享有的付款请求权。而期限追索权则指在汇票到期日之前，如存在汇票被拒绝承兑、承兑人、付款人死亡、逃匿或者承兑人或者付款人被依法宣告破产的或者因违法被责令终止业务活动等情形例外拥有的追索权。考生如能够掌握这一基本原理，本题不难正确作答。

[选项分析]《票据法》第 61 条规定："汇票到期被拒绝付款的，持票人可以对背书人、出票人以及汇票的其他债务人行使追索权。汇票到期日前，有下列情形之一的，持票人也可以行使追索权：（一）汇票被拒绝承兑的；（二）承兑人或者付款人死亡、逃匿的；（三）承兑人或者付款人被依法宣告破产的或者因违法被责令终止业务活动的。"据此，在票据尚未到期前，一般情形下持票人既不可请求付款人付款，也无法享有追索权，除非构成《票据法》第 61 条第 2 款规定的情形。在本题中并不存在这些情形，因此在票据到期前，特拉斯公司自然无权主张丁银行付款，也不能向恒远公司、焕然公司追索。所以 A 选项和 B 选项表述错误。

票据到期后，特拉斯公司应当请求丁银行付款，而 C 选项中表述为"追索"，属于"混淆概念"式的命题方法。对此，考生要特别区分票据权利中的付款请求权和追索权。所以 C 选项表述错误。恒远公司和焕然公司分别是汇票的出票人和背书人，在票据到期后，根据题干可知，丁银行确定不会付款，属于票据被拒绝付款的情形，因此特拉斯有权向恒远公司和焕然公司追索，D 选项表述正确。

4. [答案] A　　[难度] 难
[考点] 汇票承兑；追索权
[命题和解题思路]《票据法》一直保持稳定，因此在法考中的考点也一直比较集中——主要是对汇票制度的考查。但本题也具有一定创新，即将票据责任放在了公司吸收合并的背景下考查。因此，考生首先需要了解什么是吸收合并。吸收合并是公司合并的方式之一，在合并后被吸收方人格消灭，仅保留吸收方的人格。而被吸收方的债权债务关系则由存续一方承担。甲公司和乙公司以吸收合并的方式完成公司合并，且从事实中可以推知，存续方系甲公司。在这一背景之下，本题考查了超期承兑以及回头背书等相关票据法的制度。解答此题既需要考生了解票据法的相关知识，还需要了解公司法的背景，可以说命制得相当巧妙。

[选项分析]《票据法》第 40 条第 2 款规定，汇票未按照规定期限承兑的，持票人丧失对其前手的追索权。第 65 条则规定，承兑人或者付款人

仍应当对持票人承担责任。因此，A 选项正确，B 选项错误。同时，还需要考生注意的是，即使该汇票承兑未超期限，丁公司也无须承担票据责任，因为根据《票据法》第 69 条的规定，持票人为出票人的，对其前手无追索权。乙公司已为甲公司吸收合并，两公司因为合并而成为同一主体，因此持票人为甲公司，出票人也为甲公司。

C、D 选项属于干扰选项。票据具有无因性，即票据仅以票据行为的瑕疵而导致无效，即使出票人注销或被吸收合并，票据并不因此而无效，在没有特别规定的情形下，汇票的出票人、背书人、承兑人和保证人均须对持票人承担连带责任，这也是票据责任的主要体现。因此，C、D 选项错误。

5. [答案] C　　[难度] 中
[考点] 汇票的承兑；汇票的付款；票据丧失与补救；票据权利的行使
[命题和解题思路] 单单从选项来看，命题人似乎想要考查的是汇票的承兑、付款、丧失与补救以及票据权利的行使等知识点，但是仔细审题后不难发现，命题人真正想要考查的知识点实际上是票据的公示催告程序，尤其是该程序的定位、价值及其与除权判决的衔接问题。这是命题人惯用的"障眼法"，考生稍不留神则会被误导，选择错误的解题思路和不相关的知识储备来应对本题。因此，考生在解题之前，务必要认真研读题干和选项，并结合自己的知识储备仔细审题，从而弄清命题人的考查意图。

[选项分析] A、C 选项考查公示催告程序对银行付款责任和持票人票据权利的影响。公示催告是指票据等有价证券丧失的场合，由法院依据申请人的申请，向未知的利害关系人发出公告，告知其如果未在一定期间内申报权利、提出证券，则法院会依据当事人的申请依法通过判决的形式宣告其无效，从而催促利害关系人申报权利、提出证券的一种特别诉讼程序。由此可知，在除权判决作出之前，公示催告的目的仅仅催促未知的利害关系人申报权利，并不会影响票据的权利义务关系。这也就意味着，第一，银行仍然需要承担付款责任。所以，A 选项的表述是错误的。第二，票据的持有人亿凡公司仍然享有该票据的票据权利。所以，C 选项的表述是正确的。

B 项考查可否因公示催告而行使票据权利。从性质上看，公示催告程序属于非讼程序，适用该程序并不能解决当事人之间因民事权利义务关系发生的纠纷，而只能确认申请人申请公示催告并在一定期限内无人申报权利这一事实。所以，五悦公司并不能因为申请公示催告而直接行使票据权利。所以，B 选项的表述是错误的。

D 选项考查除权判决的作出。法院通过公示催告程序明确了利害关系人之后，应当裁定终结公示催告程序，而不是直接作出判决宣告票据无效。此外，法院作出判决宣告票据无效的前提是公示催告期间届满，没有利害关系人申报权利，并且需要由申请人申请作出除权判决。所以，D 选项的表述是错误的。

6. [答案] B [难度] 易

[考点] 票据行为（保证）；票据权利的种类（追索权）

[命题和解题思路] 本题主要考查的是《票据法》中的关于票据保证与追索权的规定。对于这样一个经常作为考查对象的问题，命题人在进行选项设计时使用了其惯用的"偷梁换柱"之计来检验考生的细心程度，例如 A 选项中的"可以"、C 选项中的"只有"以及 D 选项中的"只能"等细节。正确解答本题的关键，是对票据保证的概念、方式、记载事项及其法律效力等有准确的理解。要做到这一点，考生需要熟悉《票据法》第二章第四节关于保证的相关内容。

[选项分析]《票据法》第 48 条规定："保证不得附有条件；附有条件的，不影响对汇票的保证责任。"由此可知，A 选项错误。

《票据法》第 46 条规定："保证人必须在汇票或者粘单上记载下列事项：（一）表明'保证'的字样；（二）保证人名称和住所；（三）被保证人的名称；（四）保证日期；（五）保证人签章。"《票据法》第 47 条第 2 款规定："保证人在汇票或者粘单上未记载前条第（四）项的，出票日期为保证日期。"由此可知，B 选项正确。

《票据法》第 50 条规定："被保证的汇票，保证人应当与被保证人对持票人承担连带责任。汇票到期后得不到付款的，持票人有权向保证人请求付款，保证人应当足额付款。"由此可知，保证人丁与被保证人丙对持票人戊承担连带责任。既

然是连带责任，那么两人承担责任的顺序则无法定的先后之分。所以，C 选项错误。

《票据法》第 52 条规定："保证人清偿汇票债务后，可以行使持票人对被保证人及其前手的追索权。"所以，丁对戊付款后，可以向丙及其前手行使追索权。所以，D 选项错误。

7. [答案] ABCD（原答案为 BCD，根据《民法典》及《担保制度司法解释》修订）

[难度] 中

[考点] 汇票（质押方式、付款人、出票人、法定记载事项）

[命题和解题思路] 本题旨在考查汇票的相关规定。命题人从汇票的质押方式、法定记载事项、出票人的资格三个方面对汇票作了全方位的考查，以了解考生对汇票相关问题掌握的广度和深度。但是，本题总体难度不大，只是考查得较为细致深入。因而，正确解答本题需要对我国汇票的相关制度有全面的了解，并对《票据法》的相关条款记忆准确。考生若不熟悉相关法律规定，非常容易选错答案。

[选项分析]《票据法》第 35 条第 2 款规定："汇票可以设定质押；质押时应当以背书记载'质押'字样。被背书人依法实现其质权时，可以行使汇票权利。"根据《民法典》第 441 条规定，以汇票出质的，质权自权利凭证交付质权人时设立。针对《票据法》与《民法典》的协调，《担保制度司法解释》第 58 条规定，以汇票出质，当事人以背书记载"质押"字样并在汇票上签章，汇票已经交付质权人的，人民法院应当认定质权自交付质权人时设立。由此可知，汇票已经交付质权人的，自交付时设立。所以，A 选项正确。

《票据法》第 26 条规定："出票人签发汇票后，即承担保证该汇票承兑和付款的责任。出票人在汇票得不到承兑或者付款时，应当向持票人清偿本法第七十条、第七十一条规定的金额和费用。"由此可知，出票人在签发票据后，即向收款人及其后手承担票据责任。当汇票得不到承兑时，出票人仍需承担付款责任。所以，B 选项正确。

《票据法》第 19 条规定："汇票是出票人签发的，委托付款人在见票时或者在指定日期无条件支付确定的金额给收款人或者持票人的票据。汇

票分为银行汇票和商业汇票。"由此可知，汇票的出票人资格没有法定的限制，银行、公司以及自然人都可以成为汇票的出票人。所以，C 选项正确。

D 选项是本题的重点干扰项。基于票据行为的要式性，出票日期是汇票的法定必要记载事项，如无记载则该汇票无效。此处，考生需特别注意出票日期不同于付款日期，付款日期不是汇票的法定必要记载事项，汇票上如无付款日期，则推定为见票即付。此外，《票据法》第 22 条规定："汇票必须记载下列事项：（一）表明'汇票'的字样；（二）无条件支付的委托；（三）确定的金额；（四）付款人名称；（五）收款人名称；（六）出票日期；（七）出票人签章。汇票上未记载前款规定事项之一的，汇票无效。"所以，D 选项正确。

难点解析

票据的法定必要记载事项是指根据《票据法》的规定，合法有效票据形成所必须记载的事项，如无该事项，则该汇票无效。不同的票据其法定必要记载事项有所不同，现汇总如下：

	汇票	本票	支票
法定必要记载事项	（1）表明"汇票"的字样；（2）无条件支付的委托；（附加任何条件的支付委托均属无效）（3）确定的金额；（中文大写+数码同时记载且必须一致，否则无效）（4）付款人名称；（5）收款人名称；（6）出票日期；（7）出票人签章。	与汇票相比，仅仅缺少"付款人名称"：（1）表明"汇票"的字样；（2）无条件支付的委托；（3）确定的金额；（4）收款人名称；（5）出票日期；（6）出票人签章。	与汇票相比，仅仅缺少"收款人名称"：（1）表明"汇票"的字样；（2）无条件支付的委托；（3）确定的金额；（4）付款人名称；（5）出票日期；（6）出票人签章。

第十四章　证券法

试　题

📶 **1.** 李春兰系某客运公司退休售票员，此前并未购买过金融产品。2020 年 3 月，李春兰自甲证券公司购买了原油期货产品。后因该产品亏损严重，李春兰遂要求甲证券公司赔偿自己的投资本金。甲证券公司表示拒绝，并出示了代理协议。在该协议中有李春兰亲自书写的"本人清楚并理解投资该产品存在亏损风险，所有风险由本人自愿承担"。李春兰则说在自己购买产品时，甲证券公司的销售人员明确告知，该产品与银行储蓄一样，保本保息，该手书也是销售人员要求抄写的，且在抄写过程中销售人员并未向其进行解释。对此，以下哪些说法是正确的？（2020 年回忆版）

A. 李春兰应当证明其并不知晓投资风险

B. 证券公司应当证明李春兰知晓投资风险

C. 证券公司应当证明充分了解了李春兰有能力承担该产品风险

D. 如李春兰请求投资者保护机构调解，证券公司必须接受

📶 **2.** 洋利公司持有北鹰科技股份公司（上市公司）6.4% 的股份，系该公司的第四大股东。2016年 11 月 15 日，洋利公司减持套现 2.9% 北鹰公司的股份，3 个月后，北鹰公司的股价上涨，洋利公司又增持 1.9% 的股份。对此，下列哪些说法是正确的？（2018 年回忆版）

A. 就减持事项，洋利公司应在减持后 2 个交易日内向证券交易所报告，并予公告

B. 就减持事项，洋利公司应在事前向证券交易所报告并预先披露减持计划

C. 洋利公司在增持后的 3 日内不得再行买卖北鹰公司的股票

D. 就增持事项，洋利公司应在 3 日内向证券

监管机构和证券交易所作出书面报告，通知北鹰公司，并予公告

详　解

1. ［答案］BCD　　　　［难度］中

［考点］投资者保护

［命题和解题思路］《证券法》是 2020 年法考商法部分修订最大的部门法，自然也受到了法考青睐。该次修订的一个突出亮点即在于以专章形式规定了"投资者保护"。针对我国证券法中的投资者保护制度，主要分为投资者保护机制与投资者保护机构的职责。其中关于投资者保护机制，主要包括投资者适当性管理制度、普通投资者与证券公司纠纷时的举证责任倒置、强制调解制度。本题即以案例的形式考查了上述制度。实际上，该题目也具有实践中的原型，可见立法热点与实践热点一直是法考命题所偏好的内容。

［选项分析］A、B 选项涉及的是普通投资者与证券公司发生纠纷的举证责任倒置的具体制度。根据《证券法》第 89 条规定，普通投资者与证券公司发生纠纷的，证券公司应当证明其行为符合法律规定，不存在误导、欺诈等情形。而普通投资者则应根据财产状况、金融财产状况、投资者知识和经验、专业能力等因素界定。在本案事实中，李春兰系客运公司退休售票员，此前也并未购买过金融产品，因此，可以推知李春兰系普通投资者。在证券公司工作人员是否向其作出过保本保息承诺这一事实中，应当由证券公司承担证明责任。因此，A 选项错误，B 选项正确。

C 选项考查的是投资者适当性管理制度。根据《证券法》第 88 条规定，证券公司向投资者销售证券、提供服务时，应当按照规定充分了解投资者的基本情况、财产状况、金融资产状况、投资知识和经验、专业能力等相关信息，如实说明证券、服务的重要内容，充分揭示投资风险；销售、提供与投资者上述状况相匹配的证券、服务。如证券公司违反规定导致投资者损失的，应当承担赔偿责任。投资者适当性管理制度的核心在于，证券公司要了解自己的客户，并向客户推荐合乎其风险承担能力的证券或服务。因此，C 选项正确。

D 选项考查的是强制调解制度。根据《证券

法》第 94 条的规定，普通投资者与证券公司发生证券业务纠纷，普通投资者提出调解请求的，证券公司不得拒绝。因此，D 选项正确。

2. ［答案］ABCD　　　　［难度］易

［考点］上市公司大股东减持股份与增持股份

［命题和解题思路］本题旨在考查上市公司股东、董监高减持股份与增持股份的监管。2024 年 5 月《上市公司股东减持股份管理暂行办法》公布施行，对股东减持作了进一步规定。另外，《上市公司收购管理办法》第 13 条规定了交易所交易方式权益变动须披露的时点，包括两种情形：一是原持有股份不足 5%，通过交易方式达到 5% 后则须报告和公告；二是原本不持有上市公司股份，通过交易方式达到 5% 后仍须报告和公告。

［选项分析］《上市公司股东减持股份管理暂行办法》第 2 条第 1 款规定："上市公司持有百分之五以上股份的股东、实际控制人（以下统称大股东）、董事、监事、高级管理人员减持股份，以及其他股东减持其持有的公司首次公开发行前发行的股份，适用本办法。"由此可知，洋利公司持有北鹰股份公司 6.4% 的股份符合上述规定的大股东资格，应遵守相关规定。《上市公司股东减持股份管理暂行办法》第 9 条规定："大股东计划通过证券交易所集中竞价交易或者大宗交易方式减持股份的，应当在首次卖出前十五个交易日向证券交易所报告并披露减持计划……减持计划实施完毕的，大股东应当在二个交易日内向证券交易所报告，并予公告；在预先披露的减持时间区间内，未实施减持或者减持计划未实施完毕的，应当在减持时间区间届满后的二个交易日内向证券交易所报告，并予公告。"综上，选项 A、B 正确，当选。

《上市公司收购管理办法》第 13 条规定："通过证券交易所的证券交易，投资者及其一致行动人拥有权益的股份达到一个上市公司已发行股份的 5% 时，应当在该事实发生之日起 3 日内编制权益变动报告书，向中国证监会、证券交易所提交书面报告，通知该上市公司，并予公告；在上述期限内，不得再行买卖该上市公司的股票……"洋利公司于 2016 年 11 月 15 日减持后的股份为 3.5%，3 个月后又增持 1.9% 后，共计持有北鹰公

司 5.4% 的股份，符合《上市公司收购管理办法》第 13 条的规定，洋利公司应当在 3 日内向证监会和证券交易所作出书面报告，通知北鹰公司，并予公告，且在 3 日内不得再行买卖北鹰公司的股份，故选项 C、D 正确，当选。

第十五章　保险法

试　题

第一节　保险合同的履行

🔖 **1.** 2021 年 3 月，陈梦陪丈夫武强体检，体检报告显示"无明显异常，疑似有结节状，建议定期复诊"。武强此后去医院复查，确认甲状腺结节，但并未告知陈梦。当年 5 月，陈梦与武强商议后决定为武强购买人身保险，武强依然未告知陈梦确认结果，陈梦也未向武强询问。在填写投保单中，陈梦就投保单"被保险人是否有肿瘤、结节等疾病"一项，勾选了"否"。随后，保险公司作出承保决定，保险期限为 5 年。2022 年 6 月，武强被诊断为甲状腺癌，不久因医治无效去世。据此，以下哪一说法是正确的？（2022 年回忆版）

A. 因陈梦未如实告知被保险人是否有结节等疾病的事实，保险公司有权解除合同

B. 保险公司仅询问了是否有结节而未具体询问甲状腺结节，该内容属于概括性条款，因此应当承担保险责任

C. 保险公司可以主张存在重大误解请求法院撤销保险合同

D. 保险公司可以主张武强存在欺诈行为请求法院撤销保险合同

🔖 **2.** 李某于 2000 年为自己投保，约定如其意外身故则由妻子王某获得保险金 20 万元，保险期间为 10 年。2009 年 9 月 1 日起李某下落不明，2014 年 4 月法院宣告李某死亡。王某起诉保险公司主张该保险金。关于本案，下列哪些选项是正确的？（2017-3-76）

A. 保险合同应无效

B. 王某有权主张保险金

C. 李某死亡日期已超保险期间，故保险公司不承担保险责任

D. 如李某确系 2009 年 9 月 1 日下落不明，则保险公司应承担保险责任

🔖 **3.** 甲公司投保了财产损失险的厂房被烧毁，甲公司伪造证明，夸大此次火灾的损失，向保险公司索赔 100 万元，保险公司为查清此事，花费 5 万元。关于保险公司的权责，下列哪些选项是正确的？（2016-3-76）

A. 应当向甲公司给付约定的保险金

B. 有权向甲公司主张 5 万元花费损失

C. 有权拒绝向甲公司给付保险金

D. 有权解除与甲公司的保险合同

🔖 **4.** 甲公司代理人谢某代投保人何某签字，签订了保险合同，何某也依约交纳了保险费。在保险期间内发生保险事故，何某要求甲公司承担保险责任。下列哪一表述是正确的？（2014-3-34）

A. 谢某代签字，应由谢某承担保险责任

B. 甲公司承保错误，无须承担保险责任

C. 何某已经交纳了保险费，应由甲公司承担保险责任

D. 何某默认谢某代签字有过错，应由何某和甲公司按过错比例承担责任

🔖 **5.** 关于投保人在订立保险合同时的告知义务，下列哪些表述是正确的？（2014-3-76）

A. 投保人的告知义务，限于保险人询问的范围和内容

B. 当事人对询问范围及内容有争议的，投保人负举证责任

C. 投保人未如实告知投保单询问表中概括性条款时，则保险人可以此为由解除合同

D. 在保险合同成立后，保险人获悉投保人未履行如实告知义务，但仍然收取保险费，则保险人不得解除合同

第二节　保险人的代位求偿权

🔖 潘某请好友刘某观赏自己收藏的一件古玩，不料刘某一时大意致其落地摔毁。后得知，潘某已

在甲保险公司就该古玩投保了不足额财产险。关于本案，下列哪些表述是正确的？（2015-3-76）

A. 潘某可请求甲公司赔偿全部损失

B. 若刘某已对潘某进行全部赔偿，则甲公司可拒绝向潘某支付保险赔偿金

C. 甲公司对潘某赔偿保险金后，在向刘某行使保险代位求偿权时，既可以自己的名义，也可以潘某的名义

D. 若甲公司支付的保险金不足以弥补潘某的全部损失，则就未取得赔偿的部分，潘某对刘某仍有赔偿请求权

第三节　保险合同分论

📶 **1.** 2020 年，高某为其妻安某向某保险公司投保人身意外险，《保险合同》约定，若安某于 60 岁之前意外去世则赔偿保险金 200 万元。经安某同意，高某指定安某的母亲为唯一受益人。2021 年，二人的孩子小高出生。2022 年 12 月，安某的母亲去世。2023 年 1 月，安某意外去世。高某申请变更自己为保险受益人，然后向保险公司求偿 200 万元。据此，下列哪一说法是正确的？（2023 年回忆版）

A. 高某可申请保险公司赔付自己 200 万元

B. 安某母亲的继承人可以申请保险公司赔偿

C. 安某的法定继承人可以申请保险公司赔偿

D. 安某的儿子小高应为受益人

📶 **2.** 甲耗资 50 万元为自己购买了一辆高档摩托车并为其投保了同等金额的财产损失险。此后，为提升驾驶体验，甲又私下花费 2 万元对摩托车进行改装升级。改造后的摩托车速度比出厂设定大为提升。甲驾驶该摩托在法定限速内行驶，因其他车辆的原因发生了车祸，导致摩托车全损。经交警认定属于其他车辆全责。据此，关于保险公司的权利与义务，下列哪一说法是正确的？（2023 年回忆版）

A. 有权拒绝赔付，但应当退还已交保费

B. 无权解除保险合同

C. 应当赔偿甲 50 万元的损失

D. 应当赔偿甲 52 万元的损失

📶 **3.** 嘟嘟公司是一家网约车租赁公司，为其名下的车辆投保了机动车交通事故责任强制保险（以下简称"交强险"）和保额为 200 万元的机动车交通事故责任商业保险（以下简称"商业险"）。郑某系嘟嘟公司雇佣的专职司机，某日驾驶公司车辆按照公司分配的订单载王某前往市郊工业园区，途经高速时发生交通事故，郑某驾驶车辆撞坏了高速公路护栏，郑某、王某受伤。交警出具的事故责任书认定属于郑某全责。经鉴定，损毁的高速公路护栏价值 10 万元。同时因交通事故，导致王某未能按期前往市郊工业园区与客户签约，损失合同金额 100 万元。据此，下列哪些说法是正确的？（2021 年回忆版）

A. 司机郑某的人身损害可由交强险赔付

B. 王某的人身损害可由交强险和商业险赔付

C. 毁损的高速公路护栏可由交强险赔付

D. 王某未能签约的损失可由商业保险赔付

📶 **4.** 2005 年，李某为其 40 岁的丈夫张某购买了一份保额为 20 万元的人寿保险，保险合同约定，每年 8 月 1 日交保费 1 万元，共缴纳 20 年，如被保险人生存至 65 岁即支付 30 万元。后因夫妻感情不和，2015 年 8 月 1 日后李某未再缴纳保费。2016 年 2 月，张某患癌症住院，共花费 60 万元。当月，李某向保险公司申请续保。据此，保险公司的下列哪些做法是正确的？（2021 年回忆版）

A. 保险公司应当给付张某 30 万元

B. 保险公司可以拒绝张某的申请，拒绝给付 60 万元

C. 李某未交保费超过 60 日，无权再向保险公司申请续保

D. 保险公司有权解除合同，但应返还保单现金价值

📶 **5.** 陈某为其 45 岁的妻子沈某购买人身保险，指定自己和沈某的儿子为受益人。按照保险合同的约定，该保险须缴纳至 65 岁。陈某投保 10 年后，陈某公司经营业绩不佳，大幅削减工资奖金。陈某拟解除该保险合同。据此，下列哪一选项是正确的？（2021 年回忆版）

A. 须经沈某的同意方可解除

B. 须经儿子的同意方可解除

C. 合同解除后，陈某有权主张保单现金价值

D. 合同解除后，沈某有权主张保单现金价值

📶 **6.** 甲为其机动车投保了交强险和商业险。某日，甲 20 岁的儿子乙驾驶该车与骑电动车的丙相撞。事故发生后，乙即将丙送医，但丙经抢救无

效死亡。丙的家属赶到医院后，乙因害怕躲进医院地下车库并电话联系了甲。甲到医院后，在交警的协调下，与丙的家属达成 100 万元的赔偿，但并未通知保险公司到场。甲赔偿丙的家属后，随即向保险公司申请了理赔。关于理赔事宜，以下哪一说法是正确的？（2020 年回忆版）

　　A. 乙属于肇事逃逸，保险公司有权拒绝赔偿

　　B. 乙并非保险投保人，保险公司有权拒绝赔偿

　　C. 保险公司可重新核对应赔偿的金额

　　D. 若保险公司以乙肇事逃逸拒绝赔偿，甲可以保险公司未提前告知进行抗辩

7. 2017 年 1 月，袁梅向济生保险公司投了重大疾病险，但投保时隐瞒了其患有乙肝的事实。保险合同订立前，济生保险公司要求袁梅到齐康医院进行体检，并提交体检报告。因医院工作人员失误，未能诊断出袁梅患有乙肝。2018 年 2 月，袁梅因乙肝住院治疗，花去医疗费等 6.3 万元。2018 年 7 月，济生保险公司得知袁梅隐瞒病情投保的事实。对此，下列哪些说法是正确的？（2018 年回忆版）

　　A. 济生保险公司发现隐瞒事实 1 个月后无权解除保险合同

　　B. 济生保险公司可以在不解除保险合同的情况下，拒绝赔付

　　C. 若济生保险公司解除保险合同，应当向袁梅退还保费

　　D. 若体检报告显示袁梅患有乙肝而济生保险公司仍承保的，济生保险公司不能拒赔

8. 姜某的私家车投保商业车险，年保险费为 3000 元。姜某发现当网约车司机收入不错，便用手机软件接单载客，后辞职专门跑网约车。某晚，姜某载客途中与他人相撞，造成车损 10 万元。姜某向保险公司索赔，保险公司调查后拒赔。关于本案，下列哪一选项是正确的？（2017-3-34）

　　A. 保险合同无效

　　B. 姜某有权主张约定的保险金

　　C. 保险公司不承担赔偿保险金的责任

　　D. 保险公司有权解除保险合同并不退还保险费

9. 杨某为其妻王某购买了某款人身保险，该保险除可获得分红外，还约定若王某意外死亡，则保险公司应当支付保险金 20 万元。关于该保险合同，下列哪一说法是正确的？（2016-3-34）

　　A. 若合同成立 2 年后王某自杀，则保险公司不支付保险金

　　B. 王某可让杨某代其在被保险人同意处签字

　　C. 经王某口头同意，杨某即可将该保险单质押

　　D. 若王某现为无民事行为能力人，则无需经其同意该保险合同即有效

10. 甲以自己为被保险人向某保险公司投保健康险，指定其子乙为受益人，保险公司承保并出具保单。两个月后，甲突发心脏病死亡。保险公司经调查发现，甲两年前曾做过心脏搭桥手术，但在填写投保单以及回答保险公司相关询问时，甲均未如实告知。对此，下列哪一表述是正确的？（2015-3-34）

　　A. 因甲违反如实告知义务，故保险公司对甲可主张违约责任

　　B. 保险公司有权解除保险合同

　　C. 保险公司即使不解除保险合同，仍有权拒绝乙的保险金请求

　　D. 保险公司虽可不必支付保险金，但须退还保险费

11. 甲公司交纳保险费为其员工张某投保人身保险，投保单由保险公司业务员代为填写和签字。保险期间内，张某找到租用甲公司槽罐车的李某催要租金。李某与张某发生争执，张某打碎车窗玻璃，并挡在槽罐车前。李某怒将张某撞死。关于保险受益人针对保险公司的索赔理由的表述，下列哪些选项是正确的？（2013-3-76）

　　A. 投保单虽是保险公司业务员代为填写和签字，但甲公司交纳了保险费，因此保险合同成立

　　B. 张某的行为不构成犯罪，保险公司不得以此为由主张免责

　　C. 张某的行为属于合法的自助行为，保险公司应予理赔

　　D. 张某的死亡与张某的行为并无直接因果关系，保险公司应予理赔

详　解

第一节　保险合同的履行

1. ［答案］D　　［难度］难

　　［考点］如实告知义务；第三人欺诈的民事行为的效力

[命题和解题思路] 本题是商法和民法的融合试题，在近年的法考客观题中偶有出现。保险法本身可以视为特别合同法，在保险法有规定的情况下，适用保险法的规定，否则应适用民法的一般规定。本题既考查了保险法中的如实告知原则，同时还结合考查了民法上重大误解制度和第三人欺诈行为。考生在答题时，不要拘泥于部门法的划分，须知真实世界中案例的解决，往往需要综合多个部门法才能给出答案，法考亦然！

[选项分析] 《保险法》第16条规定了订立保险合同时投保人的如实告知义务。《保险法司法解释（二）》第5条规定，投保人明知的与保险标的或者被保险人有关的情况，属于《保险法》第16条规定的应当如实告知的内容。即投保人的如实告知义务限于投保人明知的内容。本题中，陈梦作为投保人并不知道武强的体检报告，因此不属于对如实告知义务的违反。A选项错误。

《保险法司法解释（二）》第6条规定，投保人的告知义务限于保险人询问的范围和内容，且保险人以投保人违反了对投保人询问表中所列的该概括性条款的如实告知义务为由请求解除合同的，人民法院不予支持，但该概括性条款有具体内容的除外。一般所谓的"概括性条款"系指询问被保险人是否还有其他严重疾病等。如对疾病进行了列明，即事项内涵和外延能够依据一定标准确定，即属于具体的询问。在本题中，询问被保险人是否有肿瘤、结节等，显然并不属于概括性条款。因此B选项错误。

《民法典》第147条规定了重大误解实施的民事行为。所谓重大误解，系一方当事人基于自己的过错导致对合同内容等发生重大误解。在本题事实中，显然保险人并非因为自己的过错导致的重大误解，因此C选项错误。

《民法典》第148条规定，第三人实施欺诈行为，使一方在违背真实意思的情况下实施的民事法律行为，对方知道或者应当知道该欺诈行为的，受欺诈方有权请求人民法院或仲裁机构予以撤销。本题中，陈梦陪同武强体检，知道武强存在疑似结节的体检结果。虽然陈梦对武强确诊甲状腺结节并不知悉，但陈梦在明知存在疑似结节的情况下，并未询问武强确诊结果。因此，虽然欺诈行

为系第三人武强作出，但是陈梦对此应当知道，受欺诈方可请求法院撤销该合同。D选项正确。

2. [答案] BD　　[难度] 中
[考点] 保险合同的生效；保险合同的履行（保险人的义务、索赔与理赔的程序与规则）；人身保险合同当事人的权利与义务

[命题和解题思路] 本题旨在考查人身保险合同的相关法律问题。以死亡为给付保险金条件的人身保险合同是2015年12月公布的《保险法司法解释（三）》重点规范的内容，考生备考时重点关注每年的新增考点和新增法律法规，不失为明智之举。命题人以一题多问的形式，分别对保险合同的效力判断、保险合同的履行以及被保险人被宣告死亡时保险责任的承担进行综合考查。总体来说，本题难度不大，考生依据相关法条的规定运用排除法即可得出正确答案。

[选项分析] A选项考查人身保险合同的效力。《保险法》第12条第1款："人身保险的投保人在保险合同订立时，对被保险人应当具有保险利益。"《保险法》第31条规定："投保人对下列人员具有保险利益：（一）本人；……订立合同时，投保人对被保险人不具有保险利益的，合同无效。"根据上述法条可知，李某为自己投保，当然具有保险利益。保险合同又不存在其他导致自身无效的法定事由，所以该保险合同有效。所以，A选项表述错误。

B选项考查人身保险合同中受益人主张保险金的问题。保险合同有效，王某为受益人，且发生了保险合同约定的李某意外事故（具体而言是下落不明，并依法宣告死亡）的情形，所以王某有权主张保险金。所以，B选项表述正确。

C、D两个选项考查宣告死亡的保险责任问题。《保险法司法解释（三）》第24条规定："投保人为被保险人订立以死亡为给付保险金条件的保险合同，被保险人被宣告死亡后，当事人要求保险人按照保险合同约定给付保险金的，人民法院应予支持。被保险人被宣告死亡之日在保险责任期间之外，但有证据证明下落不明之日在保险责任期间之内，当事人要求保险人按照保险合同约定给付保险金的，人民法院应予支持。"由此可知，李某死亡日期已超保险期间并不必然免除保险公司的保险责任，还要看是否有证据证明下

落不明之日在保险责任期间之内。所以，C 选项表述错误。如李某确系 2009 年 9 月 1 日下落不明，其下落不明之日正好在保险责任期间之内（2000 年至 2010 年），即使其被宣告死亡之日在保险责任期间之外，保险公司仍然要承担保险责任。所以，D 选项表述正确。

3. ［答案］AB　　［难度］易

［考点］保险合同的履行（索赔和理赔程序与规则）；保险合同的解除制度；保险法的基本原则（最大诚信原则）

［命题和解题思路］本题旨在考查保险合同的索赔和理赔的程序与规则、保险合同的解除制度。命题者的命题思维较为单一，属于对《保险法》第 27 条的直接考查。这对熟悉掌握该条规定的考生来说，属于商法中难得一见的送分题！此外，本题选项 A 和选项 C 互斥，一般而言，互斥选项中必有一个说法正确，要仔细比较后准确选择，这也进一步降低了本题的难度。

［选项分析］《保险法》第 27 条第 3 款规定："保险事故发生后，投保人、被保险人或者受益人以伪造、变造的有关证明、资料或者其他证据，编造虚假的事故原因或者夸大损失程度的，保险人对其虚报的部分不承担赔偿或者给付保险金的责任。"本题所设计的情形就属于上述法条中规定的"夸大保险事故造成的损失的情形，"根据上述规定可知，保险人对其虚报的部分不需赔偿或者给付保险金，但是仍应该按照保险合同的约定，承担保险金给付的义务。所以，A 选项正确，C 选项错误。

《保险法》第 27 条第 4 款规定："投保人、被保险人或者受益人有前三款规定行为之一，致使保险人支付保险金或者支出费用的，应当退回或者赔偿。"由此可知，甲公司夸大损失索赔导致保险公司支出费用的，保险公司有权向投保人甲公司主张赔偿。所以，B 选项正确。

《保险法》第 27 条第 1、2 款规定："未发生保险事故，被保险人或者受益人谎称发生了保险事故，向保险人提出赔偿或者给付保险金请求的，保险人有权解除合同，并不退还保险费。投保人、被保险人故意制造保险事故的，保险人有权解除合同，不承担赔偿或者给付保险金的责任；除本法第四十三条规定外，不退还保险费。"由此可

知，《保险法》第 27 条规定的保险合同可以解除的情形是未发生保险事故而谎称发生以及被保险人故意制造保险事故，本案属于夸大损失索取赔偿，所以不能因此而解除保险合同。所以，D 选项错误。

4. ［答案］C　　［难度］易

［考点］保险合同的生效

［命题和解题思路］本题主要考查考生对《保险法司法解释（二）》的相关规定是否熟悉，属于对于法条内容的直接考查，考查方式和考查思路都较为简单直接。从法理上看，保险合同自投保人与保险人签字盖章后方生效。但是，现实中存在大量投保人一方未签字或者盖章，而由保险人或者保险人代理人代为签字的情形，所以为了维护投保人的利益，《保险法司法解释（二）》规定保险人或者保险人的代理人代为签字或者盖章的，对投保人不生效。但是，如果投保人已经交纳保险费的，视为其对代签字或者盖章行为的追认。此时，保险合同正式生效，对双方当事人都具有法律约束力。一旦发生保险事故，保险人必须按照保险合同的约定承担保险责任，不得以保险合同未生效为由逃避或者转移责任。

［选项分析］《保险法司法解释（二）》第 3 条第 1 款规定："投保人或者投保人的代理人订立保险合同时没有亲自签字或者盖章，而由保险人或者保险人的代理人代为签字或者盖章的，对投保人不生效。但投保人已经交纳保险费的，视为其对代签字或者盖章行为的追认。"本题中虽然保险公司代理人谢某代投保人何某签字，但是何某依约交纳了保险费，根据上述法条可知，何某的交费行为视为其对代签字的追认，保险合同已经生效，保险公司应该按照合同的约定承担保险责任。所以，C 选项正确，其余选项错误。

5. ［答案］AD　　［难度］中

［考点］保险合同订立时的如实告知义务和说明义务

［命题和解题思路］本题主要考查《保险法司法解释（二）》第 6、7 条法律规定的具体内容，考查方式较为简单直接，各个选项的内容基本上是对法条的简单重复或者细微改动，考生只要熟悉相关规定，对照着法条即可判断出各个选

项的对错。所以，本题的解题思路乏善可陈。但是，有一点题外话不得不提醒考生：根据最近五年的出题规律，就商法而言，公司法司法解释、企业破产法司法解释以及保险法司法解释等司法解释往往是考试重点、难点最集中的地方。因此，考生在备考时，针对各个司法解释的具体规定，尤其是最新的司法解释的新规定，不得不重点关注！

[选项分析]《保险法司法解释（二）》第6条第1款规定："投保人的告知义务限于保险人询问的范围和内容。当事人对询问范围及内容有争议的，保险人负举证责任。"由此可知，A选项正确，B选项错误。

《保险法司法解释（二）》第6条第2款规定："保险人以投保人违反了对投保单询问表中所列概括性条款的如实告知义务为由请求解除合同的，人民法院不予支持。但该概括性条款有具体内容的除外。"由此可知，C选项错误。

《保险法司法解释（二）》第7条规定："保险人在保险合同成立后知道或者应当知道投保人未履行如实告知义务，仍然收取保险费，又依照保险法第十六条第二款的规定主张解除合同的，人民法院不予支持。"由此可知，D选项正确。

第二节　保险人的代位求偿权

[答案] BD　　　[难度] 中

[考点] 不足额保险；保险人的代位求偿权（代位求偿权的行使）

[命题和解题思路] 本题主要考查的是《保险法》和《保险法司法解释（二）》对不足额保险和保险人代位求偿权的行使规则的规定。总体上说，本题难度一般，命题人设计的每个选项都能在《保险法》和《保险法司法解释（二）》的相关规定中找到相应的答案，考生只要熟记相关法条即可正确作答。

[选项分析]《保险法》第55条第4款规定："保险金额低于保险价值的，除合同另有约定外，保险人按照保险金额与保险价值的比例承担赔偿保险金的责任。"本题中潘某为其古玩在甲公司投保的是不足额保险，因此，潘某仅仅有权以保险金额与保险价值的比例要求甲公司赔偿损失，无权

要求甲公司赔偿全部损失。所以，A选项错误。

《保险法》第60条第2款规定："前款规定的保险事故发生后，被保险人已经从第三者取得损害赔偿的，保险人赔偿保险金时，可以相应扣减被保险人从第三者已取得的赔偿金额。"由此可知，若刘某对潘某进行全部赔偿，则被保险人无权再请求保险公司支付保险赔偿金。法律之所以如此规定，主要是了为了防范道德风险，避免被保险人因投保而获得双重赔偿。同时，这也是以损失补偿为原则确定赔偿金额的要求。所以，B选项正确。

《保险法司法解释（二）》第16条第1款规定："保险人应以自己的名义行使保险代位求偿权。"由此可知，保险人行使代位求偿权只能以自己的名义进行，不得以被保险人的名义进行。所以，C选项错误。

《保险法》第60条第3款规定："保险人依照本条第一款规定行使代位请求赔偿的权利，不影响被保险人就未取得赔偿的部分向第三者请求赔偿的权利。"由此可知，若甲公司支付的赔偿金不足以弥补潘某的全部损失，那么就未取得赔偿的部分，潘某仍然有权向刘某请求赔偿。所以，D选项正确。

难点解析
保险人的代位求偿权

	具体规定
适用情形	财产保险合同的特有制度，人身保险合同无该制度（前者的标的是被保险人的财产权，不允许双重赔偿；后者的标的是人的生命与健康，允许双重赔偿）。 发生于第三人造成的财产保险事故的场合，由"损失补偿原则"派生而来。 由保险人以自己的名义行使代位求偿权。 "第三人"不包括被保险人的家庭成员或者其组成人员。 被保险人故意或者重大过失导致保险人的代位求偿权无法行使的，保险人（赔偿前）可以扣减或者（赔偿后）要求返还相应的保险金。

	续表
	具体规定
被保险人得到部分赔偿后的处理	（1）财产保险事故发生后，被保险人可以自由选择赔偿的责任主体，尚未取得赔偿的部分按照第（2）、（3）点处理。 （2）得到第三者的部分赔偿：保险人赔偿保险金时，可以相应扣减被保险人从第三者已取得的赔偿金额。 （3）得到保险人的部分赔偿：就保险赔偿金尚未弥补的损失而言，被保险人仍然有权向第三者请求赔偿。
被保险人放弃向第三人求偿权的处理	（1）在保险人赔偿前放弃的，保险人不承担赔偿保险金的责任。 （2）在保险人赔偿后放弃的，该放弃行为无效，保险人仍然可以对第三人行使代位求偿权。 （3）保险合同订立前被保险人可以预先放弃对第三者赔偿的请求权，但投保人应当如实告知。

第三节　保险合同分论

1. ［答案］C　　［难度］中

［考点］保险受益人；保险金的继承

［命题和解题思路］本题考查人身保险中的保险受益人以及保险的继承。关于保险受益人，考生首先需注意，保险受益人的指定须得到被保险人的同意。其次，在没有受益人的情形下［包括：（1）没有指定受益人或者无法确定；（2）受益人先于被保险人死亡且无其他受益人；（3）受益人依法丧失受益权或放弃受益权且没有其他受益人］，保险金作为被保险人的遗产由其法定继承人继承。针对受益人的变更：（1）需要被保险人同意；（2）需要通知保险公司，否则不得对抗保险公司；（3）保险事故发生后，变更受益人无效。本题属于对基本法条的考查，难度较低。

［选项分析］《保险法司法解释（三）》第11条第1款规定，投保人或者被保险人在保险事故发生后变更受益人，变更后的受益人请求保险人

给付保险金的，人民法院不予支持。据此，在安某意外去世后，高某作为投保人再申请变更受益人并请求给付保险金的行为无效。A选项错误。

《保险法》第42条规定："被保险人死亡后，有下列情形之一的，保险金作为被保险人的遗产，由保险人依照《中华人民共和国继承法》的规定履行给付保险金的义务：（一）没有指定受益人，或者受益人指定不明无法确定的；（二）受益人先于被保险人死亡，没有其他受益人的；（三）受益人依法丧失受益权或者放弃受益权，没有其他受益人的。受益人与被保险人在同一事件中死亡，且不能确定死亡先后顺序的，推定受益人死亡在先。"由于受益人安某的母亲先于被保险人安某死亡，且无其他受益人。因此，被保险人安某死亡后，保险金应作为被保险人的遗产。C选项正确，BD选项错误。

2. ［答案］C　　［难度］中

［考点］保险标的的危险程度显著增加的通知义务；保险价值

［命题和解题思路］本题考查保险标的的危险程度显著增加的通知义务，属于法考常规考点。考生只需要把握三点，即可正确得出答案：第一，何谓保险标的的危险显著增加；第二，通知义务及保险公司的选择权；第三，未履行通知义务时，保险公司不承担赔付责任的条件。

［选项分析］《保险法》第52条规定，在合同有效期内，保险标的的危险程度显著增加的，被保险人应当按照合同约定及时通知保险人，保险人可以按照合同约定增加保险费或者解除合同。保险人解除合同的，应当将已收取的保险费，按照合同约定扣除自保险责任开始之日起至合同解除之日止应收的部分后，退还投保人。被保险人未履行前款规定的通知义务的，因保险标的的危险程度显著增加而发生的保险事故，保险人不承担赔偿保险金的责任。

《保险法司法解释（四）》第4条规定："人民法院认定保险标的是否构成保险法第四十九条、第五十二条规定的'危险程度显著增加'时，应当综合考虑以下因素：（一）保险标的的用途的改变；（二）保险标的的使用范围的改变；（三）保险标的所处环境的变化；（四）保险标的的因改装等原因引起的变化；（五）保险标的的使用人或者管理人

的改变；（六）危险程度增加持续的时间；（七）其他可能导致危险程度显著增加的因素。保险标的的危险程度虽然增加，但增加的危险属于保险合同订立时保险人预见或者应当预见的保险合同承保范围的，不构成危险程度显著增加。"

因此，在本题中：第一，保险标的因改装等原因引起的变化，属于危险程度显著增加；第二，在这一背景下，保险人应当通知保险公司，保险公司有权解除合同或者增加保费，B选项错误；第三，未履行通知义务的，只有因保险标的的危险程度显著增加而发生的保险事故，保险公司才可以不承担赔偿保险金的责任。而本题中保险事故并非因为改装车速提升而导致的保险事故，而是由于其他车辆全责导致。因此，保险公司依然需要赔付。同时，即使保险公司不赔付，也无需退还保险金。A选项错误。

《保险法》第55条规定，投保人和保险人约定保险标的的保险价值并在合同中载明的，保险标的发生损失时，以约定的保险价值为赔偿计算标准。投保人和保险人未约定保险标的的保险价值的，保险标的发生损失时，以保险事故发生时保险标的的实际价值为赔偿计算标准。保险金额不得超过保险价值。超过保险价值的，超过部分无效，保险人应当退还相应的保险费。保险金额低于保险价值的，除合同另有约定外，保险人按照保险金额与保险价值的比例承担赔偿保险金的责任。本题中，保险公司赔付应当以约定的保险价值为赔偿计算标准，即50万元。D选项错误，C选项正确。

3. [答案] BC　　[难度] 中

[考点] 责任保险

[命题和解题思路] 责任保险是近年来法考出现频率较高的考点，几乎每年都会出现，应当引起考生的关注。而在责任保险中，也几乎只考查机动车交通事故责任强制保险与机动车交通事故责任商业保险。但是这一考点的考查并不难。考生只要能够把握责任保险的内涵，即可应对大部分问题。所谓责任保险是指以被保险人对第三者依法应负的赔偿责任为保险标的的保险。在机动车责任保险中，被保险人系授权的车辆司机，而保险事故则是该司机驾驶机动车造成的交通事故给第三者造成的损失，因此责任保险赔偿被保

人造成损害的第三者的损失。

[选项分析]《保险法》第65条规定，保险人对责任保险的被保险人给第三者造成的损害，可以依照法律的规定或者合同的约定，直接向该第三者赔偿保险金。责任保险的被保险人给第三者造成损害，被保险人对第三者应负的赔偿责任确定的，根据被保险人的请求，保险人应当直接向该第三者赔偿保险金。被保险人怠于请求的，第三者有权就其应获赔偿部分直接向保险人请求赔偿保险金。责任保险的被保险人给第三者造成损害，被保险人未向该第三者赔偿的，保险人不得向被保险人赔偿保险金。责任保险是指以被保险人对第三者依法应负的赔偿责任为保险标的的保险。

据此，A选项中司机郑某的人身损害系被保险人的损害，不属于责任保险赔偿的范围，因此表述错误。

B选项中，王某系乘客，因为郑某的原因导致的交通事故给其造成的损失，属于被保险人对第三者应依法作出的赔偿，因此表述正确。

C选项中，护栏的损失也属于因为被保险人交通事故造成的损失，因此应当赔偿，表述正确。当然，实践中交强险就现金损失的保额有限，超出限额的只能自商业险等其他处获得赔付。

D选项实际是商法和民法的融合，须知责任保险仅赔付被保险人对第三者依法应付的赔偿。王某因为交通事故而遭受的未能缔约的100万元的损失，并非郑某未能依法安全驾驶导致的直接损失，因此D选项表述错误。

4. [答案] BD　　[难度] 中

[考点] 保险合同的中止与复效

[命题和解题思路] 本题考查人身保险的中止和复效制度，相对简单。考生只要能够把握分期支付人身保险的保险费，投保人逾期缴纳的30日（催告起30日内）或60日（逾期60日内），发生保险事故保险人应给付保险金；超过前述期限至2年内，合同效力中止，保险公司不再给付保险金，投保人可申请复效，但被保险人的危险程度在中止期间显著增加的除外。

[选项分析]《保险法》第36条规定，合同约定分期支付保险费，投保人支付首期保险费后，除合同另有约定外，投保人自保险人催告之日起

超过 30 日未支付当期保险费,或者超过约定的期限 60 日未支付当期保险费的,合同效力中止,或者由保险人按照合同约定的条件减少保险金额。被保险人在前款规定期限内发生保险事故的,保险人应当按照合同约定给付保险金,但可以扣减欠交的保险费。《保险法》第 37 条规定,合同效力依照本法第 36 条规定中止的,经保险人与投保人协商并达成协议,在投保人补交保险费后,合同效力恢复。但是,自合同效力中止之日起满 2 年双方未达成协议的,保险人有权解除合同。保险人依照前款规定解除合同的,应当按照合同约定退还保险单的现金价值。《保险法司法解释(三)》第 8 条规定,保险合同效力依照保险法第 36 条规定中止,投保人提出恢复效力申请并同意补交保险费的,除被保险人的危险程度在中止期间显著增加外,保险人拒绝恢复效力的,人民法院不予支持。保险人在收到恢复效力申请后,30 日内未明确拒绝的,应认定为同意恢复效力。保险合同自投保人补交保险费之日恢复效力。保险人要求投保人补交相应利息的,人民法院应予支持。

据此,本案中李某自 2015 年 8 月 1 日起未再缴纳保费,60 日内为保险合同效力中止期间。2016 年 2 月,被保险人张某患病发生保险事故,已经超过了 60 日,保险公司不给付保险费。但未超过两年,投保人可以请求复效。因张某罹患癌症属于在合同中止期间危险程度显著增加,保险公司可以解除合同,但应返还担保现金价值。因此 BD 选项的表述正确,AC 选项的表述错误。

5. [答案] C

[考点] 人身保险合同的解除　　[难度] 中

[命题和解题思路] 本题考查人身保险合同的解除,属于常规考点,难度不大。近几年来保险法在法考客观题中每年出现 2~3 题,其中一半考查人身保险,一半考查财产保险。保险法属于商法中较易得分的部门法,考生应当稳妥应对,做到不在此处丢分。就本考点而言,考生只要把握保险合同的当事人是投保人和保险公司,因此合同的解除权及其解除合同的保单现金价值的返还一般仅限于投保人和保险公司,即使对保险法具体规则未能十分熟悉,也可以轻松作答。

[选项分析] 《保险法司法解释(三)》第 17 条规定,投保人解除保险合同,当事人以其解除合同未经被保险人或者受益人同意为由主张解除行为无效的,人民法院不予支持,但被保险人或者受益人已向投保人支付相当于保险单现金价值的款项并通知保险人的除外。因此,AB 选项的表述错误。

《保险法》第 47 条规定,投保人解除合同的,保险人应当自收到解除合同通知之日起 30 日内,按照合同约定退还保险单的现金价值。因此,C 选项表述正确,D 选项表述错误。

6. [答案] C　　[难度] 中

[考点] 责任保险

[命题和解题思路] 本题以责任保险为背景,综合考查了保险人的告知义务、保险责任等相关制度。考生一方面需要了解责任保险的基础知识,同时还要能够结合《保险法》的整体制度加以分析。从本题的命题来看,属于对法条的直接考查,难度相对适中。

[选项分析] A 选项中认为乙属于肇事逃逸,保险公司有权拒绝赔偿。关于肇事逃逸,是指当事人明知自己发生了交通事故,为逃避事故责任,故意逃离现场,并不向公安机关报案的违法行为。在本案事实中,乙并不存在逃避事故责任的主观故意,因此难以认定属于肇事逃逸。并且即使构成肇事逃避,也并非保险公司法定的免责事由。此选项考生完全可以通过生活常识判断解答。A 选项错误。

B 选项中认为乙并非投保人,保险公司有权拒绝赔偿,系属于对责任保险制度的误解。首先,责任保险系对被保险人对第三人所造成的责任承担保险责任的险种,因此保险公司是否应当理赔的核心不在于乙是否属于投保人,而在于是否属于被保险人。其次,交强险等机动车责任保险的被保险人是投保人及其允许的合法驾驶人。本案中投保人为甲,而乙在甲允许之下驾驶该车辆,并且已年满 20 周岁获得驾驶资格,属于合法驾驶人。因此,B 选项错误。

C 选项涉及的是责任保险的赔偿。《保险法司法解释(四)》第 19 条规定,责任保险的被保险人与第三者就被保险人的赔偿责任达成和解协议的,应经过保险人认可。未经保险人认可的保险人有权主张对保险责任范围以及赔偿数额重新予以核定。因此，C 选项正确。

D 选项涉及的是保险人的提示义务。《保险法》第 17 条规定，采用保险人提供的格式条款订立的保险合同，保险人应向投保人说明合同内容。对保险合同中免除保险人责任的条款，保险人应做出足以引起投保人注意的提示，并对该条款内容进行说明，否则不发生效力。但是需要考生注意的是，《保险法司法解释（二）》第 10 条对说明义务进行了限制，即保险人将法律、行政法规中的禁止性规定情形作为保险合同免责条款的免责事由，无须再行解释。因此，D 选项错误。

7. ［答案］ABD ［难度］中

［考点］人身保险合同中投保人的如实告知义务

［命题和解题思路］本题旨在考查人身保险合同中投保人的如实告知义务。根据题干所述，袁梅事前向保险公司隐瞒患有乙肝的事实，但体检显示袁梅无乙肝。这种情形下，若济生保险公司后期发现袁梅投保时患有乙肝，是否可以进行抗辩存在较大分歧。<mark>体检是保险人用于过滤欺诈投保的辅助手段，在询问告知义务的立法下，不应因此减轻投保人的如实告知义务</mark>，否则仅因保险人采用了医生体检手段而免除投保人的如实告知义务，无异于鼓励保险欺诈。再者，有些疾病在非发病期不易被发现，有些疾病可通过药物暂时控制而在体检指标上显示正常，若允许投保人在通过体检程序后可不履行如实告知义务，则将助长投保人的不诚信。不仅如此，<mark>保险人知道被保险人的体检结果后，不得以投保人未就相关情况履行如实告知义务为由解除合同</mark>。保险人知道被保险人的体检结果与投保人的告知不符，仍同意承保，容易给投保人造成保险合同并无瑕疵的信赖，该投保人也就不会为其投保标的寻求其他保障方式，此时，若允许保险人解除合同，并拒绝理赔，不利于投保人利益的保障。

［选项分析］《保险法》第 16 条第 2 款与第 3 款规定，投保人故意或者因重大过失未履行前款规定的如实告知义务，足以影响保险人决定是否同意承保或者提高保险费率的，保险人有权解除合同。前款规定的合同解除权，自保险人知道有解除事由之日起，超过 30 日不行使而消灭。自合

同成立之日起超过两年的，保险人不得解除合同。由此可知，济生保险公司发现隐瞒事实 1 个月内不行使解除权的，则其解除权消灭，故选项 A 正确，当选。

《保险法》第 16 条第 4 款规定："投保人故意不履行如实告知义务的，保险人对于合同解除前发生的保险事故，不承担赔偿或者给付保险金的责任，并不退还保险费。"从上述题干可以看出，袁梅隐瞒其患有乙肝的事实构成主观上的故意。济生保险公司可以在发现隐瞒病情投保的事实后 1 个月内行使合同解除权，对于袁梅 2018 年 2 月因乙肝住院花费的 6.3 万元，可以不承担赔偿或者给付保险金，并不退还保险费，故选项 B 正确，选项 C 错误。

《保险法司法解释（三）》第 5 条第 2 款规定："保险人知道被保险人的体检结果，仍以投保人未就相关情况履行如实告知义务为由要求解除合同的，人民法院不予支持。"由此可知，若袁梅投保时隐瞒患有乙肝的事实，而体检报告又显示其患有乙肝，济生保险公司仍签订保险合同的，则济生保险公司不能以袁梅未履行如实告知义务进行抗辩，解除合同，故选项 D 正确，当选。

8. ［答案］C ［难度］难

［考点］保险合同的无效；财产保险合同当事人的权利与义务；保险合同的解除制度；解除的依据

［命题和解题思路］本题重点考查财产保险合同当事人的权利义务，尤其是投保人的危险程度增加的通知义务和订立保险合同时的告知义务。霍姆斯说："法律的生命不在于逻辑，而在于经验。"命题人正是以此逻辑为出发点来考查考生对法条的理解能力和运用能力。或许大部分考生对上述两类义务的法律规定都熟稔于心，但是由于生活经验的差异，并非大部分考生都能在真实案例中准确地认定"保险标的危险程度显著增加"的情形。就本题而言，很多考生在对公布答案的异议中认为，姜某将私家车用于网约车经营不构成"保险标的危险程度显著增加"，并想当然地以题目中缺乏证据来为之解释，看似合情合理，实则谬矣。其实，私家车到网约车的转变，这意味着这辆车的用途经历了从私人使用到商业运营，

相应地，无论是出车的频率，还是出车的时间，甚至是行车的路线，都较之前的私家车发生了大大的改变。这又怎能不构成保险标的的危险程度的显著增加呢？由此看来，在我们与法律相伴而行的旅途中，需要增长的不应当仅仅是法学专业知识，还应当有生活经验。

[选项分析] A 选项考查保险合同无效的判断。引起保险合同无效的原因有两类：其一，基于民法上的原因；其二，基于保险法上的原因：（1）超额保险；（2）投保人对保险标的的无保险利益；（3）未经被保险人书面同意的以死亡为给付保险金条件的保险（法律另有规定的除外）；（4）保险人未对保险人作出说明的免责条款等。显然，本案中的保险合同不存在以上两种导致保险合同无效的原因。所以，该保险合同有效。因此，A 选项表述错误。

B、C、D 三个选项考查投保人的保险标的的危险程度显著增加的通知义务。《保险法》第 52 条规定："在合同有效期内，保险标的的危险程度显著增加的，被保险人应当按照合同约定及时通知保险人，保险人可以按照合同约定增加保险费或者解除合同。保险人解除合同的，应当将已收取的保险费，按照合同约定扣除自保险责任开始之日起至合同解除之日止应收的部分后，退还投保人。被保险人未履行前款规定的通知义务的，因保险标的的危险程度显著增加而发生的保险事故，保险人不承担赔偿保险金的责任。"本案中姜某将投保商业险的私家车用于网约车经营，使得保险标的的危险程度显著增加，进而发生了保险事故，保险公司不承担赔偿保险金的责任，姜某自然无权主张约定的保险金。所以，B 选项表述错误，C 选项表述正确。

此外，保险人发现姜某并未及时履行危险程度显著增加的通知义务，所以保险人有权解除合同。又根据上述法条，保险人解除合同的，应当将已收取的保险费，按照合同约定扣除自保险责任开始之日起至合同解除之日止应收的部分后，退还投保人。所以，D 选项的表述是错误的。

易混淆知识点

投保人的两大义务：订立保险合同的告知义务与保险标的的危险程度显著增加的通知义务。

	订立保险合同的告知义务	危险程度显著增加的通知义务
共同点	均是《保险法》最大诚信原则的体现。	
发生阶段	发生在保险合同订立阶段。	发生在合同生效履行阶段。
义务内容	（1）在订立保险合同时，投保人应当将其明知的与保险标的的有关或者被保险人有关的情况如实告知保险人；（2）限于保险人询问的范围和内容；（3）投保单问询表中的概括性条款可以免于告知，但其中有具体内容的除外。	在合同有效期内，保险标的的危险程度显著增加的，被保险人应当按照合同约定及时通知保险人。
违反后果	（1）投保人故意或者因重大过失未履行如实告知义务，足以影响保险人决定是否同意承保或者提高保险费率的，保险人有权解除合同；（2）对于合同解除前发生的保险事故：①投保人故意不履行的，保险人"不赔不退"：不承担赔偿或者给付保险金的责任，并不退还保险费；②投保人因重大过失未履行的，对保险事故的发生有严重影响的，保险人"不赔但退"：不承担赔偿或者给付保险金的责任，但应当退还保险费。	（1）保险人可以按照合同约定增加保险费或者解除合同；（2）保险人解除合同的，应当将已收取的保险费，按照合同约定扣除自保险责任开始之日起至合同解除之日止应收的部分后，退还投保人；（3）被保险人未履行通知义务的，因保险标的的危险程度显著增加而发生的保险事故，保险人不承担赔偿保险金的责任。

9. ［答案］B　　　［难度］中

［考点］人身保险合同的特征；人身保险合同当事人的权利和义务

［命题和解题思路］本题重点考查人身保险合同的特征及其当事人的权利义务。虽然本题属于命题者对《保险法》第33、34、44条法律规定的直接考查，但是我们却不能因此认定其属于命题者"慷慨送分"进而疏忽大意。就本题而言，首先，命题者在题干中设计了"该保险合同中存在可获得分红的约定"，以此来使个别考生误以为是财产保险合同，从而模糊该保险合同的性质。其次，命题者在选项设置中故意在细节处做文章，使审题马虎的考生折戟沉沙，例如A选项中的"2年后"和C选项中的"口头同意"。总之，命题者如此"居心叵测"，备考诸君不可不防啊！

［选项分析］《保险法》第44条第1款规定："以被保险人死亡为给付保险金条件的合同，自合同成立或者合同效力恢复之日起二年内，被保险人自杀的，保险人不承担给付保险金的责任，但被保险人自杀时为无民事行为能力人的除外。"由此可知，A选项错误。

《保险法》第34条第1款规定："以死亡为给付保险金条件的合同，未经被保险人同意并认可保险金额的，合同无效。"又根据《保险法司法解释（三）》第1条第1款的规定："当事人订立以死亡为给付保险金条件的合同，根据保险法第三十四条的规定，'被保险人同意并认可保险金额'可以采取书面形式、口头形式或者其他形式；可以在合同订立时作出，也可以在合同订立后追认。"由此可知，此类合同允许投保人代被保险人签字。所以，B选项正确。

《保险法》第34条第2款规定："按照以死亡为给付保险金条件的合同所签发的保险单，未经被保险人书面同意，不得转让或者质押。"由此可知，若要质押该保险单，必须取得被保险人的书面同意。所以，C选项错误。

《保险法》第33条规定："投保人不得为无民事行为能力人投保以死亡为给付保险金条件的人身保险，保险人也不得承保。父母为其未成年子女投保的人身保险，不受前款规定限制。但是，因被保险人死亡给付的保险金总和不得超过国务院保险监督管理机构规定的限额。"本题中投保人杨某与被保险人王某之间是夫妻关系，不属于上述规定中的例外情形。所以，D选项错误。

10. ［答案］B　　　［难度］难

［考点］人身保险合同当事人的权利与义务（投保人如实告知义务）

［命题和解题思路］本题考查的是人身保险合同中投保人的如实告知义务，考查的内容比较细致深入，既涉及《保险法》的规定，又涉及《保险法司法解释（二）》的相关规定。考生需要重点掌握保险人合同解除权的适用条件、行使后果，尤其是保险费退还的规则等知识点。此外，命题人还在本题中设计了三个陷阱：第一，人身保险合同并非债权债务关系，而是储蓄投资性法律关系，所以不存在投保人承担违约责任的要求；第二，投保人违反如实告知的义务时，保险人拒绝赔偿或给付保险金须要以解除保险合同为前提，除非当事人就拒绝赔偿事宜及保险合同存续另行达成一致；第三，投保人故意未履行如实告知义务和因重大过失未履行如实告知的义务适用不同的处罚方式：前一种情况，保险人不承担赔偿或给付保险金的责任，并且不退还保险费；后一种情况，保险人不承担赔偿或给付保险金的责任，但是需要退还保险费。

［选项分析］本案中甲未如实告知的行为属于保险合同订立时投保人故意违反如实告知的义务，可能导致的法律后果是保险合同的解除，不属于违约的问题，也就无违约责任一说。此外，人身保险合同具有储蓄性，它是将投保人现实收入的一部分通过保险的方式进行储存，以备急需时或年老时使用。因此，理论上人身保险合同被定性为"储蓄投资性法律关系"，并非债权债务关系，没有投保人承担违约责任的要求。所以，A选项错误。

《保险法》第16条第2、3款规定："投保人故意或者因重大过失未履行前款规定的如实告知义务，足以影响保险人决定是否同意承保或者提高保险费率的，保险人有权解除合同。前款规定的合同解除权，自保险人知道有解除事由之日起，超过三十日不行使而消灭。自合同成立之日起超过二年的，保险人不得解除合同；发生保险事故的，保险人应当承担赔偿或者给付保险金的责任。"由此可知，本案中保险人不知道有解除事由的存在，且该保险合同成立不足两年，保险人仍然有权解除保险合同。所以，B 选项正确。

《保险法司法解释（二）》第 8 条规定："保险人未行使合同解除权，直接以存在《保险法》第 16 条第 4 款、第 5 款规定的情形为由拒绝赔偿的，人民法院不予支持。但当事人就拒绝赔偿事宜及保险合同存续另行达成一致的情况除外。"由此可知，保险人以存在保险法第十六条第四款、第五款规定的情形为由拒绝赔偿的，必须以行使合同解除权解除保险合同为前提。所以，C 选项错误。

《保险法》第 16 条第 5 款规定："投保人因重大过失未履行如实告知义务，对保险事故的发生有严重影响的，保险人对于合同解除前发生的保险事故，不承担赔偿或者给付保险金的责任，但应当退还保险费。"由此可知，保险人不承担赔偿但应当退还保险费的情形仅限于投保人因重大过失未履行如实告知义务。显然，本案中甲的行为属于故意未履行告知义务，不适用上述法条的规定。所以，D 选项错误。

难点解析

投保人的如实告知义务是历年《保险法》考查的重点与难点，现以表格的形式将其汇总如下：

如实告知的范围	（1）限于保险人询问的范围和内容； （2）当事人对询问范围及内容有争议的，保险人负举证责任； （3）保险人以投保人违反了对投保单询问表中所列概括性条款的如实告知义务为由请求解除合同的，人民法院不予支持。但该概括性条款有具体内容的除外。
（人保）体检与如实告知义务	（1）被保险人根据保险人的要求进行体检并不会免除投保人的如实告知义务； （2）保险人明知被保险人的体检结果，可以免除投保人的如实告知义务。

续表

未如实告知的法律后果	（1）保险人享有法定解除权： ①情形：故意或重大过失不告知＋足以影响保险人决定是否同意承保或者提高保险费率的。 ②限制： 第一，保险合同成立超过 2 年，不可解除； 第二，保险人明知投保人未如实告知，收取保险费，不可解除； 第三，保险人明知投保人未如实告知，知道事由超过 30 日不解除，不可解除； 第四，保险人在保险合同订立时已经知道投保人未如实告知情况的，不可解除。 （2）对于合同解除前发生的保险事故： ①投保人故意不履行义务，保险人不承担赔偿或者给付保险金的责任，并不退还保险费（不赔不退）； ②投保人因重大过失不履行义务，保险人不承担赔偿或者给付保险金的责任，但应当退还保险费（不赔但退）。
拒绝赔偿须以行使解除权为前提	保险人未行使合同解除权，直接以存在《保险法》第 16 条第 4 款、第 5 款规定的情形为由拒绝赔偿的，人民法院不予支持。但当事人就拒绝赔偿事宜及保险合同存续另行达成一致的情况除外。

11. ［答案］ABD　　［难度］难
［考点］人身保险合同的签订及理赔
［命题和解题思路］本题指令句明确考查的是人身保险合同的签订及其理赔，主要涉及知识点有身保险合同的成立、保险人的免责条件以及因果关系的判断。命题人设计选项并非仅仅局限于《保险法》的相关规定（A 选项和 D 选项），而且针对张某自身行为的性质还涉及刑法中犯罪行为的认定（B 选项）以及民法中自助行为的认定（C 选项）等问题。如此看来，前文提及的"今后命题呈现跨部门法综合考查的趋势"诚非虚言啊！因此，针对如此具有较高的灵活性与综合性的考

题，考生须综合民法、刑法以及保险法的相关规定考量，避免单一思维解题。

[选项分析]《保险法司法解释（二）》第3条第1款规定："投保人或者投保人的代理人订立保险合同时没有亲自签字或者盖章，而由保险人或者保险人的代理人代为签字或者盖章的，对投保人不生效。但投保人已经交纳保险费的，视为其对代签字或者盖章行为的追认。"本题中虽然投保单是由保险公司的业务员代为填写和签字的，但是甲公司已经交纳保险费，这视为甲公司对代签字的追认，因此保险合同已经成立并生效，保险公司应当承担保险责任。所以，A选项正确。

《保险法》第45条规定："因被保险人故意犯罪或者抗拒依法采取的刑事强制措施导致其伤残或者死亡的，保险人不承担给付保险金的责任。投保人已交足二年以上保险费的，保险人应当按照合同约定退还保险单的现金价值。"本题中张某为了催要租金，打碎李某车窗玻璃的行为并不属于故意犯罪，仅仅是一般的民事违法行为。此处有的考生可能心存疑问，认为张某故意打碎李某车窗的行为构成故意毁坏财物，难道不属于故意犯罪吗？考生有此误解纯属"想太多"！具体分析如下：首先，故意毁坏财物罪的成立有"数额较大"或者"其他严重情节"的限制，本题中并未明确交代车窗的价值或者其他严重情节。其次，即使张某的行为构成故意毁坏财物罪，这也不构成保险公司的免责理由。《保险法》第45条规定的法定免责理由"故意犯罪"须与被保险人的伤残或者死亡有因果关系，显然，张某打碎玻璃的行为与其被撞死亡不具有因果关系。所以，张某的行为不构成保险公司免于承担保险责任的法定理由。所以，B选项正确。

C项是本题的重点干扰项。本题的干扰来源有两处：一是"保险公司应予理赔"的结论是正确的，正确的结论可能会诱使考生直接认为C项

是正确。二是"自助行为"属于民法的范畴，本题属于商法的范围内，考生的思维可能会局限于商法层面而忽略针对民法内容的考量。所谓自助行为，是指权利人在受到不法侵害之后，为了保全或者恢复自己的权利，在情势紧迫不能及时请求公力救济的情况下，依靠自己的力量，采取的扣押他人财产、限制他人人身自由或者其他相应措施的行为。本题中张某向李某催要租金达不到情势紧迫不能寻求公力救济的条件，所以张某挡在槽罐车前的行为不属于自助行为。此外，张某的行为是否构成自助行为，与保险公司是否承担赔偿责任并没有必然的因果关系。所以，C选项错误。

本题中导致张某死亡的直接原因是李某故意开车撞人的犯罪行为，张某挡在槽罐车前的行为与其死亡之间不构成直接因果关系，保险公司应予赔偿。所以，D选项正确。

难点解析

本题所涉及的《保险法》的知识点难度并不算大，甚至可以说是很基础，例如保险合同的生效、人身保险合同中保险人的免责事由。本题真正的难点在于其想要考查的思维模式——"惯性思维"与"单一思维"，这两种思维均是最常导致考生选错丢分的思维模式。前者是指考生仅仅根据选项的开头或者结尾（原因或者结果）的正误进行判断，而忽视选项的整体的正误，例如某一选项的逻辑是否通顺。这反映到本题中，例如C项中"保险公司应予理赔"的结论是正确的，但是正确的结论并不意味着整个选项都是正确的；后者是指考生在做某一科题目时，其思维则仅仅局限在这一科范围内，而忽视该科目与其他科目结合在一起综合考查的层面。这反映在本题中，例如C选项中关于民法中"自助行为"的认定。所以，考生在考试时应当尽量避免这两种错误的思维模式，考虑问题尽量全面、深入、细致。

第十六章 信托法

试 题

"海潮一号"是扬帆公司推出的一款信托产品，受托管理人为扬帆公司，投资项目按照投资文件

的约定为地产、金融等领域。2021年，甲、乙、丙三家公司购买了该产品，按照投资文件该产品为自益信托产品，期限为三年。2023年6月，扬帆公司因自身经营不善，被其债权人申请破产。

2023 年 8 月，法院裁定宣告扬帆公司破产。据此，下列哪一说法是正确的？（2023 年回忆版）

A. 甲、乙、丙三个公司均有权向管理人申报投资本息债权

B. "海潮一号"财产应由管理人按照原投资文件管理

C. 甲、乙、丙三个公司可主张取回其投资本金

D. 因扬帆公司破产，法院应裁定终止该信托产品

详 解

[答案] B　　[难度] 中

[考点] 信托财产；受托人的职责

[命题和解题思路] 本题考查《信托法》。自法考将《信托法》列入考试大纲以来，每年基本保持一到两题的命题数量，内容也主要集中在信托财产独立性、受托人、委托人/受益人的职权与权利之上。考生只要把握重点内容就不难得出答案。

[选项分析] A 选项考查信托财产的独立性。《信托法》第 16 条规定，信托财产与属于受托人所有的财产（以下简称固有财产）相区别，不得归入受托人的固有财产或者成为固有财产的一部分。受托人死亡或者依法解散、被依法撤销、被宣告破产而终止，信托财产不属于其遗产或者清算财产。甲、乙、丙三公司属于该信托的受益人，其受益权针对的是信托财产。在受托人破产时，受益人并非受托人的债权人。因此 A 选项错误，C 选项也错误。

B 选项考查受托人资格的终止。《信托法》第 39 条规定："受托人有下列情形之一的，其职责终止：（一）死亡或者被依法宣告死亡；（二）被依法宣告为无民事行为能力人或者限制民事行为能力人；（三）被依法撤销或者被宣告破产；（四）依法解散或者法定资格丧失；（五）辞任或者被解任；（六）法律、行政法规规定的其他情形。受托人职责终止时，其继承人或者遗产管理人、监护人、清算人应当妥善保管信托财产，协助新受托人接管信托事务。"本题中，该受托人被法院宣告破产，其职责终止，此时应当由管理人保管信托财产。B 选项正确。

D 选项考查受托人丧失资格和信托终止的差异。受托人资格终止并不当然导致信托终止，而是可以按照信托文件或由委托人、受益人选任新受托人，只有发生《信托法》第 53 条的规定方产生信托终止的效果。D 选项错误。

第十七章　船　舶

试 题

📶 **1.** 依据我国《海商法》和《物权法》的相关规定，关于船舶所有权，下列哪一表述是正确的？（2014-3-33）

A. 船舶买卖时，船舶所有权自船舶交付给买受人时移转

B. 船舶建造完成后，须办理船舶所有权的登记才能确定其所有权的归属

C. 船舶不能成为共同共有的客体

D. 船舶所有权不能由自然人继承

📶 **2.** 依据我国《海商法》和《物权法》的相关规定，关于船舶物权的表述，下列哪一选项是正确的？（2013-3-33）

A. 甲的船舶撞坏乙的船舶，则乙就其损害赔偿对甲的船舶享有留置权

B. 甲以其船舶为乙设定抵押担保，则一经签订抵押合同，乙即享有抵押权

C. 以建造中的船舶设定抵押权的，抵押权仅在办理登记后才能产生效力

D. 同一船舶上设立数个抵押权时，其顺序以抵押合同签订的先后为准

详 解

1. [答案] A　　[难度] 中

[考点] 船舶（船舶所有权）

[命题和解题思路] 命题人以船舶为切入点，既涉及民法的知识点，又涉及《海商法》的知识点，考生需要熟悉两部法律关于船舶这一特殊动

产所有权的具体规定，尤其是掌握两者之间的关系——民法是一般法，而《海商法》是特别法。在法律适用的时候，遵循特别法优于一般法的原则。总体来说，题目设置却不是特别的难，各个选项考生通过"朴素的法学价值观"或者"法学基本常识"，一般都可以得到正确的答案。所以，本题是难得一见的送分题，考生诸君需要倍加珍惜，切不可白白辜负了命题人的"一片好心"！

从解题思路来看，考生需要准确掌握以下知识点：对船舶、航空器和机动车等特殊动产而言，其物权变动以交付为要件，但是未经登记不得对抗善意第三人。此外，船舶虽然是特殊动产，但是我国法律并未对其所有权的主体以及所有权的实现形式作限制性规定。因此，船舶既可以被共有，也可以被继承。它之所以被区分为特殊动产，其特殊性主要体现在其物权变动除了适用"交付主义"的一般规则，其物权效力还要受登记的影响——未经登记，不具有对抗善意第三人的效力。

[选项分析]《海商法》第9条第1款规定："船舶所有权的取得、转让和消灭，应当向船舶登记机关登记；未经登记的，不得对抗第三人。"《民法典》第224条规定："动产物权的设立和转让，自交付时发生效力，但法律另有规定的除外。"第225条又规定："船舶、航空器和机动车等物权的设立、变更、转让和消灭，未经登记，不得对抗善意第三人。"由此可知，船舶作为特殊动产的一种，其所有权的转让仍然适用动产物权变动的一般规则——交付主义，即船舶所有权自船舶交付给买受人时移转。此外，登记仅仅是船舶所有权变动的对抗要件而非生效要件，即未经登记的船舶所有权变动，不发生对抗善意第三人的效力。所以，A选项表述正确。

B选项是本题的重点干扰项。《民法典》第231条规定："因合法建造、拆除房屋等事实行为设立或者消灭物权的，自事实行为成就时发生效力。"由此可知，船舶的所有权自建造船舶的事实行为完成时确立。此外，根据A选项的分析可知，登记不是船舶所有权产生的生效要件，仅仅是其对抗要件。所以，B选项表述错误。

《海商法》第10条规定："船舶由两个以上的法人或者个人共有的，应当向船舶登记机关登记；未经登记的，不得对抗第三人。"由此可知，法律

并不禁止船舶成为共有权的客体，共有人可以按份共有船舶，也可以共同共有船舶。所以，C选项表述错误。

D选项根据一般生活常识即可排除。我国《民法典》对船舶的所有权主体不作限制，船舶既可以归法人或者其他组织所有，也可以由自然人所有，还可以由国家所有。因此，船舶所有权当然可以由自然人继承。所以，D选项表述错误。

2. [答案] B　　　[难度] 中
[考点] 船舶（船舶抵押权、船舶留置权）
[命题和解题思路] 命题人以船舶的抵押权与留置权为考查切入点，既涉及民法的知识点，又涉及《海商法》的知识点，考生需要熟悉两部法律关于船舶这一特殊动产的抵押和留置的具体规定，尤其是掌握两者之间的关系——民法是一般法，而《海商法》是特别法。在法律适用的时候，遵循特别法优于一般法的原则。总体来说，题目设置却不是特别的难，考生只要熟悉地掌握相关的法条，一般都可以得到正确的答案。但是，就留置权而言，《民法典》与《海商法》之间的不同规定尤其值得注意：==前者要求债权人留置的动产应当与债权属于同一法律关系，但企业之间的留置除外==；后者则对船舶留置权要求得更为苛刻：==留置权人仅限于造船人与修船人。==

[选项分析]《民法典》第448条规定："债权人留置的动产，应当与债权属于同一法律关系，但企业之间的留置除外。"《海商法》第25条第2款规定："前款所称船舶留置权，是指造船人、修船人在合同另一方未履行合同时，可以留置所占有的船舶，以保证造船费用或者修船费用得以偿还的权利。船舶留置权在造船人、修船人不再占有所造或者所修船舶时消灭。"由此可知，《海商法》将船舶的留置权人仅限于造船人和修船人。所以，A项错误。

《民法典》第395条规定第1款规定："债务人或者第三人有权处分的下列财产可以抵押：……（五）正在建造的建筑物、船舶、航空器；（六）交通运输工具；……抵押人可以将前款所列财产一并抵押。"由此可知，船舶可以设定抵押权。《民法典》第402条又规定："以本法第三百九十五条第一款第一项至第三项规定的财产或者

第五项规定的正在建造的建筑物抵押的，应办理抵押登记。抵押权自登记时设立。"此外，《海商法》第 13 条第 1 款规定："设定船舶抵押权，由抵押权人和抵押人共同向船舶登记机关办理抵押权登记；未经登记的，不得对抗第三人。"由此可知，无论是船舶抵押权，还是建造中船舶的抵押权，两者的设定均采取登记对抗主义，即登记只是抵押权设立的对抗要件而非生效要件，船舶抵押权自抵押合同生效时设立。所以，B 选项正确，C 选项错误。

《民法典》第 414 条第 1 款规定："同一财产向两个以上债权人抵押的，拍卖、变卖抵押财产所得的价款依照下列规定清偿：（一）抵押权已登记的，按照登记的先后顺序清偿；顺序相同的，按照债权比例清偿；（二）抵押权已登记的先于未登记的受偿；（三）抵押权未登记的，按照债权比例清偿。"而《海商法》第 19 条第 1 款规定："同一船舶可以设定两个以上抵押权，其顺序以登记的先后为准。"结合上述法条可知，船舶抵押权的实现顺序以其登记的先后而非抵押合同签订的先后为准。所以，D 选项错误。

第二部分　　经济法

第一章　竞争法

第一节　垄断行为

1. 某大米协会持有"某某大米"地理标志的证明商标。协会的自律公约规定：该类大米统一售价为每斤 10 元，否则勒令退出协会且停止使用该证明商标。该协会的行为构成下列哪一行为？（2022 年回忆版）

A. 纵向垄断协议行为

B. 横向垄断协议行为

C. 滥用市场支配地位行为

D. 行政性垄断行为

2. 甲公司和乙公司共同设立丙公司，达到国务院规定的申报标准但未向国家市场监管部门进行经营者集中申报。丙公司成立后一年内没有实施排除、限制竞争的行为。关于市场监管部门的行政处罚，下列哪一选项是正确的？（2021 年回忆版）

A. 都不处罚

B. 处罚甲公司和乙公司

C. 处罚甲、乙、丙三家公司

D. 处罚丙公司

3. 汽车销售公司和 4S 店签订协议，以下哪些属于垄断协议？（2020 年回忆版）

A. 4S 店不得销售其他汽车公司全部类型的车

B. 向消费者提供修车服务，固定价格为 200 元

C. 4S 店代卖轮胎，价格不低于 200 元

D. 4S 店提供更换座椅服务，价格不高于 200 元

4. 某景区多家旅行社、饭店、商店和客运公司共同签订《关于加强服务协同提高服务水平的决定》，约定了统一的收费方式、服务标准和收入分配方案。有人认为此举构成横向垄断协议。根据《反垄断法》，下列哪一说法是正确的？（2017-1-28）

A. 只要在一个竞争性市场中的经营者达成协调市场行为的协议，就违反该法

B. 只要经营者之间的协议涉及商品或服务的价格、标准等问题，就违反该法

C. 如经营者之间的协议有利于提高行业服务质量和经济效益，就不违反该法

D. 如经营者之间的协议不具备排除、限制竞争的效果，就不违反该法

5. 某燃气公司在办理燃气入户前，要求用户缴纳一笔"预付气费款"，否则不予供气。待不再用气时，用户可申请返还该款项。经查，该款项在用户日常购气中不能冲抵燃气费。根据《反垄断法》的规定，下列哪一说法是正确的？（2016-1-28）

A. 反垄断机构执法时应界定该公司所涉相关市场

B. 只要该公司在当地独家经营，就能认定其具有市场支配地位

C. 如该公司的上游气源企业向其收取预付款，该公司就可向客户收取"预付气费款"

D. 县政府规定了"一个地域只能有一家燃气供应企业"，故该公司行为不构成垄断

6. 某县政府规定：施工现场不得搅拌混凝土，只能使用预拌的商品混凝土。2012 年，县建材协会组织协调县内 6 家生产企业达成协议，各自按划分的区域销售商品混凝土。因货少价高，一些施工单位要求县工商局处理这些企业的垄断行为。根据《反垄断法》，下列哪些选项是错误的？（2013-1-64）

A. 县政府的规定属于行政垄断行为

B. 县建材协会的行为违反了《反垄断法》

C. 县工商局有权对 6 家企业涉嫌垄断的行为进行调查和处理

D. 被调查企业承诺在反垄断执法机构认可的期限内采取具体措施消除该行为后果的，该机构可决定终止调查

第二节 反垄断调查机制及违反《反垄断法》的法律责任

1. 甲企业和乙企业是某地仅有的两家医药疫苗企业，两家企业经友好协商，确定了某疫苗的最低价为 5.6 元/支。对此，下列哪些说法是错误的？（2023 年回忆版）

A. 构成滥用市场支配地位行为

B. 构成垄断协议行为

C. 如甲乙两企业能够证明未造成其他实际损失应当减轻处罚

D. 如甲乙两企业能够证明是为了科技创新，可以不处罚

2. 某市公安局出台文件，指定当地印章协会统一负责全市新型防伪印章系统的开发建设，强令全市公安机关和刻章企业卸载正在使用的、经公安部检测通过的软件系统，统一安装印章协会开发的软件系统，并要求刻章企业向印章协会购买刻章设备和章料。根据《反垄断法》，反垄断执法机构拟采取的下列哪一措施是正确的？（2018 年回忆版）

A. 撤销印章协会的社团资格

B. 责令市公安局改正

C. 对市公安局罚款

D. 建议市人民政府责令市公安局改正

3. 某县会计师行业自律委员会成立之初，达成统筹分配当地全行业整体收入的协议，要求当年市场份额提高的会员应分出自己的部分收入，补贴给市场份额降低的会员。事后，有会员向省级工商行政管理部门书面投诉。关于此事，下列哪些说法是正确的？（2016-1-67）

A. 该协议限制了当地会计师行业的竞争，具有违法性

B. 抑强扶弱有利于培育当地会计服务市场，法律不予禁止

C. 此事不能由省级工商行政管理部门受理，应由该委员会成员自行协商解决

D. 即使该协议尚未实施，如构成违法，也可予以查处

4. 某市甲、乙、丙三大零售企业达成一致协议，拒绝接受产品供应商丁的供货。丙向反垄断执法机构举报并提供重要证据，经查，三企业构成垄断协议行为。关于三企业应承担的法律责任，下列哪些选项是正确的？（2015-1-67）

A. 该执法机构应责令三企业停止违法行为，没收违法所得，并处以相应罚款

B. 丙企业举报有功，可酌情减轻或免除处罚

C. 如丁因垄断行为遭受损失的，三企业应依法承担民事责任

D. 如三企业行为后果极为严重，应追究其刑事责任

5. 某省 L 市旅游协会为防止零团费等恶性竞争，召集当地旅行社商定对游客统一报价，并根据各旅行社所占市场份额，统一分配景点返佣、古城维护费返佣等收入。此计划实施前，甲旅行社主动向反垄断执法机构报告了这一情况并提供了相关证据。关于本案，下列哪些判断是错误的？（2014-1-64）

A. 旅游协会的行为属于正当的行业自律行为

B. 由于尚未实施，旅游协会的行为不构成垄断行为

C. 如构成垄断行为，L 市发改委可对其处以 50 万元以下的罚款

D. 如构成垄断行为，对甲旅行社可酌情减轻或免除处罚

第三节 不正当竞争行为

1. 金硕巅峰公司是一家教培机构，其广告"金硕巅峰，已助众多考生圆梦金硕"在当地颇有影响。飞跃公司为其同行，在自己网站上大力宣传并推广其"金硕 VIP 全程班"。关于飞跃公司的行为，下列哪一说法是正确的？（2022 年回忆版）

A. 合法的竞争行为

B. 构成虚假或引人误解的商业宣传行为

C. 构成混淆行为

D. 构成互联网不正当竞争行为

2. 甲入职 A 公司销售部，双方就 A 公司客户名单签订了保密协议。甲利用职务之便下载了该客户名单，然后辞职开办了 B 公司，按照获取的客户名单逐一给客户打电话，不少客户与 B 公司签订了合同。A 公司遂诉至法院。关于本案，下列哪一说法是正确的？（2022 年回忆版）

A. 客户自愿选择与 B 公司进行交易，甲和 B 公司均不构成侵犯商业秘密行为

B. 甲不是经营者，不构成侵犯商业秘密行为

C. B 公司侵犯了 A 公司的商业秘密

D. 甲、B 公司和与之交易的客户共同侵犯了 A 公司的商业秘密

3. 2020 年，A 科技公司在自己旗下的"天目查"系统抓取 B 玻璃公司 2018 年公开的信息，发布消息称 B 公司已进入破产程序，B 公司因此受到媒体和公众的广泛关注。后查明，该事件发生于 2018 年，2020 年 B 公司并无此种情况。A 科技公司的做法属于下列哪一行为？（2020 年回忆版）

A. 虚假宣传行为

B. 诋毁商誉行为

C. 互联网不正当竞争行为

D. 不合理利用公共信息行为

4. 某网店要求员工以自己的姓名、地址并用网店的钱购买自家网店的货物，然后发空包裹，从而使该网店的销量排名上升到第二。关于该网店的行为，下列哪一选项是正确的？（2019 年回忆版）

A. 混淆行为

B. 虚假宣传行为

C. 诋毁商誉行为

D. 互联网不正当竞争行为

5. 幸运 86 公司系一家互联网信息公司，未经搜瓜网运营方同意，劫持搜瓜网数据，在搜瓜网页面主页右上角设置弹窗，在用户访问搜瓜网时，幸运 86 公司所投放的广告将自动弹出。对于幸运 86 公司的行为，下列哪一说法是正确的？（2018 年回忆版）

A. 构成互联网不正当竞争行为

B. 构成网络避风港原则，不承担责任

C. 构成诋毁商誉行为

D. 幸运 86 公司应为其投放的虚假广告导致的消费者损失承担连带责任

6. 某蛋糕店开业之初，为扩大影响，增加销售，出钱雇人排队抢购。不久，该店门口便时常排起长队，销售盛况的照片也频频出现于网络等媒体，附近同类店家生意随之清淡。对此行为，下列哪一说法是正确的？（2017-1-29）

A. 属于正当的营销行为

B. 构成混淆行为

C. 构成虚假宣传行为

D. 构成商业贿赂行为

7. 甲县善福公司（简称甲公司）的前身为创始于清末的陈氏善福铺，享誉百年，陈某继承祖业后注册了该公司，并规范使用其商业标识。乙县善福公司（简称乙公司）系张某先于甲公司注册，且持有"善福 100"商标权。乙公司在其网站登载善福铺的历史及荣誉，还在其产品包装标注"百年老牌""创始于清末"等字样，但均未证明其与善福铺存在历史联系。甲、乙公司存在竞争关系。关于此事，下列哪些说法是正确的？（2016-1-68）

A. 陈某注册甲公司的行为符合诚实信用原则

B. 乙公司登载善福铺历史及标注字样的行为损害了甲公司的商誉

C. 甲公司使用"善福公司"的行为侵害了乙公司的商标权

D. 乙公司登载善福铺历史及标注字样的行为构成虚假宣传行为

8. 甲公司拥有"飞鸿"注册商标，核定使用的商品为酱油等食用调料。乙公司成立在后，特意将"飞鸿"登记为企业字号，并在广告、企业厂牌、商品上突出使用。乙公司使用违法添加剂生产酱油被媒体曝光后，甲公司的市场声誉和产品销量受到严重影响。关于本案，下列哪些说法是正确的？（2015-1-68）

A. 乙公司侵犯了甲公司的注册商标专用权

B. 乙公司将"飞鸿"登记为企业字号并突出使用的行为构成不正当竞争行为

C. 甲公司因调查乙公司不正当竞争行为所支付的合理费用应由乙公司赔偿

D. 甲公司应允许乙公司在不变更企业名称的情况下以其他商标生产销售合格的酱油

9. 红心地板公司在某市电视台投放广告，称"红心牌原装进口实木地板为你分忧"，并称"强

化木地板甲醛高、不耐用"。此后，本地市场上的强化木地板销量锐减。经查明，该公司生产的实木地板是用进口木材在国内加工而成。关于该广告行为，下列哪一选项是正确的？（2014-1-27）

A. 属于正当竞争行为

B. 仅属于诋毁商誉行为

C. 仅属于虚假宣传行为

D. 既属于诋毁商誉行为，又属于虚假宣传行为

10. 甲酒厂为扩大销量，精心摹仿乙酒厂知名白酒的包装、装潢。关于甲厂摹仿行为，下列哪些判断是错误的？（2014-1-65）

A. 如果乙厂的包装、装潢未获得外观设计专利，则甲厂摹仿行为合法

B. 如果甲厂在包装、装潢上标明了自己的厂名、厂址、商标，则不构成混淆行为

C. 如果甲厂白酒的包装、装潢不足以使消费者误认为是乙厂白酒，则不构成混淆行为

D. 如果乙厂白酒的长期消费者留意之下能够辨别出二者差异，则不构成混淆行为

详　解

第一节　垄断行为

1. [答案] B　　[难度] 易

[考点] 垄断协议行为

[命题和解题思路] 垄断行为是历年法考的高频考点，垄断协议行为更是其中的重点。本题涉及具体垄断行为的判断，这也是常见的命题方式。这种试题，需要掌握各垄断行为的构成要件并注意相互之间的区别。本题主要考查了主体要件。

[选项分析] 纵向垄断协议，是指在生产或者销售过程中处于不同阶段的经营者与交易相对人之间达成的协议。《反垄断法》第 18 条规定："禁止经营者与交易相对人达成下列垄断协议：……"而本题中大米协会与会员之间并非经营者与交易相对人之间的关系，故 A 选项错误。

横向垄断协议，是指具有竞争关系的经营者之间达成的垄断协议。例如，在生产或者销售过程中处于同一阶段的生产商之间、零售商之间或者批发商之间达成的协议。横向垄断协议包括实施固定价格、限制产量、划分市场、限制购买或

开发、联合抵制其他竞争对手等排除、限制竞争的行为。《反垄断法》第 21 条规定："行业协会不得组织本行业的经营者从事本章禁止的垄断行为。"第 16 条规定："本法所称垄断协议，是指排除、限制竞争的协议、决定或者其他协同行为。"第 17 条规定："禁止具有竞争关系的经营者达成下列垄断协议：（一）固定或者变更商品价格；……"该大米协会的自律公约即属于排除、限制竞争的决定，故 B 选项正确。

《反垄断法》第 22 条规定："禁止具有市场支配地位的经营者从事下列滥用市场支配地位的行为：……"而本题中并没有关于市场支配地位的表述，故 C 选项错误。

《反垄断法》第 5 章规定的滥用行政权力排除、限制竞争，其主体是行政机关和法律、法规授权的具有管理公共事务职能的组织，而该大米协会显然不是，故 D 选项错误。

2. [答案] B　　[难度] 易

[考点] 经营者集中、违反反垄断法的法律责任

[命题和解题思路] 本题考查的是违法实施经营者集中的行政处罚。解题时应注意，《反垄断法》规定经营者集中实行"申报—审查"制度，符合申报条件的必须向反垄断执法机构申报，未经申报不得实施集中，即使该集中不具有排除限制竞争的效果，只要有未经申报实施集中的行为也构成违法而要受到相应的行政处罚。未清楚理解经营者集中制度的这一特点，就容易误选。

[选项分析]《反垄断法》第 26 条第 1 款规定："经营者集中达到国务院规定的申报标准的，经营者应当事先向国务院反垄断执法机构申报，未申报的不得实施集中。"第 58 条规定："经营者违反本法规定实施集中，且具有或者可能具有排除、限制竞争效果的，由国务院反垄断执法机构责令停止实施集中、限期处分股份或者资产、限期转让营业以及采取其他必要措施恢复到集中前的状态，处上一年度销售额百分之十以下的罚款；不具有排除、限制竞争效果的，处五百万元以下的罚款。"本题中，甲公司和乙公司以设立合营企业的方式实施经营者集中，是经营者集中的申报义务人，其未依法进行申报，违反《反垄断法》第 26 条，构成未依法申报违法实施的经营者集

中，应当按《反垄断法》第58条进行处罚。丙公司成立后未实施排除限制竞争的行为，丙公司未违法。故 B 选项正确，其余选项均错误。

3. ［答案］BC　　　［难度］易

［考点］垄断行为（垄断协议）

［命题和解题思路］垄断行为是竞争法中的高频考点，本题涉及的垄断协议行为又是垄断行为中出现次数最多的考点。往年试题中，垄断协议虽然多考查横向垄断协议，但纵向垄断协议也考查过数次，且相对容易把握，因此本题难度不大。

［选项分析］《反垄断法》第18条第1款规定："禁止经营者与交易相对人达成下列垄断协议：（一）固定向第三人转售商品的价格；（二）限定向第三人转售商品的最低价格；（三）国务院反垄断执法机构认定的其他垄断协议。"BC 选项分别属于第1、2项规定情形，故 BC 选项正确，而 AD 选项错误。

> **易混淆点解析**
>
> 垄断行为中与价格有关且不涉及行政垄断，只有垄断协议和滥用市场支配地位这两类行为。滥用市场支配地位和垄断协议有一定的相似性，但从构成要件上还是容易作出区分。前者的主体可为一个或多个，但须具有市场支配地位，并且其垄断行为表现为垄断价格、亏本销售、拒绝交易等《反垄断法》第22条所规定的特定行为；后者主体为多个，其垄断行为是通谋或协同一致，具体行为规定于第17条、第18条。而区分第17条规定的横向垄断协议和第18条规定的纵向垄断协议，关键是看市场主体在经营中是居于同一阶段还是不同阶段。此外，垄断协议行为中的主体还包括行业协会，所谓的"协议"不仅指合同（协议），还包括决定或者其他协同行为。同时，经营者只要实施了达成垄断协议的行为，即构成违法，无须考虑结果要件。垄断协议是否实施会影响行政处罚力度，但不影响垄断行为的认定，即"实施"不是垄断行为的构成要件。

4. ［答案］D　　　［难度］易

［考点］垄断行为（垄断协议）

［命题和解题思路］垄断行为是垄断法中的"首号"高频考点，每年的区别往往是涉及不同的垄断行为。本题的关键词是"横向垄断协议"，侧重考查对横向垄断协议行为的概念的理解。本题为单选题，解题思路上可以采用排除法，先把显而易见的错误答案排除。四个选项中，AB 两个选项都使用了"只要……，就……"的绝对性表述，这种表述很难将条件全部、充分地概括出来，故通常都是错的，可直接排除。再看 CD 选项，显然《反垄断法》是反垄断行为的立法，是否构成垄断行为是判断违反该法的根本所在，而垄断行为的本质是一种"排除、限制竞争"的行为，所以应当选择 D 选项。

［选项分析］横向垄断协议的确是指具有竞争关系的经营者之间的排除、限制竞争的协议、决定或者其他协同行为。但是，垄断协议具有"豁免条款"，根据《反垄断法》第20条，并非以限制、排除竞争为目的或者为某种公共利益而达成的合意或者协调一致的行为，是反垄断法允许的，所以 A 选项的说法过于绝对，是错误的。

垄断协议可能涉及商品、服务的价格、标准，但涉及商品、服务的价格、标准的协议不一定是垄断协议，垄断协议必须是以排除、限制竞争为目的的协议，所以 B 选项的说法也过于绝对，是错误的。

《反垄断法》第20条规定，经营者能够证明所达成的协议属于下列情形之一的，不适用本法第17条、第18条第1款、第19条的规定：……（二）为提高产品质量、降低成本、增进效率，统一产品规格、标准或者实行专业化分工的；……属于前款第1项至第5项情形，不适用本法第17条、第18条第1款、第19条规定的，经营者还应当证明所达成的协议不会严重限制相关市场的竞争，并且能够使消费者分享由此产生的利益。所以不能仅仅从"有利于提高行业服务质量和经济效益"判断一个协议是否能适用《反垄断法》，C 选项错误。

《反垄断法》第16条规定："本法所称垄断协议，是指排除、限制竞争的协议、决定或者其他协同行为。"不具备排除、限制竞争效果的协议当然不属于垄断协议，不违反该法。故 D 选项正确。

> **易混淆点解析**
>
> 在垄断协议的违法认定上，有两个易混淆的地方：首先一定要明确垄断协议有"合法"与违法之分，符合"豁免条款"的垄断协议是《反

垄断法》所允许的"合法"的垄断协议；其次，一定要注意垄断协议的"豁免条款"的适用条件。属于**其中法定的五种豁免情形，还得满足"不会严重限制相关市场的竞争"以及"能够使消费者分享由此产生的利益"两个条件**，才是不违法的垄断协议。

5. [答案] A　　[难度] 中

[考点] 垄断行为（滥用市场支配地位行为）

[命题和解题思路] 本题材料的核心是燃气公司要求用户预付一笔"押金"，否则不予供气，无论是燃气公司的地位还是选项均指向的是"滥用市场支配地位行为"的认定。四个备选答案中，A选项涉及相关市场界定，B选项涉及市场支配地位认定，CD选项涉及滥用行为的认定。**认定"滥用市场支配地位行为"的思路通常需要分三步：一是对相关市场的认定；二是对市场支配地位的认定；三是对是否构成滥用的认定。**如此则可直接判断A选项正确，而B选项使用了"只要……，就……"的表述，过于绝对，可直接排除；再分析CD选项是否构成附条件交易的正当理由，从而作出选择。

[选项分析]《国务院反垄断委员会关于相关市场界定的指南》第2条规定，任何竞争行为（包括具有或可能具有排除、限制竞争效果的行为）均发生在一定的市场范围内。界定相关市场就是明确经营者竞争的市场范围。……相关市场的界定通常是对竞争行为进行分析的起点，是反垄断执法工作的重要步骤。故A选项正确。

B选项中的"独家经营"表明"市场只有一个经营者，该经营者占据百分之百市场份额"。但《反垄断法》第24条规定，一个经营者在相关市场的市场份额达到1/2的可以"推定"经营者具有市场支配地位，而不是"认定"。而第23条规定："认定经营者具有市场支配地位，应当依据下列因素：（一）该经营者在相关市场的市场份额，以及相关市场的竞争状况；（二）该经营者控制销售市场或者原材料采购市场的能力；（三）该经营者的财力和技术条件；（四）其他经营者对该经营者在交易上的依赖程度；（五）其他经营者进入相关市场的难易程度；（六）与认定该经营者市场支配地位有关的其他因素。"可见，**市场份额仅是认定经营者具有市场支配地位的要素之一**。故B选项错误。

《反垄断法》第22条规定："禁止具有市场支配地位的经营者从事下列滥用市场支配地位的行为：……（五）没有正当理由搭售商品，或者在交易时附加其他不合理的交易条件；……"可见**"正当理由"是认定滥用行为的阻却事由**。显然"上游气源企业与燃气公司之间"和"燃气公司与客户之间"是相互独立的两个法律关系，"上游企业收预付款"不能成为该公司转嫁经营成本的理由。故C选项错误。

县政府规定"一个地域只能有一家燃气供应企业"，抛开此规定是否构成行政性垄断不谈，该燃气公司就算因此获得市场独占地位，也不能因此实施垄断行为。《反垄断法》第8条规定："国有经济占控制地位的关系国民经济命脉和国家安全的行业以及依法实行专营专卖的行业……经营者应当依法经营，诚实守信，严格自律，接受社会公众的监督，不得利用其控制地位或者专营专卖地位损害消费者利益。""不缴纳预付气费款就不予供气"就是"没有正当理由搭售商品，或者在交易时附加其他不合理的交易条件"的垄断行为。故D选项错误。

难点解析

解答本题中需要注意：一是相关市场、市场支配地位与滥用市场支配地位行为的关系，没有"市场支配地位"就不可能有"滥用市场支配地位行为"，而"市场支配地位"只能是相对于"特定市场"而言；所以相关市场的界定是基础。二是注意区分《反垄断法》关于市场支配地位的"认定"和"推定"，"市场份额"只是"认定"支配地位的因素之一，依据"市场份额"只能"推定"市场支配地位。三是具备市场支配地位并不当然违法，无正当理由实施滥用市场支配地位的行为才是《反垄断法》所禁止的。

6. [答案] ACD　　[难度] 难

[考点] 垄断行为（滥用行政权力排除、限制竞争）、反垄断调查机制（反垄断调查机构、反垄断调查程序）

[命题和解题思路] 自2008年试题中出现滥用行政权力排除、限制竞争的垄断行为（即行政

垄断）外，考试中一直未见其身影，所以行政垄断2013年重出江湖，不禁让人感到意外。由于内含知识点增多，因此题干中的材料也会显得更为复杂。但毕竟是客观题，我们不用担心阅读速度太快遗漏了重要案情而刻意降低，考试题多量大，保持阅读速度至关重要。对相关规定熟悉，看到材料的表述就知其用意。例如，反垄断执法机构最低层级是"省级"，一看到材料中的"县工商局"就知道这是陷阱。倘若对相关规定不熟悉，对材料描述不敏感，则应根据选项来聚焦、回顾，并精读材料中与选项相关的表述，再通盘考量。

[选项分析] 是否选择A，需要正确认定县政府规定的性质，这是本题最易让人混淆的一大陷阱。由于材料中生产商们达成的分割市场协议是典型的垄断协议，会让不少人先入为主、追根溯源地"怪罪"到县政府决定。根据《反垄断法》第45条的规定，行政机关不得滥用行政权力，制定含有排除、限制竞争内容的规定。虽然县政府决定属于抽象行政行为，也可构成行政垄断，但本题中该县政府的规定不含任何排除、限制竞争的内容，而为了保护空气质量，当然不是行政垄断，现场不得搅拌混凝土已成为众多城市的强制要求。简而言之，在材料中垄断协议的产生与县政府规定仅仅前后排列，并无因果关系。故A选项错误，当选。

垄断行为的实施主体一般为经营者，但也有例外，如行政垄断中的公权力机构、垄断协议中的行业协会。行业协会拥有行业自治自律的职能，当其滥用职能以抑制竞争时同样构成垄断行为。根据《反垄断法》第56条的规定，行业协会组织本行业的经营者达成垄断协议的，可能面临罚款、撤销登记等法律责任。本题中县建材协会组织经营者达成分割市场的垄断协议，违反了《反垄断法》。故B选项正确，不当选。

《反垄断法》第13条规定："国务院反垄断执法机构负责反垄断统一执法工作。国务院反垄断执法机构根据工作需要，可以授权省、自治区、直辖市人民政府相应的机构，依照本法规定负责有关反垄断执法工作。"由此可见，反垄断执法权集中于国务院有关部门，虽可授权执法，但授权仅至省级机构，本题中县级工商局不具反垄断执法权。故C选项错误，当选。

《反垄断法》第53条第1款规定，对反垄断执法机构调查的涉嫌垄断行为，被调查的经营者承诺在反垄断执法机构认可的期限内采取具体措施消除该行为后果的，反垄断执法机构可以决定中止调查。所以中止调查不是终止调查，而是附条件地暂时停止调查，反垄断执法机构可视违法行为的性质、程度和持续时间等因素决定是否中止调查，并可视具体情况进而决定是终止调查还是恢复调查。故D选项错误，当选。

> **难点解析**
>
> 认定行政垄断需从"三要件"着手：一是主体要件，行为的实施主体是行政机关或依照法律、法规授权具有管理公共事务职能的其他组织。二是行为要件，具有滥用行政权力的行为，包括抽象行政行为和具体行政行为，如地区封锁、强制交易、制定含有限制竞争内容的规章或命令等。三是结果要件，实质性地产生了破坏市场机制、损害公平竞争秩序，排除或限制竞争的严重后果。

第二节 反垄断调查机制及违反《反垄断法》的法律责任

1. [答案] ACD   [难度] 易

[考点] 垄断协议行为、违反《反垄断法》的法律责任

[命题和解题思路] 本题考查了垄断协议行为。垄断行为是法考中的高频考点，而本题亦为传统题型，包括选项中的"挖坑"，也为往年常见命题套路，因此难度并不大。达成垄断协议尚未实施与已经实施，罚款标准确有不同，但其并非应当减免处罚的法定理由，对此考生如果理解不准确容易漏选C选项。而改进技术、研究开发新产品并非垄断协议豁免的充分条件，还需要满足"经营者还应当证明所达成的协议不会严重限制相关市场的竞争，并且能够使消费者分享由此产生的利益"的条件，否则易漏选D选项。

[选项分析] 《反垄断法》第22条第3款规定，本法所称市场支配地位，是指经营者在相关市场内具有能够控制商品价格、数量或者其他交易条件，或者能够阻碍、影响其他经营者进入相关市场能力的市场地位。本题中并无市场支配地位方面的表述。A选项错误，当选。

《反垄断法》第17条规定，禁止具有竞争关

系的经营者达成下列垄断协议：（一）固定或者变更商品价格……本题中甲乙两家企业协议确定了某疫苗的最低价为 5.6 元/支，构成垄断协议行为。B 选项正确，不当选。

《反垄断法》第 56 条第 1 款规定："经营者违反本法规定，达成并实施垄断协议的，由反垄断执法机构责令停止违法行为，没收违法所得，并处上一年度销售额百分之一以上百分之十以下的罚款，上一年度没有销售额的，处五百万元以下的罚款；尚未实施所达成的垄断协议的，可以处三百万元以下的罚款。经营者的法定代表人、主要负责人和直接责任人员对达成垄断协议负有个人责任的，可以处一百万元以下的罚款。"据此，达成垄断协议尚未实施与已经实施，罚款标准确有不同，但其并非应当减免处罚的法定理由。C 选项错误，当选。

《反垄断法》第 20 条规定，经营者能够证明所达成的协议属于下列情形之一的，不适用垄断协议的规定：（一）为改进技术、研究开发新产品的……属于前款第一项至第五项情形，不适用垄断协议的，经营者还应当证明所达成的协议不会严重限制相关市场的竞争，并且能够使消费者分享由此产生的利益。D 选项错误，当选。

2. ［答案］D　　［难度］易

［考点］违反《反垄断法》的法律责任

［命题和解题思路］垄断行为的判断、调查机制或法律责任，是反垄断法常见的出题套路。本题相对简单，只涉及违反《反垄断法》的法律责任，而且属于行政垄断法律责任的特别之处：反垄断执法机构对行政垄断行为只有建议处理权。

［选项分析］滥用行政权力排除、限制竞争的行为人是市公安局，印章协会本不应承担责任，而且即使行业协会实施垄断协议行为，也应由社团登记管理机关撤销其登记。《反垄断法》第 56 条第 4 款规定："行业协会违反本法规定，组织本行业的经营者达成垄断协议的，由反垄断执法机构责令改正，可以处三百万元以下的罚款；情节严重的，社会团体登记管理机关可以依法撤销登记。"故 A 选项错误。

《反垄断法》第 61 条第 1 款规定："行政机关和法律、法规授权的具有管理公共事务职能的组织滥用行政权力，实施排除、限制竞争行为的，

由上级机关责令改正；对直接负责的主管人员和其他直接责任人员依法给予处分。反垄断执法机构可以向有关上级机关提出依法处理的建议。行政机关和法律、法规授权的具有管理公共事务职能的组织应当将有关改正情况书面报告上级机关和反垄断执法机构。"由于反垄断执法机构对行政垄断行为只有建议处理权。故 B、C 选项错误，而 D 选项正确。

3. ［答案］AD　　［难度］中

［考点］垄断行为（垄断协议）、反垄断调查机制（反垄断调查程序）、违反《反垄断法》的法律责任

［命题和解题思路］垄断协议是《反垄断法》中的最常见的考点。本题指令句无法提供关键词，但材料中关键词非常明显，即"协会达成统筹分配收入的协议"，结合选项自然可知本题考查的是垄断协议的认定、处理及责任追究。在解题思路上，通过分析四个备选项可知 AD 选项与 BC 选项分别表达了两种立场，存在互斥情形，即 AD 主张该协议违法，应当承担法律责任，予以查处；BC 主张该协议不违法，由委员会自行协商解决。

［选项分析］《反垄断法》第 17 条规定："禁止具有竞争关系的经营者达成下列垄断协议：……（三）分割销售市场或者原材料采购市场；……"本题中协议"要求当年市场份额提高的会员应分出自己的部分收入，补贴给市场份额降低的会员"，是人为对销售市场的重新分割，限制了会计服务市场的竞争，损害了"市场份额提高"会员的应得利益，是《反垄断法》禁止的分割销售市场的横向垄断协议行为。再依据《反垄断法》第 21 条："行业协会不得组织本行业的经营者从事本章禁止的垄断行为。"故本题中会计师行业自律委员会组织实施横向垄断协议的行为是违法的。A 选项正确，B 选项错误。

《反垄断法》第 13 条规定，对垄断协议行为，国务院反垄断执法机构或经授权的相应省级机构，负责反垄断执法工作。本题中，该自律委员会组织达成的协议，已经构成违法的横向垄断协议，违反《反垄断法》，应由国务院反垄断执法机构或经授权的相应省级机构（原工商行政管理部门，现为市场监督管理部门）负责执法，而不能自行协商解决。故 C 选项错误。

《反垄断法》第56条第1款规定："经营者违反本法规定，达成并实施垄断协议的，由反垄断执法机构责令停止违法行为，没收违法所得，并处上一年度销售额百分之一以上百分之十以下的罚款，上一年度没有销售额的，处五百万元以下的罚款；尚未实施所达成的垄断协议的，可以处三百万元以下的罚款。经营者的法定代表人、主要负责人和直接责任人员对达成垄断协议负有个人责任的，可以处一百万元以下的罚款。"可见垄断协议行为并不以结果为要件，尚未实施也属违法行为，也可处罚。故D选项正确。

> **易混淆点解析**
>
> 本题中应特别注意，因为行业协会具有的自律管理职能，考生容易把行业协会组织达成的协议误认为内部自律协议，属于自由交易范围，但是《反垄断法》明确禁止行业协会组织本行业的经营者进行垄断协议行为，所以行业协会组织达成的有排除、限制竞争效果的协议是违法的。

4. [答案] ABCD（原答案为ABC） [难度] 难

[考点] 违反《反垄断法》的法律责任

[命题和解题思路] 垄断协议是高频考点，但本题考查的侧重点不是垄断协议行为本身，而是其法律责任，这在以往的考试中尚未出现过，增加了试题难度。A选项表述与追究行政责任的一贯做法相符，且选项中并无罚款数额等细节，明显可知命题人未曾想过设计陷阱，当选。B选项是《反垄断法》"宽恕"制度的体现，当选。有损害就应得到救济，这也算民事责任的常识，C选项当选。

[选项分析]《反垄断法》第56条第1款规定："经营者违反本法规定，达成并实施垄断协议的，由反垄断执法机构责令停止违法行为，没收违法所得，并处上一年度销售额百分之一以上百分之十以下的罚款，上一年度没有销售额的，处五百万元以下的罚款；尚未实施所达成的垄断协议的，可以处三百万元以下的罚款。经营者的法定代表人、主要负责人和直接责任人员对达成垄断协议负有个人责任的，可以处一百万元以下的罚款。"故A选项正确。

《反垄断法》第56条第3款规定："经营者主动向反垄断执法机构报告达成垄断协议的有关情况并提供重要证据的，反垄断执法机构可以酌情减轻或者免除对该经营者的处罚。"故B选项正确。

《反垄断法》第60条第1款规定："经营者实施垄断行为，给他人造成损失的，依法承担民事责任。"故C选项正确。

《反垄断法》第67条规定："违反本法规定，构成犯罪的，依法追究刑事责任。"故D选项正确。（在命题的当年我国立法尚没有关于追究垄断协议的刑事责任的规定，当年不应当选择本选项）

5. [答案] ABC [难度] 中

[考点] 垄断行为（垄断协议）、反垄断调查机制（反垄断调查机构）、违反《反垄断法》的法律责任

[命题和解题思路] 有关竞争法的试题中，考查垄断行为、不正当竞争行为往往涉及行为认定、处理、法律责任、救济途径等"一条龙"式的全过程，这俨然成为命题的"套路"，因此备考时也需要注意将相关知识点串联起来复习。AB选项的共同点是认为该行为合法，而CD则以行为违法为前提，二者之间存在互斥，但在具有共同性的AB选项或者CD选项的内部，由于所述情形或所持理由并不相同，因此不是全对或全错的关系，需要逐项进行分析。

[选项分析]《反垄断法》第17条规定："禁止具有竞争关系的经营者达成下列垄断协议：（一）固定或者变更商品价格；……"第21条规定："行业协会不得组织本行业的经营者从事本章禁止的垄断行为。"本题中旅行社商定统一报价、统一分配收入，已构成固定商品价格的垄断协议行为，且该垄断行为由旅游协会组织。故AB选项错误，当选。

《反垄断法》第13条规定，国务院反垄断执法机构负责反垄断统一执法工作。国务院反垄断执法机构根据工作需要，可以授权省、自治区、直辖市人民政府相应的机构，依照本法规定负责有关反垄断执法工作。可知该省的L市发改委没有反垄断执法权，故C选项错误，当选。

《反垄断法》第56条第3款规定："经营者主动向反垄断执法机构报告达成垄断协议的有关情况并提供重要证据的，反垄断执法机构可以酌情

减轻或者免除对该经营者的处罚。"故 D 选项正确，不当选。

第三节　不正当竞争行为

1. ［答案］C　　　［难度］易

［考点］混淆行为

［命题和解题思路］不正当竞争行为是历年法考的高频考点，混淆行为是其中的重点内容之一。混淆行为、虚假或引人误解的商业宣传行为都涉及虚假、引人误解，但虚假或引人误解的商业宣传行为目的在于提升自己的商誉，一般没有明确针对对象，宣传中只涉及自己的商品或服务。另外，利用了互联网技术，但实施的是传统不正当竞争行为，并非互联网不正当竞争行为。

［选项分析］《反不正当竞争法》第 6 条规定："经营者不得实施下列混淆行为，引人误认为是他人商品或者与他人存在特定联系：……（二）擅自使用他人有一定影响的企业名称（包括简称、字号等）、社会组织名称（包括简称等）、姓名（包括笔名、艺名、译名等）；……"本题中飞跃公司擅自使用同行竞争者有影响的"金硕"，构成混淆行为。故 A 选项错误，C 选项正确。

《反不正当竞争法》第 8 条第 1 款规定："经营者不得对其商品的性能、功能、质量、销售状况、用户评价、曾获荣誉等作虚假或者引人误解的商业宣传，欺骗、误导消费者。"本题中飞跃公司不是只吹嘘自己的 VIP 全程班，还冠名"金硕"，宣传中并非只涉及自己的商品或服务，不构成虚假或引人误解的商业宣传行为，故 B 选项错误。

《反不正当竞争法》第 12 条第 2 款规定："经营者不得利用技术手段，通过影响用户选择或者其他方式，实施下列妨碍、破坏其他经营者合法提供的网络产品或者服务正常运行的行为：……"本题中飞跃公司虽然利用了互联网技术，但实施的是传统不正当竞争行为，并非法律规定的互联网不正当竞争行为。故 D 选项错误。

2. ［答案］C　　　［难度］中

［考点］侵犯商业秘密行为

［命题和解题思路］相较于其他不正当竞争行为，侵犯商业秘密行为在历年试题中出现的频率并不是太高。但是，随着《反不正当竞争法》的

修改，《最高人民法院关于审理侵犯商业秘密民事案件适用法律若干问题的规定》纳入考试范围，可以预计今后试题中侵犯商业秘密行为会成为试题中的"常客"。对侵犯商业秘密行为的构成要件、侵权行为类型、证明责任、赔偿责任均应给予足够的关注。

［选项分析］《最高人民法院关于审理侵犯商业秘密民事案件适用法律若干问题的规定》第 2 条第 2 款规定："客户基于对员工个人的信赖而与该员工所在单位进行交易，该员工离职后，能够证明客户自愿选择与该员工或者该员工所在的新单位进行交易的，人民法院应当认定该员工没有采用不正当手段获取权利人的商业秘密。"本题中，甲违反保密协议下载商业秘密，主动与客户联系，交易达成并非基于"个人信赖"，也不是"客户自愿选择"，故 A 选项错误。

《反不正当竞争法》第 9 条第 1 款和第 2 款规定："经营者不得实施下列侵犯商业秘密的行为：（一）以盗窃、贿赂、欺诈、胁迫、电子侵入或者其他不正当手段获取权利人的商业秘密；……经营者以外的其他自然人、法人和非法人组织实施前款所列违法行为的，视为侵犯商业秘密。"故 B 选项错误。

《反不正当竞争法》第 9 条第 3 款规定："第三人明知或者应知商业秘密权利人的员工、前员工或者其他单位、个人实施本条第一款所列违法行为，仍获取、披露、使用或者允许他人使用该商业秘密的，视为侵犯商业秘密。"B 公司系甲开设，肯定属于明知，故 C 选项正确。

本题中，与 B 公司交易的客户对该商业秘密并无任何侵犯行为，故 D 选项错误。

3. ［答案］D　　　［难度］中

［考点］不正当竞争行为（虚假宣传行为、诋毁商誉行为、互联网不正当竞争行为）

［命题和解题思路］不正当竞争行为是竞争法中的高频考点，在竞争法中，考查《不正当竞争法》的频次超过《反垄断法》。本题中涉及的虚假宣传行为、诋毁商誉行为、互联网不正当竞争行为，在往年试题中也常有出现。但往年试题材料中总给出某一个具体的不正当竞争行为，而本题另辟蹊径，有关行为并不构成不正当竞争行为。这一转换，要求考生对所涉及的不正当竞争行为

的构成要件掌握得更全面，难度因此而增加。

[选项分析]《反不正当竞争法》第8条第1款规定，经营者不得对其商品的性能、功能、质量、销售状况、用户评价、曾获荣誉等作虚假或者引人误解的商业宣传，欺骗、误导消费者。本题中A公司并未对自己的商品作虚假或引人误解的商业宣传。故A选项错误。

《反不正当竞争法》第11条规定，经营者不得编造、传播虚假信息或者误导性信息，损害竞争对手的商业信誉、商品声誉。本题中A公司虽传播了误导性信息，但AB公司之间并非竞争对手，自然也不存在损害竞争对手的商业信誉、商品声誉。故B选项错误。

《反不正当竞争法》第12条第2款规定："经营者不得利用技术手段，通过影响用户选择或者其他方式，实施下列妨碍、破坏其他经营者合法提供的网络产品或者服务正常运行的行为：（一）未经其他经营者同意，在其合法提供的网络产品或者服务中，插入链接、强制进行目标跳转；（二）误导、欺骗、强迫用户修改、关闭、卸载其他经营者合法提供的网络产品或者服务；（三）恶意对其他经营者合法提供的网络产品或者服务实施不兼容；（四）其他妨碍、破坏其他经营者合法提供的网络产品或者服务正常运行的行为。"故C选项错误。

A公司不合理地利用且片面宣传B公司信息，引人误解，损害其商誉，这属于侵权行为，但不构成不正当竞争行为。故D选项正确。

4. [答案] B　　[难度] 易

[考点] 不正当竞争行为（虚假宣传行为）

[命题和解题思路] 对不正当竞争行为的辨别，是这部分最常见的命题套路。往往在选项中还会有一个类似"正当竞争行为"的选项。本题题干素材中明显可看出虚构事实、违反诚信的情节，因此肯定属于不正当竞争行为。前三个选项虽然均涉及虚假，但由于不涉及其他经营者，因此，很容易排除混淆行为、诋毁商誉行为。还需要区别的是，并非采用了互联网技术就一定是互联网不正当竞争行为，只有传统六类不正当竞争行为不能涵盖的流量劫持、不当干扰、恶意不兼容等行为才是。

[选项分析]《反不正当竞争法》第6条规定：

"经营者不得实施下列混淆行为，引人误认为是他人商品或者与他人存在特定联系……"本题的材料中不涉及其他网店或其他商品。故A选项错误。

《反不正当竞争法》第8条第1款规定："经营者不得对其商品的性能、功能、质量、销售状况、用户评价、曾获荣誉等作虚假或者引人误解的商业宣传，欺骗、误导消费者。"本题中网店通过自己刷单，虚构销售状况、虚增销售量，欺骗、误导消费者。故B选项正确。

《反不正当竞争法》第11条规定："经营者不得编造、传播虚假信息或者误导性信息，损害竞争对手的商业信誉、商品声誉。"本题的材料中根本看不到竞争对手。故C选项错误。

《反不正当竞争法》第12条第2款规定："经营者不得利用技术手段，通过影响用户选择或者其他方式，实施下列妨碍、破坏其他经营者合法提供的网络产品或者服务正常运行的行为：（一）未经其他经营者同意，在其合法提供的网络产品或者服务中，插入链接、强制进行目标跳转；（二）误导、欺骗、强迫用户修改、关闭、卸载其他经营者合法提供的网络产品或者服务；（三）恶意对其他经营者合法提供的网络产品或者服务实施不兼容；（四）其他妨碍、破坏其他经营者合法提供的网络产品或者服务正常运行的行为。"该网店并未实施以上行为。故D选项错误。

5. [答案] A　　[难度] 中

[考点] 不正当竞争行为（互联网不正当竞争行为）、消费者权益争议的解决（解决争议的若干特殊规则）

[命题和解题思路] 将《消费者权益保护法》与《产品质量法》等整合在一道试题中，是比较常见的命题套路。但本题将不正当竞争行为与消费者权益保护整合在一道试题中，在以往试题中很少见。不正当竞争行为不仅扰乱市场竞争秩序，损害其他经营者权益，也会损害消费者权益。因此，这种命题方式需要我们留意。

[选项分析]《反不正当竞争法》第12条第2款规定："经营者不得利用技术手段，通过影响用户选择或者其他方式，实施下列妨碍、破坏其他经营者合法提供的网络产品或者服务正常运行的行为：（一）未经其他经营者同意，在其合法提供的网络产品或者服务中，插入链接、强制进行目标跳

转；……"故 A 选项正确。

避风港原则，是指涉及网站、搜索引擎、在线图书馆等著作权侵权案件中，当网络服务提供商只提供空间服务，并不制作网页内容，如果网络服务提供商被告知网页内容侵犯著作权则有删除的义务，否则就被视为侵权。故 B 选项错误。

《反不正当竞争法》第 11 条规定："经营者不得编造、传播虚假信息或者误导性信息，损害竞争对手的商业信誉、商品声誉。"本题中幸运 86 公司既未编造搜瓜网的虚假信息也未损害其商誉。故 C 选项错误。

《广告法》第 56 条第 2、3 款规定："关系消费者生命健康的商品或者服务的虚假广告，造成消费者损害的，其广告经营者、广告发布者、广告代言人应当与广告主承担连带责任。前款规定以外的商品或者服务的虚假广告，造成消费者损害的，其广告经营者、广告发布者、广告代言人，明知或者应知广告虚假仍设计、制作、代理、发布或者作推荐、证明的，应当与广告主承担连带责任。"选项 D 中，未明确是否关系消费者生命健康，因此，适用第 2 款还是第 3 款并不清楚，承担连带责任时在第 3 款情形下是需要"明知或应知"，幸运 86 公司是否"明知或应知"仍不清楚，所以断然强调该公司一概承担连带责任是错误的。故 D 选项错误。

6. ［答案］C　　［难度］中

［考点］不正当竞争行为（虚假宣传行为）

［命题和解题思路］本题材料源于生活中的真实案例，考查的是对不正当竞争行为的认定，这是高频考点。这类试题在解题时通常需要分两个步骤进行判断：首先，判断是属于正当竞争还是不正当竞争，判断依据为是否符合"法律或商业道德"，是否"违反诚实信用"；其次，如果属于不正当竞争，再进一步比较分析属于哪种不正当竞争行为，判断依据是各种不正当竞争行为的构成要件。

［选项分析］某蛋糕店开业之初，为扩大影响增加销售，出钱雇人排队抢购，造成虚假繁荣，并导致同行经营者生意受损，已经违反了"诚实信用"原则，不属于正当营销。故 A 选项错误。

根据《反不正当竞争法》第 6 条的规定，混

淆行为是指经营者利用法律规定的手段实施的，足以引人误认为是他人商品或者与他人存在特定联系的行为。本题中蛋糕店出钱雇人排队抢购，根本目的是人为制造销售繁荣的虚假声势，引消费者误认其产品质量好，而不是要与其他经营者混淆，给他人做嫁衣。故 B 选项错误。

《反不正当竞争法》第 8 条第 1 款规定："经营者不得对其商品的性能、功能、质量、销售状况、用户评价、曾获荣誉等作虚假或者引人误解的商业宣传，欺骗、误导消费者。"本题中蛋糕店出钱雇人排队抢购，属于对销售状况、质量作虚假或者引人误解的商业宣传。故 C 选项正确。

《反不正当竞争法》第 7 条规定："经营者不得采用财物或者其他手段贿赂下列单位或者个人，以谋取交易机会或者竞争优势：……"商业贿赂行为的认定通常需要考虑"是否如实入账""是否采用明示方式"这些要件。本题中蛋糕店出钱雇人排队抢购，与行贿受贿没有关联。故 D 选项错误。

> **难点解析**
>
> 认定不正当竞争行为需要着重把握：（1）"一般条款"与具体不正当竞争行为条款的关系。"一般条款"指不正当竞争行为的定义条款。《反不正当竞争法》第 2 条第 1、2 款规定："经营者在生产经营活动中，应当遵循自愿、平等、公平、诚信的原则，遵守法律和商业道德。本法所称的不正当竞争行为，是指经营者在生产经营活动中，违反本法规定，扰乱市场竞争秩序，损害其他经营者或者消费者的合法权益的行为。"鉴于市场竞争手段变幻无穷，法律本身难以穷尽所有的不正当竞争手段和行为，所以在属于正当营销还是不正当竞争的判断上，是否符合"法律或商业道德"，是否"违反诚实信用"才是根本的衡量标准，切记不能以其未在具体不正当竞争行为中规定就当然认定其属于正当营销。（2）各个具体不正当竞争行为之间容易混淆，所以应当认真比较区分各个不正当竞争行为的构成要件，比如混淆行为的本质在于把甲误认为乙或者误认甲与乙有特定联系；虚假或引人误解的商业宣传的核心是欺骗、误导消费者的宣传；商业贿赂行为强调"账外""暗中"等，如此方能对不正当竞争行为进行正确的判断。

7. ［答案］AD ［难度］难

［考点］不正当竞争行为（诋毁商誉行为、虚假宣传行为）

［命题和解题思路］不正当竞争行为是竞争法中的高频考点，本题所涉及的诋毁商誉行为和虚假宣传行为已考过多次。本题核心是甲、乙两个善福公司之间因商标在先注册、商号在先使用及对"善福铺"历史的宣传而引发争议，考查的重点是商标侵权行为及不正当竞争行为的认定。解题时首先需要认真理清甲、乙之间错综复杂的关系，再分析各备选项需要判断的重点，最后结合《反不正当竞争法》和《商标法》进行选择。A选项重在判断陈某注册公司时把别人注册在先的商标作为商号使用有无正当性；B选项的重点在认定诋毁商誉的不正当竞争行为；C选项的重点是认定商标侵权行为；D选项的重点在认定虚假宣传不正当竞争行为。

［选项分析］陈某是"陈氏善福铺"的继承人，陈某注册甲公司使用"善福"这个"老字号"有合理、正当原因，是善意的，更不是为了与乙公司混淆。故A选项正确。

《反不正当竞争法》第11条规定："经营者不得编造、传播虚假信息或者误导性信息，损害竞争对手的商业信誉、商品声誉。"乙公司在网站登载善福铺历史及标注字样，传播的都是真实信息，不存在对甲公司商誉造成损害。故B选项错误。

乙公司在先注册取得了"善福100"商标权，虽然甲公司在后将"善福"用作企业名称中的字号使用，但其使用有合理性：一是甲本是善福铺"老字号"的继承人，是"善福"字号的在先使用人；二是甲一直规范使用其商业标识，所以甲没有侵犯乙的商标权。故C选项错误。

《反不正当竞争法》第8条第1款规定："经营者不得对其商品的性能、功能、质量、销售状况、用户评价、曾获荣誉等作虚假或者引人误解的商业宣传，欺骗、误导消费者。"甲、乙公司存在竞争关系，而乙公司在其网站登载善福铺的历史及荣誉，在其产品包装标注"百年老牌""创始于清末"等字样，但均未证明其与善福铺存在历史联系。显然是要假借"善福铺"的历史让消费者误认，属于对品牌来源进行虚假宣传。故D选项正确。

"将他人注册商标、未注册的驰名商标作为企业名称中的字号使用，误导公众"的行为，俗称"傍名牌"，已经由《商标法》第58条明确规定为不正当竞争行为，依照《反不正当竞争法》处理。但同时，《商标法》又承认了对"在先权利"的保护，按《商标法》第32条规定，申请商标注册不得损害他人现有的在先权利，也不得以不正当手段抢先注册他人已经使用并有一定影响的商标。所以在涉及商标侵权与商标混淆行为的认定时，要注意"在先的注册商标专用权"与"商业标识的在先使用权"的关系，不要忽略了在先权利的保护。

8. ［答案］ABC ［难度］易

［考点］不正当竞争行为（混淆行为）、违反《反不正当竞争法》的法律责任

［命题和解题思路］不正当竞争行为是高频考点，混淆行为更为其典型，本题将不正当竞争行为及其法律责任融入一题，也是常见的命题"套路"。本题指令句不能提供关键词信息，但题干材料与选项的指向清楚。虽然A选项与《商标法》有关，但商标与企业字号的混淆本为常见案例，因此不难选择。题干表述材料时使用"特意""突出使用""受到严重影响"等词汇，明显指向混淆行为，B选项当选。CD选项源自法律明确规定，但D选项稍隐晦一些。考虑到甲公司作为不当竞争的受害人，无义务（针对选项中的"应"）允许乙公司维持企业字号，也容易作出选择。

［选项分析］《商标法》第58条规定："将他人注册商标、未注册的驰名商标作为企业名称中的字号使用，误导公众，构成不正当竞争行为的，依照《中华人民共和国反不正当竞争法》处理。"《反不正当竞争法》第6条规定："经营者不得实施下列混淆行为，引人误认为是他人商品或者与他人存在特定联系：……（四）其他足以引人误认为是他人商品或者与他人存在特定联系的混淆行为。"乙公司将他人注册商标登记为企业字号，且其违法行为曝光后甲公司深受影响，足以表明乙公司是"傍大腕"的混淆行为。故AB选项正确。

《反不正当竞争法》第17条第3款规定："因

不正当竞争行为受到损害的经营者的赔偿数额，按照其因被侵权所受到的实际损失确定；实际损失难以计算的，按照侵权人因侵权所获得的利益确定。赔偿数额还应当包括经营者为制止侵权行为所支付的合理开支。"故 C 选项正确。

《反不正当竞争法》第 18 条第 1 款规定："经营者违反本法第六条规定实施混淆行为的，由监督检查部门责令停止违法行为，……情节严重的，吊销营业执照。"第 2 款规定："经营者登记的企业名称违反本法第六条规定的，应当及时办理名称变更登记；名称变更前，由原企业登记机关以统一社会信用代码代替其名称。"故 D 选项错误。

9. [答案] D　　[难度] 中

[考点] 不正当竞争行为（虚假宣传行为、诋毁商誉行为）

[命题和解题思路] 本题通过一个广告考查了两种不正当竞争行为，两句广告语其实分别代表了两种不同的不正当竞争行为，而涉及的虚假宣传行为和诋毁商誉行为又容易混同，这增加了试题难度。读题干材料时并不一定能清楚感觉到试题有考查两种不正当竞争行为的用意，但看到选项时则应意识到这点，此时应回顾材料再进行辨别。一般来说，"原装进口"与后文的"国内加工"对应，辨别其构成虚假宣传应无问题，但试题以用语精练为原则，材料中的"强化木地板甲醛高、不耐用""销量锐减"不可能空穴来风，自然应多加留意。

[选项分析]《反不正当竞争法》第 8 条第 1 款规定："经营者不得对其商品的性能、功能、质量、销售状况、用户评价、曾获荣誉等作虚假或者引人误解的商业宣传，欺骗、误导消费者。"原装进口是指货物的生产、加工、组装甚至包装均在境外进行，而红心地板公司明示其地板为原装进口，实际上在国内生产加工，所以构成虚假宣传行为。故 AB 选项错误。

《反不正当竞争法》第 11 条规定："经营者不得编造、传播虚假信息或者误导性信息，损害竞争对手的商业信誉、商品声誉。"与实木地板相比，强化木地板具有价格较低、耐磨、耐冲击、防潮防霉等优点，而且强化木地板有着众多厂商、不同等级、不同制作成分和工艺，不能片面说其"甲醛高、不耐用"。红心地板公司的比较广告以

偏概全，歪曲了事实真相，其宣传导致"本地市场上的强化木地板销量锐减"，具有误导性。诋毁商誉行为不仅指损害竞争对手的商业信誉，还包括损害其商品声誉，其宣传贬低、损害了该市所有强化木地板的商品声誉，诋毁对象为该市所有强化木地板商。诋毁对象数量多少不重要，关键是诋毁对象是否特定，判断诋毁对象是否特定，关键在于能否被消费者识别，消费者会否对诋毁对象有错误认识并进而做出相应的消费判断或消费决策。正因如此，通常以同行业所有其他经营者为竞争对手而进行贬低宣传的比较广告都属于诋毁商誉行为。故 C 选项错误，D 选项正确。

易混淆点解析

《反不正当竞争法》禁止经营者在竞争中使用误导消费者的不真实或者虚假的手法。不正当竞争行为中，虚假宣传行为、诋毁商誉行为、混淆行为均与"虚假手法"有关，虚假宣传行为和诋毁商誉行为有更多相似之处：都有"虚假事实"和"引人误解"的手法，而且诋毁商誉行为往往以虚假宣传的方式来实现。但是二者也存在区别：诋毁商誉行为中，如果存在虚假宣传则也仅仅以之作为手段，其目的是诋毁（降低竞争对手的商誉和竞争力），其对象是一个或多个特定的竞争对手（一个人或者某群人、某类人），除了涉及自己的商品或服务外，还涉及同行竞争者的商品和服务，一般以比较广告的方式进行。而虚假宣传行为，其目的在于提升自己的商誉和竞争力，一般没有明确的针对对象，宣传中只涉及自己的商品或服务。此外，法律规定的"虚假"，不能等同于虚构事实，其强调的重点在于与事实相违背、相偏离，即使信息真实但表述不当，如断章取义、夸大扭曲、以偏概全等，仍然属于"虚假"。

10. [答案] ABD　　[难度] 中

[考点] 不正当竞争行为（商业混淆行为）

[命题和解题思路] 本题指向非常明确，从题干材料中"精心摹仿""包装、装潢"很容易让人想到《反不正当竞争法》第 6 条规定的混淆行为，而从选项中，可知本题目的在于考查混淆行为的认定。这就不是简单的"法条"题了，需要加强对法条的理解和运用。四个选项从四个不同

的角度考查对混淆行为认定的理解，选项之间无排斥或提示，只能结合混淆行为的构成要件逐一辨别其真伪。

[选项分析]《反不正当竞争法》第6条规定："经营者不得实施下列混淆行为，引人误认为是他人商品或者与他人存在特定联系：（一）擅自使用与他人有一定影响的商品名称、包装、装潢等相同或者近似的标识；……"从本规定可知，认定混淆行为，与混淆对象是否获得专利无关。故A选项错误，当选。与混淆对象上是否标明自己的厂名、厂址、商标等无关。故B选项错误，当选。只有该行为导致购买者发生误认才属于混淆行为。既然不足以导致误认就不属于混淆行为。故C选项正确，不当选。误认的判断标准以普通购买者的一般注意力为准，长期消费者在特别留意之下

即使能够辨别也与判断"误认"无关。故D选项错误，当选。

难点解析

判断混淆行为，需注意两个要件：一是具有欺诈、仿冒行为，二是具有引人误认的结果。经营者的行为不是单纯的"以次充好""以假乱真"，而是使购买者发生错误认识，误以为是他人商品或者与他人存在特定联系，一般表现为"傍大腕""狐假虎威"。至于行为对象是包装、装潢还是企业名称、域名等则并非关键。而判断是否引人误认，以普通购买者的一般注意力为准，不是"老主顾""行家里手"的注意力，也不是普通购买者的"特别留意""仔细察看"的注意力。

第二章　消费者法

试　题

第一节　消费者权利与经营者义务

1. 某企业投放了某品牌的共享充电宝供用户租用。用户需要先扫二维码，同意用户协议后才能看到收费标准。同一品牌的共享充电宝即使货架相隔不到100米，计费单价也存在较大差异。该企业还利用二维码中隐藏的软件，向拒绝提供个人信息的消费者自动推送广告。该企业侵害了消费者的以下哪些权益？（2023年回忆版）

A. 自主选择权　　B. 公平交易权
C. 知情权　　　　D. 个人信息权

2. 张某从某网店购买一套汽车坐垫。货到拆封后，张某因不喜欢其花色款式，多次与网店交涉要求退货。网店的下列哪些回答是违法的？（2014-1-66）

A. 客户下单时网店曾提示"一经拆封，概不退货"，故对已拆封商品不予退货
B. 该商品无质量问题，花色款式也是客户自选，故退货理由不成立，不予退货
C. 如网店同意退货，客户应承担退货的运费
D. 如网店同意退货，货款只能在一个月后

退还

3. 彦某将一套住房分别委托甲、乙两家中介公司出售。钱某通过甲公司看中该房，但觉得房价太高。双方在看房前所签协议中约定了防"跳单"条款：钱某对甲公司的房源信息负保密义务，不得利用其信息撇开甲公司直接与房主签约，否则支付违约金。事后钱某又在乙公司发现同一房源，而房价比甲公司低得多。钱某通过乙公司买得该房，甲公司得知后提出异议。关于本案，下列哪些判断是错误的？（2014-1-68）

A. 防"跳单"条款限制了消费者的自主选择权
B. 甲公司抬高房价侵害了消费者的公平交易权
C. 乙公司的行为属于不正当竞争行为
D. 钱某侵犯了甲公司的商业秘密

第二节　违反《消费者权益保护法》的法律责任

1. 某省某市消费者协会在商业宣传中大力推荐某公司生产但尚未获得审批的减肥保健品。甲在该公司设在某商场的店铺内购买了此产品，并送给同事乙。乙和丈夫丙服用后呕吐不止。该公

司得知消息后立即与商场解除租赁合同并撤走柜台。关于赔偿，下列哪一说法是正确的？（2023 年回忆版）

　　A. 丙无权向消费者协会主张赔偿

　　B. 乙无权向该商场主张赔偿

　　C. 甲有权向该公司主张赔偿

　　D. 该消费者协会可提起公益诉讼

📶 *2.* 胡某到某超市购买日用品，获赠一瓶酸梅汁。酸梅汁瓶上标签写明：常温保存，保质期 3 天。胡某顺道还在某商场购买了一台冰箱。回家后把酸梅汁放冰箱冷藏室，第二天发现冰箱不能制冷，遂将酸梅汁喝完。由于酸梅汁变质，致胡某腹泻住院治疗。关于胡某住院治疗费用，下列哪一选项是正确的？（2019 年回忆版）

　　A. 由于酸梅汁是无偿赠品，超市无需赔偿

　　B. 由于酸梅汁变质导致住院治疗，胡某有权要求该超市赔偿

　　C. 由于冰箱不能制冷导致酸梅汁变质，胡某有权要求该商场赔偿

　　D. 胡某已发现冰箱不能制冷，这会导致食物变质，因此胡某也应分担损害赔偿

📶 *3.* 甲在乙公司办理了手机通讯服务，业务单约定：如甲方（甲）预付费使用完毕而未及时补交款项，乙方（乙公司）有权暂停甲方的通讯服务，由此造成损失，乙方概不担责。甲预付了费用，1 年后发现所用手机被停机，经查询方得知公司有"话费有效期满暂停服务"的规定，此时账户尚有余额，遂诉之。关于此事，下列哪些说法是正确的？（2016-1-69）

　　A. 乙公司侵犯了甲的知情权

　　B. 乙公司提供格式条款时应提醒甲注意暂停服务的情形

　　C. 甲有权要求乙公司退还全部预付费

　　D. 法院应支持甲要求乙公司承担惩罚性赔偿的请求

第三节　产品质量法

📶 *1.* 张某购买了一张箱体床，生产厂家承诺：保质期三年，终身维修。三年后的某天晚上，张某在正常睡觉时床体坠落，导致右臂骨折。厂家对该床存在的缺陷没有明显提示，我国目前关于箱体床并无国家标准。对此，下列哪一说法是正确的？（2023 年回忆版）

　　A. 由于没有国家标准，无法确定该床是否存在缺陷

　　B. 张某摔伤属于意外事件，厂家不用赔偿

　　C. 虽然超过保质期，厂家依然要赔偿

　　D. 张某索赔时要提供产品质量缺陷的证明

📶 *2.* 张三在寝室备战法考，隔壁寝室的同学李四、王五强烈邀请其打开电视观看世界杯，张三照办。由于质量问题，电视机突然爆炸，三人均受重伤。关于三人遭受的损害，下列哪一选项是正确的？（2018 年回忆版）

　　A. 张三可要求电视机的销售者承担赔偿责任

　　B. 张三可要求李四、王五承担损害赔偿责任

　　C. 李四、王五无权要求电视机的销售者承担赔偿责任

　　D. 张三、李四有权要求王五承担损害赔偿责任

📶 *3.* 霍某在靓顺公司购得一辆汽车，使用半年后去靓顺公司维护保养。工作人员告诉霍某该车气囊电脑存在故障，需要更换。霍某认为此为产品质量问题，要求靓顺公司免费更换，靓顺公司认为是霍某使用不当所致，要求其承担更换费用。经查，该车气囊电脑不符合产品说明所述质量。对此，下列哪一说法是正确的？（2017-1-30）

　　A. 霍某有权请求靓顺公司承担违约责任

　　B. 霍某只能请求该车生产商承担免费更换责任

　　C. 霍某有权请求靓顺公司承担产品侵权责任

　　D. 靓顺公司和该车生产商应当连带承担产品侵权责任

📶 *4.* 某家具店出售的衣柜，如未被恰当地固定到墙上，可能发生因柜子倾倒致人伤亡的危险。关于此事，下列哪些说法是正确的？（2016-1-70）

　　A. 该柜质量应符合产品安全性的要求

　　B. 该柜本身或其包装上应有警示标志或者中文警示说明

　　C. 质检部门对这种柜子进行抽查，可向该店收取检验费

　　D. 如该柜被召回，该店应承担购买者因召回支出的全部费用

5. 孙某从某超市买回的跑步机在使用中出现故障并致其受伤。经查询得知，该型号跑步机数年前已被认定为不合格产品，超市从总经销商煌煌商贸公司依正规渠道进货。下列哪些选项是正确的？（2013-1-66）

A. 孙某有权向该跑步机生产商索赔

B. 孙某有权向煌煌商贸公司、超市索赔

C. 超市向孙某赔偿后，有权向该跑步机生产商索赔

D. 超市向孙某赔偿后，有权向煌煌商贸公司索赔

第四节　食品安全法

1. 苗苗公司因对贫困山区的巨额捐赠而名声大振，其生产的鲜奶经某食品检测机构检测合格。在茂茂公司组织的集散活动市场上，孙某从盛盛公司摊点购买了该鲜奶，饮用后身体受到损害，诉至法院请求赔偿。经查，茂茂公司组织集散活动市场时未履行审查、报告义务；盛盛公司履行了进货查验等义务，且不知道该鲜奶不符合食品安全标准，能如实说明其进货来源；某食品检测机构出具了不实检验报告，具有过失。关于孙某请求的赔偿责任，下列哪些说法是正确的？（2022年回忆版）

A. 苗苗公司应承担赔偿责任

B. 盛盛公司应承担赔偿责任

C. 茂茂公司应承担连带赔偿责任

D. 该食品检测机构应承担连带赔偿责任

2. 匡某在某超市购买了进口食品，因成分和商品标注的国际标准不一致而诉至法院，要求超市退还货款并支付惩罚性赔偿。经查，该食品的成分虽不符合所标注的国际标准，但符合我国食品安全国家标准，超市并非故意欺骗。关于本案，超市应当承担下列哪一种责任？（2021年回忆版）

A. 退还货款并支付价款10倍的赔偿金

B. 退还货款并支付价款3倍的赔偿金

C. 退还货款

D. 不承担赔偿责任

3. 甲公司在A市生产某保健食品，为推广其产品在微博上进行宣传，由明星乙代言并宣传其产品为B国原装进口，促销期间，推出买三套产品送一箱牛奶的活动。丙购买后食用出现食物中毒，经检查发现牛奶的菌落超标。对此，下列哪些说法是正确的？（2020年回忆版）

A. 无论是保健食品不合格还是牛奶不合格，甲公司均应当承担赔偿责任

B. 因牛奶为赠品，即便是因牛奶不合格造成丙的损害，甲公司可以免责

C. 乙应当承担赔偿责任

D. 微博应当承担赔偿责任

4. 某县海产品公司养殖海产品时使用农药杀敌害，其中一批海产品卖给了某饭店。饭店举行大型婚宴使用了该批海产品，致多人食物中毒。关于该食品安全事故的处置，下列哪些说法是正确的？（2020年回忆版）

A. 该饭店应及时向县食品安全监管、卫生行政部门报告

B. 县疾病防控中心应向县食品安全监管、卫生行政部门提交流行病学调查报告

C. 县卫生行政部门应责令该海产品公司提交环境影响评价报告

D. 县卫生行政部门应对事故现场进行卫生处理

5. 消费者曹某从某土特产超市购买了野生菇一包（售价50元），食用后口吐白沫、倒地不起，被紧急送往医院抢救，花费医疗费5000元。事后查明，该野生菇由当地企业蘑菇世家生产，因不符合食品安全标准，已多次发生消费者食物中毒事件。关于本案的责任承担，下列哪些说法是正确的？（2018年回忆版）

A. 土特产超市发现食品安全事故后，应当立即停止销售，召回已经销售的野生菇

B. 如曹某要求土特产超市赔偿，该超市有权以无过错为由拒绝赔偿

C. 曹某有权获得最高1.5万元的惩罚性赔偿金

D. 若生产企业财产不足以同时支付行政罚款和民事赔偿，应当先行支付民事赔偿

6. 李某花2000元购得某省M公司生产的苦茶一批，发现其备案标准并非苦茶的标准，且保质期仅为9个月，但产品包装上显示为18个月，遂要求该公司支付2万元的赔偿金。对此，下列哪些说法是正确的？（2017-1-67）

A. 李某的索赔请求于法有据

B. 茶叶的食品安全国家标准由国家卫计委制定、公布并提供标准编号

C. 没有苦茶的食品安全国家标准时，该省卫计委可制定地方标准，待国家标准制定后，酌情存废

D. 国家鼓励该公司就苦茶制定严于食品安全国家标准或地方标准的企业标准，在该公司适用，并报该省卫计委备案

📶 **7.** 李某从超市购得橄榄调和油，发现该油标签上有"橄榄"二字，侧面标示"配料：大豆油、橄榄油"，吊牌上写明："添加了特等初榨橄榄油"，遂诉之。经查，李某事前曾多次在该超市"知假买假"。关于此案，下列哪些说法是正确的？（2016-1-71）

A. 该油的质量安全管理，应遵守《农产品质量安全法》的规定

B. 该油未标明橄榄油添加量，不符合食品安全标准要求

C. 如李某只向该超市索赔，该超市应先行赔付

D. 超市以李某"知假买假"为由进行抗辩的，法院不予支持

📶 **8.** 曾某在某超市以 80 元购买酸奶数盒，食用后全家上吐下泻，为此支付医疗费 800 元。事后发现，其所购的酸奶在出售时已超过保质期，曾某遂要求超市赔偿。对此，下列哪些判断是正确的？（2014-1-67）

A. 销售超过保质期的食品属于违反法律禁止性规定的行为

B. 曾某在购买时未仔细查看商品上的生产日期，应当自负其责

C. 曾某有权要求该超市退还其购买酸奶所付的价款

D. 曾某有权要求该超市赔偿 800 元医疗费，并增加赔偿 800 元

详 解

第一节　消费者权利与经营者义务

1. [答案] BCD　　[难度] 易

[考点] 消费者的权利与经营者的义务（消费者的权利）

[命题和解题思路] 本题考查了消费者的权利。消费者权利在司考时代曾是考查热点，但近几年法考回忆版试题中并未考查这一知识点。此番卷土重来，并且选项只涉及消费者权利，属于较早时期司考试题的套路。而司考后期，消费者权利往往只是其中的一两个选项，这一考试套路与考查趋势值得留意。

[选项分析]《消费者权益保护法》第 9 条规定，消费者享有自主选择商品或者服务的权利。消费者有权自主选择提供商品或者服务的经营者，自主选择商品品种或者服务方式，自主决定购买或者不购买任何一种商品、接受或者不接受任何一项服务。消费者在自主选择商品或者服务时，有权进行比较、鉴别和挑选。本题中并无强买强卖等侵犯消费者自主选择权的行为。A 选项错误。

《消费者权益保护法》第 10 条规定，消费者享有公平交易的权利。消费者在购买商品或者接受服务时，有权获得质量保障、价格合理、计量正确等公平交易条件，有权拒绝经营者的强制交易行为。B 选项正确。

《消费者权益保护法》第 8 条规定，消费者享有知悉其购买、使用的商品或者接受的服务的真实情况的权利。消费者有权根据商品或者服务的不同情况，要求经营者提供商品的价格、产地、生产者、用途、性能、规格、等级、主要成份、生产日期、有效期限、检验合格证明、使用方法说明书、售后服务，或者服务的内容、规格、费用等有关情况。C 选项正确。

《消费者权益保护法》第 14 条规定，消费者在购买、使用商品和接受服务时，享有人格尊严、民族风俗习惯得到尊重的权利，享有个人信息依法得到保护的权利。D 选项正确。

2. [答案] ABD　　[难度] 中

[考点] 消费者的权利与经营者的义务

[命题和解题思路] 2013 年修正了《消费者权益保护法》，本题考查了该法新增加的"消费者反悔权"规定，是"逢新必考"的体现。从生活经验中，应容易判断出 A 选项中店家提示是"霸王条款"，不拆封怎能知道商品如何、应否退货？B 选项与法律规定的"无理由退货"明显相悖。与无理由退货相联系，退货并非因为货物质量有问题，店家不一定具有可归责性，因此客户承担

退货运费理所当然。D 选项中"只能"这种绝对性表述往往意味着是错误选项。所以，本题难度不大，大体理解后悔权相关规定，都能正确选择。

[选项分析]《消费者权益保护法》第 26 条第 2、3 款规定："经营者不得以格式条款、通知、声明、店堂告示等方式，作出排除或者限制消费者权利、减轻或者免除经营者责任、加重消费者责任等对消费者不公平、不合理的规定，不得利用格式条款并借助技术手段强制交易。格式条款、通知、声明、店堂告示等含有前款所列内容的，其内容无效。"网店"一经拆封，概不退货"的声明属于排除消费者权利、免除经营者责任的做法。故 A 选项当选。

《消费者权益保护法》第 25 条第 1、2 款规定："经营者采用网络、电视、电话、邮购等方式销售商品，消费者有权自收到商品之日起七日内退货，且无需说明理由，但下列商品除外：（一）消费者定作的；（二）鲜活易腐的；（三）在线下载或者消费者拆封的音像制品、计算机软件等数字化商品；（四）交付的报纸、期刊。除前款所列商品外，其他根据商品性质并经消费者在购买时确认不宜退货的商品，不适用无理由退货。"本题涉及的汽车坐垫不属于除外商品，消费者有权主张反悔权。故 B 选项当选。

《消费者权益保护法》第 25 条第 3 款规定，经营者应当自收到退回商品之日起 7 日内返还消费者支付的商品价款。退回商品的运费由消费者承担；经营者和消费者另有约定的，按照约定。故 C 选项不当选，D 选项当选。

[难点解析]
反悔权仅仅适用于网络等远程购物情形，而诸如商场购物等方式则不能适用。鉴于远程购物的"非现场性"，导致消费者对商品的品质、外观等不能获得完整而准确的信息，从而导致不真实的意思表示，因此，《消费者权益保护法》修改时新增了远程购物消费者的反悔权，除法律规定的不宜退货商品外，消费者有权自收到商品之日起 7 天内无理由退货。另外，根据《消费者权益保护法》第 25 条的规定，消费者无理由退货的商品应当"完好"，这里的"完好"应当指商品本身完好、不影响商品的二次销售，不能把商品"完好"理解为包装完好。

3. [答案] ABCD　　[难度] 难
[考点] 消费者的权利、侵犯商业秘密行为
[命题和解题思路] 本题较难，一方面是因为需要运用多个知识去判断选项正误；另一方面，更为重要的是"防跳单"条款原来在实务中存在争议，因而具有相当的"迷惑性"。自主选择权，针对的是交易对象，限制交易对象也需从多方面衡量，不能简单地认为但凡对消费者不利就属违法。而在阅读题干材料时还需要注意，甲、乙两个中介公司共享房屋信息，因而具有竞争关系，但这源于房主彦某的分别委托，属于市场竞争中的正常现象，与《反不正当竞争法》禁止的不正当竞争无关。

[选项分析]《消费者权益保护法》第 9 条第 2、3 款规定："消费者有权自主选择提供商品或者服务的经营者，自主选择商品品种或者服务方式，自主决定购买或者不购买任何一种商品、接受或者不接受任何一项服务。消费者在自主选择商品或者服务时，有权进行比较、鉴别和挑选。"本条规定了消费者的自主选择权，"防跳单"条款并未限制消费者的自主选择权，消费者仍可选择其他中介公司。故 A 选项错误，当选。

《消费者权益保护法》第 10 条第 2 款规定："消费者在购买商品或者接受服务时，有权获得质量保障、价格合理、计量正确等公平交易条件，有权拒绝经营者的强制交易行为。"本题中甲公司虽有提高房价的行为，但是，该行为因为甲公司既不具有市场垄断地位，又没有强迫消费者必须与之交易，所以不构成对消费者公平交易权的侵犯。故 B 选项错误，当选。

乙公司通过降低价格以获取更多的交易机会，既不属于《反垄断法》规定的滥用市场支配地位、低于成本销售的行为，且通过彦某的委托而获得房源信息，也不属于《反不正当竞争法》规定的侵犯商业秘密的情形，是合法的市场竞争行为。故 C 选项错误，当选。

钱某并没有告知乙公司有关售房信息，乙公司知晓该信息源自房主委托，故钱某侵犯商业秘密无从谈起。故 D 选项错误，当选。

[难点解析]
本题中，"防跳单"条款只是防止消费者从中介公司处知晓相关信息而又抛开中介公司直接

与房主签约，并非限制消费者选择其他中介公司，是中介公司保护自己权益的合理要求，并且双方的意思表示真实、自愿，无损消费者权益。关于此点，在最高人民法院颁布的指导案例中也已明确。所以**备考时指导案例是必读项目**。

第二节　违反《消费者权益保护法》的法律责任

1. ［答案］C　　［难度］中

［考点］消费者权益争议的解决（解决争议的若干特殊规则）、食品安全法律责任

［命题和解题思路］在消费者法中，"向谁主张权利"是常见的命题套路。本题中增加了消费公益诉讼，这在近年法考中较少见。而本题最有创新之处且最让人迷惑的是，购买者并非受害人时，其是否有权向生产者索赔。因为从民法理论角度，购买者与商场之间存在合同关系，当然可向商场主张赔偿；而购买者并非受害人，与生产者之间并无侵权关系，不得向生产者主张赔偿。但《食品安全法》中并未遵循这一传统理论，而是从消费者角度作出了特别规定，考生应当注意。

［选项分析］《消费者权益保护法》第45条第3款规定，社会团体或者其他组织、个人在关系消费者生命健康商品或者服务的虚假广告或者其他虚假宣传中向消费者推荐商品或者服务，造成消费者损害的，应当与提供该商品或者服务的经营者承担连带责任。据此，该市消费者协会应承担连带责任。根据《消费者权益保护法》第2条规定，消费者为生活消费需要购买、使用商品或者接受服务，其权益受本法保护。乙丙二人使用了减肥产品，属于消费者，可以向经营者主张赔偿。A选项错误。

《最高人民法院关于审理食品药品纠纷案件适用法律若干问题的规定》第8条规定，集中交易市场的开办者、柜台出租者、展销会举办者未履行食品安全法规定的审查、检查、报告等义务，使消费者的合法权益受到损害的，消费者请求集中交易市场的开办者、柜台出租者、展销会举办者承担连带责任的，人民法院应予支持。据此，乙作为消费者有权向该商场索赔，B选项错误。

《食品安全法》第148条第1款规定，消费者因不符合食品安全标准的食品受到损害的，可以

向经营者要求赔偿损失，也可以向生产者要求赔偿损失。接到消费者赔偿要求的生产经营者，应当实行首负责任制，先行赔付，不得推诿；属于生产者责任的，经营者赔偿后有权向生产者追偿；属于经营者责任的，生产者赔偿后有权向经营者追偿。C选项正确。

《消费者权益保护法》第47条规定，对侵害众多消费者合法权益的行为，中国消费者协会以及在省、自治区、直辖市设立的消费者协会，可以向人民法院提起诉讼。据此，提起公益诉讼的消费者协会仅限于国家和省这两级。D选项错误。

2. ［答案］B　　［难度］易

［考点］违反《消费者权益保护法》的法律责任（民事责任）

［命题和解题思路］违反《消费者权益保护法》的民事责任，包括责任主体、责任形式，是消费者法中的高频考点。本题与既往试题相比，混杂了一些相关因素，尤其是赠品。**从侵权责任角度，即使是免费的赠品，只要造成损害仍应承担侵权责任；从违约责任角度，赠品是与购买的货物一起构成经营者与消费者之间消费合同的标的物，不会因为免费赠与而规避合同责任。**

［选项分析］《消费者权益保护法》第49条规定，经营者提供商品或者服务，造成消费者或者其他受害人人身伤害的，应当赔偿医疗费、护理费、交通费等为治疗和康复支出的合理费用，以及因误工减少的收入。经营者提供的免费商品（赠品）也不例外。故A选项错误，而B选项正确。

由于酸梅汁瓶上的标签写明：常温保存，保质期3天，因此，其变质与是否冷藏保鲜无关。虽然冰箱生产者和经营者应就冰箱质量承担责任，但酸梅汁变质与之无关，因此无需承担医疗费，而消费者自然也未违反相应的注意义务。故CD选项错误。

3. ［答案］AB　　［难度］中

［考点］消费者的权利和经营者的义务、违反《消费者权益保护法》的法律责任（民事责任）

［命题和解题思路］考查侵犯消费者权利行为及其法律责任，是消费者法试题中的常见情形。本题指令句不明确，可结合选项来判断关键词。本题核心是"甲不知道其在乙公司预存话费存在

"'有效期'而被暂停服务"引起的消费者维权之诉，考查重点是消费者的权利、经营者的义务以及民事责任的追究。解题时可首先排除 C 选项，因为甲要求"退还全部费用"，表述过于绝对，一般都是错误的；再从 AB 选项圈定本题主要是涉及消费者的知情权保护和经营者的告知义务；D 选项要求惩罚性赔偿，所以关键是要判断是否构成"欺诈"。

［选项分析］《消费者权益保护法》第 8 条第 1 款规定："消费者享有知悉其购买、使用的商品或者接受的服务的真实情况的权利。"甲经查询方得知乙公司有"话费有效期满暂停服务"的规定，可见乙在提供服务时并未告知甲的预付话费存在"有效期"，所以乙公司侵犯了甲的知情权。故 A 选项正确。

《消费者权益保护法》第 26 条第 1 款规定："经营者在经营活动中使用格式条款的，应当以显著方式提请消费者注意商品或者服务的数量和质量、价款或者费用、履行期限和方式、安全注意事项和风险警示、售后服务、民事责任等与消费者有重大利害关系的内容，并按照消费者的要求予以说明。""话费有效期满暂停服务"是"与消费者有重大利害关系的内容"，乙公司应当提供。故 B 选项正确。

甲在"1 年后发现所用手机被停机"，可见甲已经接受了乙公司的服务，无权要求退还"全部预付费"。故 C 选项错误。

《消费者权益保护法》第 55 条第 1 款规定："经营者提供商品或者服务有欺诈行为的，应当按照消费者的要求增加赔偿其受到的损失，增加赔偿的金额为消费者购买商品的价款或者接受服务的费用的三倍；增加赔偿的金额不足五百元的，为五百元。法律另有规定的，依照其规定。"可见消法上的惩罚性赔偿的前提是经营者有"欺诈行为。"本题中乙公司仅是未告知"话费有效期满暂停服务"，并未显示乙公司有骗取预付款的行为，换而言之，未告知只是一个未尽到提示说明义务的一般违约行为，并未有"欺诈"存在。所以甲不能要求惩罚性赔偿。故 D 选项错误。

难点解析

《消费者权益保护法》中消费者提起 3 倍惩罚性赔偿的前提是"经营者提供商品或者服务有

欺诈行为"。对"欺诈"的判断是惩罚性赔偿追究的难点。《最高人民法院关于适用〈中华人民共和国民法典〉总则编若干问题的解释》第 21 条规定："故意告知虚假情况，或者负有告知义务的人故意隐瞒真实情况，致使当事人基于错误认识作出意思表示的，人民法院可以认定为民法典第一百四十八条、第一百四十九条规定的欺诈。"所以认定经营者构成欺诈的条件是：一是经营者主观上基于故意；二是经营者有欺诈行为，即提供的商品或服务存在虚构事实或隐瞒真实情况；三是消费者接受经营者的商品或服务；四是经营者欺诈行为与消费者行为之间有因果关系。但是需要注意，"欺诈"构成要件在《食品安全法》中要求不同，根据《最高人民法院关于审理食品药品纠纷案件适用法律若干问题的规定》，知假买假不影响欺诈的认定，即无需欺诈行为与消费者行为之间的因果关系。

第三节　产品质量法

1.［答案］C　　［难度］中

［考点］产品责任

［命题和解题思路］《产品质量法》在法考时代的重要性略有降低，主要原因是司考时代基本年年考查的产品责任出现的频次有所下降。但产品责任在法考试题中仍然间或出现，试题难度不大，毕竟这些规定与《民法典》侵权责任编的规定如出一辙。备考时，需要注意区分产品责任与产品质量责任，多数命题与此相关。

［选项分析］《产品质量法》第 46 条规定，本法所称缺陷，是指产品存在危及人身、他人财产安全的不合理的危险；产品有保障人体健康和人身、财产安全的国家标准、行业标准的，是指不符合该标准。据此，张某在正常使用时受到伤害，说明该床存在危及人身、财产安全的不合理危险，即为缺陷产品，并非仅能通过国家标准判断是否存在缺陷，同时也非意外事件所致伤害。AB 选项错误。

《产品质量法》第 41 条第 1 款规定，因产品存在缺陷造成人身、缺陷产品以外的其他财产（以下简称他人财产）损害的，生产者应当承担赔偿责任。据此，缺陷产品生产者的责任承担并无保质期的限制。C 选项正确。

《产品质量法》第 41 条第 2 款规定："生产者能够证明有下列情形之一的，不承担赔偿责任：（一）未将产品投入流通的；（二）产品投入流通时，引起损害的缺陷尚不存在的；（三）将产品投入流通时的科学技术水平尚不能发现缺陷的存在的。"据此，生产者承担严格责任（无过错责任），除上述情形外，只要缺陷产品造成他人人身、财产损害都应承担赔偿责任。D 选项错误。

2. ［答案］A ［难度］易

［考点］产品责任（损害赔偿责任）

［命题和解题思路］产品责任和产品质量责任是消费者法中的高频考点，具体包括责任形式或责任内容、责任主体、权利主体和归责原则。回答此类试题，一般先要区分缺陷产品和瑕疵产品。因此，复习备考时需要注意产品责任和产品质量责任，缺陷产品和瑕疵产品之间的关系。

［选项分析］《产品质量法》第 43 条规定："因产品存在缺陷造成人身、他人财产损害的，受害人可以向产品的生产者要求赔偿，也可以向产品的销售者要求赔偿。……"故 A 选项正确。

李四、王五均为电视观看者，且对电视爆炸无任何过错，不应承担赔偿责任。故 BD 选项错误。

李四、王五在观看电视时受伤，均为受害人，根据《产品质量法》第 43 条的规定，同样有权要求生产者或者销售者赔偿。故 C 选项错误。

3. ［答案］A ［难度］中

［考点］产品质量责任、产品责任

［命题和解题思路］本题考查的是产品质量问题的责任追究，属于高频考点。解题关键是区分该产品质量问题的责任是属于"产品瑕疵的违约责任"还是"缺陷产品的侵权责任"，两种责任的构成要件及责任承担方式都不相同。根据题干中的表述：其一，"该车气囊电脑存在故障，需要更换"说明该车有质量瑕疵；其二，"该车气囊电脑不符合产品说明所述质量"，说明该车安全气囊有质量问题，存在危及人身财产安全的不合理危险，属于产品缺陷；其三，"使用半年后前去靓顺公司维护保养"，说明该车尚未发生除汽车本身之外的人身、其他财产损害，虽然是缺陷产品，但不能构成产品侵权责任。所以 CD 选项均可排除。B 选项"只能请求该车生产商承担免费更换责任"，这

种过于绝对的表述通常都是错误的，也可排除。故 A 当选。

［选项分析］《产品质量法》第 40 条第 1、2 款规定："售出的产品有下列情形之一的，销售者应当负责修理、更换、退货；给购买产品的消费者造成损失的，销售者应当赔偿损失：……（三）不符合以产品说明、实物样品等方式表明的质量状况的。销售者依照前款规定负责修理、更换、退货、赔偿损失后，属于生产者的责任或者属于向销售者提供产品的其他销售者（以下简称供货者）的责任的，销售者有权向生产者、供货者追偿。"该车气囊电脑不符合产品说明所述质量，销售者靓顺公司应当承担修理、更换、退货的违约责任。故 A 选项正确。同时，鉴于产品瑕疵的违约责任的责任形式包含修理、更换、退货，并非只能要求"更换"，而且产品瑕疵的违约责任应当由合同相对方的销售者承担，销售者承担后再向有责任的生产商或其他销售者追偿。故 B 选项错误。

《产品质量法》第 43 条规定："因产品存在缺陷造成人身、他人财产损害的，受害人可以向产品的生产者要求赔偿，也可以向产品的销售者要求赔偿。属于产品的生产者的责任，产品的销售者赔偿的，产品的销售者有权向产品的生产者追偿。属于产品的销售者的责任，产品的生产者赔偿的，产品的生产者有权向产品的销售者追偿。"本题尚未发生"人身、他人财产损害"，故不能构成产品侵权责任。故 CD 选项错误。

> **易混淆点解析**
>
> 对于产品质量责任的追究，最容易出现的问题就是将"产品质量瑕疵的违约责任"与"缺陷产品的侵权责任"混淆。二者均是由产品质量问题产生的民事责任，但又存在很大的区别：其一，产生依据不同。违约责任是基于产品质量瑕疵，即产品不符合法定或约定的品质标准；侵权责任是基于产品缺陷，即产品存在危及人身、他人财产安全的不合理的危险；产品有保障人体健康和人身、财产安全的国家标准、行业标准的，是指不符合该标准。其二，产生时间不同。产品瑕疵责任不以损害后果为构成要件，只要产品售出，存在瑕疵即构成产品瑕疵责任。产品缺陷责

任以造成人身、他人财产损害为构成要件，因此只能在损害后果发生之后才可能成立，没有损害后果则不可能产生产品缺陷责任。其三，责任主体不同。产品瑕疵违约责任由销售者承担，受害人可直接向销售者要求赔偿；属于生产者或供货者责任的，销售者赔偿后可向真正责任者追偿，但不得以此向受害者抗辩、拒绝赔偿。而对于产品缺陷责任，受害人既可向生产者要求赔偿，也可向销售者要求赔偿；生产者和销售者之间再可根据实际情况追偿。其四，归责原则不同。根据我国《产品质量法》第40条的规定，只要销售的产品存在瑕疵，销售者就应当承担瑕疵担保责任，不论是否造成损害后果，也不论销售者是否有过错。而生产者的产品缺陷责任适用严格责任原则，销售者的产品缺陷责任适用过错责任原则或过错推定原则。其五，赔偿方式和范围不同。对产品瑕疵，销售者应负责修理、更换、退货以至赔偿损失。对产品缺陷，生产者或销售者须按《产品质量法》第40条的规定，赔偿人身伤害和财产损失及其他重大损失。

4. [答案] AB　　　[难度] 易

[考点] 生产者、销售者的产品质量义务、产品质量监督（行政监督）、消费者的权利与经营者的义务

[命题和解题思路] 本题指令句虽不能提供关键词信息，但材料简单，不难看出其关键信息是"衣柜存在致人死亡的危险"，考查的重点是经营者对"涉及人身、财产安全的产品"的产品质量义务和产品监督检查制度。本题基本上是直接依据有关法条，难度不大，考的是对法条理解的准确程度。四个备选项分别涉及产品标准、产品标识、产品抽查及产品召回。

[选项分析]《产品质量法》第26条第2款规定："产品质量应当符合下列要求：（一）不存在危及人身、财产安全的不合理的危险，有保障人体健康和人身、财产安全的国家标准、行业标准的，应当符合该标准；……"故A选项正确。

《产品质量法》第27条第1款规定："产品或者其包装上的标识必须真实，并符合下列要求：……（五）使用不当，容易造成产品本身损坏或者可能危及人身、财产安全的产品，应当有警示

标志或者中文警示说明。"故B选项正确。

《产品质量法》第15条第3款规定："根据监督抽查的需要，可以对产品进行检验。检验抽取样品的数量不得超过检验的合理需要，并不得向被检查人收取检验费用。监督抽查所需检验费用按照国务院规定列支。"所以C选项错误。

《消费者权益保护法》第19条规定："经营者发现其提供的商品或者服务存在缺陷，有危及人身、财产安全危险的，应当立即向有关行政部门报告和告知消费者，并采取停止销售、警示、召回、无害化处理、销毁、停止生产或者服务等措施。采取召回措施的，经营者应当承担消费者因商品被召回支出的必要费用。"经营者承担"必要费用"而不是"全部费用"。故D选项错误。

5. [答案] ABCD　　　[难度] 易

[考点] 产品责任（损害赔偿责任）

[命题和解题思路] 产品责任是试题中的常客。本题设计简单，指向明确，考查了产品损害赔偿责任的责任主体，题干表述中也无引人误解的因素，通过"已被认定为不合格产品"可直接得知其为缺陷产品。

[选项分析]《产品质量法》第43条规定，因产品存在缺陷造成人身、他人财产损害的，受害人可以向产品的生产者要求赔偿，也可以向产品的销售者要求赔偿。故A选项正确。

根据上述第43条的规定，销售者应当包括各级销售者，即本题中的零售商（某超市）和批发商（煌煌商贸公司）。故B选项正确。

《产品质量法》第43条规定，属于产品的生产者的责任，产品的销售者赔偿的，产品的销售者有权向产品的生产者追偿。由于产品早已被认定为缺陷产品，且超市进货渠道正规，产品缺陷非因超市原因导致。故C选项正确。

根据《民法典》的规定，对于批发商交付缺陷产品，零售商有权追究其违约责任。故D选项正确。

难点解析

不能因为消费者与零售商之间才存在买卖合同关系就认为销售者仅指零售商，若仅限于零售商不仅给消费者行使权利造成阻碍有悖于立法本意，而且依合同关系层层向上一级销售者追偿也徒增讼累，按不真正连带责任，**销售者指各级销售者，包括零售商及其前手的各级批发商。**

第四节　食品安全法

1. ［答案］ ABC　　［难度］ 难

［考点］ 食品安全法的法律责任

［命题和解题思路］ 在近年的法考试题中，《食品安全法》考查的频次超过了《消费者权益保护法》和《产品质量法》。**在《食品安全法》的众多规定中，法律责任无疑是"头号"考点。** 复习备考时，既要注意其与《产品质量法》的区别，还要注意结合《最高人民法院关于审理食品药品纠纷案件适用法律若干问题的规定》。

［选项分析］ 苗苗公司作为不符合食品安全标准食品的生产者，当然应对消费者的人身损害承担赔偿责任，故 A 选项正确。

《食品安全法》第 136 条规定："食品经营者履行了本法规定的进货查验等义务，有充分证据证明其不知道所采购的食品不符合食品安全标准，并能如实说明其进货来源的，可以免予处罚，但应当依法没收其不符合食品安全标准的食品；造成人身、财产或者其他损害的，依法承担赔偿责任。"第 148 条第 1 款规定："消费者因不符合食品安全标准的食品受到损害的，可以向经营者要求赔偿损失，也可以向生产者要求赔偿损失。接到消费者赔偿要求的生产经营者，应当实行首负责任制，先行赔付，不得推诿；属于生产者责任的，经营者赔偿后有权向生产者追偿；属于经营者责任的，生产者赔偿后有权向经营者追偿。"故 B 选项正确。

《最高人民法院关于审理食品药品纠纷案件适用法律若干问题的规定》第 8 条规定："集中交易市场的开办者、柜台出租者、展销会举办者未履行食品安全法规定的审查、检查、报告等义务，使消费者的合法权益受到损害，消费者请求集中交易市场的开办者、柜台出租者、展销会举办者承担连带责任的，人民法院应予支持。"故 C 选项正确。

《最高人民法院关于审理食品药品纠纷案件适用法律若干问题的规定》第 12 条第 2 款规定："食品、药品检验机构因过失出具不实检验报告，造成消费者损害，消费者请求其承担相应责任的，人民法院应予支持。"故食品检测机构并非承担连带赔偿责任，D 选项错误。

2. ［答案］ C　　［难度］ 难

［考点］ 食品安全民事责任、产品质量民事责任

［命题和解题思路］ 本题重点考查《食品安全法》的惩罚性赔偿责任和产品质量民事责任，为经济法的常规考点。解题时应当注意惩罚性赔偿有特殊的适用条件和赔偿标准，**《消费者权益保护法》和《食品安全法》分别规定了不同的惩罚性赔偿制度，** 如果记忆不清则会影响对 AB 选项的判断。同时，还要分清惩罚性赔偿与一般产品质量民事责任的区别，否则容易对 CD 选项作出错误判断。

［选项分析］ 《食品安全法》第 148 条第 2 款规定，生产不符合食品安全标准的食品或者经营明知是不符合食品安全标准的食品，消费者除要求赔偿损失外，还可以向生产者或者经营者要求支付价款 10 倍或者损失 3 倍的赔偿金；增加赔偿的金额不足 1000 元的，为 1000 元。但是，食品的标签、说明书存在不影响食品安全且不会对消费者造成误导的瑕疵的除外。本题中超市为经营者，题干显示"超市并非故意欺骗"，故其不存在主观的"明知"，同时，**该食品符合我国食品安全国家标准，不能将该食品认定为"不符合食品安全标准的食品"，** 因而不能适用《食品安全法》的 10 倍惩罚性赔偿。故 A 选项错误。

《消费者权益保护法》第 55 条第 1 款规定："经营者提供商品或者服务有欺诈行为的，应当按照消费者的要求增加赔偿其受到的损失，增加赔偿的金额为消费者购买商品的价款或者接受服务的费用的三倍；增加赔偿的金额不足五百元的，为五百元。法律另有规定的，依照其规定。"本题中超市并非故意欺骗，故也不能适用《消费者权益保护法》的 3 倍惩罚性赔偿。故 B 选项错误。

《最高人民法院关于审理食品安全民事纠纷案件适用法律若干问题的解释（一）》第 9 条规定："食品符合食品安全标准但未达到生产经营者承诺的质量标准，消费者依照民法典、消费者权益保护法等法律规定主张生产经营者承担责任的，人民法院应予支持，但消费者主张生产经营者依据食品安全法第一百四十八条规定承担赔偿责任的，人民法院不予支持。"《消费者权益保护法》第 48 条规定："经营者提供商品或者服务有下列情形之一的，除本法另有规定外，应当依照其他有关法律、法规的规定，承担民事责任：……（三）不

符合在商品或者其包装上注明采用的商品标准的；……"《产品质量法》第 40 条规定："售出的产品有下列情形之一的，销售者应当负责修理、更换、退货；给购买产品的消费者造成损失的，销售者应当赔偿损失：……（二）不符合在产品或者其包装上注明采用的产品标准的；……"本题中的食品不符合其标注的国际标准，消费者有权要求退还货款。故 C 选项正确，D 选项错误。

3. ［答案］ACD　　　［难度］中

［考点］食品安全法律责任（民事责任）

［命题和解题思路］本题考查的是《食品安全法》民事责任中的赠品责任及虚假广告宣传的连带赔偿责任，这是《食品安全法》中最常见的考点之一。AB 两个选项说法相左，只能选择其一，只要知道在《关于审理食品药品纠纷案件适用法律若干问题的规定》中有关"赠品责任"的专门规定，即可作出正确选择。CD 两个选项涉及虚假广告宣传，明确了明星乙是广告代言人，微博是广告发布人，根据《食品安全法》关于虚假广告宣传中的连带责任，即可作出判断。

［选项分析］《最高人民法院关于审理食品药品纠纷案件适用法律若干问题的规定》第 4 条规定，食品、药品生产者、销售者提供给消费者的食品或者药品的赠品发生质量安全问题，造成消费者损害，消费者主张权利，生产者、销售者以消费者未对赠品支付对价为由进行免责抗辩的，人民法院不予支持。所以，即使免费赠送的食品、药品，也必须质量合格，否则同样要担责。故 A 选项正确，B 选项错误。

《食品安全法》第 140 条规定，广告经营者、发布者设计、制作、发布虚假食品广告，使消费者的合法权益受到损害的，应当与食品生产经营者承担连带责任。社会团体或者其他组织、个人在虚假广告或者其他虚假宣传中向消费者推荐食品，使消费者的合法权益受到损害的，应当与食品生产经营者承担连带责任。甲公司在微博上宣传其自己生产的产品为 B 国原装进口，属于虚假广告宣传的行为。明星乙作为广告代言人，微博作为广告发布者，都应当与产品生产经营者承担连带赔偿责任。故 CD 选项正确。

4. ［答案］AB　　　［难度］难

［考点］食品安全事故处置、环境保护的基本

制度（环境影响评价制度）

［命题和解题思路］本题将《食品安全法》与《环境影响评价法》融合于一题，在法考中属于"新创"。在消费者法所涉及的三部法律中，《食品安全法》在试题中出现的频率越来越高。食品安全事故处置，需要注意报告和通报的义务主体、负责处置的主管部门以及调查处置措施。

［选项分析］《食品安全法》第 103 条第 1 款规定："发生食品安全事故的单位应当立即采取措施，防止事故扩大。事故单位和接收病人进行治疗的单位应当及时向事故发生地县级人民政府食品安全监督管理、卫生行政部门报告。"故 A 选项正确。

《食品安全法》第 105 条规定："……县级以上疾病预防控制机构应当向同级食品安全监督管理、卫生行政部门提交流行病学调查报告。"故 B 选项正确。

《环境影响评价法》第 31 条："建设单位未依法报批建设项目环境影响报告书、报告表，或者未依照本法第二十四条的规定重新报批或者报请重新审核环境影响报告书、报告表，擅自开工建设的，由县级以上生态环境主管部门责令停止建设……"因此，环境影响评价由生态环境主管部门负责，而且未经环评不得开工建设，而本题中海产品养殖项目早已投产，无需此时才提交环评文件。故 C 选项错误。

《食品安全法》第 105 条第 3 款规定，发生食品安全事故，县级以上疾病预防控制机构应当对事故现场进行卫生处理，并对与事故有关的因素开展流行病学调查，有关部门应当予以协助。主体是县级以上疾病预防控制机构而不是县卫生行政部门。故 D 选项错误。

5. ［答案］ACD　　　［难度］中

［考点］食品安全控制（食品召回制度）、食品安全法律责任（民事赔偿）

［命题和解题思路］在消费者法中，《食品安全法》考查频次较高，往往与《产品质量法》轮流出现。将《消费者权益保护法》与《产品质量法》《食品安全法》整合在一道试题中，也是消费者法命题的常见套路。本题所涉及的知识点往年也曾考过，但本题考查得更为细致。例如，对于损害赔偿责任，需清楚知道赔偿 10 倍或 3 倍的

计算基数。

[选项分析]《食品安全法》第 63 条第 2 款规定，食品经营者发现其经营的食品有前款规定情形的（即食品不符合食品安全标准或者有证据证明可能危害人体健康的），应当立即停止经营，通知相关生产经营者和消费者，并记录停止经营和通知情况。……"故 A 选项正确。

《食品安全法》第 148 条第 1 款规定："消费者因不符合食品安全标准的食品受到损害的，可以向经营者要求赔偿损失，也可以向生产者要求赔偿损失。接到消费者赔偿要求的生产经营者，应当实行首负责任制，先行赔付，不得推诿；属于生产者责任的，经营者赔偿后有权向生产者追偿；属于经营者责任的，生产者赔偿后有权向经营者追偿。"故 B 选项错误。

《食品安全法》第 148 条第 2 款规定："生产不符合食品安全标准的食品或者经营明知是不符合食品安全标准的食品，消费者除要求赔偿损失外，还可以向生产者或者经营者要求支付价款十倍或者损失三倍的赔偿金；增加赔偿的金额不足一千元的，为一千元。……"曹某花费医疗费 5000 元，有权获得 3 倍的赔偿金。故 C 选项正确。

《食品安全法》第 147 条规定："违反本法规定，造成人身、财产或者其他损害的，依法承担赔偿责任。生产经营者财产不足以同时承担民事赔偿责任和缴纳罚款、罚金时，先承担民事赔偿责任。"故 D 选项正确。

6. [答案] AD　　[难度] 中

[考点] 食品安全标准、法律责任（民事赔偿）

[命题和解题思路] 本题的指令句无法提供"关键词"信息，但读完试题，应清楚本题的关键词是"食品安全标准"及食品不符合安全标准时消费者的"索赔"，这是《食品安全法》的核心内容。A 选项涉及索赔的法律依据，注意本题中的两个金额，李某花 2000 元购买商品，要求支付 2 万元赔偿金，显然考查的是《食品安全法》的 10 倍惩罚性赔偿。BCD 选项分别是关于食品安全国家标准、地方标准、企业标准，考查的是三类标准的制定及相互间的关系，需要结合《食品安全法》的规定进行判断。

[选项分析]《食品安全法》第 148 条第 2 款规定："生产不符合食品安全标准的食品或者经营

明知是不符合食品安全标准的食品，消费者除要求赔偿损失外，还可以向生产者或者经营者要求支付价款十倍或者损失三倍的赔偿金；增加赔偿的金额不足一千元的，为一千元。但是，食品的标签、说明书存在不影响食品安全且不会对消费者造成误导的瑕疵的除外。"本题中 M 公司生产的苦茶的备案标准并非苦茶的标准，说明 M 公司生产不符合食品安全标准的食品；同时"保质期仅为 9 个月而产品包装上显示为 18 个月"，对消费者造成误导，故消费者李某向生产者要求支付价款（2000 元）10 倍的赔偿金（2 万元），符合《食品安全法》的规定。故 A 选项正确。

根据《食品安全法》第 27 条的规定，食品安全国家标准由国务院卫生行政部门会同国务院食品药品监督管理部门制定、公布，国务院标准化行政部门提供国家标准编号。故 B 选项错误。

根据《食品安全法》第 29 条的规定，对地方特色食品，没有食品安全国家标准的，省、自治区、直辖市人民政府卫生行政部门可以制定并公布食品安全地方标准，报国务院卫生行政部门备案。食品安全国家标准制定后，该地方标准即行废止，而不是"酌情存废"。故 C 选项错误。

根据《食品安全法》第 30 条的规定，国家鼓励食品生产企业制定严于食品安全国家标准或者地方标准的企业标准，在本企业适用，并报省、自治区、直辖市人民政府卫生行政部门备案。故 D 选项正确。

> **易混淆点解析**
>
> "惩罚性赔偿"在《消费者权益保护法》与《食品安全法》上均作了规定，但两部立法对适用惩罚性赔偿的条件及责任形式有所不同，考生往往容易混淆，要注意区分：**《消费者权益保护法》中惩罚性赔偿适用于"经营者提供商品或者服务有欺诈行为"**，消费者可以要求"增加赔偿的金额为消费者购买商品的价款或者接受服务的费用的 3 倍；增加赔偿的金额不足 500 元的，为 500 元"。而**《食品安全法》中的惩罚性赔偿更严格，适用于"生产不符合食品安全标准的食品或者经营明知是不符合食品安全标准的食品"**，消费者可以"要求支付价款 10 倍或者损失 3 倍的赔偿金；增加赔偿的金额不足 1000 元的，为 1000 元"。

7. ［答案］BCD　　　　［难度］中

［考点］食品安全标准、法律责任（民事赔偿）

［命题和解题思路］本题的关键信息是在标签和吊牌上强调有"橄榄油"，却"未标明橄榄油添加量"，借此主要考查了《食品安全法》的理解适用。解题时应当首先分析各备选项考查的知识重点，再结合法条进行判断选择。从题干材料可知，A选项的核心是判断"食用油"是否属于《食品安全法》的适用范围；B选项考查"食品安全标准要求"；C选项考查"先行赔付责任"，这是《食品安全法》2015年的新增内容；D选项考查"知假买假"应否被法院支持，这是《最高人民法院关于审理食品药品纠纷案件适用法律若干问题的规定》中的新规定。

［选项分析］《食品安全法》第2条规定："在中华人民共和国境内从事下列活动，应当遵守本法：（一）食品生产和加工，……供食用的源于农业的初级产品（以下称食用农产品）的质量安全管理，遵守《中华人民共和国农产品质量安全法》的规定……"而食用调和油是经加工、制作而成，不属于食用农产品范围。故A选项错误。

《食品安全法》第26条规定："食品安全标准应当包括下列内容：……（四）对与卫生、营养等食品安全要求有关的标签、标志、说明书的要求，……"同时第67条第1款规定："预包装食品的包装上应当有标签。标签应当标明下列事项：……（二）成分或者配料表；……"本题中该油标签上有"橄榄"二字，侧面标示"配料：大豆油，橄榄油"，吊牌上写明："添加了特等初榨橄榄油"，但是未标明橄榄油添加量，不符合食品安全标准要求。故B选项正确。

《食品安全法》第148条第1款规定："消费者因不符合食品安全标准的食品受到损害的，可以向经营者要求赔偿损失，也可以向生产者要求赔偿损失。接到消费者赔偿要求的生产经营者，应当实行首负责任制，先行赔付，不得推诿；属于生产者责任的，经营者赔偿后有权向生产者追偿；属于经营者责任的，生产者赔偿后有权向经营者追偿。"故本题中李某可以向经营者，也可以向生产者要求赔偿，李某只向该超市要求赔偿的，按首负责任，该超市都应当先行赔偿，不得推诿。故C选项正确。

《最高人民法院关于审理食品药品纠纷案件适用法律若干问题的规定》第3条规定："因食品、药品质量问题发生纠纷，购买者向生产者、销售者主张权利，生产者、销售者以购买者明知食品、药品存在质量问题而仍然购买为由进行抗辩的，人民法院不予支持。"故D选项正确。

> **难点解析**
>
> 本题中应当特别留意的是食品安全领域的两条新规：一是《食品安全法》中"消费者赔偿首付责任"。消费者因为不安全食品受到损害，无论是向生产者还是向经营者索赔，无论谁是责任人，均应依法向消费者承担全部赔偿责任。如果作出赔偿的生产者或经营者没有责任，其承担的是替代性的中间责任，有权向责任方追责。所以，==该制度的核心是要让消费者及时获得赔偿==。切不可把"首付责任"理解为"最终责任"。二是《最高人民法院关于审理食品药品纠纷案件适用法律若干问题的规定》中"==食品药品知假买假要赔=="的规定。"知假买假"问题自《消费者权益保护法》实施以来颇有争议，司法实践中同案不同判的现象多有存在。现在司法解释明确对"食品药品"领域知假买假支持惩罚性赔偿，是因为食品、药品对健康的影响胜于其他产品，此举对于净化食品、药品市场环境，对于打击无良商家，维护消费者权益具有积极意义。

8. ［答案］ACD　　　　［难度］易

［考点］食品安全控制、法律责任（食品生产经营者责任）

［命题和解题思路］本题主要考查了食品安全法律责任，其相关法理并不难，与《产品质量法》如出一辙，其规定中稍有差别之处应当是考生留意之处，所以本题容易选择。A选项中过期食品当然属于不符合食品安全标准的食品，肯定违法，也有考生纠结于该规定属于禁止性（管理性）规定还是效力性规定，但虽然是理解、适用强制性规定时必须考虑的一种划分，但是这很"民法"，经济法试题中一般不会在这方面"为难"考生，所以这方面一般不会设置"陷阱"。B选项错误明显，消费者没有这方面的注意义务。而CD选项直接源自法条，且属于《食品安全法》中惩罚性赔偿的特别规定。

［选项分析］根据《食品安全法》第34条第

10 项的规定，禁止生产经营"超过保质期的食品"。故 A 选项正确。

《食品安全法》第 148 条第 2 款规定："生产不符合食品安全标准的食品或者经营明知是不符合食品安全标准的食品，消费者除要求赔偿损失外，还可以向生产者或者销售者要求支付价款十倍或者损失三倍的赔偿金……"所以超市违法出

售过期食品并致人损害，依法应承担赔偿责任。故 B 选项错误。

根据《食品安全法》第 148 条的规定，超市明知食品过期仍然销售，消费者不仅有权要求退还价款、赔偿医疗费，还有权主张价款 10 倍的赔偿金。故 CD 选项正确。

第三章　银行业法

试　题

第一节　商业银行法

1. 某商业银行因房地产开发商不能按期归还贷款，遂通过同业拆借获得资金再放贷，如此反复拆借放贷，最终导致资金链断裂。对于该商业银行的违法行为，下列哪些处理措施是正确的？（2023 年回忆版）

A. 由中国人民银行决定接管

B. 由国家金融监督管理总局决定接管

C. 由国家金融监督管理总局责令停业整顿

D. 由中国人民银行处以罚款

2. 叶某与公司发生劳动争议，由某劳动争议仲裁委员会仲裁。该仲裁委员会去银行查询叶某的个人银行账户。对此，下列哪一说法是正确的？（2020 年回忆版）

A. 银行应保护个人信息安全，有权拒绝任何机构查询个人银行账户

B. 银行应协助法定机构查询个人银行账户

C. 银行应配合劳动争议仲裁委员会查询个人银行账户

D. 银行可以查询个人银行账户

3. 锦丰银行向开明银行拆借资金，下列哪一说法是正确的？（2020 年回忆版）

A. 锦丰银行可用拆借资金发放个人住房贷款

B. 锦丰银行可用拆借资金购买国债

C. 开明银行交足存款准备金后可拆借资金

D. 开明银行可用本行闲置资金进行拆借

4. 某商业银行对其资金管理作出了一系列安排，包括向各分支机构拨付相关运营资金、调整流

动性比例、处分抵押物及拆入资金等。该银行的下列哪些行为不符合法律规定？（2018 年回忆版）

A. 规定本行的流动性资产余额与流动性负债余额的比例不得低于 25%

B. 为扩大经营规模，拨付给各分支行的运营资金总和为总行资金的 65%

C. 因行使抵押权取得的商品房，规定应当自取得之日起 2 年内予以处分

D. 规定可以利用拆入的资金发放固定资产贷款，但不得用于投资

5. 某商业银行推出"校园贷"业务，旨在向在校大学生提供额度不等的消费贷款。对此，下列哪些说法是错误的？（2017-1-68）

A. 银行向在校大学生提供"校园贷"业务，须经国务院银监机构审批或备案

B. 在校大学生向银行申请"校园贷"业务，无论资信如何，都必须提供担保

C. 银行应对借款大学生的学习、恋爱经历、父母工作等情况进行严格审查

D. 银行为提高"校园贷"业务发放效率，审查人员和放贷人员可同为一人

6. 甲在 A 银行办理了一张可异地跨行存取款的银行卡，并曾用该银行卡在 A 银行一台自动取款机上取款。甲取款数日后，发现该卡内的全部存款被人在异地 B 银行的自动取款机上取走。后查明：甲在 A 银行取款前一天，某盗卡团伙已在该自动取款机上安装了摄像和读卡装置（一周后被发现）；甲对该卡和密码一直妥善保管，也从未委托他人使用。关于甲的存款损失，下列哪一说法是正确的？（2015-1-27）

A. 自行承担部分损失

B. 有权要求 A 银行赔偿

C. 有权要求 A 银行和 B 银行赔偿

D. 只能要求复制盗刷银行卡的罪犯赔偿

7. 某市商业银行 2010 年通过实现抵押权取得某大楼的所有权，2013 年卖出该楼获利颇丰。2014 年该银行决定修建自用办公楼，并决定入股某知名房地产企业。该银行的下列哪些做法是合法的？（2014-1-69）

A. 2010 年实现抵押权取得该楼所有权

B. 2013 年出售该楼

C. 2014 年修建自用办公楼

D. 2014 年入股某房地产企业

第二节 银行业监督管理法

1. 甲商业银行的流动性比率低于 20%，银行业监督管理机构责令其限期改正。甲商业银行认为其流动性并不影响正常经营，逾期未进行改正。对此，银行业监管机构有权对该商业银行采取哪些措施？（2021 年回忆版）

A. 暂停其部分业务

B. 限制其新设分支机构

C. 限制其董事和高管人员的权利

D. 限制其对外转让资产

2. 某国有公司发行金融产品，到期无法赎回。对此，有关部门的下列哪一做法是正确的？（2020 年回忆版）

A. 银行业监管机构可冻结该公司存款

B. 银行业监管机构可约谈该公司董事

C. 审计部门经银行业监管机构同意后可对该公司进行审计

D. 须由异地的银行业监管机构查处

3. 陈某在担任某信托公司总经理期间，该公司未按照金融企业会计制度和公司财务规则严格管理和审核资金使用，违法开展信托业务，造成公司重大损失。对此，陈某负有直接管理责任。关于此事，下列哪些说法是正确的？（2016-1-72）

A. 该公司严重违反审慎经营规则

B. 银行业监管机构可责令该公司停业整顿

C. 国家工商总局可吊销该公司的金融许可证

D. 银行业监管机构可取消陈某一定期限直至终身的任职资格

4. 某商业银行决定推出一批新型理财产品，但该业务品种在已获批准的业务范围之外。该银行在报批的同时要求下属各分行开展试销。对此，下列哪些选项是正确的？（2013-1-68）

A. 该业务品种应由中国银行业监管机构审批

B. 该业务品种应由中国人民银行审批

C. 因该业务品种在批准前即进行试销，有关部门有权对该银行进行处罚

D. 该业务品种在批准前进行的试销交易为效力待定的民事行为

5. 某商业银行违反审慎经营规则，造成资本和资产状况恶化，严重危及稳健运行，损害存款人和其他客户合法权益。对此，银行业监督管理机构对该银行依法可采取下列哪些措施？（2013-1-69）

A. 限制分配红利和其他收入

B. 限制工资总额

C. 责令调整高级管理人员

D. 责令减员增效

详 解

第一节 商业银行法

1. ［答案］BD 难度：易

［考点］商业银行的接管、违反《商业银行法》的法律责任

［命题和解题思路］本题考查的是央行、银行业监管机构这两个机关之间的职权划分。C 选项和 D 选项表面上看是在考查具体的行政处罚，但实际上仍为两机关之间的职权划分。这一考点曾在司考时代考查过，这也从侧面说明，银行业法试题涉及的两部立法很难进行命题创新，历年的真题具有重要的参考价值。概括地说，央行职权偏宏观、偏金融市场，银行业监管机构的职权偏微观、偏金融机构。

［选项分析］《商业银行法》第 64 条第 1 款规定，商业银行已经或者可能发生信用危机，严重影响存款人的利益时，国务院银行业监督管理机构可以对该银行实行接管。A 选项错误，B 选项正确。

《商业银行法》第 76 条规定："商业银行有下列情形之一，由中国人民银行责令改正，有违法所得的，没收违法所得，违法所得五十万元以上

的，并处违法所得一倍以上五倍以下罚款；没有违法所得或者违法所得不足五十万元的，处五十万元以上二百万元以下罚款；情节特别严重或者逾期不改正的，中国人民银行可以建议国务院银行业监督管理机构责令停业整顿或者吊销其经营许可证；构成犯罪的，依法追究刑事责任：……（三）违反规定同业拆借的。"C 选项错误，D 选项正确。

2. ［答案］B　　［难度］易

［考点］《商业银行法》概述（存款人保护）

［命题和解题思路］本题的核心词是"查询账户"，考查的是《商业银行法》中的存款人保护的规定。对银行账户的查询、冻结、划扣属于行政强制执行权，商业银行有协助的义务，但同时，商业银行也有为存款人保密，保护存款人隐私的义务。基于对存款人保护的需要，《商业银行法》规定只有在有法律规定的情况下，商业银行才有协助查询个人存款账户的义务。明确了这一点就能作出正确的判断。

［选项分析］《商业银行法》第 29 条规定，商业银行办理个人储蓄存款业务，应当遵循存款自愿、取款自由、存款有息、为存款人保密的原则。对个人储蓄存款，商业银行有权拒绝任何单位或者个人查询、冻结、扣划，但法律另有规定的除外。故 A 选项错误，B 选项正确。

劳动争议仲裁委员会不属于法律规定有权查询银行账户的机构。故 C 选项错误。

查询银行账户属于强制执行权，银行自身只有协助的义务，无权查询。故 D 选项错误。

3. ［答案］D　　［难度］易

［考点］商业银行的业务规则（同业拆借）

［命题和解题思路］本题核心词是"银行拆借"，考查的是《商业银行法》关于同业拆借业务的规定。同业拆借也是属于商业银行的负债业务，但与吸收存款不同的是，它是金融机构之间进行短期、临时性头寸调剂的活动。《商业银行法》对拆入和拆出资金都作了严格限制，依据法条就能作出判断。

［选项分析］《商业银行法》第 46 条规定，禁止利用拆入资金发放固定资产贷款或用于投资。拆出资金限于交足存款准备金、留足备付金和归还中国人民银行到期贷款之后的闲置资金。拆入

资金用于弥补票据结算、联行汇差头寸的不足和解决临时性周转资金的需要。由此可见，ABC 选项均错误，D 选项正确。

> **难点解析**
>
> 拆借是指金融机构（主要是商业银行）之间进行短期资金融通的行为，目的在于调剂头寸和临时性资金余缺以平衡收支。由于法定存款准备金制度的实施，商业银行必须按存款数额的一定比率向央行缴纳法定存款准备金，而由于清算业务活动和日常收付数额的变化，总会出现有的银行存款准备金多余，有的银行存款准备金不足的情况，于是同业拆借由此而生。同业拆借是一种临时调剂性借贷业务，典型特征之一就是期限短。从拆出方看，拆出的资金是暂时闲置的资金，从数量和期限上都具有不确定性，因而其资金运用必须是短期的。就拆入方而言，向同业拆入资金主要是解决临时性储备不足的资金需要，一旦贷款收回或存款增加，就应立即归还这种借款。

4. ［答案］BD　　［难度］中

［考点］商业银行的设立、商业银行的业务规则

［命题和解题思路］银行业法只有两部法律，但每年试题中一般会有 1～2 道试题，而且，这两部法律中可考知识点基本已考过，因此，历年考题的含金量颇大。本题的四个选项所涉及的知识点也已考过，当然在本题中进行了重新组装。

［选项分析］《商业银行法》第 39 条规定："商业银行贷款，应当遵守下列资产负债比例管理的规定：……（二）流动性资产余额与流动性负债余额的比例不得低于百分之二十五；……"故 A 选项合法，不当选。

《商业银行法》第 19 条第 2 款规定："商业银行在中华人民共和国境内设立分支机构，应当按照规定拨付与其经营规模相适应的营运资金额。拨付各分支机构营运资金额的总和，不得超过总行资本金总额的百分之六十。"故 B 选项不合法，当选。

《商业银行法》第 42 条第 2 款规定："……商业银行因行使抵押权、质权而取得的不动产或者股权，应当自取得之日起二年内予以处分。"故 C

选项合法，不当选。

《商业银行法》第 46 条第 1 款规定："……禁止利用拆入资金发放固定资产贷款或者用于投资。"故 D 选项不合法，当选。

5.［答案］BCD　　　［难度］中

［考点］商业银行的业务规则、监督管理职责

［命题和解题思路］商业银行的业务规则是银行业法中的高频考点。本题的指令句无法提供"关键词"信息，但读完试题，应清楚本题的关键词是"商业银行"发放"消费贷款"，考查的是《商业银行法》关于商业银行办理贷款业务的规则以及《银行业监督管理法》关于银监机构的监管职权。四个选项中，A 考查的是银行业监管机构的职权，其表述显然是正确的；BCD 考查的是商业银行的贷款规则，其中 B 选项突出了"无论……，都……"，表述过于绝对，通常这种说法都是错误的；CD 选项要根据《商业银行法》的规定进行判断。

［选项分析］《银行业监督管理法》第 18 条规定："银行业金融机构业务范围内的业务品种，应当按照规定经国务院银行业监督管理机构审查批准或者备案。需要审查批准或者备案的业务品种，由国务院银行业监督管理机构依照法律、行政法规作出规定并公布"。故 A 选项正确，不当选。

《商业银行法》第 36 条规定："商业银行贷款，借款人应当提供担保。商业银行应当对保证人的偿还能力，抵押物、质物的权属和价值以及实现抵押权、质权的可行性进行严格审查。经商业银行审查、评估，确认借款人资信良好，确能偿还贷款的，可以不提供担保。"可见商业银行的贷款分为"担保贷款"与"信用贷款"。故 B 选项没有考虑信用贷款的情形，其表述错误，当选。

《商业银行法》第 35 条第 1 款规定："商业银行贷款，应当对借款人的借款用途、偿还能力、还款方式等情况进行严格审查。"显然 C 选项中"大学生的学习、恋爱经历、父母工作等情况"都不属于商业银行的贷款审查范围。故 C 选项错误，当选。

《商业银行法》第 35 条第 2 款规定："商业银行贷款，应当实行审贷分离、分级审批的制度"。显然 D 选项违反了"审贷分离"的原则，故错误，当选。

> **易混淆点解析**
>
> 本题中涉及商业银行的监管。2018 年国务院机构改革后，银监会与保监会合并为银保监会，2023 年重组为国家金融监督管理总局。应当注意的是<mark>我国银行业监管机构和中国人民银行均享有对商业银行的监管权，但监管范围不一样</mark>，一定要注意区分。国家金融监督管理总局是银行业金融机构的主监管机构，承担了包括制定规章、审批金融机构组织、审查金融机构股东、审查金融机构的金融产品、管制银行业市场准入、规定金融机构高管的任职资格、制定业务审慎经营规则等具体监管职责。中国人民银行是宏观调控主体，履行制定、实施货币政策，维护金融稳定，防范系统性金融风险等职责，不过其仍享有一定的对金融市场、金融机构部分业务的检查监督权。

6.［答案］B　　　［难度］易

［考点］商业银行概述

［命题和解题思路］本题指向明确，题干材料略长，但其中并未设置陷阱，难度不大。题干材料源于当年多次发生的银行卡盗刷案件，这类案件中信用卡持卡人一般指责银行未尽到安全保障义务，银行一般都以持卡人未妥善保管进行抗辩，而双方要证明所述事实均不易。于是由于个案中不同的具体情形，再加之法官对证明责任把握的尺度不一，裁判结果也就大相径庭。知晓这一背景，就容易从材料中找出关键信息：A 银行取款机被人动了手脚，而储户做到了妥善保管。

［选项分析］A 选项容易排除。由于储户对该卡和密码一直妥善保管，未给他人以可乘之机，而且银行卡被"克隆"的原因在于银行取款机出了问题，储户没有过错自然就不应分担损失。故 A 选项错误。

《商业银行法》第 6 条规定："商业银行应当保障存款人的合法权益不受任何单位和个人的侵犯。"第 12 条第 5 项也要求商业银行具有符合要求的安全防范措施，因此商业银行对储户负有安全保障义务。当 A 银行取款机被人动了手脚却迟迟未能发现，自难辞其咎。故 B 选项正确。

持卡人、开户行和支付行之间存在两个法律关系：持卡人与开户行之间的信贷合同关系，开

户行与支付行之间的委托代理关系。这两个法律关系交叉运作的结果，持卡人就可凭 A 银行的信用卡到 B 银行取款。由于克隆卡与被克隆的信用卡信息和密码完全一致，符合支付要求，B 银行自动取款机付款无任何过错，所以 B 银行不应担责。故 C 选项错误。

如上述分析，A 银行应承担赔偿责任，故 D 选项错误。同时，D 选项中"只能……"这种绝对性表述一般都是错误的。

7. ［答案］AC ［难度］中

［考点］商业银行的业务规则

［命题和解题思路］本题考查的是商业银行的投资规则，《商业银行法》对其投资业务作了严格限制，以保障银行资金运营安全。本题是《商业银行法》第 42 条的简单运用，但由于涉及对期间的准确记忆，难度由此而生。本题特别指明了各项行为的发生时间，这意味着相关时间甚为重要，答题时需要特别留意。A 选项涉及的是抵押权实现方式，容易选择；B 选项若记不清期间，则很难选择；C 选项从常识可推知其当选，毕竟商业银行自建办公楼较常见；而从国家三令五申地控制炒房可推知 D 选项的错误。

［选项分析］《商业银行法》第 42 条第 2 款规定："借款人到期不归还担保贷款的，商业银行依法享有要求保证人归还贷款本金和利息或者就该担保物优先受偿的权利。商业银行因行使抵押权、质权而取得的不动产或者股权，应当自取得之日起二年内予以处分。"故 A 选项正确，B 选项错误。

《商业银行法》第 43 条规定："商业银行在中华人民共和国境内不得从事信托投资和证券经营业务，不得向非自用不动产投资或者向非银行金融机构和企业投资，但国家另有规定的除外。"故修建自住办公楼是合法的而入股房地产企业则不合法。故 C 选项正确，D 选项错误。

第二节 银行业监督管理法

1. ［答案］ABCD ［难度］易

［考点］《银行业监督管理法》（监督管理措施）

［命题和解题思路］本题主要考查商业银行的审慎监管，是对《银行业监督管理法》第 37 条商业银行违背审慎经营规则的监管措施的简单运用，为银行法部分的常规考点。解题时可从题干"商

业银行流动性比率过低"推知考点在于审慎监管措施，再结合《银行业监督管理法》的规定进行分析即可作出判断选择。

［选项分析］《银行业监督管理法》第 37 条第 1 款规定："银行业金融机构违反审慎经营规则的，国务院银行业监督管理机构或者其省一级派出机构应当责令限期改正；逾期未改正的，或者其行为严重危及该银行业金融机构的稳健运行、损害存款人和其他客户合法权益的，经国务院银行业监督管理机构或者其省一级派出机构负责人批准，可以区别情形，采取下列措施：（一）责令暂停部分业务、停止批准开办新业务；（二）限制分配红利和其他收入；（三）限制资产转让；（四）责令控股股东转让股权或者限制有关股东的权利；（五）责令调整董事、高级管理人员或者限制其权利；（六）停止批准增设分支机构。"ABCD 四选项分别对应上述第 1、6、5、3 项措施，故 ABCD 选项均正确。

2. ［答案］B ［难度］中

［考点］《银行业监督管理法》（监督管理措施）、《审计法》的原则（独立审计）

［命题和解题思路］本题对银行业监督管理与审计监督进行了合并考查，但所考知识点属于常规考核的内容，个别选项设计具有迷惑性。不同行政机关享有的行政强制执行权各不相同，银行业监管机构只有对银行账户的查询权，冻结账户要依法申请司法机关执行，对这一知识点未记清楚可能错选 A 选项。审计机关依法独立审计，只要掌握了这个知识点就能对 C 选项进行正确选择。

［选项分析］《银行业监督管理法》第 41 条规定："经国务院银行业监督管理机构或者其省一级派出机构负责人批准，银行业监督管理机构有权查询涉嫌金融违法的银行业金融机构及其工作人员以及关联行为人的账户；对涉嫌转移或者隐匿违法资金的，经银行业监管机构负责人批准，可以申请司法机关予以冻结。"所以银行业监管机构只有查询权，不能直接对银行账户进行冻结。故 A 选项错误。

《银行业监督管理法》第 35 条规定："银行业监督管理机构根据履行职责的需要，可以与银行业金融机构董事、高级管理人员进行监督管理谈话，要求银行业金融机构董事、高级管理人员就

银行业金融机构的业务活动和风险管理的重大事项作出说明。"故 B 选项正确。

《审计法》第 5 条规定:"审计机关依照法律规定独立行使审计监督管理权,不受其他行政机关、社会团体和个人干涉。"故审计机关依法独立审计,不需要经银行业监管机构同意。故 C 选项错误。

银行业监管机构依职权对违法行为进行查处,不存在异地查处。故 D 选项错误。

3. [答案] ABD　　　[难度] 易

[考点] 违反《银行业监督管理法》的法律责任

[命题和解题思路] 本题的关键信息是"陈某担任总经理的信托公司,违法开展信托业务,陈某负有直接管理责任",借此着重考查的是违反《银行业监督管理法》的法律责任。解题时首先需要明确"信托公司"属于"非银行业金融机构",由银行业监管机构监管,才能按《银行业监督管理法》进行判断。其次需要明确信托公司"未按照金融企业会计制度和公司财务规则严格管理和审核资金使用"的行为究竟违反什么规则,明确此行为的性质,才能具体判断适用哪一条法律责任。

[选项分析]《银行业监督管理法》第 21 条第 2、3 款规定:"前款规定的审慎经营规则,包括风险管理、内部控制、资本充足率、资产质量、损失准备金、风险集中、关联交易、资产流动性等内容。银行业金融机构应当严格遵守审慎经营规则。"本题中信托公司"未按照金融企业会计制度和公司财务规则严格管理和审核资金使用",违反了审慎经营规则中的"风险管理、内部控制"。故 A 选项正确。

《银行业监督管理法》第 46 条规定:"银行业金融机构有下列情形之一,由国务院银行业监督管理机构责令改正,并处二十万元以上五十万元以下罚款;情节特别严重或者逾期不改正的,可以责令停业整顿或者吊销其经营许可证;构成犯罪的,依法追究刑事责任:……(五)严重违反审慎经营规则的;……"故 B 选项正确。而有权吊销金融许可证的机构是银行业监管机构(国家金融监督管理总局),而不是国家工商总局(现为国家市场监督管理总局)。故 C 选项错误。

《银行业监督管理法》第 48 条规定:"银行业金融机构违反法律、行政法规以及国家有关银行业监督管理规定的,银行业监督管理机构除依照本法第四十四条至第四十七条规定处罚外,还可以区别不同情形,采取下列措施:……(三)取消直接负责的董事、高级管理人员一定期限直至终身的任职资格,禁止直接负责的董事、高级管理人员和其他直接责任人员一定期限直至终身从事银行业工作。"故 D 选项正确。

易混淆点解析
本题中需要注意的是,银行业监管机构并非仅仅监管银行业金融机构,非银行业金融机构中的一部分,即"在中华人民共和国境内设立的金融资产管理公司、信托投资公司、财务公司、金融租赁公司以及经国务院银行业监督管理机构批准设立的其他金融机构"也要受银行业监管机构的监督管理。

4. [答案] AC　　　[难度] 易

[考点] 监督管理职责、违反《银行业监督管理法》的法律责任

[命题和解题思路] 监督管理职责是银行业法中的高频考点。本题中材料描述相对简明,没有设计误导性陷阱,材料关键点是银行未经批准从事新的业务活动,选项即围绕其展开,前两项涉及的是新业务的审批机关,后两项涉及法律责任。

[选项分析]《银行业监督管理法》第 18 条规定:"银行业金融机构业务范围内的业务品种,应当按照规定经国务院银行业监督管理机构审查批准或者备案。……"故 A 选项正确,而 B 选项错误。

该银行未经批准即从事业务活动,根据《银行业监督管理法》第 45 条的规定,银行业监管机构有权予以处罚。故 C 选项正确。

该银行违反规定从事未经批准的业务活动,其行为的法律效力如何取决于对有关法律规定的性质的认定,如果认为有关法律规定属于效力性强制性规范,则该行为无效;如果认为有关法律规定属于管理性强制性规范,则该行为有效。而目前对该规定的性质尚存争论,因此试题回避了这一争论,而是将该行为的效力表述为效力待定,这当然毫无可能。故 D 选项错误。

5. ［答案］AC ［难度］易

［考点］监督管理措施

［命题和解题思路］监督管理措施也是银行业法中的高频考点。清楚理解强制整改制度对记忆法律规定有很大帮助。对于银行业金融机构违反审慎经营规则的，法律规定强制整改制度的目的是提高商业银行的资产质量，因此针对的对象是银行经营活动及其责任人，监督管理措施也就在此范围之内。

［选项分析］根据《银行业监督管理法》第37条的规定，银行业金融机构违反审慎经营规则的，有关银行业监督管理机构可以区别情形，采取下列措施：（1）责令暂停部分业务、停止批准开办新业务；（2）限制分配红利和其他收入；（3）限制资产转让；（4）责令控股股东转让股权或者限制有关股东的权利；（5）责令调整董事、高级管理人员或者限制其权利；（6）停止批准增设分支机构。因此，AC选项正确。

第四章 财税法

试 题

第一节 税法概述

📶 **1.** 关于纯电动乘用车所涉税法，下列哪些说法是错误的？（2022年回忆版）

A. 获赠该类汽车的合伙企业应缴纳企业所得税

B. 购买该类汽车的自然人应免征车船税

C. 抽奖获得该类汽车的外国人应缴纳噪声类环境保护税

D. 进口该类汽车的贸易公司应缴纳增值税和消费税

📶 **2.** 某教师在税务师培训班上就我国财税法制有下列说法，其中哪些是正确的？（2017-1-69）

A. 当税法有漏洞时，依据税收法定原则，不允许以类推适用方法来弥补税法漏洞

B. 增值税的纳税人分为一般纳税人和小规模纳税人，小规模纳税人的适用税率统一为3%

C. 消费税的征税对象为应税消费品，包括一次性竹制筷子和复合地板等

D. 车船税纳税义务发生时间为取得车船使用权或管理权的当年，并按年申报缴纳

📶 **3.** 关于税收优惠制度，根据我国税法，下列哪些说法是正确的？（2016-1-73）

A. 个人进口大量化妆品，免征消费税

B. 武警部队专用的巡逻车，免征车船税

C. 企业从事渔业项目的所得，可免征、减征企业所得税

D. 农民张某网上销售从其他农户处收购的山核桃，免征增值税

第二节 个人所得税

📶 **1.** 张某备考某资格考试，每天在某网络直播平台直播其备考活动及心得，意外获得很多人观看和关注。年底，该平台按流量向张某支付报酬，而张某通过考试后在该网络平台拍卖其备考的笔记资料，该网络平台扣除拍卖费用后向其支付了拍卖款。关于张某缴纳个人所得税，下列哪些说法是正确的？（2023年回忆版）

A. 仅拍卖款应缴纳个人所得税

B. 平台支付的报酬和拍卖款均为综合所得

C. 平台支付的报酬和拍卖款应进行汇算清缴

D. 由平台代扣代缴张某的个人所得税

📶 **2.** 某企业职工甲因为发明的净水器能够有效解决缺水地区饮水问题，获得国际组织奖励5万元美金、住所地市政府奖励一套商品房、该企业奖励10万元。而该企业当年利润为50万元。关于纳税，下列哪一说法是错误的？（2022年回忆版）

A. 国际组织的奖金应缴纳个人所得税

B. 住所地市政府奖励的商品房应缴纳个人所得税

C. 该企业的奖金应缴纳个人所得税

D. 该企业缴纳企业所得税时可全额扣除10万元奖金

📶 **3.** 我国公民甲于2020年6月被公司派去F国工作，但其工资仍由该公司支付。甲没有其他个人所得。关于甲缴纳个人所得税，下列哪一说法

是正确的？（2021 年回忆版）

A. 甲应在 2021 年 3 月～6 月办理汇算清缴

B. 甲不需要自己的纳税人识别号，由公司代扣代缴

C. 公司应当按年计算，按月预扣预缴甲的个人所得税

D. 甲在 F 国工作期间为非居民纳税人，应当按月计算缴纳个人所得税

4. 某公司购买一辆车，登记在法定代表人名下，并交了 100 万元的车船税。对此，下列哪一选项是正确的？（2020 年回忆版）

A. 100 万元应该从该公司法定纳税额里面扣除

B. 100 万元应该从法定代表人纳税额里面扣除

C. 该公司是车船税的纳税人

D. 法定代表人是车船税的纳税人

5. 某高校老师获得以下收入：学校科研奖金 10 万元，获评学校年度最受欢迎老师荣誉的奖金 1000 元，评阅试卷的酬劳 200 元，出版专著的稿酬 2 万元，买彩票中奖 500 元。关于对该老师征收个人所得税，下列哪些做法是正确的？（2019 年回忆版）

A. 科研奖金免税

B. 阅卷酬劳与稿酬合并计征个人所得税

C. 获评荣誉的奖金按偶然所得征税

D. 彩票奖金实行超额累进制征税

6. 2012 年外国人约翰来到中国，成为某合资企业经理，迄今一直居住在北京。根据《个人所得税法》，约翰获得的下列哪些收入应在我国缴纳个人所得税？（2014-1-71）

A. 从该合资企业领取的薪金

B. 出租其在华期间购买的房屋获得的租金

C. 在中国某大学开设讲座获得的酬金

D. 在美国杂志上发表文章获得的稿酬

第三节 企业所得税

1. 某国有企业取得某省级公路开发经营项目，省政府重点支持并给予 100 万元财政拨款。该企业在修路的同时，在路边开设了一个果园。关于该企业的收入及其企业所得税，下列哪些选项是正确的？（2020 年回忆版）

A. 收入中财政拨款的使用情况，审计部门有权进行审计

B. 政府财政拨款可免征减征税收

C. 公路修好后的营运收入可免征减征税收

D. 果园的营运收入可免征减征税收

2. 某企业在纳税年度内发生了以下费用：（1）购买原材料费用 1000 万元；（2）租借厂房费用 50 万元；（3）以融资租赁方式租出的设备的折旧费 10 万元；（4）为某歌手的演唱会资助 100 万元；（5）向贫困山区某中学捐赠 100 万元；（6）补交上一纳税年度税款 60 万元；（7）支付专利使用费 80 万元。在计算应纳税所得额时，哪一选项的费用可以扣除？（2019 年回忆版）

A. （1）（2）（7）

B. （1）（2）（3）（5）（7）

C. （1）（2）（3）（5）（6）（7）

D. （1）（2）（3）（4）（5）（6）（7）

3. A 基金在我国境外某群岛注册并设置总部，该群岛系低税率地区。香港 B 公司和浙江 C 公司在浙江签约设立杭州 D 公司，其中 B 公司占 95% 的股权，后 D 公司获杭州公路收费权。F 公司在该群岛注册成立，持有 B 公司 100% 的股权。随后，A 基金通过认购新股方式获得了 F 公司 26% 的股权，多年后又将该股权转让给境外 M 上市公司。M 公司对外披露其实际收购标的为 D 公司股权。经查，A 基金、F 公司和 M 公司均不从事实质性经营活动，F 公司股权的转让价主要取决于 D 公司的估值。对此，根据我国税法，下列哪些说法是正确的？（2017-1-70）

A. 基金系非居民企业

B. D 公司系居民企业

C. A 基金应就股权转让所得向我国税务机关进行纳税申报

D. 如 A 基金进行纳税申报，我国税务机关有权按照合理方法调整其应纳税收入

第四节 税收征收管理

1. 甲公司向乙公司出售房屋，双方签约后甲公司向税务局预缴税款 700 万元。后房屋买卖合同依法解除，甲公司向乙公司承诺在月底返还购房款。关于甲公司预交的税款，下列哪些说法是正确的？（2023 年回忆版）

A. 税务局仅需退还预征税款 700 万元

B. 税务局不仅需退还预征税款，还应加算银行同期存款利息

C. 甲公司申请退还税款的期限是 3 年

D. 退还期限的起算时间是甲公司预缴税款之日

2. 方达公司取得海城公司开具的增值税专用发票，已被权证抵扣相应进项税额 13 万元。经查，海城公司因税率问题被定为虚开增值税专用发票。而方达公司对此并不知情，其如实保管账簿凭证，如实开展纳税申报。对此，下列哪些说法是正确的？（2020 年回忆版）

A. 方达公司的行为构成偷税

B. 税务机关向方达公司追征税收有期限限制

C. 方达公司的行为应视为善意取得

D. 已经抵扣的进项税款，应依法追缴

3. 昌昌公司委托拍卖行将其房产拍卖后，按成交价向税务部门缴纳了相关税款，并取得了完税凭证。3 年后，县地税局稽查局检查税费缴纳情况时，认为该公司房产拍卖成交价过低，不及市场价的一半。遂作出税务处理决定：重新核定房产交易价，追缴相关税款，加收滞纳金。经查，该公司所涉拍卖行为合法有效，也不存在逃税、骗税等行为。关于此事，下列哪些说法是正确的？（2017-1-71）

A. 该局具有独立执法主体资格

B. 该公司申报的房产拍卖价明显偏低时，该局就可核定其应纳税额

C. 该局向该公司加收滞纳金的行为违法

D. 该公司对税务处理决定不服，可申请行政复议，对复议决定不服，才可提起诉讼

4. 某企业流动资金匮乏，一直拖欠缴纳税款。为恢复生产，该企业将办公楼抵押给某银行获得贷款。此后，该企业因排污超标被环保部门罚款。现银行、税务部门和环保部门均要求拍卖该办公楼以偿还欠款。关于拍卖办公楼所得价款的清偿顺序，下列哪一选项是正确的？（2014-1-29）

A. 银行贷款优先于税款

B. 税款优先于银行贷款

C. 罚款优先于税款

D. 三种欠款同等受偿，拍卖所得不足时按比例清偿

5. 某企业因计算错误，未缴税款累计达 50 万元。关于该税款的征收，下列哪些选项是正确的？（2014-1-70）

A. 税务机关可追征未缴的税款

B. 税务机关可追征滞纳金

C. 追征期可延长到 5 年

D. 追征时不受追征期的限制

6. 甲公司欠税 40 万元，税务局要查封其相应价值产品。甲公司经理说："乙公司欠我公司 60 万元货款，贵局不如行使代位权直接去乙公司收取现金。"该局遂通知乙公司缴纳甲公司的欠税，乙公司不配合；该局责令其限期缴纳，乙公司逾期未缴纳；该局随即采取了税收强制执行措施。关于税务局的行为，下列哪些选项是错误的？（2013-1-70）

A. 只要甲公司欠税，乙公司又欠甲公司货款，该局就有权行使代位权

B. 如代位权成立，即使乙公司不配合，该局也有权直接向乙公司行使

C. 本案中，该局有权责令乙公司限期缴纳

D. 本案中，该局有权向乙公司采取税收强制执行措施

第五节　审计法

1. 某省审计机关对该省国有商业银行的省分行开展审计时，发现该行向某房地产公司发放多笔贷款，存在无法收回的风险，会严重影响金融安全。而且，个别款项与省财政部门有关。经审查，该行的贷款与资本比例为 20%，符合该商业银行总行下发的《关于支持房地产企业发展的意见》的要求。对此，该审计机关的下列哪些做法是正确的？（2023 年回忆版）

A. 向省政府报告该商业银行存在的风险

B. 提请省财政部门积极配合

C. 检查该银行有关的信息系统

D. 建议商业银行总行对《关于支持房地产企业开发的意见》进行修改

2. 某省国有银行的贷款问题涉及处于两个城市的企业。关于对该银行的审计，下列哪些说法是正确的？（2022 年回忆版）

A. 由两个城市的审计局协商管辖

B. 由省审计厅指定一个城市的审计局管辖

C. 审计局应对该银行的内部审计进行监督

D. 审计机关应将审计报告和审计决定报送给本级政府

📶 **3.** 某国有电力公司将收取的居民电费存在员工张某名下，后张某挪用了居民电费并篡改了公司的会计账簿，导致众多居民利益受损。审计机关在对该公司进行审计时，有权采取哪些措施？（2021 年回忆版）

A. 冻结该公司的银行账户

B. 查询该公司的银行账户

C. 查询员工张某的银行账户

D. 封存该公司的会计账簿

📶 **4.** 某县开展扶贫资金专项调查，对申请财政贴息贷款的企业进行核查。审计中发现某企业申请了数百万元贴息贷款，但其生产规模并不需要这么多，遂要求当地农业银行、扶贫办和该企业提供贷款记录。对此，下列哪一说法是正确的？（2017-1-31）

A. 只有审计署才能对当地农业银行的财政收支情况进行审计监督

B. 只有经银监机构同意，该县审计局才能对当地农业银行的财务收支进行审计监督

C. 该县审计局经上一级审计局副职领导批准，有权查询当地扶贫办在银行的账户

D. 申请财政贴息的该企业并非国有企业，故该县审计局无权对其进行审计调查

📶 **5.** 某县污水处理厂系扶贫项目，由地方财政投资数千万元，某公司负责建设。关于此项目的审计监督，下列哪些说法是正确的？（2016-1-74）

A. 审计机关对该项目的预算执行情况和决算，进行审计监督

B. 审计机关经银监局局长批准，可冻结该项目在银行的存款

C. 审计组应在向审计机关报送审计报告后，向该公司征求对该报告的意见

D. 审计机关对该项目作出审计决定，而上级审计机关认为其违反国家规定的，可直接作出变更或撤销的决定

📶 **6.** 为大力发展交通，某市出资设立了某高速公路投资公司。该市审计局欲对其实施年度审计监督。关于审计事宜，下列哪一说法是正确的？

（2015-1-28）

A. 该公司既非政府机关也非事业单位，审计局无权审计

B. 审计局应在实施审计 3 日前，向该公司送达审计通知书

C. 审计局欲查询该公司在金融机构的账户，应经局长批准并委托该市法院查询

D. 审计局欲检查该公司与财政收支有关的资料和资产，应委托该市税务局检查

详　解

第一节　税法概述

1. ［答案］ACD　　［难度］难

［考点］企业所得税、车船税、环境保护税、增值税、消费税的征税范围和税收优惠

［命题和解题思路］征税范围和税收优惠在历年考试中都属于财税法的高频考点，但本题围绕纯电动汽车，==将企业所得税、车船税、环境保护税、增值税、消费税的征税范围和税收优惠融入一题==，尤其是消费税、环境保护税、增值税以往都较少考查，无疑增加了本题的难度。但将多税种融入一题的命题方法往年试题中也曾出现过，备考时需要留意这一命题"套路"。

［选项分析］《企业所得税法》第 1 条规定："在中华人民共和国境内，企业和其他取得收入的组织为企业所得税的纳税人，依照本法的规定缴纳企业所得税。个人独资企业、合伙企业不适用本法。"故 A 选项错误，当选。

《车船税法》第 4 条规定，对节约能源、使用新能源的车船可以减征或者免征车船税。同时，根据《关于节能新能源车船享受车船税优惠政策的通知》第 2 条的规定，新能源车船免征车船税。故 B 选项正确。

《环境保护税法》第 12 条规定："下列情形，暂予免征环境保护税：……（二）机动车、铁路机车、非道路移动机械、船舶和航空器等流动污染源排放应税污染物的；……"故 C 选项错误，当选。

《增值税暂行条例》第 1 条规定："在中华人民共和国境内销售货物或者加工、修理修配劳务，销售服务、无形资产、不动产以及进口货物的单位和个人，为增值税的纳税人，应当依照本条例缴纳增

值税。"第15条规定："下列项目免征增值税：（一）农业生产者销售的自产农产品；（二）避孕药品和用具；（三）古旧图书；（四）直接用于科学研究、科学试验和教学的进口仪器、设备；（五）外国政府、国际组织无偿援助的进口物资和设备；（六）由残疾人的组织直接进口供残疾人专用的物品；（七）销售的自己使用过的物品。"据此，进口纯电动汽车并销售属于增值税征税范围，且不属于免征范围。《消费税暂行条例》第1条规定："在中华人民共和国境内生产、委托加工和进口本条例规定的消费品的单位和个人，以及国务院确定的销售本条例规定的消费品的其他单位和个人，为消费税的纳税人，应当依照本条例缴纳消费税。"而消费税中规定的"消费品"包括乘用车、中轻型商用客车和超豪华小汽车，不包括大型商用客车、货车、电动汽车、沙滩车、雪地车、卡丁车、高尔夫车，所以进口纯电动汽车不属于消费税的征税范围。故 D 选项错误，当选。

2. ［答案］AB　　［难度］难

［考点］税法概述（税法的概念和调整对象）、增值税法（增值税的概念和基本内容）、消费税法（消费税的概念和基本内容）、车船税法（车船税的基本内容）

［命题和解题思路］从指令句可知本题的关键词是"我国财税法制"，考查的是我国税法基本原则及税法的构成要素。四个备选项中，A 选项涉及税收法定原则和禁止类推适用原则的理解，BCD 分别涉及增值税的适用税率、消费税的征税对象以及车船税的纳税义务时间。本题考查的知识点很细，而且分散，有难度。解题时需要结合税法理论及《增值税暂行条例》《消费税暂行条例》《车船税法》的相关规定进行判断、选择。

［选项分析］税收法定原则是指立法机关决定全部税收制度，税收机关无相应法律依据不得征税的税法基本原则。根据该原则，不允许以类推适用的方式来弥补税收漏洞。故 A 选项正确。

根据《增值税暂行条例》第2条和第12条，增值税一般纳税人的税率包括 17% 基本税率、13% 低税率、出口 0 税率；而小规模纳税人增值税征收率为 3%。故 B 选项正确。不过，按 2016 年营改增 36 号财税文件内容，营改增后小规模纳税

人销售不动产适用 5% 的征收率，也即小规模纳税人适用 3% 和 5% 的征收率，这个变化应当关注。

消费税征税对象为应税消费品，主要为高能耗、高污染和高档消费品。根据《消费税暂行条例》及财政部、国家税务总局的行政决定，应税消费品包括：（1）烟；（2）酒；（3）化妆品；（4）贵重首饰及珠宝玉石；（5）鞭炮、焰火；（6）成品油（含铅汽油除外）和用于调和汽油的主要原材料；（7）250 毫升以上排量的摩托车；（8）小汽车；（9）高尔夫球及球具；（10）高档手表；（11）游艇；（12）木制一次性筷子；（13）实木地板；（14）电池、涂料。显然，C 选项中的"一次性竹制筷子"和"复合地板"不属于应税消费品范围。故 C 选项错误。

《车船税法》第8条规定："车船税纳税义务发生时间为取得车船所有权或者管理权的当月。"故 D 选项中的"当年"是错误的，不当选。

易混淆点解析

税收法定原则和税法适用原则是税法中的两个重要理论。二者容易混淆，需要认真把握其区别和联系。税收法定原则指由立法机关决定全部税收制度，税收机关无相应法律依据不得征税的税法基本原则。税法适用原则指税收部门在税法解释和税收征缴等具体税法适用过程中应当遵守的原则，包括实质课税原则、诚信原则、禁止类推适用原则、禁止溯及课税原则。"禁止类推适用原则"要求不允许以类推适用的方法来弥补法律漏洞；"禁止溯及课税原则"要求新颁布实施的税收实体法仅对其生效后发生的应税事实或税收法律行为产生效力，二者均可以说是"税收法定原则"在税法适用中的延伸。而"实质课税原则"是对"税收法定原则"的补充，它要求税法规范的适用，除了考虑是否符合税法规定的税收要素外，还应根据实际情况，尤其要根据是否有利于经济发展来判断决定是否征税。此外，消费税的应税范围是考生极容易混淆的知识点，因为消费税只针对法定的应税消费品征收，所以需要准确细致地理解掌握每一个应税项目，避免似是而非的判断，比如高档手表属于应税消费品，但并非"高档商品"都要缴消费税，高档衣服、高档家具等就不属于消费税征税范围。

3. ［答案］BC ［难度］中

［考点］消费税法（消费税的基本内容）、车船税法（车船税的基本内容）、企业所得税法（企业所得税的基本内容）、增值税法（增值税的基本内容）

［命题和解题思路］本题中的关键词是"税收优惠"，着重考查了消费税、车船税、企业所得税及增值税的减免税制度。因为我国是按不同的税种分别立法，本题涉及的税种多，同时有些内容比较生僻，专业性强，增加了题目的难度。解题时可考虑从"优惠"制度的目的出发思考，减免优惠是为了"鼓励、扶持"，因此需要鼓励扶持的应当减免，不需要鼓励扶持的不能减免，比如"武警部队的专用巡逻车"是公务用车，应当鼓励；"渔业"需要扶持，而"进口化妆品"显然不属于鼓励扶持的范围。

［选项分析］《消费税暂行条例》第1条规定："在中华人民共和国境内生产、委托加工和进口本条例规定的消费品的单位和个人，以及国务院确定的销售本条例规定的消费品的其他单位和个人，为消费税的纳税人，应当依照本条例缴纳消费税。"化妆品属于应税消费品，进口化妆品应当缴消费税。故 A 选项错误。

《车船税法》第3条规定："下列车船免征车船税：……（二）军队、武装警察部队专用的车船；……"故 B 选项正确。

《企业所得税法》第27条规定："企业的下列所得，可以免征、减征企业所得税：（一）从事农、林、牧、渔业项目的所得；……"故 C 选项正确。

《增值税暂行条例》第15条第1款规定："下列项目免征增值税：（一）农业生产者销售的自产农产品；……"可知张某销售的是从其他农户收购的农产品，并非自产农产品，不能免征。故 D 选项错误。

第二节 个人所得税

1. ［答案］BCD ［难度］中

［考点］个人所得税法（个人所得税的基本内容）

［命题和解题思路］个人所得税是财税法中的高频考点，年年必考。本题涉及的个人所得税的征税对象、税目、纳税期限、扣缴义务人等考点在往年试题中已出现过，但本题的创新之处在于

通过网络直播将这些知识串联在一起，更侧重于对税目的准确理解。例如，直播所得是工资薪金所得还是劳务报酬所得？拍卖款是稿酬所得、特许权使用费所得还是财产转让所得？考生如果对税目理解有误，则容易误选。

［选项分析］工资、薪金所得，是指个人因任职或者受雇取得的工资、薪金、奖金等所得；劳务报酬所得，是指个人从事劳务取得的所得，包括从事设计、医疗、法律、咨询、讲学、影视、录音、录像、演出、表演、广告等劳务取得的所得。本题中张某并未在该网络平台任职或受雇，而是在该网络平台提供了劳务，所以平台支付的报酬属于劳务报酬所得。稿酬所得，是指个人因其作品以图书、报刊等形式出版、发表而取得的所得；特许权使用费所得，是指个人提供专利权、商标权、著作权、非专利技术以及其他特许权的使用权取得的所得；财产转让所得，是指个人转让有价证券、股权、不动产、机器设备、车船等财产取得的所得。因此，本题中张某获得的拍卖款属于特许权使用费所得。

《个人所得税法》第2条第1款规定："下列各项个人所得，应当缴纳个人所得税：……（二）劳务报酬所得；……（四）特许权使用费所得；……"本题中平台支付的报酬属于劳务报酬所得，支付的拍卖款属于特许权使用费所得，均应缴税。A 选项错误。

《个人所得税法》第2条第2款规定，居民个人取得前款第一项至第四项所得（以下称综合所得），按纳税年度合并计算个人所得税。B 选项正确。

《个人所得税法》第11条第1款规定，居民个人取得综合所得，按年计算个人所得税；有扣缴义务人的，由扣缴义务人按月或者按次预扣预缴税款；需要办理汇算清缴的，应当在取得所得的次年3月1日至6月30日内办理汇算清缴。预扣预缴办法由国务院税务主管部门制定。C 选项正确。

《个人所得税法》第9条第1款规定，个人所得税以所得人为纳税人，以支付所得的单位或者个人为扣缴义务人。D 选项正确。

2. ［答案］A ［难度］易

［考点］个人所得税的征税对象、税收减免、

企业所得税的应税所得

[命题和解题思路] 个人所得税法是财税法中的高频考点，从近年法考试题来看，其出现频率还略高于企业所得税法。本题具体涉及的是个人所得税法中的征税对象和税收减免，这也是历年考试的重点内容。虽然本题还涉及企业所得税法，在往年试题中极为少见，但考查的是最基本的应税所得，所以难度不大。

[选项分析]《个人所得税法》第4条规定："下列各项个人所得，免征个人所得税：（一）省级人民政府、国务院部委和中国人民解放军军以上单位，以及外国组织、国际组织颁发的科学、教育、技术、文化、卫生、体育、环境保护等方面的奖金；……"故 A 选项错误，当选。个人所得的形式包括现金、实物、有价证券和其他形式的经济利益，商品房属于个人所得，根据上述规定，由于并非省级以上政府发放，不得免税，故B 选项正确。

《个人所得税法》第2条规定："下列各项个人所得，应当缴纳个人所得税：（一）工资、薪金所得；……"企业所发的奖金属于工资、薪金所得，故 C 选项正确。

《企业所得税法》第8条规定："企业实际发生的与取得收入有关的、合理的支出，包括成本、费用、税金、损失和其他支出，准予在计算应纳税所得额时扣除。"故 D 选项正确。

3. [答案] C　　[难度] 难

[考点] 个人所得税

[命题和解题思路] 本题围绕个人所得税的缴纳进行命题，知识点覆盖比较细，且往年试题未涉及，有较大难度。解题时要密切结合题干和选项中告知的信息，结合《个人所得税法》关于汇算清缴、代扣代缴的规定进行分析，否则容易错选AB。同时，要对居民纳税人和非居民纳税人、综合计征有正确的理解，否则容易错选CD。

[选项分析]《个人所得税法》第11条规定："居民个人取得综合所得，按年计算个人所得税；有扣缴义务人的，由扣缴义务人按月或者按次预扣预缴税款；需要办理汇算清缴的，应当在取得所得的次年三月一日至六月三十日内办理汇算清缴。预扣预缴办法由国务院税务主管部门制定。"《个人所得税法实施条例》第25条规定："取得综

合所得需要办理汇算清缴的情形包括：（一）从两处以上取得综合所得，且综合所得年收入额减除专项扣除的余额超过6万元；……"由题干可知，甲除了在公司取得的工资外，没有其他所得，故其不属于需要汇算清缴的情形。故 A 选项错误。

《个人所得税法》第9条规定："个人所得税以所得人为纳税人，以支付所得的单位或者个人为扣缴义务人。纳税人有中国公民身份号码的，以中国公民身份号码为纳税人识别号；纳税人没有中国公民身份号码的，由税务机关赋予其纳税人识别号。扣缴义务人扣缴税款时，纳税人应当向扣缴义务人提供纳税人识别号。"故甲的个人所得税应当由公司代扣代缴，但甲为纳税义务人，有自己的纳税人识别号。故 B 选项错误。

《个人所得税法》第1条规定："在中国境内有住所，或者无住所而一个纳税年度内在中国境内居住累计满一百八十三天的个人，为居民个人。……"中国公民甲尽管被公司派往 F 国工作，但属于中国居民纳税人。再根据《个人所得税法》第2条："下列各项个人所得，应当缴纳个人所得税：（一）工资、薪金所得；（二）劳务报酬所得；（三）稿酬所得；（四）特许权使用费所得；……居民个人取得前款第一项至第四项所得（以下称综合所得），按纳税年度合并计算个人所得税；……"第11条规定，居民个人取得综合所得，按年计算个人所得税；有扣缴义务人的，由扣缴义务人按月或者按次预扣预缴税款。故甲取得的工资属于综合所得范围，应当按年计税，按月预扣预缴。故 C 选项正确，D 选项错误。

4. [答案] D　　[难度] 难

[考点]《企业所得税法》基本内容、《个人所得税法》基本内容、《车船税法》（纳税人）

[命题和解题思路] 本题涉及车船税、企业所得税和个人所得税的核算和征收，所牵涉的知识点多，有较大的迷惑性，难度比较大。企业所得税在计算应税所得时，允许将企业实际发生的与取得收入相关的税金扣除；而个人所得税在计算应税所得时，并不扣除所缴纳的税金。本题中虽然是公司买了车，但登记在法定代表人名下，所以已缴的车船税不能扣除。而车船税的纳税人为应税车船的所有人或管理人，车辆登记在法定代表人名义，法定代表人取得车辆的所有权，应为

车船税纳税人。这些知识点相互间有牵扯，容易混淆，如果没有准确把握，容易犯错。

[选项分析]《企业所得税法》第8条规定，企业实际发生的与取得收入有关的、合理的支出，包括成本、费用、税金、损失和其他支出，准予在计算应纳税所得额时扣除。车船登记在法定代表人名下，其所缴纳车船税不构成企业实际发生的税收，故不应该从该公司法定纳税额里面扣除。故 A 选项错误。

个人所得税的应税所得的计算并不扣除已缴纳税金。故 B 选项错误。

《车船税法》第1条规定，在中华人民共和国境内属于本法所附《车船税税目税额表》规定的车辆、船舶（以下简称车船）的所有人或者管理人，为车船税的纳税人，应当依照本法缴纳车船税。第8条规定，车船税纳税义务发生时间为取得车船所有权或者管理权的当月。车辆登记在法定代表人名下，该法定代表人为车船税纳税人。故 C 选项错误，D 选项正确。

5. [答案] BC　　[难度] 中

[考点]《个人所得税法》（个人所得税的基本内容）

[命题和解题思路] 在财税法中，《税收征收管理法》和《个人所得税法》均属于高频考点。从近年试题来看，财税法试题占比一直较稳定，每年均有两三道试题，且难度或灵活度比司考时代有所增加。本题选项 B 涉及《个人所得税法》的修改，而选项 AC 还需要运用所学知识去判断辨别。

[选项分析] 学校科研奖金，实质上可分为两类：一是获得某某科研奖，并因此取得的奖金；二是高校老师除完成教学任务外，还需要完成科研任务，此种情形下的科研奖金就属于工资、薪金所得。《个人所得税法》第4条规定："下列各项个人所得，免征个人所得税：（一）省级人民政府、国务院部委和中国人民解放军军以上单位，以及外国组织、国际组织颁发的科学、教育、技术、文化、卫生、体育、环境保护等方面的奖金；……"因此，如果该科研奖金属于"奖金"，由于是学校颁发，不属于免税范围；如果该科研奖金属于"工资、薪金"，更不属于免税范围。故 A 选项错误。

《个人所得税法》第2条规定："下列各项个

人所得，应当缴纳个人所得税：（一）工资、薪金所得；（二）劳务报酬所得；（三）稿酬所得；（四）特许权使用费所得；……居民个人取得前款第一项至第四项所得（以下简称综合所得），按纳税年度合并计算个人所得税；……"因此，阅卷所得，无论是工资、薪金所得还是劳务报酬所得，均属于综合所得，按年合并计征个人所得税。故 B 选项正确。

偶然所得，是指个人得奖、中奖、中彩以及其他偶然性质的所得，获评学校年度最受欢迎老师荣誉的奖金即属于偶然所得。故 C 选项正确。

《个人所得税法》第3条规定："个人所得税的税率：……（三）利息、股息、红利所得，财产租赁所得，财产转让所得和偶然所得，适用比例税率，税率为百分之二十。"彩票奖金为偶然所得，适用比例税率。故 D 选项错误。

6. [答案] ABCD　　[难度] 中

[考点]《个人所得税法》（个人所得税的基本内容）

[命题和解题思路] 个人所得税是税法中的高频考点。本题需要区分居民纳税人与非居民纳税人，二者的征税对象不同。这二者的区分前文已述，于此不赘。

[选项分析]《个人所得税法》第1条第1款规定："在中国境内有住所，或者无住所而一个纳税年度内在中国境内居住累计满一百八十三天的个人，为居民个人。居民个人从中国境内和境外取得的所得，依照本法规定缴纳个人所得税。"本题中外国人约翰到中国居住已超过183天，应当就其境内和境外的全部所得在中国纳税。《个人所得税法》第2条第1款规定："下列各项个人所得，应纳个人所得税：（一）工资、薪金所得；（二）劳务报酬所得；（三）稿酬所得；（四）特许权使用费所得；（五）经营所得；（六）利息、股息、红利所得；（七）财产租赁所得；（八）财产转让所得；（九）偶然所得。"ABCD 项分别符合上述第1、7、2、3项规定。故 ABCD 选项正确。

第三节　企业所得税

1. [答案] AD　　[难度] 易

[考点] 审计机关的职责、《企业所得税法》（企业所得税的基本内容）

[命题和解题思路] 本题同时涉及《审计法》和《企业所得税法》的相关知识，这在往年的试题中少见。但本题难度不大，因为这一融合并未产生额外的干扰，相关知识之间泾渭分明，而且所涉及的审计机关的职责和企业所得税的税收优惠也考查过多次。

[选项分析] 《审计法》第 23 条规定，审计机关对政府投资和以政府投资为主的建设项目的预算执行情况和决算，进行审计监督。因此对财政拨款有权进行审计。故 A 选项正确。

《企业所得税法》第 7 条规定："收入总额中的下列收入为不征税收入：（一）财政拨款；……"财政拨款是不征税收入，不涉及税收减免。故 B 选项错误。

《企业所得税法》第 27 条规定："企业的下列所得，可以免征、减征企业所得税：（一）从事农、林、牧、渔业项目的所得；（二）从事国家重点扶持的公共基础设施项目投资经营的所得……"果园收入符合第 1 项规定，而该省级公路并非国家重点扶持的公共基础设施项目。故 C 选项错误，D 选项正确。

易混淆点解析

《企业所得税法》首次在我国法律上明确"不征税收入"，是指从性质和根源上不属于企业营利性活动带来的经济利益、不负有纳税义务且不得作为应纳税所得额组成部分的收入。免税收入指属于企业的应税所得但按照税法规定免予征收企业所得税的收入，属于企业所得税法税收优惠的范畴。应税收入，顾名思义，就是应该交纳税收的收入。简单地说，三者分别是"不该纳税""不用纳税"和"应当纳税"。理解清楚这些概念，自然有助于正确选择。

2. [答案] A　　[难度] 难

[考点] 《企业所得税法》（企业所得税的基本内容）

[命题和解题思路] 近年考试中，《企业所得税法》的考查频次明显提升，甚至有超过《个人所得税法》的苗头。相较于个人所得税法，《企业所得税法》更为复杂，当涉及多个条文或数个知识点时，难度提升较大。《企业所得税法》中，不征税收入、免税收入、扣除项目、税收优惠是常见的具体考点。

[选项分析] 《企业所得税法》第 11 条规定："在计算应纳税所得额时，企业按照规定计算的固定资产折旧，准予扣除。下列固定资产不得计算折旧扣除：……（三）以融资租赁方式租出的固定资产；……"因此，（3）以融资租赁方式租出的设备的折旧费 10 万元不得扣除。

《企业所得税法》第 10 条规定："在计算应纳税所得额时，下列支出不得扣除：……（二）企业所得税税款；……（五）本法第九条规定以外的捐赠支出；（六）赞助支出；……"因此，（4）为某歌手的演唱会资助 100 万元、（6）补交上一纳税年度税款 60 万元均不得扣除。

《企业所得税法》第 9 条规定："企业发生的公益性捐赠支出，在年度利润总额 12% 以内的部分，准予在计算应纳税所得额时扣除；超过年度利润总额 12% 的部分，准予结转以后三年内在计算应纳税所得额时扣除。"但需要注意的是，所谓公益性捐赠，是指企业通过公益性社会团体或者县级以上人民政府及其部门，用于《公益事业捐赠法》规定的公益事业的捐赠。直接向受捐人进行的捐赠不属于公益性捐赠，而是第 10 条第 5 项规定的其他捐赠支出，因此，（5）向贫困山区某中学捐赠 100 万元不得扣除。

《企业所得税法》第 8 条规定："企业实际发生的与取得收入有关的、合理的支出，包括成本、费用、税金、损失和其他支出，准予在计算应纳税所得额时扣除。"因此，（1）（2）（7）准予扣除。故 A 选项正确。

3. [答案] ABCD　　[难度] 难

[考点] 《企业所得税法》（企业所得税的基本内容）

[命题和解题思路] 本题借助于 A 基金公司复杂的股权持有及转让关系来考查企业所得税的纳税主体与纳税申报。本题的指令句无法提供"关键词"信息，加之材料较复杂，可借助选项回看材料来聚焦"关键词"。题干中牵涉了 ABCDFM 共 6 家公司，股权关系设计复杂，增加了题目的难度。厘清 6 家公司间的股权关系是解题的关键。从四个备选项分析，B 选项仅涉及 D 公司的纳税人身份的判断，比较容易，从题干中"在浙江签约设立杭州 D 公司"即可得出其"为居民纳税

人"的结论；ACD 选项涉及 A 基金公司的纳税人身份、纳税申报、纳税调整，解题上首先需要厘清 ABCDF 之间的关系，方能判断 A 基金属于何种纳税人；然后需要厘清 AMD 之间股权转让的实质，以此判断该股权转让所得是否属于应税所得；最后判断是否存在特殊纳税调整。

[选项分析]《企业所得税法》第 2 条第 3 款规定："本法所称非居民企业，是指依照外国（地区）法律成立且实际管理机构不在中国境内，但在中国境内设立机构、场所的，或者在中国境内未设立机构、场所，但有来源于中国境内所得的企业。" A 基金在我国境外某群岛注册并设置总部，且不从事实质性经营活动，说明在中国境内未设立机构、场所。但是从 ABCDF 的关系分析：A 持有 F 公司 26%的股权——F 持有 B 公司 100%的股权——B 公司持有 D 公司 95%的股权，说明 A 间接持有 D 公司股权，而 D 公司设在杭州，为我国居民纳税人，故可推出 A 基金"有来源于中国境内所得"，A 基金系非居民企业。故 A 选项正确。

《企业所得税法》第 2 条第 2 款规定："本法所称居民企业，是指依法在中国境内成立，或者依照外国（地区）法律成立但实际管理机构在中国境内的企业。" D 公司"在浙江签约设立"，可判断属于居民企业。故 B 选项正确。

前面已分析 A 基金属于"在中国境内未设立机构、场所，但有来源于中国境内所得的非居民企业"。《企业所得税法》第 3 条第 3 款规定："非居民企业在中国境内未设立机构、场所的，或者虽设立机构、场所但取得的所得与其所设机构、场所没有实际联系的，应当就其来源于中国境内的所得缴纳企业所得税。"由题干可知，A 基金将该股权转让给境外 M 上市公司——M 公司对外披露其实际收购标的为 D 公司股权——D 公司在杭州设立，所以可判断 A 基金的股权转让所得为"来源于中国境内的所得"，应当向我国税务机关申报纳税。故 C 选项正确。

《企业所得税法》第 41 条第 1 款规定："企业与其关联方之间的业务往来，不符合独立交易原则而减少企业或者其关联方应纳税收入或者所得额的，税务机关有权按照合理方法调整。" A 基金转让的 F 公司股权，其转让价主要取决于 D 公司的估值，而 F 对 D 间接持股，属于关联企业，所

以税务机关有权进行纳税调整。故 D 选项正确。

易混淆点解析

企业所得税的题目中需要特别注意居民企业与非居民企业的区别，不同的企业性质，其征税对象、税率、征收管理都不一样。居民企业负有全面纳税义务，应当就其来源于中国境内、境外的全部所得缴纳企业所得税。非居民企业则只负有有限纳税义务，具体又分为两种：一是在中国境内设立机构、场所的，应当就其所设机构、场所取得的来源于中国境内的所得，以及境外与其所设机构、场所有实际联系的所得，缴纳企业所得税；二是在中国境内未设立机构、场所的，或者虽设立机构、场所但取得的所得与其所设机构、场所没有实际联系的，则只"就其来源于中国境内的所得缴纳企业所得税"，一般称为"预提所得税"。至于居民企业与非居民企业的区分，采用"设立+实际管理"标准，在中国境内成立或者实际管理机构在中国境内的构成居民企业。

第四节 税收征收管理

1. [答案] BC　　[难度] 难
[考点]《税收征收管理法》（税款征收）
[命题和解题思路] 财税法在近些年经济法的法考试题中，所占比重一直位居前列。近三年考试中，个人所得税与企业所得税仍为重点，但《税收征收管理法》的试题开始频频出现。因此，本题当属情理之中。税款征收是《税收征收管理法》的重点内容，但本题所考查的退税却是意料之外，近些年的法考回忆题甚至前些年的司考试题均未涉及，所以也增加了本题的难度。考生如果对相关法条或退税流程不熟悉，容易误选。预缴税款是为了保证税款均衡入库的一种手段，预缴税款时，由于纳税人的纳税义务还没有发生，先预缴一部分税款，等到纳税人的纳税义务发生后再汇算清缴，补缴或退还差额部分。因此，理解退税中各环节的法律意义，不用死记硬背法条即能正确判断。

[选项分析]《税收征收管理法》第 51 条规定，纳税人超过应纳税额缴纳的税款，税务机关发现后应当立即退还；纳税人自结算缴纳税款之日起 3 年内发现的，可以向税务机关要求退还多缴的税款并加算银行同期存款利息，税务机关及

时查实后应当立即退还；涉及从国库中退库的，依照法律、行政法规有关国库管理的规定退还。BC 选项正确，AD 选项错误。

2. ［答案］BD ［难度］中

［考点］《税收征收管理法》（税款征收）

［命题和解题思路］本题考查的是税收征管法中的税款征收，这是税收征管法的核心内容之一，属于高频考点。本题的各选项主要涉及偷税、欠税和税款追征。根据《税收征收管理法》，**在税款追征的范围和期限上，偷逃税与欠税不同**，明确这一区别就能作出正确判断。

［选项分析］《税收征收管理法》第 63 条第 1 款规定，纳税人伪造、变造、隐匿、擅自销毁账簿、记账凭证，或者在账簿上多列支出或者不列、少列收入，或者经税务机关通知申报而拒不申报或者进行虚假的纳税申报，不缴或者少缴应纳税款的，是偷税。可见偷税行为主观上必须有欺骗、隐瞒的故意。本题中方达公司错误使用了假的增值税专票进行抵扣，导致少缴税款，方达公司对此并不知情，也如实保管账簿凭证，如实开展纳税申报，可见方达公司对少缴税款不存在主观故意，故不构成偷税，属于一般的欠税。故 A 选项错误。

《税收征收管理法》第 52 条第 2、3 款规定："因纳税人、扣缴义务人计算错误等失误，未缴或者少缴税款的，税务机关在三年内可以追征税款、滞纳金；有特殊情况的，追征期可以延长到五年。对偷税、抗税、骗税的，税务机关追征其未缴或者少缴的税款、滞纳金或者所骗取的税款，不受前款规定期限的限制。"方达公司因抵扣不实造成少缴税款，税务机关可以依法追缴，但有追征期限。故 BD 选项正确。

方达公司已发生纳税事实，应当依法缴税，不存在善意取得。故 C 选项错误。

3. ［答案］ACD ［难度］难

［考点］《税收征收管理法》（纳税人权利、税务检查、税款征收、法律责任）

［命题和解题思路］本题通过"县地税局稽查局检查税费缴纳情况"的一个小案例，综合性考查了《税收征收管理法》关于税务稽查、核定税额、税收滞纳金以及税务争议处理相关内容。本题的指令句无法提供"关键词"信息，涉及知识

点多，迷惑性很大。解题时首先要认真解读备选项，弄清考查的重点，其中 A 选项考查的是"稽查局的执法主体资格"；BC 选项考查的是"税务处理决定是否合法"，D 选项考查的是"税务争议的处理机制"。然后，再结合《税收征收管理法》的规定，认真分析题干中隐含的条件作出判断。

［选项分析］A 选项的迷惑之处在于：稽查局只是地税局的一个部门，在判断其是否具有独立执法主体资格时让人纠结。《税收征收管理法》第 14 条规定："本法所称税务机关是指各级税务局、税务分局、税务所和按照国务院规定设立的并向社会公告的税务机构。"《税收征收管理法实施细则》第 9 条第 1 款规定："税收征管法第十四条所称按照国务院规定设立的并向社会公告的税务机构，是指省以下税务局的稽查局。稽查局专司偷税、逃避追缴欠税、骗税、抗税案件的查处。"可见，**省以下税务稽查局已被定性为税务机关，并明确了稽查局的执法主体地位**。故 A 选项正确。

《税收征收管理法》第 35 条第 1 款规定："纳税人有下列情形之一的，税务机关有权核定其应纳税额：……（六）纳税人申报的计税依据明显偏低，又无正当理由的。"本题中稽查局作出"重新核定房产交易价，追缴相关税款，加收滞纳金"的税务处理决定，原因是"认为该公司房产拍卖成交价过低，不及市场价的一半"，但是，该题中专门强调了"3 年后"这一时间，房地产市场价格变化快，3 年前与 3 年后的价格不具有可比性，因此，虽然看起来符合"纳税人申报的计税依据明显偏低"的要求，但不具有"无正当理由"这一条件，故税务机关无权核定税额。故 B 选项错误。

税务机关认为低价的理由不能成立，同时，题干中还专门指出"该公司所涉拍卖行为合法有效，也不存在逃税、骗税等行为"，故税务机关无权追缴税款，加收滞纳金。故 C 选项正确。

《税收征收管理法》第 88 条第 1 款规定："纳税人、扣缴义务人、纳税担保人同税务机关在纳税上发生争议时，必须先依照税务机关的纳税决定缴纳或者解缴税款及滞纳金或者提供相应的担保，然后可以依法申请行政复议；对行政复议决定不服的，可以依法向人民法院起诉。"此处"纳税上的争议"是指纳税人、扣缴义务人、纳税担保人对税务机关确定纳税主体、征税对象、征税范围、减税、免税及退税、适用税率、计税依据、

纳税环节、纳税期限、纳税地点以及税款征收方式等具体行政行为有异议而发生的争议。本题中属于对"计税依据"产生争议，应当先经行政复议再起诉。故 D 选项正确。

本题中的易混淆点：一是税务局与稽查局的关系，从行政隶属关系看，省以下税务局稽查局从性质上讲是税务局的内部机构。但是，省以下税务局稽查局经《税收征收管理法》和《税收征收管理法实施细则》的授权，具有行政主体资格，是《税收征收管理法》明确的税务机关，具有独立的行政处罚权。二是对税务争议的救济，《税收征收管理法》根据税务争议的内容不同，规定了不同的法律救济程序。在纳税上发生争议的，实行行政复议前置，必须先依法申请行政复议然后才可以依法向法院起诉。而对"税务机关的处罚决定、强制执行措施或者税收保全措施"有争议的，当事人有选择权，可以依法申请行政复议，也可以依法向人民法院起诉。特别提请考生注意"滞纳金"与"罚款"的区别，根据《税务行政复议规则》第14条的规定，征收税款和滞纳金属于征税行为，罚款属于行政处罚行为。虽然，税款滞纳金往往因税收违法行为的存在而产生，但被征收税款滞纳金不一定就存在税收违法行为。《国家税务总局关于税收优先权包括滞纳金问题的批复》也规定，按照《税收征收管理法》的立法精神，税款滞纳金与罚款两者在征收和缴纳时顺序不同，税款滞纳金在征缴时视同税款管理，税收强制执行、出境清税、税款追征、复议前置条件等相关条款都明确规定滞纳金随税款同时缴纳。

4. [答案] B　　[难度] 中

[考点]《税收征收管理法》（税款征收）

[命题和解题思路] 本题主要考查了税收优先权，尤其是担保债权与税收债权之间的关系。虽然也直接源自法条，但其实理解清楚比死记硬背更有效果。使用排除法也能收到效果，AB 选项存在互斥，且意思完全相反，所以应当一真一假；同时 ABC 选项与 D 选项互斥，二者也不能同时当选；因此，可从逻辑上先排除 D 选项。

[选项分析]《税收征收管理法》第 45 条第 1

款规定："税务机关征收税款，税收优先于无担保债权，法律另有规定的除外；纳税人欠缴的税款发生在纳税人以其财产设定抵押、质押或者纳税人的财产被留置之前的，税收应当先于抵押权、质权、留置权执行。"本题中该企业拖欠税款在先，银行的担保债权发生在后。故 B 选项正确，AD 选项错误。

《税收征收管理法》第 45 条第 2 款规定："纳税人欠缴税款，同时又被行政机关决定处以罚款、没收违法所得的，税收优先于罚款、没收违法所得。"故 C 选项错误。

对法科学生而言，担保债权比一般债权优先受偿应算基本常识，而税收优先权与担保债权的顺位则相对生疏。税收优先权体现在三个方面：一是税收优先于无担保债权，法律另有规定的除外；二是税收优先于发生在其后的抵押权、质权、留置权；三是税收优先于罚款、没收违法所得。其原因在于：税收是国家财政收入的主要来源，是维持国家活动、满足公共需求、提供公共产品的重要手段，税收优先权即为保障税收的一项举措。在处理税收债权与担保债权的关系上，《税收征收管理法》没有绝对赋予税收债权或担保债权以优先的地位，而是按欠税与设立担保债权的时间先后来确定优先权顺位。虽然罚款、没收违法所得也上交国库，但国家税收收入作为国库常态性、基本性收入，应当优先保障，所以税款的征收优先于罚款、没收违法所得。

5. [答案] ABC　　[难度] 中

[考点]《税收征收管理法》（税款征收）

[命题和解题思路] 税款征收是税法中的高频考点。本题涉及对法条的简单运用，但有一定的难度。因为，既需要区分不同情形的税款追征，又需要结合《税收征收管理法实施细则》来理解《税收征收管理法》的规定，并对数额有准确的记忆。AB 选项可从常理推测，因为税款应缴而未缴，当然可追征；而未缴税款的过错在于企业自身，因此应缴滞纳金。CD 选项相互排斥，只应从中选择一个。

[选项分析]《税收征收管理法》第 52 条第 2 款规定："因纳税人、扣缴义务人计算错误等失

误，未缴或者少缴税款的，税务机关在三年内可以追征税款、滞纳金；有特殊情况的，追征期可以延长到五年。"故 AB 选项正确。

《税收征收管理法实施细则》第 82 条规定："税收征收管理法第 52 条所称特殊情况，是指纳税人或者扣缴义务人因计算错误等失误，未缴或者少缴、未扣或者少扣、未收或者少收税款，累计数额在 10 万元以上的。"本题中未缴税款累计达 50 万元，追征期限根据《税收征收管理法》第 52 条的规定应延长到 5 年。故 C 选项正确，而 D 选项错误。

易混淆点解析

对于未缴、少缴税款的补缴或追征要注意分情形掌握：偷税、抗税、骗税与因过失而未缴、少缴存在不同；未缴、少缴又要区分可归责性，归责于税务机关还是纳税人、扣缴义务人。具体而言，对偷税、抗税、骗税而未缴或少缴税款的，可以无限期追征；因归责于税务机关的原因导致未缴或少缴税款的，税务机关在 3 年内可要求补缴税款，但不得加收滞纳金；因归责于纳税人、扣缴义务人的原因而未缴或少缴税款的，税务机关在 3 年内可以追征税款和滞纳金；未缴、少缴税款累计数额在 10 万元以上的特殊情况下追征期可以延长到 5 年。

6. ［答案］ABCD　　　［难度］中

［考点］《税收征收管理法》（税款征收）

［命题和解题思路］本题考查了税款征收中的税收代位权和税收强制执行措施。这两个知识点在早年的试题中曾经分别出现过，但本题则将这两方面的知识融合在一起，并移花接木，将税收强制执行措施移入到一个本不存在的税收代位权之中，巧妙地隐藏了税收强制执行措施的实施对象，针对材料中的陷阱或主导，关键是先分清不同的法律关系，根据有关法律知识逐一去认定、解决有关问题。A 中"只要……就……"这种绝对性表述，可直接判断其为错误。

［选项分析］《税收征收管理法》第 50 条规定，税收代位权行使的前提是欠税人因怠于行使到期债权，对国家税收造成损害。本题中欠税人并无上述任何一种行为，并且拥有相应价值的产品可供查封，对国家税收的损害无从谈起。所以，

既然行使代位权的前提都不存在，则税务机关不得行使代位权。故 A 选项错误。

根据《税收征收管理法》第 50 条的规定，税收代位权的行使也需符合合同法的规定。而根据《民法典》第 535 条第 1 款的规定，因债务人怠于行使其债权或者与该债权有关的从权利，影响债权人的到期债权实现的，债权人可以向人民法院请求以自己的名义代位行使债务人的债权，但该权利专属于债务人自身的除外。因此本题中税务局不得自行径直行使代位权，而应向法院请求行使。故 B 选项错误。

《税收征收管理法》第 40 条规定："从事生产、经营的纳税人、扣缴义务人未按照规定的期限缴纳或者解缴税款，纳税担保人未按照规定的期限缴纳所担保的税款，由税务机关责令限期缴纳，逾期仍未缴纳的，经县以上税务局（分局）局长批准，税务机关可以采取下列强制执行措施：……"因此税务机关责令限期缴纳和采取税收强制执行措施的实施对象是纳税人、扣缴义务人、纳税担保人，而乙公司并非在该范围之内。故 CD 选项错误。

第五节　审计法

1. ［答案］ABCD　　　［难度］中

［考点］审计职责（职责履行）、审计权限及流程

［命题和解题思路］《审计法》逐渐成为经济法中的高频考点，近三年都有考查。本题涉及的审计职责、审计程序虽然在往年试题中出现过，但本题的"新颖"之处在于将《审计法》新修改的两个条文纳入试题选项。按照逢新必考的规律，这应当在意料之中，而选项设计基本属于法条的再现，因此难度不算太大。

［选项分析］《审计法》第 30 条规定，审计机关履行审计监督职责，发现经济社会运行中存在风险隐患的，应当及时向本级人民政府报告或者向有关主管机关、单位通报。A 选项正确。

《审计法》第 41 条规定，审计机关履行审计监督职责，可以提请公安、财政、自然资源、生态环境、海关、税务、市场监督管理等机关予以协助。有关机关应当依法予以配合。B 选项正确。

《审计法》第 43 条第 1 款规定，审计人员通过审查财务、会计资料，查阅与审计事项有关的文件、资料，检查现金、实物、有价证券和信息

系统，向有关单位和个人调查等方式进行审计，并取得证明材料。C选项正确。

《审计法》第39条规定，审计机关认为被审计单位所执行的上级主管机关、单位有关财政收支、财务收支的规定与法律、行政法规相抵触的，应当建议有关主管机关、单位纠正；有关主管机关、单位不予纠正的，审计机关应当提请有权处理的机关、单位依法处理。D选项正确。

2. [答案] BC　　[难度] 中

[考点] 审计机关的职责、审计程序

[命题和解题思路] 近年在财税法中，审计法考查的频率超过了税收征管法，但又比不上个人所得税法和企业所得税法。本题考查的审计机关的职责、审计程序在往年也曾作过考查，且不属于修订后有较大变化的法条。由于《审计法》2021年10月才修订，因此今后两年内审计法考查的可能性增大，尤其是新修订的众多法条更值得留意。

[选项分析] 《审计法》第31条规定："审计机关根据被审计单位的财政、财务隶属关系或者国有资源、国有资产监督管理关系，确定审计管辖范围。审计机关之间对审计管辖范围有争议的，由其共同的上级审计机关确定。上级审计机关对其审计管辖范围内的审计事项，可以授权下级审计机关进行审计……"故A选项错误，B选项正确。

《审计法》第32条规定："被审计单位应当加强对内部审计工作的领导，按照国家有关规定建立健全内部审计制度。审计机关应当对被审计单位的内部审计工作进行业务指导和监督。"故C选项正确。

《审计法》第45条第2款规定，审计机关应当将审计机关的审计报告和审计决定送达被审计单位和有关主管机关、单位，并报上一级审计机关。故D选项错误。

3. [答案] BCD　　[难度] 中

[考点] 审计机关的职权

[命题和解题思路] 本题主要围绕审计机关的职权进行考查和命题。解题时需要对审计机关的强制执行权有一个清楚的了解，审计机关只有依法查询银行账户的权力，而不具有直接冻结、划扣银行账户的权力，如果没有记清楚这个知识点，就容易错选A。如果忽略了对单位以个人名义的存款的查询权，则容易错选C。

[选项分析] 《审计法》第39条规定："审计

机关认为被审计单位所执行的上级主管机关、单位有关财政收支、财务收支的规定与法律、行政法规相抵触的，应当建议有关主管机关、单位纠正；有关主管机关、单位不予纠正的，审计机关应当提请有权处理的机关、单位依法处理。"故审计机关没有冻结银行账户的权力，只能依法申请人民法院进行司法冻结。故A选项错误。

《审计法》第37条第1款规定："审计机关进行审计时，有权就审计事项的有关问题向有关单位和个人进行调查，并取得有关证明材料。有关单位和个人应当支持、协助审计机关工作，如实向审计机关反映情况，提供有关证明材料。"《审计法实施条例》第30条规定，审计机关依照《审计法》第33条（此处的第33条为2021年修正后《审计法》第37条）规定查询被审计单位在金融机构的账户的，应当持县级以上人民政府审计机关负责人签发的协助查询单位账户通知书；查询被审计单位以个人名义在金融机构的存款的，应当持县级以上人民政府审计机关主要负责人签发的协助查询个人存款通知书。有关金融机构应当予以协助，并提供证明材料，审计机关和审计人员负有保密义务。本题中电力公司收取的居民电费存在员工张某名下，故审计机构有权对该公司及张某的银行账户进行查询。故BC选项正确。

《审计法》第38条第1、2款规定："审计机关进行审计时，被审计单位不得转移、隐匿、篡改、毁弃财务、会计资料以及财政收支、财务收支有关的业务、管理等资料，不得转移、隐匿、故意毁损所持有的违反国家规定取得的资产。"《审计法实施条例》第32条规定："审计机关依照审计法第34条（现为第38条）规定封存被审计单位有关资料和违反国家规定取得的资产的，应当持县级以上人民政府审计机关负责人签发的封存通知书，并在依法收集与审计事项相关的证明材料或者采取其他措施后解除封存。"故D选项正确。

4. [答案] C　　[难度] 中

[考点] 审计机关的职责和权限

[命题和解题思路] 本题的核心是"财政贴息贷款的核查"，考查的是专项审计调查的范围及审计机关的权限。2015年~2017年连续3年对《审计法》进行了考查，是需要注意的现象。本题为单选题，解题思路可以采用排除法，先把显而易

见的错误答案排除。四个选项中，AB 两个选项都使用了"只要/只有……，进行审计监督"的绝对性表述，这种选项通常都是错的，可直接排除。CD 选项均涉及县审计局的权限，需要依据《审计法》的规定进行判断选择。

[选项分析]《审计法》第 20 条规定，审计署对中央银行的财务收支，进行审计监督。我国的中央银行是中国人民银行。故 A 选项错误。

《审计法》第 5 条规定，审计机关依照法律规定独立行使审计监督权，不受其他行政机关、社会团体和个人的干涉。第 22 条第 1 款规定，审计机关对国有金融机构的资产、负债、损益以及其他财政收支情况，进行审计监督。故该县审计局有权依法对当地农业银行的财务收支进行审计监督，无需经银监机构同意。故 B 选项错误。

根据《审计法》第 37 条第 2 款的规定，审计机关经县级以上人民政府审计机关负责人批准，有权查询被审计单位在金融机构的账户。此选项中的迷惑点在于该县审计局的查询应当经正职领导还是包括副职领导批准，从法条看仅规定经"负责人"批准，并未要求是正职。故 C 选项正确。

根据《审计法》第 29 条的规定，审计机关有权对与国家财政收支有关的特定事项，向有关地方、部门、单位进行专项审计调查，并向本级人民政府和上一级审计机关报告审计调查结果。可见只要是"与国家财政收支有关的特定事项"，审计机关均可进行专项调查。本题中该企业虽非国有企业，但申请的是财政贴息贷款，故该县审计局有权对其进行审计调查。故 D 选项错误。

难点解析

审计机关的职责范围是《审计法》的核心内容之一。难点在于考生往往将《审计法》的适用范围局限于行政机关，国有企事业单位等使用财政资金以及国有资本占多数的混合所有制企业。事实上，审计监督范围主要包括：国务院各部门、地方人民政府及其各部门、国有的金融机构和企业事业组织以及其他依照本法应当接受审计的单位或事项。审计监督的内容主要是国家财政收支和与国有资产有关的财务收支。所以需要特别注意的是，不能仅仅依靠被审计单位的性质来判断是否属于审计监督范围，即使是民营企业也会有使用财政资金的事项。

5. [答案] AD　　[难度] 中

[考点] 审计机关的职责和权限

[命题和解题思路] 本题的关键信息是对"地方财政投资数千万元"进行"审计监督"，考查的重点是《审计法》中审计机关的职权及审计程序。解题时可结合常识将显而易见的错误排除。B 选项中的"冻结银行存款"属于强制执行措施，除税务、公安等少数行政机关有行政强制执行权外，一般应申请司法机关进行强制执行，所以可判断 B 选项错误；C 选项在报送报告后再征求意见，这样的征求意见显然没有意义，故可判断 C 选项也错误。

[选项分析]《审计法》第 23 条规定，审计机关对政府投资和以政府投资为主的建设项目的预算执行情况和决算，进行审计监督。本题中该项目由地方财政投资，审计机关有权进行审计监督。故 A 选项正确。

《审计法》第 38 条第 2 款规定："审计机关对被审计单位违反前款规定的行为，有权予以制止；必要时，经县级以上人民政府审计机关负责人批准，有权封存有关资料和违反国家规定取得的资产；对其中在金融机构的有关存款需要予以冻结的，应当向人民法院提出申请。"故审计机关需要冻结银行存款，应当向人民法院提出申请，而无需经银行业监管机构批准。故 B 选项错误。

《审计法》第 44 条规定："审计组对审计事项实施审计后，应当向审计机关提出审计组的审计报告。审计组的审计报告报送审计机关前，应当征求被审计对象的意见。被审计对象应当自接到审计组的审计报告之日起十日内，将其书面意见送交审计组。审计组应当将被审计对象的书面意见一并报送审计机关。"可见征求被审计对象的意见应当在审计报告报送之前。故 C 选项错误。

《审计法》第 46 条规定："上级审计机关认为下级审计机关作出的审计决定违反国家有关规定的，可以责成下级审计机关予以变更或者撤销，必要时也可以直接作出变更或者撤销的决定。"故 D 选项正确。

6. [答案] B　　[难度] 易

[考点]《审计法》的调整范围、审计机关的职责和权限

[命题和解题思路] 本题难度不大，其难度源于审计机关职责和权限这一知识点自 2008 年后未考过。本题基本是法条套用，但并非要求对法条的死记硬背。例如，B 选项并不要求记住预告审计需提前通知的天数是 3 天，而是考查预告审计和突击审计的区别。通过理解审计相关知识，足以回答本题。审计监督的目的在于通过审计财政和财务收支的真实、合法和效益，促进廉政建设、保障经济有序运行和健康发展。国家进行审计监督或基于所有者身份或基于管理者身份，该高速公路投资公司作为该市全资国企，当然应当接受审计，故 A 选项肯定错误。要实现审计目的，必然匹配审计机关相应的权力，如果审计所涉事项均需借助其他国家机关的协助，则既不能达到审计目的，也会效率低下，所以 CD 选项明显错误。

[选项分析]《审计法》第 2 条规定："……国有的金融机构和企业事业组织的财务收支，……依照本法规定接受审计监督。"第 22 条规定，审计机关对国有企业的资产、负债、损益以及其他财务收支情况，进行审计监督。该高速公路投资公司是某市的国有企业，理应接受审计监督。

故 A 选项错误。

《审计法》第 42 条第 1 款规定："审计机关根据经批准的审计项目计划确定的审计事项组成审计组，并应当在实施审计三日前，向被审计单位送达审计通知书；遇有特殊情况，经县级以上人民政府审计机关负责人批准，可以直接持审计通知书实施审计。"本条规定了审计的两个类别：预告审计和突击审计，突击审计主要针对贪污挪用等违法乱纪行为，且需经县级以上人民政府审计机关负责人批准，而本题中是根据年度计划进行例行审计，这属于预告审计。故 B 选项正确。

《审计法》第 37 条第 2 款规定："审计机关经县级以上人民政府审计机关负责人批准，有权查询被审计单位在金融机构的账户。"因此审计局无需委托人民法院查询。故 C 选项错误。

《审计法》第 36 条规定："审计机关进行审计时，有权检查被审计单位的财务、会计资料以及与财政收支、财务收支有关的业务、管理等资料和资产，有权检查被审计单位信息系统的安全性、可靠性、经济性，被审计单位不得拒绝。"所以审计局无需委托税务局检查。故 D 选项错误。

第五章　土地法和房地产法

试　题

第一节　土地管理法

📶 **1.** 在加大房地产市场宏观调控的形势下，某市政府对该市房地产开发的管理现状进行检查，发现以下情况，其中哪些做法是需要纠正的？（2017-1-74）

A. 房地产建设用地的供应，在充分利用现有建设用地的同时，放宽占用农用地和开发未利用地的条件

B. 土地使用权出让，符合土地利用总体规划、城市规划或年度建设用地计划之一即可

C. 预售商品房，要求开发商交清全部土地使用权出让金，取得土地使用权证书，并持有建设工程规划许可证等

D. 采取税收减免等方面的优惠措施，鼓励房地产开发企业开发建设商业办公类住宅，方便市民改作居住用途

📶 **2.** 某房地产公司开发一幢大楼，实际占用土地的面积超出其依法获得的出让土地使用权面积，实际建筑面积也超出了建设工程规划许可证规定的面积。关于对该公司的处罚，下列哪一选项是正确的？（2014-1-30）

A. 只能由土地行政主管部门按非法占用土地予以处罚

B. 只能由城乡规划主管部门按违章建筑予以处罚

C. 根据一事不再罚原则，由当地政府确定其中一种予以处罚

D. 由土地行政主管部门、城乡规划主管部门分别予以处罚

第二节　城乡规划法

📶 **1.** 某建设单位修建商务写字楼，打算将该楼的设计高度从五层改为十层，但该市控制性详细规划对该地段楼层高度限制为六层。关于该规划的调整事宜，下列哪些说法是正确的？（2021 年回忆版）

　　A. 建设单位应向该市城乡规划主管部门提出申请

　　B. 该申请应由该市城乡规划主管部门会同土地主管部门批准

　　C. 有关主管部门认为确需变更的，应当先修改控制性详细规划

　　D. 修改后的控制性详细规划，应报本级人大常委会和上一级政府批准

📶 **2.** 某地计划修建一水电站，并以划拨方式使用国有土地使用权，需要办理以下事宜：（1）向城乡规划主管部门提出建设用地规划许可申请；（2）向自然资源主管部门申请划拨用地；（3）向有关部门申请批准建设项目；（4）向城乡规划主管部门申请核发选址意见书。关于上述事宜办理的正确流程，下列哪一选项是正确的？（2019 年回忆版）

　　A.（3）（4）（1）（2）

　　B.（4）（1）（3）（2）

　　C.（3）（1）（4）（2）

　　D.（4）（3）（1）（2）

📶 **3.** 某市混凝土公司新建临时搅拌站，在试运行期间通过暗管将污水直接排放到周边，严重破坏当地环境。公司经理还指派员工潜入当地环境监测站内，用棉纱堵塞空气采集器，造成自动监测数据多次出现异常。有关部门对其处罚后，公司生产经营发生严重困难，拟裁员 20 人以上。关于该临时搅拌站建设，下列说法正确的是：（2017-1-95）

　　A. 如在该市规划区内进行建设的，应经市城管执法部门批准

　　B. 如该搅拌站影响该市近期建设规划的实施，有关部门不得批准

　　C. 如该搅拌站系未经批准进行临时建设的，由市政府责令限期拆除

　　D. 如该搅拌站超过批准时限不拆除的，由市城乡规划部门采取强制拆除措施

📶 **4.** 某镇拟编制并实施镇总体规划，根据《城乡规划法》的规定，下列哪一说法是正确的？（2016-1-30）

　　A. 防灾减灾系镇总体规划的强制性内容之一

　　B. 在镇总体规划确定的建设用地范围以外，可设立经济开发区

　　C. 镇政府编制的镇总体规划，报上一级政府审批后，再经镇人大审议

　　D. 建设单位报批公共垃圾填埋场项目，应向国土部门申请核发选址意见书

📶 **5.** 某建设项目在市中心依法使用临时用地，并修建了临时建筑物，超过批准期限后仍未拆除。对此，下列哪一机关有权责令限期拆除？（2013-1-30）

　　A. 市环保行政主管部门

　　B. 市土地行政主管部门

　　C. 市城乡规划行政主管部门

　　D. 市建设行政主管部门

第三节　城市房地产管理法

📶 **1.** 甲企业将其厂房及所占划拨土地一并转让给乙企业，乙企业依法签订了出让合同，土地用途为工业用地。5 年后，乙企业将其转让给丙企业，丙企业欲将用途改为商业开发。关于该不动产权利的转让，下列哪些说法是正确的？（2015-1-72）

　　A. 甲向乙转让时应报经有批准权的政府审批

　　B. 乙向丙转让时，应已支付全部土地使用权出让金，并取得国有土地使用权证书

　　C. 丙受让时改变土地用途，须取得有关国土部门和规划部门的同意

　　D. 丙取得该土地及房屋时，其土地使用年限应重新计算

📶 **2.** 甲公司以出让方式取得某地块 50 年土地使用权，用于建造写字楼。土地使用权满 3 年时，甲公司将该地块的使用权转让给乙公司，但将该地块上已建成的一幢楼房留作自用。对此，下列哪些选项是正确的？（2013-1-72）

　　A. 如该楼房已取得房屋所有权证，则甲公司可只转让整幅地块的使用权而不转让该楼房

　　B. 甲公司在土地使用权出让合同中载明的权利、义务应由乙公司整体承受

　　C. 乙公司若要改变原土地使用权出让合同约

定的土地用途，取得原出让方的同意即可

D. 乙公司受让后，可以在其土地使用权的使用年限满 46 年之前申请续期

第四节　不动产登记

📶 申请不动产登记时，下列哪一情形应由当事人双方共同申请？（2015-1-29）

A. 赵某放弃不动产权利，申请注销登记

B. 钱某接受不动产遗赠，申请转移登记

C. 孙某将房屋抵押给银行以获得贷款，申请抵押登记

D. 李某认为登记于周某名下的房屋为自己所有，申请更正登记

详　解

第一节　土地管理法

1. ［答案］ABD　　　［难度］中

［考点］ 国有土地使用权（出让土地使用权）、房地产开发制度（房地产开发项目管理）、房地产交易制度（商品房预售与按揭）

［命题和解题思路］ 本题的关键词"房地产开发的管理"隐藏在题干材料之中，不过是否留意这一点并不重要，因为题干中的材料只是为了让四个选项能够组合在一起，不会对选项造成任何影响。这类材料可快速掠过，不用细看。本题指令句是"哪些做法是需要纠正的"，要求选出表述错误的选项，这种表述在往年试题中较少见，需留意。

［选项分析］《土地管理法》第 4 条第 1、2 款规定："国家实行土地用途管制制度。国家编制土地利用总体规划，规定土地用途，将土地分为农用地、建设用地和未利用地。严格限制农用地转为建设用地，控制建设用地总量，对耕地实行特殊保护。"第 21 条第 1 款再次强调："城市建设用地规模应当符合国家规定的标准，充分利用现有建设用地，不占或者尽量少占农用地。"故 A 选项"放宽占用农用地和开发未利用地的条件"的做法需要纠正，当选。

《城市房地产管理法》第 10 条规定："土地使用权出让，必须符合土地利用总体规划、城市规划和年度建设用地计划。"显然，出让土地应当同时符合三个规划（或计划）而不是之一，实务中

也是三者并存。故 B 选项需要纠正，当选。

《城市房地产管理法》第 45 条第 1 款规定："商品房预售，应当符合下列条件：（一）已交付全部土地使用权出让金，取得土地使用权证书；（二）持有建设工程规划许可证；（三）按提供预售的商品房计算，投入开发建设的资金达到工程建设总投资的百分之二十五以上，并已经确定施工进度和竣工交付日期；（四）向县级以上人民政府房产管理部门办理预售登记，取得商品房预售许可证明"。所以 C 选项的做法正确，无需纠正，不当选。

《土地管理法》第 4 条第 4 款规定："使用土地的单位和个人必须严格按照土地利用总体规划确定的用途使用土地。"将商业办公项目改作居住用途的做法，改变了原规划用地的用途，扰乱了房地产市场秩序，是房地产市场清理整顿的重点。故"采取税收减免等方面的优惠措施"对这种行为进行鼓励的做法是需要纠正的，D 选项当选。

> **易混淆点解析**
>
> 本题涉及两处易混淆点：一是分类用途管制。《土地管理法》对建设用地、农用地、未利用地的管理规定，因土地类型不同，管理措施也不一样，甚至同一类型下还有细分，比如农用地中的"一般耕地"与"永久基本农田"的规定又不相同，对基本农田的管理更为严格，要认真区分。二是商品房预售的条件复杂，可概括为"2 金 3 证 1 投入"，"2 金"指"全部土地使用权出让金"和"达到工程建设总投资的 25% 以上的投入开发建设的资金"；"3 证"指土地使用权证、建设工程规划许可证、商品房预售许可证；"1 投入"指已经进行投资开发，"已经确定施工进度和竣工交付日期"。预售条件涉及的项目多容易搞混，需要准确掌握。

2. ［答案］D　　　［难度］中

［考点］ 土地法律责任、城乡规划法律责任

［命题和解题思路］ 本题名义上考查的是违反《土地管理法》和《城乡规划法》的法律责任，但实际考查的是土地及地上建筑物的关系。由于考查的目的在于此，所以四个选项均围绕此点而展开，没有在处罚的种类、程度等方面孳生枝节。

［选项分析］《城乡规划法》第 64 条规定：

"未取得建设工程规划许可证或者未按照建设工程规划许可证的规定进行建设的，由县级以上地方人民政府城乡规划主管部门责令停止建设；尚可采取改正措施消除对规划实施的影响的，限期改正，处建设工程造价百分之五以上百分之十以下的罚款；无法采取改正措施消除影响的，限期拆除，不能拆除的，没收实物或者违法收入，可以并处建设工程造价百分之十以下的罚款。"故 A 选项错误。

《土地管理法》第 77 条规定："未经批准或者采取欺骗手段骗取批准，非法占用土地的，由县级以上人民政府自然资源主管部门责令退还非法占用的土地，对违反土地利用总体规划擅自将农用地改为建设用地的，限期拆除在非法占用的土地上新建的建筑物和其他设施，恢复土地原状，对符合土地利用总体规划的，没收在非法占用的土地上新建的建筑物和其他设施，可以并处罚款；……"故 B 选项错误。

《行政处罚法》第 29 条规定，对当事人的同一违法行为，不得给予两次以上罚款的行政处罚。而本题中所涉及的违法行为并非同一违法行为。故 C 选项错误。

根据《土地管理法》第 77 条和《城乡规划法》第 64 条的规定，建筑占地超标由土地管理部门按非法占地进行处罚，建筑面积超出了建设工程规划许可由规划管理部门按违章建筑进行处罚。故 D 选项正确。

> **难点解析**
>
> 我国土地与地上建筑物的关系具有中国特色，即不同于德国法认为建筑物属于土地的组成部分（一元主义），也不同于日本法将土地及地上建筑物视为完全独立、可分别处分的物（二元主义），而是一种特殊模式——土地和建筑物的权利行使密切联系，但却是两个独立的物（房地一体主义），在法律上分别予以规制。因此，本题中建筑占地超标、建筑面积超出许可属于两种违法行为。

第二节　城乡规划法

1. ［答案］AC　　［难度］中
［考点］建设规划变更、城乡规划的修改
［命题和解题思路］在土地法和房地产法中，

《土地管理法》2019 年才修改，按照逢新必考的说法，《土地管理法》本应成为法考中的"新宠"，但 2020 年仅仅考了永久基本农田。《城市房地产管理法》近些年一直陷于"沉寂"。相比之下，《城乡规划法》在法考中出现的频次明显高涨。**《城乡规划法》的制定和实施是重点**，本题的创新体现为其中的选项涉及城乡规划的修改，这在往年试题中鲜见。

［选项分析］《城乡规划法》第 43 条规定："建设单位应当按照规划条件进行建设；确需变更的，必须向城市、县人民政府城乡规划主管部门提出申请。变更内容不符合控制性详细规划的，城乡规划主管部门不得批准。城市、县人民政府城乡规划主管部门应当及时依法变更后的规划条件通报同级土地主管部门并公示。建设单位应当及时将依法变更后的规划条件报有关人民政府土地主管部门备案。"故 A 选项正确。

根据上述第 43 条的规定，审批权归属于城乡规划主管部门，土地主管部门仅仅是接受通报、备案。故 B 选项错误。

因为变更内容违反了控制性详细规划对该地段的高度限制，城乡规划主管部门要么不批准，要么认为确有必要可批准，则需要先修改控制性详细规划。故 C 选项正确。

《城乡规划法》第 48 条规定："修改控制性详细规划的，组织编制机关应当对修改的必要性进行论证，征求规划地段内利害关系人的意见，并向原审批机关提出专题报告，经原审批机关同意后，方可编制修改方案。修改后的控制性详细规划，应当依照本法第十九条、第二十条规定的审批程序报批。……"第 19 条规定："城市人民政府城乡规划主管部门根据城市总体规划的要求，组织编制城市的控制性详细规划，经本级人民政府批准后，报本级人民代表大会常务委员会和上一级人民政府备案。"故 D 选项错误。

2. ［答案］D　　［难度］中
［考点］城乡规划的实施（建设规划许可）
［命题和解题思路］近年考试中，《城乡规划法》的考查频率有所提升，而建设规划实施更是进行了数次考查。本题涉及的《城乡规划法》第 37 条曾经考过，但新加入第 36 条容易让人发生混淆，导致难度增加。

[选项分析]《城乡规划法》第36条第1款规定:"按照国家规定需要有关部门批准或者核准的建设项目,以划拨方式提供国有土地使用权的,建设单位在报送有关部门批准或者核准前,应当向城乡规划主管部门申请核发选址意见书。"第37条规定:"在城市、镇规划区内以划拨方式提供国有土地使用权的建设项目,经有关部门批准、核准、备案后,建设单位应当向城市、县人民政府城乡规划主管部门提出建设用地规划许可申请,由城市、县人民政府城乡规划主管部门依据控制性详细规划核定建设用地的位置、面积、允许建设的范围,核发建设用地规划许可证。建设单位在取得建设用地规划许可证后,方可向县级以上地方人民政府土地主管部门申请用地,经县级以上人民政府审批后,由土地主管部门划拨土地。"由此可见,D选项正确,其他选项均错误。

3. [答案] B   [难度] 易

[考点] 城乡规划的实施(临时建设规划管理)、监督检查和法律责任

[命题和解题思路] 城乡规划的实施是高频考点。根据指令句中"临时搅拌站建设",可知本题的关键词是"临时建设",而四个选项均是考查的临时建设规划。故解题时应当根据《城乡规划法》关于"临时建设规划管理"的规定,逐一判断选择。

[选项分析]《城乡规划法》第44条第1款规定:"在城市、镇规划区内进行临时建设的,应当经城市、县人民政府城乡规划主管部门批准。临时建设影响近期建设规划或者控制性详细规划的实施以及交通、市容、安全等的,不得批准。"故A选项"经市城管执法部门批准"是错误的,而B选项正确。

《城乡规划法》第66条规定:"建设单位或者个人有下列行为之一的,由所在地城市、县人民政府城乡规划主管部门责令限期拆除,可以并处临时建设工程造价一倍以下的罚款:(一)未经批准进行临时建设的;(二)未按照批准内容进行临时建设的;(三)临时建筑物、构筑物超过批准期限不拆除的"。故C选项"由市政府责令限期拆除"主体不合法,错误。

《城乡规划法》第68条规定:"城乡规划主管部门作出责令停止建设或者限期拆除的决定后,当

事人不停止建设或者逾期不拆除的,建设工程所在地县级以上地方人民政府可以责成有关部门采取查封施工现场、强制拆除等措施"。故D选项错误。

4. [答案] A   [难度] 易

[考点] 城乡规划的制定(体系规划和总体规划)、城乡规划的实施(建设规划许可)

[命题和解题思路] 本题考查的是镇总体规划的内容、效力、审批程序及规划机关的职权。四个选项基本是套用法条,没有做过多的转换或伪装,比较容易判断。解题时也可依常理作一些排除。例如,从B选项看,如果在镇总体规划确定的建设用地范围以外还可设立经济开发区,那要总体规划有何用?可判断其错误;从C选项看,依常识可知审议肯定在审批之前,既然已"批"又何需再"议"?也可判断其错误;从D选项看,建设项目需要先取得"规划",再后才能凭"规划"去取地,而选址规划这种问题当然应当是规划主管部门负责,可判断其错误。

[选项分析]《城乡规划法》第17条第2款规定:"规划区范围、规划区内建设用地规模、基础设施和公共服务设施用地、水源地和水系、基本农田和绿化用地、环境保护、自然与历史文化遗产保护以及防灾减灾等内容,应当作为城市总体规划、镇总体规划的强制性内容"。故A选项正确。

《城乡规划法》第30条第2款规定:"在城市总体规划、镇总体规划确定的建设用地范围以外,不得设立各类开发区和城市新区"。故B选项错误。

《城乡规划法》第16条第2款规定:"镇人民政府组织编制的镇总体规划,在报上一级人民政府审批前,应当先经镇人民代表大会审议,代表的审议意见交由本级人民政府研究处理。"故C选项错误。

《城乡规划法》第36条第1款规定:"按照国家规定需要有关部门批准或者核准的建设项目,以划拨方式提供国有土地使用权的,建设单位在报送有关部门批准或者核准前,应当向城乡规划主管部门申请核发选址意见书。"可见选址意见书由城乡规划管理部门而不是由国土部门核发。故D选项错误。

5. [答案] C   [难度] 中

[考点] 城乡规划的实施(临时建设规划管理)

[命题和解题思路] 本题考查的是临时建设规划管理，"技术"含量不高，需要的是对临时建设审批、管理过程的了解。这种命题偶然性大。如果不熟悉临时建设规划相关事宜可通过社会生活经验去推测。例如，城市中乱搭乱建等违法建筑，由于影响了空间布局是由规划部门进行处置。从排除法角度，本题不涉及环境质量、污染防治、生态保护，环保行政主管部门应排除；与建筑工程项目或建设活动无关系，建设行政主管部门可排除；考虑到题干中"市中区"隐含着"城市规划区"的潜台词，而且是拆除临时建筑物，那么可推测选择规划行政主管部门的可能性更大一些。

[选项分析] 本题中使用临时用地的行为发生在市中心，明显属于城市规划区内。《城乡规划法》第44条规定，在城市、镇规划区内进行临时建设的，应当经城市、县人民政府城乡规划主管部门批准。对于未经批准、未按批准内容进行临时建设和临时建筑物、构筑物超过批准期限不拆除的，根据第66条的规定，由建设单位或者个人所在地城市、县人民政府城乡规划主管部门责令限期拆除。故C选项正确。

难点解析

在城市规划区内，开发建设活动与规划、土地、建设部门的关系密切，有必要分清各部门职责。简而言之，规划部门侧重于土地在空间、时间上的有序运用和管理，以规划控制建设活动、土地开发强度；国土部门负责国土综合开发整治、土地市场和地政地籍等工作，关注的是建设所使用的土地的供给和管理；建设部门负责建筑工程项目、建设活动的管理。《土地管理法实施条例》第52条与《城乡规划法》第44条近似，前者规定："在临时使用的土地上修建永久性建筑物的，由县级以上人民政府自然资源主管部门责令限期拆除"，二者分别规定了临时用地上永久性建筑物的拆除和临时建筑物超过批准期限的拆除。对于规划、国土部门的审批顺序，《土地管理法》第57条也明确规定，建设项目施工和地质勘查需要临时使用国有土地或者农民集体所有的土地的，由县级以上人民政府自然资源主管部门批准。其中，在城市规划区内的临时用地，在报批前，应当先经有关城市规划行政主管部门同意。

第三节　城市房地产管理法

1. [答案] ABC　　[难度] 易

[考点] 房地产交易制度（房地产转让）

[命题和解题思路] 房地产转让是房地产法中的高频考点，本题四个选项所涉及的知识点往年均已考过，所以难度不大。但选项中有一些细微干扰需小心。A选项涉及划拨土地使用权入市交易，往年试题侧重于考查其入市的两种方式：补办出让手续，补交出让金，或者不补办出让手续但土地收益上缴国家或作其他处理；而本题考查的是审批。B选项不难，但一些考生可能误认为其所述的转让条件并不完全而不选，但稍加辨别可见，其并不是要求具备哪些条件时才可转让。C选项实际涉及我国土地管理部门在土地市场中的双重身份，既有国有土地所有者的身份，也有土地管理者的身份。

[选项分析]《城市房地产管理法》第40条第1款规定，以划拨方式取得土地使用权的，转让房地产时，应当按照国务院规定，报有批准权的人民政府审批。故A选项正确。

《城市房地产管理法》第39条规定："以出让方式取得土地使用权的，转让房地产时，应当符合下列条件：（一）按照出让合同约定已经支付全部土地使用权出让金，并取得土地使用权证书；……"故B选项正确。

《城市房地产管理法》第44条规定："以出让方式取得土地使用权的，转让房地产后，受让人改变原土地使用权出让合同约定的土地用途的，必须取得原出让方和市、县人民政府城市规划行政主管部门的同意……"第15条第2款规定："土地使用权出让合同由市、县人民政府土地管理部门与土地使用者签订。"故C选项正确。

《城市房地产管理法》第43条规定："以出让方式取得土地使用权的，转让房地产后，其土地使用权的使用年限为原土地使用权出让合同约定的使用年限减去原土地使用者已经使用年限后的剩余年限。"故D选项错误。

2. [答案] BD　　[难度] 中

[考点] 房地产交易制度（房地产转让）

[命题和解题思路] 房地产交易是土地法和房地产法中的一个高频考点，但每次试题考到本考

点时总是"剑走偏锋"，会涉及其中一些较为特别的规定。例如，多次考到的划拨土地及地上房地产的交易。本题在考查这个高频考点时也糅进了"新"和"特"：AB 选项涉及房地产交易中的两项基本规则，这在往年试题中少见；D 选项与两个具体知识点有关，选择时有"脑筋急转弯"的意味，既要注意年限扣除又要注意提前申请。指令句不能提供关键词线索，题干中材料含有的信息量较大，可快速浏览后根据选项再重点回顾材料中的相关内容。A 选项涉及房地产转让时"地"与"房"的关系，B 选项简单且涉及转让时权利义务的继受，C 选项涉及土地用途转变时的审批，做出选择时无需使用材料给出的信息。D 选项涉及申请续期的时间，回顾材料时关注重点当然就是时间。

[选项分析]《城市房地产管理法》第 32 条规定："房地产转让、抵押时，房屋的所有权和该房屋占用范围内的土地使用权同时转让、抵押。"本条规定体现了房地一同交易的规则，即所谓"房随地走、地随房走"。因此，本题中的楼房及相应的土地使用权需由同一主体享有。故 A 选项错误。

《城市房地产管理法》第 42 条规定："房地产转让时，土地使用权出让合同载明的权利、义务随之转移。"本条规定体现了权利义务承接规则，即所谓"认地不认人"。故 B 选项正确。

《城市房地产管理法》第 44 条规定："以出让方式取得土地使用权的，转让房地产后，受让人改变原土地使用权出让合同约定的土地用途的，必须取得原出让方和市、县人民政府城市规划行政主管部门的同意……"故 C 选项错误。

《城市房地产管理法》第 43 条规定："以出让方式取得土地使用权的，转让房地产后，其土地使用权的使用年限为原土地使用权出让合同约定的使用年限减去原土地使用者已经使用年限后的剩余年限。"本题中，原使用年限为 50 年，已使用 3 年，因此受让人的使用年限为 47 年。第 22 条规定，土地使用权出让合同约定的使用年限届满，土地使用者需要继续使用土地的，应当至迟于届满前一年申请续期。因此，使用 47 年后年限届满，且至迟应提前 1 年申请续期，所以应当在再使用 46 年之前申请续期。故 D 选项正确。

第四节　不动产登记

[答案] C　　[难度] 易

[考点] 登记程序

[命题和解题思路]《不动产登记暂行条例》是 2015 年大纲增加的法规。不动产登记申请以共同申请为原则，以单方申请为例外，本题即考查该"例外"。本题选项表述基本为法条的翻版，所述情形简单、干扰小，比较容易。AB 选项可明显排除，因为无论是"放弃"还是"接受遗赠"，均无对方当事人，自然无需双方共同申请。CD 选项中虽然都涉及两个主体，但稍加分析，尤其是注意到他们申请的分别是抵押登记、更正登记，仍可轻易解决。

[选项分析]《不动产登记暂行条例》第 14 条第 1 款规定："因买卖、设定抵押权等申请不动产登记的，应当由当事人双方共同申请。"故 C 选项正确。本条第 2 款规定："属于下列情形之一的，可以由当事人单方申请：……（二）继承、接受遗赠取得不动产权利的；……（五）不动产灭失或者权利人放弃不动产权利，申请注销登记的；（六）申请更正登记或者异议登记的；……"故 ABD 选项均错误。

第三部分　劳动与社会保障法

第一章　劳动合同法

第一节　劳动合同的订立

📶 **1.** 贾某兼职做外卖骑手，与某互联网平台公司在线订立了《网约配送协议》，协议载明：贾某同意按照平台发送的配送信息自主选择接受服务订单，接单后及时完成配送，服务费按照平台统一标准按单结算。从事餐饮外卖配送业务期间，公司未对其上线接单时间、接单量提出要求，也未对其配送行为提出要求。贾某每周送外卖最多3天、每天送外卖1—3小时不等。该平台公司会在规定区域内随机安排订单，骑手们登录专用的APP抢订单送餐。出现配送超时、客户差评等情形时，平台公司核实情况后按照统一标准扣减服务费。关于贾某与该平台公司之间的关系，下列哪一选项是正确的？（2023年回忆版）

    A. 非全日制合同

    B. 劳动合同

    C. 劳务合同

    D. 劳务派遣合同

📶 **2.** 曾某自2018年1月起在某公司上班，但双方当时未签订书面劳动合同，2021年1月双方才补签了书面劳动合同。2023年1月曾某离职，要求该公司支付未签订书面劳动合同的二倍工资。对此，下列哪一说法是正确的？（2023年回忆版）

    A. 双方的劳动关系从2021年1月才开始

    B. 曾某二倍工资的主张已过仲裁时效

    C. 曾某在2022年1月前申请仲裁均在时效之内

    D. 曾某有权获得2019年至2020年的二倍工资

📶 **3.** 2021年3月1日，张某入职甲公司。同年9月1日，甲公司设立了乙公司，并安排张某到乙公司工作。乙公司与张某口头约定的劳动合同为

11个月，即从2021年9月1日至2022年8月1日。合同期满后双方未续约，张某申请劳动仲裁，请求乙公司支付经济补偿金和甲公司支付未签订书面劳动合同的2倍工资的差额。经查，甲公司和乙公司都未与张某签订书面劳动合同，但每月都依约支付了工资。关于张某的仲裁请求，下列哪一说法是正确的？（2022年回忆版）

    A. 乙公司不必付经济补偿金

    B. 乙公司应支付1个月工资的经济补偿金

    C. 乙公司应支付1个半月工资的经济补偿金

    D. 甲公司应付11个月2倍工资的差额

📶 **4.** 王某于2018年1月10日入职某公司，该公司多次书面通知王某签订书面劳动合同，但王某迟迟不签，认为合同约定的违约金太高，公司也没有终止劳动关系。王某工作到2019年1月1日提出辞职，并主张该公司应支付未签订书面劳动合同的3倍工资和解除合同的经济补偿。关于王某的主张，下列哪一选项是正确的？（2020年回忆版）

    A. 该公司需支付3倍工资及经济补偿

    B. 该公司需支付2倍工资及经济补偿

    C. 该公司无需支付2倍工资及经济补偿

    D. 该公司无需支付2倍工资，但需支付经济补偿

📶 **5.** 某律师事务所为了提高律师处理涉外事务的水平，送李律师出国培训，双方约定：培训费15万由律所支付，李律师回国后要在该所服务5年，律所为其涨薪20%。李律师回国后，见律所并未为其涨薪，遂提出辞职，律所主任与其协商，但双方不欢而散。对此，下列哪些说法不符合法律规定？（2020年回忆版）

    A. 由于李律师提出辞职，所以律所有权主张李律师支付违约金15万元

    B. 由于李律师不忠诚，所以律所有权不按约

定为其涨薪 20%

C. 由于李律师不尊重领导，所以律所有权解除李律师的劳动合同

D. 由于律所违约不涨薪，所以李律师辞职不需要支付违约金

📶 **6.** 2017 年 1 月，张某入职飞信科技有限公司，担任总经理。至 2018 年 3 月，公司一直未与其签订书面劳动合同。为方便开展业务，公司为张某配置了一辆小轿车。2018 年 10 月，张某离职并要求公司支付双倍工资，遭到拒绝后张某将汽车留置，公司要求其返还。对此，张某的下列哪一做法是正确的？（2018 年回忆版）

A. 留置该汽车

B. 向公司返还汽车

C. 有权主张 2017 年 2 月至离职之日的双倍工资

D. 直接向法院主张要求公司支付双倍工资

📶 **7.** 农民姚某于 2016 年 3 月 8 日进入红海公司工作，双方未签订书面劳动合同，红海公司也未给姚某缴纳基本养老保险，姚某向社保机构缴纳了基本养老保险费。同年 12 月 8 日，姚某以红海公司未为其缴纳社会保险为由申请辞职。经查，姚某的工资属于所在地最低工资标准额。关于此事，下列哪些说法是正确的？（2017-1-72）

A. 姚某自 2016 年 3 月 8 日起即与红海公司建立劳动关系

B. 红海公司自 2016 年 4 月 8 日起，应向姚某每月支付两倍的工资

C. 姚某应参加新型农村社会养老保险，而不应参加基本养老保险

D. 姚某就红海公司未缴养老保险费而发生争议的，可要求社保行政部门或社保费征收机构处理

第二节　劳动合同的解除和终止

📶 **1.** 2020 年 1 月 8 日，甲公司与乙签订为期 1 年的劳动合同，乙负责撰写《甲公司发展史》。同年 12 月 8 日，乙外出旅游受伤，按规定享受了医疗期 3 个月。2021 年 6 月 8 日，乙给甲公司交付该书稿。关于该劳动合同期满的时间，下列哪一选项是正确的？（2022 年回忆版）

A. 2020 年 12 月 8 日

B. 2021 年 1 月 8 日

C. 2021 年 3 月 8 日

D. 2021 年 6 月 8 日

📶 **2.** 某公司生产经营难以为继，准备裁员。根据《劳动合同法》的规定，下列哪一人不得被裁减？（2020 年回忆版）

A. 25 岁的赵女士已离婚，独自抚养读小学的子女

B. 钱某从 22 岁开始在公司工作，已经工作了 15 年

C. 38 岁的孙女士中年得子，小孩出生才 3 个月

D. 王某技术高超、工作勤奋，多次被评为技术标兵和先进个人

📶 **3.** 某市混凝土公司新建临时搅拌站，在试运行期间通过暗管将污水直接排放到周边，严重破坏当地环境。公司经理还指派员工潜入当地环境监测站内，用棉纱堵塞空气采集器，造成自动监测数据多次出现异常。有关部门对其处罚后，公司生产经营发生严重困难，拟裁员 20 人以上。当该公司裁员时，下列说法正确的是：（2017-1-97）

A. 无须向劳动者支付经济补偿金

B. 应优先留用与本公司订立无固定期限劳动合同的职工

C. 不得裁减在该公司连续工作满 15 年的女职工

D. 不得裁减非因工负伤且在规定医疗期内的劳动者

📶 **4.** 王某，女，1990 年出生，于 2012 年 2 月 1 日入职某公司，从事后勤工作，双方口头约定每月工资为人民币 3000 元，试用期 1 个月。2012 年 6 月 30 日，王某因无法胜任经常性的夜间高处作业而提出离职，经公司同意，双方办理了工资结算手续，并于同日解除了劳动关系。同年 8 月，王某以双方未签书面劳动合同为由，向当地劳动争议仲裁委申请仲裁，要求公司再支付工资 12000 元。关于该劳动合同的订立与解除，下列说法正确的是：（2016-1-96）

A. 王某与公司之间视作已订立无固定期限劳动合同

B. 该劳动合同期限自 2012 年 3 月 1 日起算

C. 该公司应向王某支付半个月工资的经济补偿金

D. 如王某不能胜任且经培训仍不能胜任工

作，公司提前 30 日以书面形式通知王某，可将其辞退

5. 某厂工人田某体检时被初诊为脑瘤，万念俱灰，既不复检也未经请假就外出旅游。该厂以田某连续旷工超过 15 天，严重违反规章制度为由解除劳动合同。对于由此引起的劳动争议，下列哪些说法是正确的？（2015-1-70）

A. 该厂单方解除劳动合同，应事先将理由通知工会

B. 因田某严重违反规章制度，无论是否在规定的医疗期内该厂均有权解除劳动合同

C. 如该厂解除劳动合同的理由成立，无需向田某支付经济补偿金

D. 如该厂解除劳动合同的理由违法，田某有权要求继续履行劳动合同并主张经济补偿金 2 倍的赔偿金

第三节 劳务派遣

1. 甲劳务公司派遣职工赵某到乙公司工作。甲公司提前 30 天通知赵某，由于和乙公司的合同即将到期，要求赵某与其推荐的丙劳务公司签订劳动合同，或者双方协商解除劳动合同，但均被赵某拒绝。30 天后，甲劳务公司解除了与赵某的合同。赵某申请仲裁，主张违法解除，要求获得赔偿金。对此，下列哪些说法是错误的？（2021 年回忆版）

A. 甲劳务公司有权提前 30 天书面通知后解除劳动合同，但应支付经济补偿金

B. 甲劳务公司违法解除合同，但若愿意继续履行原劳动合同，则无需支付赔偿金

C. 若应支付赔偿金，应由甲劳务公司承担

D. 若应支付赔偿金，乙公司应承担连带责任

2. 大圣公司因扩大规模，需要销售人员，遂委托顺峰劳务派遣公司派遣 5 名员工。此后，顺峰劳务派遣公司将已签订劳动合同的张某等 5 人派遣至大圣公司。对此，下列哪一说法是正确的？（2018 年回忆版）

A. 张某与大圣公司形成劳动关系

B. 大圣公司应当为张某缴纳工伤保险

C. 顺峰公司应当为张某缴纳工伤保险

D. 张某在工作中造成他人受伤，应当由大圣公司和顺峰公司承担连带责任

3. 甲公司与梁某签订劳动合同后，与乙公司签订劳务派遣协议，派梁某到乙公司做车间主任，派遣期 3 个月。2012 年 1 月至 2013 年 7 月，双方已连续 6 次续签协议，梁某一直在乙公司工作。2013 年 6 月，梁某因追索上一年加班费与乙公司发生争议，申请劳动仲裁。下列哪些选项是正确的？（2013-1-71）

A. 乙公司是在辅助性工作岗位上使用梁某，符合法律规定

B. 乙公司是在临时性工作岗位上使用梁某，符合法律规定

C. 梁某申请仲裁不受仲裁时效期间的限制

D. 梁某申请仲裁时应将甲公司和乙公司作为共同当事人

第四节 非全日制用工与集体合同

1. 某公司与公司工会经平等协商签订了一份集体合同。关于该集体合同，下列哪一说法是正确的？（2021 年回忆版）

A. 集体合同约定劳动者每个月加班 48 小时，年休假多放 5 天

B. 集体合同经双方代表签字后，还需由公司与工会签订专门协议才能生效

C. 如因签订集体合同发生争议，经双方协商不成，公司工会可申请仲裁

D. 集体合同报送劳动行政部门后，劳动行政部门 15 日内未提出异议就生效

2. 甲饭店欲招聘赵某为配菜员，开出的条件是每天工作 3 小时，一周 7 天，按时计薪，试用期 1 个月。乙饭店也有此意，开出的条件是每天工作 2 小时，一周 6 天，按时计薪，无试用期。甲店知晓后，欲再开出更优惠条件以留住赵某。根据《劳动合同法》，下列哪一做法是合法的？（2019 年回忆版）

A. 试用期从 1 个月缩短为 3 天

B. 工资结算周期从 1 个月缩短为 20 天

C. 每天工作 4 小时，按时计薪，增加时间不计加班工资

D. 允许赵某在两个地方同时工作

3. 关于集体劳动合同，根据《劳动合同法》，下列哪些说法是正确的？（2017-1-73）

A. 甲公司尚未建立工会时，经其 2/3 以上的

B. 乙公司系建筑企业，其订立的行业性集体合同，报劳动行政部门备案后即行生效

C. 丙公司依法订立的集体合同，对全体劳动者，不论是否为工会会员，均适用

D. 因履行集体合同发生争议，丁公司工会与公司协商不成时，工会可依法申请仲裁、提起诉讼

详　解

第一节　劳动合同的订立

1. ［答案］C　　　［难度］难

［考点］劳动法的调整对象

［命题和解题思路］对于劳动关系的认定，尤其是数字技术时代新就业形态从业人员劳动关系的认定，是劳动法中难度最大也最富有挑战性的问题。纳入法考的法律法规并无相关规定，而教材中对此的讲解也极少。因此，本题难度较大。但2023年5月，人力资源和社会保障部、最高人民法院联合发布的第三批劳动人事争议典型案例，全部都是关于新业态从业人员劳动关系的认定，所以本题也还算意料之中。

［选项分析］贾某与某互联网平台公司双方均具备建立劳动关系的主体资格。但认定二者之间是否符合确立劳动关系的情形，需要查明平台公司是否对贾某进行了较强程度的劳动管理。从用工事实看，贾某须遵守平台公司制定的餐饮外卖平台配送服务规则，其订单完成时间、客户评价等均作为平台结算服务费的依据，但平台对其上线接单时间、接单量均无要求，贾某能够完全自主决定工作时间及工作量。因此，双方之间人格从属性较标准劳动关系有所弱化。平台公司掌握贾某从事网约配送业务所必需的数据信息，制定餐饮外卖平台配送服务费结算标准和办法，贾某通过平台获得收入，双方之间具有一定的经济从属性。虽然贾某依托平台从事餐饮外卖配送业务，但平台公司并未将其纳入平台配送业务组织体系进行管理，也未按照传统劳动管理方式要求其承担组织成员义务。因此，双方之间的组织从属性较弱。综上，虽然平台公司通过平台对贾某进行一定的劳动管理，但其程度不足以认定为劳动关系。C选项正确，其余选项均错误。

2. ［答案］B　　　［难度］易

［考点］劳动合同的订立

［命题和解题思路］本题涉及的未签订书面劳动合同的法律责任，是劳动法的高频考点，从近几年法考回忆版试题可以看出，命题人对此一直念念不忘。本题将二倍工资与仲裁时效相结合进行考查，这也是常见的命题套路，在近几年法考多次考查的背景下，本题难度不大。

［选项分析］《劳动合同法》第7条规定，用人单位自用工之日起即与劳动者建立劳动关系。用人单位应当建立职工名册备查。据此，双方的劳动关系始于2018年1月。A选项错误。

《劳动合同法》第82条第1款规定，用人单位自用工之日起超过一个月不满一年未与劳动者订立书面劳动合同的，应当向劳动者每月支付二倍的工资。据此，曾某可主张的二倍工资期间是2018年2月至2019年1月。D选项错误。

上述规定中的二倍工资，其中一半是工资，另一半（即除工资之外的二倍工资差额）是惩罚性赔偿金。《劳动争议调解仲裁法》第27条第1款和第4款规定，劳动争议申请仲裁的时效期间为一年。仲裁时效期间从当事人知道或者应当知道其权利被侵害之日起计算。劳动关系存续期间因拖欠劳动报酬发生争议的，劳动者申请仲裁不受本条第一款规定的仲裁时效期间的限制；但是，劳动关系终止的，应当自劳动关系终止之日起一年内提出。据此，曾某2020年1月前主张二倍工资才在仲裁时效之内。B选项正确，C选项错误。

3. ［答案］C　　　［难度］难

［考点］劳动合同经济补偿、劳动合同的书面形式

［命题和解题思路］劳动合同法经济补偿、劳动合同欠缺书面形式的法律责任都是劳动法中的高频考点，这两个考点融合在一道试题中的命题方式也曾出现过。本题的创新之处在于，由于劳动者被用人单位安排到新单位工作，涉及两个单位以及相关劳动合同的处理问题，这一特殊规定在往年试题中尚未考查过，因而试题难度有所增加。解答本题的关键之处在于对劳动合同承继相关规定的掌握，尤其需要清楚知悉劳动者与关联公司之间劳动合同持续、变化的状况。

［选项分析］《劳动合同法》第46条规定：

"有下列情形之一的，用人单位应当向劳动者支付经济补偿：……（五）除用人单位维持或者提高劳动合同约定条件续订劳动合同，劳动者不同意续订的情形外，依照本法第四十四条第一项规定终止固定期限劳动合同的；……"所以乙公司应向张某支付经济补偿，故 A 选项错误。

《劳动合同法》第 47 条第 1 款规定："经济补偿按劳动者在本单位工作的年限，每满一年支付一个月工资的标准向劳动者支付。六个月以上不满一年的，按一年计算；不满六个月的，向劳动者支付半个月工资的经济补偿。"《劳动合同法实施条例》第 10 条规定："劳动者非因本人原因从原用人单位被安排到新用人单位工作的，劳动者在原用人单位的工作年限合并计算为新用人单位的工作年限。原用人单位已经向劳动者支付经济补偿的，新用人单位在依法解除、终止劳动合同计算支付经济补偿的工作年限时，不再计算劳动者在原用人单位的工作年限。"因此，张某在甲、乙公司的工作年限应当合并计算，共计 1 年零 5 个月，应支付 1 个半月工资的经济补偿金。故 B 选项错误，C 选项正确。

《劳动合同法》第 82 条第 1 款规定："用人单位自用工之日起超过一个月不满一年未与劳动者订立书面劳动合同的，应当向劳动者每月支付二倍的工资。"因此，张某有权请求甲公司支付 5 个月的 2 倍工资，故 D 选项错误。当然，可能有考生会想到劳动合同承继，但根据《劳动合同法》第 34 条规定："用人单位发生合并或者分立等情况，原劳动合同继续有效，劳动合同由承继其权利和义务的用人单位继续履行。"那也只涉及乙公司而非甲公司支付 2 倍工资的问题。而且，本题中并非劳动合同承继，而是原劳动合同消灭、新合同产生。

4. [答案] C   [难度] 中

[考点] 劳动合同的订立

[命题和解题思路] 劳动合同的书面形式及其有关的法律责任，在最近几年的试题中频频出现，几乎年年必考。本题的创新之处：一是往年试题考查的是用人单位不签订书面劳动合同的法律责任，而本题却考查了劳动者不签订书面劳动合同的法律责任。二是将不签订书面劳动合同的法律责任与劳动合同解除、终止的经济补偿融合在一

道试题之中。

[选项分析] 根据《劳动合同法》第 14 条、第 82 条的规定，用人单位未与劳动者签订书面劳动合同，才有 2 倍工资、视为无固定期限劳动合同等法律责任。故 AB 选项错误。

《劳动合同法实施条例》第 6 条规定，劳动者不与用人单位订立书面劳动合同的，用人单位应当书面通知劳动者终止劳动关系，并依照《劳动合同法》第 47 条的规定支付经济补偿。本题容易让人混淆之处，也即隐藏于此。因为，本条规定中需支付经济补偿的前提是用人单位主动终止劳动关系，而本题中却是劳动者主动辞职，根据《劳动合同法》第 47 条的规定，劳动者主动辞职的无需支付经济补偿。故 C 选项正确，D 选项错误。

5. [答案] ABC   [难度] 难

[考点] 劳动合同的条款、劳动合同的履行、劳动合同的解除条件

[命题和解题思路] 劳动合同是劳动与社会保障法中的高频考点，尤其是劳动合同的条款和劳动合同的解除。服务期是常见的劳动合同约定条款，本题各选项主要围绕服务期而展开。服务期与劳动合同期的关系、违约金金额的限制和分摊、解除与违约金之间的关系，是掌握服务期有关规定的重难点。

[选项分析]《劳动合同法实施条例》第 26 条第 1 款规定，用人单位与劳动者约定了服务期，劳动者依照《劳动合同法》第 38 条的规定解除劳动合同的，不属于违反服务期的约定，用人单位不得要求劳动者支付违约金。《劳动合同法》第 38 条规定："用人单位有下列情形之一的，劳动者可以解除劳动合同：（一）未按照劳动合同约定提供劳动保护或者劳动条件的；（二）未及时足额支付劳动报酬的；……"本题中，律所未按约定及时足额支付劳动报酬，所以李律师不属于违反服务期约定，律所不得要求其支付违约金。故 A 选项不合法，当选；D 选项合法，不当选。

《劳动合同法》第 29 条规定，用人单位与劳动者应当按照劳动合同的约定，全面履行各自的义务。第 30 条第 1 款规定，用人单位应当按照劳动合同约定和国家规定，向劳动者及时足额支付劳动报酬。本题中律所违约不给李律师涨薪致其要求辞职，不忠诚仅为借口。故 B 选项不合法，当选。

用人单位解除劳动合同，需具备《劳动合同法》第39条至第41条所规定的情形，且不尊重领导不构成第39条所规定的"严重违反用人单位的规章制度"。故C选项不合法，当选。

6. [答案] B　　[难度] 中

[考点] 留置权的取得、劳动合同的订立、劳动争议的解决方式及处理程序（仲裁）

[命题和解题思路] 双倍工资和仲裁前置是往年考试多次考查到的内容。本题的创新点在于将《民法典》相关规定整合在一道试题中。《最高人民法院公报》2017年第1期"劳动者不能以用人单位拖欠劳动报酬为由对单位的财产行使留置权——长三角商品交易所有限公司诉卢海云返还原物纠纷案"与本题解答密切相关。考生在复习备考时应关注指导案例、公报案例。

[选项分析] 《民法典》第448条规定："债权人留置的动产，应当与债权属于同一法律关系，但企业之间留置的除外。"劳动关系主体双方在履行劳动合同过程中处于管理与被管理的不平等关系。劳动者以用人单位拖欠劳动报酬为由，主张对用人单位供其使用的工具、物品等动产行使留置权，由于此类动产不是劳动合同关系的标的物，与劳动债权不属于同一法律关系，劳动者无权主张留置。故A选项错误，B选项正确。

《劳动合同法》第82条第1款规定："用人单位自用工之日起超过一个月不满一年未与劳动者订立书面劳动合同的，应当向劳动者每月支付二倍的工资。"本题中劳动者辞职时，远远超过1年了。故C选项错误。

《劳动争议调解仲裁法》第5条规定："发生劳动争议，当事人不愿协商、协商不成或者达成和解协议后不履行的，可以向调解组织申请调解；不愿调解、调解不成或者达成调解协议后不履行的，可以向劳动争议仲裁委员会申请仲裁；对仲裁裁决不服的，除本法另有规定的外，可以向人民法院提起诉讼。"因此，除一裁终局案件外，劳动争议案件起诉前均应仲裁前置，即只有对劳动仲裁不服的才可向法院起诉。故D选项错误。

7. [答案] ABD　　[难度] 中

[考点] 劳动合同的订立、社会保险的险种（基本养老保险）、违反《劳动合同法》的法律责任

[命题和解题思路] 劳动合同、社会保险是劳动法试题中的高频考点。本题的指令句无法提供"关键词"信息，借助选项可知本题的关键词是劳动关系、未签书面合同的二倍赔偿以及养老保险。除D选项外，其余选项所涉及的知识均在往年试题中考过，材料及选项中也无陷阱，所以本题难度不大。

[选项分析] 《劳动合同法》第7条规定，用人单位自用工之日起即与劳动者建立劳动关系。由此可知，劳动关系建立的标志是用工，而非书面劳动合同。故A选项正确。

根据《劳动合同法》第82条的规定，用人单位自用工之日起超过1个月不满1年未与劳动者订立书面劳动合同的，应当向劳动者每月支付2倍的工资，因此，第一个月是"2倍工资"这一法律责任的"豁免期"，应从第2个月起支付2倍工资，最多支付11个月（满1年未签订书面合同），因双方劳动关系持续至劳动者辞职之时未超过1年。故B选项正确。

《社会保险法》第10条第1款规定："职工应当参加基本养老保险，由用人单位和职工共同缴纳基本养老保险费。"所以姚某虽然是农民，在农村时当然参加新型农村社会养老保险，但当他外出务工时，所在企业就应为其参加城镇职工基本养老保险。《社会保险法》第95条还特别强调"进城务工的农村居民依照本法规定参加社会保险"。故C选项错误。

《社会保险法》第86条规定："用人单位未按时足额缴纳社会保险费的，由社会保险费征收机构责令限期缴纳或者补足……"故D选项正确。

易混淆点解析

本题中所涉及的社会保险争议的处理容易让人混淆，简而言之，因用人单位未为劳动者参加社会保险且不能补缴，导致其不能享受社会保险待遇，要求用人单位赔偿损失而发生的争议，属于劳动争议，可通过协商、调解、仲裁、诉讼等解决途径予以维权；但用人单位未缴、少缴社会保险费，包括缴费时间和缴费金额不足，则由社保机构处理，劳动争议仲裁委、法院一般也不将这类争议作为劳动争议予以受理。

第二节 劳动合同的解除和终止

1. ［答案］C　　［难度］中

［考点］劳动合同终止

［命题和解题思路］虽然劳动合同法肯定是劳动法中考查的重点，但劳动合同终止制度并未在历年试题中考查过。所以本题虽然只是法条的简单适用，但由于所选择的考点往年罕见，增加了试题的难度。本题考查了劳动合同中颇有特色的逾期终止，如果不清楚掌握其规定，仅从合同一般原理推断，或对劳动关系、劳动合同之间的关系理解不深入，容易答错。

［选项分析］2020 年 12 月 8 日是乙受伤之日，同时，此时双方约定的劳动合同期限也尚未届满，所以本选项不会发生误选，A 选项错误。

2021 年 1 月 8 日是双方约定的劳动合同期限届满之日，一般的民事合同会因期满而终止，因此如果不清楚劳动合同逾期终止的特别规定，本选项迷惑性较大，容易误选。《劳动合同法》第 45 条规定，劳动合同期满，有本法第 42 条规定情形之一的，劳动合同应当续延至相应的情形消失时终止。而"患病或者非因工负伤，在规定的医疗期内"即为第 42 条规定的情形之一。因此，乙非因工负伤期间，即使劳动合同期满也不得终止，劳动合同应当续延至医疗期结束之日，故 B 选项错误，C 选项正确。

2021 年 6 月 8 日也有一定的迷惑性，因为乙在当天才交付书稿，可能让人误认为劳动者提供劳动一直延续至此时，则劳动合同也相应地顺延至此时。但需要注意的是劳动关系与劳动合同之间的关联，根据《劳动合同法》第 10 条的规定，劳动合同、劳动关系并不完全同步，所以就算劳动者此前一直在提供劳动，双方之间存在劳动关系或事实劳动关系，也非劳动合同延期至此时，故 D 选项错误。

2. ［答案］C　　［难度］难

［考点］劳动合同解除条件

［命题和解题思路］劳动合同的解除是劳动与社会保障法中的高频考点。本题涉及裁员和限制解除劳动合同的规定，往年试题中也曾考过，但本题不仅将这二者结合，更是同时将限制解除与优先留用融合为一题，这样混淆性更大。既要注

意限制解除情形仅适用于预告解除和裁员，又要注意限制解除与裁员优先留用二者的区别。

［选项分析］《劳动合同法》第 41 条第 2 款规定："裁减人员时，应当优先留用下列人员：（一）与本单位订立较长期限的固定期限劳动合同的；（二）与本单位订立无固定期限劳动合同的；（三）家庭无其他就业人员，有需要扶养的老人或者未成年人的。"本题中赵女士属于优先留用的第三类人员，但并非不得裁员的人员。故 A 选项错误。

《劳动合同法》第 42 条规定："劳动者有下列情形之一的，用人单位不得依照本法第四十条、第四十一条的规定解除劳动合同：……（四）女职工在孕期、产期、哺乳期的；（五）在本单位连续工作满十五年，且距法定退休年龄不足五年的；……"本题中钱某已连续工作满 15 年，但才 37 岁，与第 5 项规定不符。故 B 选项错误。孙女士处于哺乳期（婴儿未满 1 周岁），符合第 4 项的规定。故 C 选项正确。

王某虽然表现优秀，但无论第 41 条规定的优先留用，还是第 42 条规定的限制解除情形中均无此方面的规定。故 D 选项错误。

3. ［答案］BD　　［难度］易

［考点］劳动合同的解除和终止（解除劳动合同的条件、程序和经济补偿）

［命题和解题思路］劳动合同的解除是高频考点。本题指向明确，情形简单，是法条的翻版。除记忆外，理解法条背后的原理也可帮助回答本题。例如，A 选项所涉及的经济补偿金，归纳《劳动合同法》第 46 条所列情形可知：劳动合同的解除或终止非基于劳动者的原因（或过错），用人单位就应支付经济补偿。B 选项涉及的优先留用，被形象地称为"电梯规则"，即后上电梯的人到达同一目的地后因其在门口自然是先下，先进电梯的则后下。

［选项分析］根据《劳动合同法》第 46 条第 4 项的规定，用人单位裁员的，需支付经济补偿金。故 A 选项错误。

《劳动合同法》第 41 条第 2 款规定："裁减人员时，应当优先留用下列人员：……（二）与本单位订立无固定期限劳动合同的；……"故 B 选项正确。

《劳动合同法》第42条规定："劳动者有下列情形之一的，用人单位不得依照本法第四十条、第四十一条的规定解除劳动合同：……（三）患病或者非因工负伤，在规定的医疗期内的；（四）女职工在孕期、产期、哺乳期的；（五）在本单位连续工作满十五年，且距法定退休年龄不足五年的；……"故C选项错误，D选项正确。

4. [答案] D　　　[难度] 难

[考点] 劳动合同的订立、劳动合同的解除和终止（解除劳动合同的条件、程序和经济补偿）

[命题和解题思路] 劳动合同的订立和解除是劳动法的高频考点，本题将二者融入一题。本题四个选项涉及四个具体的知识点，综合程度较高：A选项涉及订立无固定期限劳动合同的法定情形，B选项涉及试用期与劳动合同期、劳动合同与劳动关系之间的关系，C选项涉及协商一致解除时在经济补偿金支付问题上存在着后果各异的两种情形，D选项涉及解除劳动合同及其限制。

[选项分析]《劳动合同法》第14条第3款规定："用人单位自用工之日起满一年不与劳动者订立书面劳动合同的，视为用人单位与劳动者已订立无固定期限劳动合同。"王某与公司之间未订立书面劳动合同的时间不足1年。故A选项错误。

《劳动合同法》第7条规定，用人单位自用工之日起即与劳动者建立劳动关系。第19条第4款规定，试用期包含在劳动合同期限内。故双方于2月1日即形成劳动关系，劳动合同期限也自此起算。故B选项错误。

根据《劳动合同法》第46条第2项的规定，用人单位向劳动者提出解除劳动合同并与劳动者协商一致解除劳动合同的，用人单位应当向劳动者支付经济补偿。而本题中是劳动者提出解除合同，故不应支付经济补偿金。故C选项错误。

《劳动合同法》第40条规定："有下列情形之一的，用人单位提前三十日以书面形式通知劳动者本人或者额外支付劳动者一个月工资后，可以解除劳动合同：……（二）劳动者不能胜任工作，经过培训或者调整工作岗位，仍不能胜任工作的；……"故D选项正确。

难点解析

A选项涉及的是不签订书面劳动合同的法律后果，由于这一知识经常考到，应为考生熟悉。但需要注意的是，《劳动合同法》和《劳动合同法实施条例》都有与此相关的规定，掌握相关规定时一是要注意时间阶段的划分，二是要注意不签订劳动合同应归责于劳动者还是用人单位，因为时间阶段不同、归责主体不同，其法律后果也完全不同。B选项涉及学界一个争议的问题，即劳动关系与劳动合同之间的关系。抛开理论仅从《劳动合同法》的条文来看，有时需要严格区分二者，尤其是涉及书面劳动合同的形式要求及法律后果的条文，如《劳动合同法》第10条、第14条第3款、第82条第1款；多数情形下二者又可等同，即将事实劳动关系视为双方订立了一个口头劳动合同。本题就属于后一种情形，如果纠结于双方未签订书面劳动合同，本选项压根就无法选择。协商一致解除劳动合同的，是否支付经济补偿取决于谁先提出，若劳动者先提出解除的要约，经协商用人单位最终承诺或同意，则无需支付；反之，若用人单位先提出则需要支付。换而言之，"谁提出，谁受伤"。《劳动合同法》第42条规定了限制解除的若干情形，如常作为考点的在孕期、产期、哺乳期的女职工、在规定的医疗期的职工，理解时需要注意的是，这些情形不能理解为用人单位不得解除，而应是对用人单位的限制解除，即在劳动者无过错的预告解除（第40条）、裁员（第41条）中，这些情形将构成解除合同的阻却事由，此时确实不得解除；而劳动者有过错的即时解除（第39条）则不受其限制。由于第42条是限制用人单位单方解除，所以双方协商解除（第36条）就更不会受其限制了。

5. [答案] ABC　　　[难度] 中

[考点] 劳动合同的解除和终止（解除劳动合同的条件、程序和经济补偿）

[命题和解题思路] 劳动合同解除制度是劳动法的重心和精髓之所在，在有关劳动法的试题中，劳动合同解除的出题频率是最高的。本题涉及严重违规解除劳动合同，也是实务中常见的劳动争议。A选项涉及的是即时解雇权的行使程序要求，

如果考生注意到实务中这一程序要求由"软"变"硬"的巨大变化，则容易选择。B 选项涉及解雇的阻碍事由（或者限制解雇的情形），能否正确选择的关键在于对法条理解是否到位。CD 选项分别涉及合法解雇或非法解雇的法律后果。**但凡劳动合同解除，其注意的问题无外乎解除事由、解除程序和解除后果**，所以虽然本题融合了四个具体知识点，但难度中等。

[选项分析] 《劳动合同法》第 43 条规定："用人单位单方解除劳动合同，应当事先将理由通知工会。用人单位违反法律、行政法规规定或者劳动合同约定的，工会有权要求用人单位纠正。用人单位应当研究工会的意见，并将处理结果书面通知工会。"所以 A 选项正确。

《劳动合同法》第 39 条规定："劳动者有下列情形之一的，用人单位可以解除劳动合同。……（二）严重违反用人单位的规章制度的；……"该厂据此有权立即解除劳动合同。虽然田某有处于"医疗期内"这一情形，但第 42 条规定："劳动者有下列情形之一的，用人单位不得依照本法第四十条、第四十一条的规定解除劳动合同：……（三）患病或者非因工负伤，在规定的医疗期内的；……"因此，用人单位依据第 39 条解除劳动合同并不受本条限制。所以 B 选项正确。

《劳动合同法》第 46 条规定："有下列情形之一的，用人单位应当向劳动者支付经济补偿：（一）劳动者依照本法第三十八条规定解除劳动合同的；（二）用人单位依照本法第三十六条规定向劳动者提出解除劳动合同并与劳动者协商一致解除劳动合同的；（三）用人单位依照本法第四十条规定解除劳动合同的；（四）用人单位依照本法第四十一条第一款规定解除劳动合同的；（五）除用人单位维持或者提高劳动合同约定条件续订劳动合同，劳动者不同意续订的情形外，依照本法第四十四条第一项规定终止固定期限劳动合同的；（六）依照本法第四十四条第四项、第五项规定终止劳动合同的；（七）法律、行政法规规定的其他情形。"所以依据第 39 条解除劳动合同不属于应当支付经济补偿金的情形。故 C 选项正确。

《劳动合同法》第 48 条规定："用人单位违反本法规定解除或者终止劳动合同，劳动者要求继续履行劳动合同的，用人单位应当继续履行；劳动者不要求继续履行劳动合同或者劳动合同已经

不能继续履行的，用人单位应当依照本法第八十七条规定支付赔偿金。"故继续履行与赔偿金不得同时主张。D 选项错误。

> **难点解析**
>
> 对于用人单位单方解除劳动合同（解雇）之时应当通知工会的规定，曾长时间被忽视，在全国大多数地方，即使未通知工会也不会影响解雇的效力。其原因在于《劳动法》《工会法》《劳动合同法》虽然都对此作出规定，但又未规定违反时的法律后果。《最高人民法院关于审理劳动争议案件适用法律问题的解释（一）》对此作出明确规定，如果**用人单位未通知工会将导致类似违法解雇的法律效果**。至此，"通知工会"即成为解雇时必经程序。该司法解释第 47 条规定："建立了工会组织的用人单位解除劳动合同符合劳动合同法第三十九条、第四十条规定，但未按照劳动合同法第四十三条规定事先通知工会，劳动者以用人单位违法解除劳动合同为由请求用人单位支付赔偿金的，人民法院应予支持，但起诉前用人单位已经补正有关程序的除外。"

第三节　劳务派遣

1. [答案] ABD　　[难度] 难
[考点] 劳务派遣、劳动合同的解除
[命题和解题思路] 《劳动合同法》是劳动与社会保障法试题中考查频次最高的法律。在"特别规定"这一章中，非全日制用工和集体合同近年均考过，因此，2021 年出现劳务派遣方面的试题应属意料之中。**本题的难点是对退回派遣工、解除其劳动合同相关规定的理解和运用，而且，退回派遣工还不能简单地照搬《劳动合同法》的法条**。本题首先需要解答的是，该劳务公司是否有权解除劳动合同。其中"提前 30 天通知""和乙公司的合同即将到期"等描述，容易让人误解为这属于《劳动合同法》第 40 条第 3 项规定的"客观情况发生重大变化"。

[选项分析] 《劳动合同法》第 40 条规定："有下列情形之一的，用人单位提前三十日以书面形式通知劳动者本人或者额外支付劳动者一个月工资后，可以解除劳动合同：……（三）劳动合同订立时所依据的客观情况发生重大变化，致使劳动合同无法履行，经用人单位与劳动者协商，

未能就变更劳动合同内容达成协议的。"本案中劳务派遣协议到期，并非劳动合同订立时所依据的客观情况发生重大变化，甲公司提出由丙劳务公司与赵某签订劳动合同，其实质仍是解除劳动合同，且无合理理由；而双方协商解除合同的要约也遭到拒绝，故属于违法解除。A 选项错误，当选。

《劳动合同法》第 48 条规定："用人单位违反本法规定解除或者终止劳动合同，劳动者要求继续履行劳动合同的，用人单位应当继续履行；劳动者不要求继续履行劳动合同或者劳动合同已经不能继续履行的，用人单位应当依照本法第八十七条规定支付赔偿金。"因此，继续履行的前提之一是劳动者有此要求，而非用人单位有权在继续履行和赔偿金之间进行选择。故 B 选项错误，当选。

根据上述第 48 条的规定，该劳务公司应承担支付赔偿金的法律责任。故 C 选项正确，不当选。

《劳动合同法》第 92 条第 2 款规定，用工单位给被派遣劳动者造成损害的，劳务派遣单位与用工单位承担连带赔偿责任。但是，本题中乙公司并未给派遣工造成损害。第 65 条规定："被派遣劳动者有本法第三十九条和第四十条第一项、第二项规定情形的，用工单位可以将劳动者退回劳务派遣单位，劳务派遣单位依照本法有关规定，可以与劳动者解除劳动合同。"这容易让人误解为，只有《劳动合同法》第 39 条、第 40 条第 1 项和第 2 项规定情形的才可退回派遣工。而实际上，退回派遣工的情形基本包括所有劳动合同解除、终止的情形。《劳务派遣暂行规定》第 12 条即为明证。所以，本题中乙公司有权在劳务派遣协议到期时退回派遣工。故 D 选项错误，当选。

2. [答案] C　　[难度] 易

[考点] 劳务派遣（劳务派遣单位）、特殊主体的侵权责任

[命题和解题思路] 劳务派遣是劳动与社会保障法中的高频考点，劳务派遣岗位、劳务派遣单位、用工单位义务、被派遣劳动者的权利为其中的重点内容。本题的新颖之处在于，将劳务派遣与侵权责任相联系。要注意不要将特殊主体的侵权责任与劳务派遣中用人单位与用工单位的连带责任相混淆。

[选项分析]《劳动合同法》第 58 条第 1 款规定："劳务派遣单位是本法所称用人单位，应当履行用人单位对劳动者的义务。……"故 AB 选项错误，而 C 选项正确。

《民法典》第 1191 条第 2 款规定："劳务派遣期间，被派遣的工作人员因执行工作任务造成他人损害的，由接受劳务派遣的用工单位承担侵权责任；劳务派遣单位有过错的，承担相应的责任。"故 D 选项错误。

3. [答案] CD　　[难度] 中

[考点] 劳务派遣（劳务派遣岗位）、劳动争议处理程序（仲裁）

[命题和解题思路] 本题涉及派遣工及其劳动争议的处理，虽然涉及两个知识点的融合，但整体难度并不高。一是因为所考查的角度，无论是派遣工的"三性"（临时性、替代性、辅助性）岗位，还是仲裁时效与当事人，都属于劳动法较为特别的规定，复习时应已被留意；二是因为劳务派遣在 2008 年和 2012 年已被 5 道试题所"宠幸"，体现了"重者恒重"的命题规律。

[选项分析]《劳动合同法》第 66 条第 2 款规定，辅助性工作岗位是指为主营业务岗位提供服务的非主营业务岗位。这个定义虽然有不十分清楚之处，但梁某的工作岗位是车间主任，肯定不属于辅助性工作岗位。故 A 选项错误。

《劳动合同法》第 66 条第 2 款规定，临时性工作岗位是指存续时间不超过 6 个月的岗位。本题中梁某的派遣期虽只有 3 个月，但连续续签后已工作约一年半，其存续时间明显超过临时性的要求。同时，根据第 59 条第 2 款的规定，用工单位应当根据工作岗位的实际需要与劳务派遣单位确定派遣期限，不得将连续用工期限分割订立数个短期劳务派遣协议。甲、乙公司的做法也违反了这一规定。故 B 选项错误。

加班费，或称加班工资，其法律性质为劳动报酬，根据《劳动争议调解仲裁法》第 27 条第 4 款的规定，劳动关系存续期间因拖欠劳动报酬发生争议的，劳动者申请仲裁不受仲裁时效期间的限制。故 C 选项正确。

《劳动争议调解仲裁法》第 22 条第 2 款规定："劳务派遣单位或者用工单位与劳动者发生劳动争议的，劳务派遣单位和用工单位为共同当事人。"故 D 选项正确。

难点解析

劳务派遣作为一种非标准劳动关系，受到劳动法的若干特别规制。**劳务派遣的特点是：三方主体、两个合同、雇用与使用分离**，这种特别构架下如何保障派遣工合法权益就成为有关法律规定的基础。以此去理解、归纳劳务派遣的特别规定，掌握起来往往事半功倍。例如，本题所涉及的"三性"岗位限制，目的就是为了不让劳务派遣成为劳动力市场的主流，避免劳动者利益受损；仲裁程序中的当事人的规定，与劳务派遣三方主体以及两个单位的连带责任有关。另需注意的是，《劳动合同法》有关劳务派遣中用工单位退回派遣工的规定明显滞后，实际被《劳动派遣暂行规定》所替代。

第四节 非全日制用工与集体合同

1. ［答案］D ［难度］中

［考点］集体合同

［命题和解题思路］《劳动合同法》是劳动与社会保障法试题中考查频次最高的法律。在"特别规定"这一章中，非全日制用工 2019 年才考过，而集体合同最近一次考查，大概是 2017 年的司考试题。所以，本题的出现也不算突兀。集体合同不同于劳动合同，在法理、法律规定上均有若干特殊之处，备考时尤其**需要结合法律规定，注意劳动合同与集体合同的各项区别**。还需要注意的是，本题还涉及《劳动法》规定的工作时间，这在往年基本未考过，是否代表了法考考查范围扩大的倾向，尚需留心。

［选项分析］《劳动法》第 41 条规定："用人单位由于生产经营需要，经与工会和劳动者协商后可以延长工作时间，一般每日不得超过一小时；因特殊原因需要延长工作时间的，在保障劳动者身体健康的条件下延长工作时间每日不得超过三小时，但是每月不得超过三十六小时。"让劳动者每个月加班 48 小时，违法无效。故 A 选项错误。

《劳动合同法》第 51 条第 1 款规定："企业职工一方与用人单位通过平等协商，可以就劳动报酬、工作时间、休息休假、劳动安全卫生、保险福利等事项订立集体合同。集体合同草案应当提交职工代表大会或者全体职工讨论通过。"草案在讨论通过后，双方首席代表签字，并报送劳动行

政部门，无需企业与工会另行签订什么协议。故 B 选项错误。

《劳动合同法》第 56 条规定："用人单位违反集体合同，侵犯职工劳动权益的，工会可以依法要求用人单位承担责任；因履行集体合同发生争议，经协商解决不成的，工会可以依法申请仲裁、提起诉讼。"而签订集体合同的争议，则是由劳动行政部门协调处理。故 C 选项错误。

《劳动合同法》第 54 条第 1 款规定："集体合同订立后，应当报送劳动行政部门；劳动行政部门自收到集体合同文本之日起十五日内未提出异议的，集体合同即行生效。"故 D 选项正确，当选。

2. ［答案］D ［难度］中

［考点］非全日制用工

［命题和解题思路］阅读题干材料时，应当注意到"每天工作 3 小时或 2 小时"这一关键信息，并由此联想到非全日制用工。就每一个选项而言并不难，基本是对法条的套用，但四个选项涉及四条规定，且个别选项是原来未曾考过的，故难度因此有所增加。在劳动与社会保障法中，《劳动合同法》考查频次最多。《劳动合同法》"特别规定"中，劳务派遣最受命题人青睐，非全日制用工也时有出现，而集体合同露脸的机会最少。复习非全日制用工的知识，**一是注意全日制与非全日制的区分（主要是工作时间），二是注意非全日制用工规定中不同于一般劳动合同的特别之处**。

［选项分析］《劳动合同法》第 68 条规定："非全日制用工，是指以小时计酬为主，劳动者在同一用人单位一般平均每日工作时间不超过四小时，每周工作时间累计不超过二十四小时的用工形式。"因此，甲、乙两店均采用的是非全日制用工。第 70 条规定："非全日制用工双方当事人不得约定试用期。"故 A 选项错误。

《劳动合同法》第 72 条第 2 款规定："非全日制用工劳动报酬结算支付周期最长不得超过十五日。"故 B 选项错误。

根据上述第 68 条的规定，每天工作 4 小时虽符合要求，但一周工作 7 天，则每周工作 28 小时，超过每周工作时间累计不超过 24 小时的规定。非全日制用工能否超过规定的累计工时，学界有争论，但"按时计薪，增加时间不计加班工资"的约定肯定违反《劳动法》第 44 条关于加班

工资的规定。故 C 选项错误。

《劳动合同法》第 69 条第 2 款规定："从事非全日制用工的劳动者可以与一个或者一个以上用人单位订立劳动合同；但是，后订立的劳动合同不得影响先订立的劳动合同的履行。"故 D 选项正确。

3. [答案] CD [难度] 难

[考点] 集体合同（集体合同的成立与生效、集体合同争议处理）

[命题和解题思路] 集体合同在劳动法制中具有重要地位，近若干年都没有集体合同试题出现了，所以本题考查这一知识亦算情理之中。本题虽然指向明确——集体合同，但由于所涉及的知识不仅需要看法条，还需要看相关辅导用书才能解决，可谓因"偏"而难。由于相关辅导用书所讲解知识的范围超过考试法律法规所列的几部法律，这给备考带来了困难。本题是多项选择题，每一选项的知识点不算特别复杂，但非常分散，唯有做足知识储备，没有应试技巧可言。

[选项分析] 根据《劳动合同法》第 51 条第 2 款的规定，集体合同由工会代表企业职工一方与用人单位订立；尚未建立工会的用人单位，由上级工会指导劳动者推举的代表与用人单位订立。因此 A 选项中缺少了"上级工会指导"于法不合；更为重要的是，职工推举代表时无需 2/3 以上通过，而是 1/2。故 A 选项错误。

乙公司作为行业性集体合同的资方代表去订立合同，其资格本就存在疑问，而且，集体合同是劳动行政部门审批后才生效。《劳动合同法》第 54 条第 1 款规定："集体合同订立后，应当报送劳动行政部门；劳动行政部门自收到集体合同文本之日起十五日内未提出异议的，集体合同即行生效。"故 B 选项错误。

根据《劳动合同法》第 54 条的规定，依法订立的集体合同对用人单位和劳动者具有约束力，换而言之，虽然由工会与企业进行集体协商并签订集体合同，但工会是企业全体职工的代表，非会员的代表。故 C 选项正确。

根据《劳动合同法》第 56 条的规定，因履行集体合同发生争议，经协商解决不成的，工会可以依法申请仲裁、提起诉讼。故 D 选项正确。

> **易混淆点解析**
>
> 本题涉及两点易混淆之处：一是集体合同的生效。虽然《劳动合同法》第 54 条第 1 款规定："集体合同订立后，应当报送劳动行政部门；劳动行政部门自收到集体合同文本之日起十五日内未提出异议的，集体合同即行生效。"但该规定对集体合同的生效并未言明，"报送"的性质究竟是"备案"还是"审批"？我们可从该规定的后半句来推导，如果其性质是备案，何需 15 日内未异议的才生效？因此该规定的潜台词是**集体合同须经劳动行政部门审批而生效**。规定 15 日未异议就生效的目的是防止劳动行政部门怠于审批。二是集体合同争议的解决途径。集体合同争议的解决途径要分两类：**因签订集体合同发生争议（或称因集体协商发生争议），解决途径只有协商和劳动行政部门协调处理；因履行集体合同发生争议，可协商、仲裁和诉讼。**

第二章 劳动基准法

试 题

1. 某企业新增开采矿产业务，因工资较高，钱某及妻子决定去做开矿工作。该企业的下列哪些做法是合法的？（2021 年回忆版）

A. 在矿山井下安装防瓦斯爆炸的安全设备

B. 对从事矿山井下的所有员工定期进行健康检查

C. 安排钱某夫妻在矿山井下一起工作

D. 向钱某夫妻发放防毒面罩，并收取相应费用

2. 甲已怀孕一个月，入职某公司后，经常故意早退，且不按照公司的《员工劳动纪律规定》上夜班。公司欲解聘甲。对此，以下哪一说法是正确的？（2020 年回忆版）

A. 不按规定上夜班并不违反劳动纪律

B. 公司可以解除与甲的劳动合同

C. 《员工劳动纪律规定》可以视为二者签订

的劳动合同

D. 先给该员工调岗，如果调岗后仍不能胜任，则该公司可以解除的劳动合同

📡 **3.** 王某，女，1990 年出生，于 2012 年 2 月 1 日入职某公司，从事后勤工作，双方口头约定每月工资为人民币 3000 元，试用期 1 个月。2012 年 6 月 30 日，王某因无法胜任经常性的夜间高处作业而提出离职，经公司同意，双方办理了工资结算手续，并于同日解除了劳动关系。同年 8 月，王某以双方未签书面劳动合同为由，向当地劳动争议仲裁委申请仲裁，要求公司再支付工资 12000 元。关于女工权益，根据《劳动法》，下列说法正确的是：（2016-1-95）

A. 公司应定期安排王某进行健康检查

B. 公司不能安排王某在经期从事高处作业

C. 若王某怀孕 6 个月以上，公司不得安排夜班劳动

D. 若王某在哺乳婴儿期间，公司不得安排夜班劳动

详　解

1. [答案] AB　　　[难度] 中

[考点] 职业安全卫生制度

[命题和解题思路] 在司考、法考试题中，一般较少考查《劳动法》的法条。本题 C 选项涉及女职工特殊劳动保护相关知识，而这是迄今为止《劳动法》中考查频次最多的知识点，最近一次考查，大概是 2016 年的司考试题。本题其他选项所涉及的知识往年基本未考过，这增加了本题的难度。从考查规律来看，这类试题往往是直接对《劳动法》法条的考查。

[选项分析]《劳动法》第 52 条规定："用人单位必须建立、健全劳动安全卫生制度，严格执行国家劳动安全卫生规程和标准，……"第 53 条第 1 款规定："劳动安全卫生设施必须符合国家规定的标准。"故 A 选项做法合法，当选。

《劳动法》第 54 条规定："用人单位必须为劳动者提供符合国家规定的劳动安全卫生条件和必要的劳动防护用品，对从事有职业危害作业的劳动者应当定期进行健康检查。"无论该井下作业是否属于有职业危害的作业，对劳动者定期进行健康检查有利于劳动者身体健康，符合或高于法律

的要求。故 B 选项做法合法，当选。

《劳动法》第 59 条规定："禁止安排女职工从事矿山井下、国家规定的第四级体力劳动强度的劳动和其他禁忌从事的劳动。"因此钱某妻子不得从事矿山井下作业。故 C 选项做法不合法，不当选。

根据上述第 54 条的规定，劳动防护用品由用人单位提供，不得向劳动者收取费用。故 D 选项做法不合法，不当选。

2. [答案] B　　　[难度] 难

[考点] 职业安全卫生制度（职业安全卫生法律制度的内容）、劳动合同的订立、劳动合同解除的条件

[命题和解题思路] 从考试大纲来看，本题涉及的具体知识点——女职工的特殊劳动保护，属于职业安全卫生法律制度的内容。历年试题中，劳动基准法的知识虽然较少考到，但女职工的特殊劳动保护却是劳动基准法中考试频次最多的知识点。本题的难度大，一方面源自对女职工特殊劳动保护的规定考得细，另一方面，涉及对劳动合同解除条件的灵活运用。

[选项分析]《劳动法》第 61 条规定，对怀孕 7 个月以上的女职工，不得安排其延长工作时间和夜班劳动。本题中，甲怀孕 1 个月，该公司有权安排其上夜班，不按规定上夜班违反了劳动纪律。故 A 选项错误。

《劳动合同法》第 39 条规定："劳动者有下列情形之一的，用人单位可以解除劳动合同：……（二）严重违反用人单位的规章制度的；……"本题中甲经常故意早退，且不按照规定上夜班，属于严重违反规章制度，该公司有权解除其劳动合同。故 B 选项正确。

《劳动合同法》第 4 条第 1 款规定，用人单位应当依法建立和完善劳动规章制度，保障劳动者享有劳动权利、履行劳动义务。用人单位在制定、修改或者决定有关劳动报酬、工作时间、休息休假、劳动安全卫生、保险福利、职工培训、劳动纪律以及劳动定额管理等直接涉及劳动者切身利益的规章制度或者重大事项时，应当经职工代表大会或者全体职工讨论，提出方案和意见，与工会或者职工代表平等协商确定。对于该规定，主流学说认为劳动规章制度的制定主体是用人单位，劳动者一方仅民主参与，即仅有协商权而无确定

权，而劳动合同是双方协商一致的产物。故 C 选项错误。

《劳动合同法》第 40 条规定，有下列情形之一的，用人单位提前 30 日以书面形式通知劳动者本人或者额外支付劳动者 1 个月工资后，可以解除劳动合同：……（2）劳动者不能胜任工作，经过培训或者调整工作岗位，仍不能胜任工作的；……本题中甲并不属于不能胜任工作。故 D 选项错误。

3. ［答案］B　　［难度］难

［考点］职业安全卫生法（职业安全卫生法律制度的内容）

［命题和解题思路］本题指令句提示明显，关键词为"女工权益"，所列选项与题干材料的陈述基本无关，不用担心材料中设计的陷阱，各选项是法条的简单翻版。但本题回答起来却颇难，一则因为考点较"偏"，女职工劳动特别保护很少出现于试题中。二是因为考得很"细"，需要准确记忆。例如，C 选项中怀孕 7 个月以上的女职工才不得安排夜班劳动，而这无法从法理上推测。

［选项分析］《劳动法》第 65 条规定："用人单位应当对未成年工定期进行健康检查。"王某 1990 年出生，早已成年。故 A 选项错误。

《劳动法》第 60 条规定："不得安排女职工在经期从事高处、低温、冷水作业和国家规定的第三级体力劳动强度的劳动。"故 B 选项正确。

《劳动法》第 61 条规定："……对怀孕七个月以上的女职工，不得安排其延长工作时间和夜班劳动。"故 C 选项错误。

《劳动法》第 63 条规定："不得安排女职工在哺乳未满一周岁的婴儿期间从事国家规定的第三级体力劳动强度的劳动和哺乳期禁忌从事的其他劳动，不得安排其延长工作时间和夜班劳动。"故 D 选项错误。

> **难点解析**
>
> 2007 年后，以《劳动合同法》为代表的众多劳动立法纷纷颁行，于是《劳动法》因"人老珠黄"而在试题中鲜见其身影。而本题则可视为一个提醒：虽然《劳动法》有很多条文已被新的立法所取代，但涉及劳动基准（工作时间和休息休假、工资、劳动安全卫生、女职工和未成年工特殊劳动保护）的条文仍然有效，而相关辅导用书在这方面的内容还超过了《劳动法》的规定，备考时需要留意。A 选项将未成年工劳动特殊保护的内容与女职工劳动特殊保护的内容混杂，有一定的迷惑性；D 选项"哺乳婴儿期间"并不是法定的哺乳期，哺乳期一般是指婴儿未满 1 周岁的期间（法定特殊情形下可延长）。

第三章　劳动争议处理

试　题

1. 锦城市花冠区某公司聘请一外籍专家，双方签订的劳动合同约定：该专家年薪 500 万元，发生争议后提交锦城市仲裁委员会解决。后公司拖欠该专家工资 1000 万元，而锦城市中院管辖诉讼标的额不低于 1000 万元的一审案件。关于该专家权利救济的途径，下列哪些选项是正确的？（2020 年回忆版）

A. 直接向花冠区人民调解委员会申请调解
B. 直接向锦城市仲裁委员会申请仲裁
C. 直接向锦城市中级人民法院提起诉讼
D. 直接向花冠区人民法院申请支付令

2. 2017 年 1 月，王某到某公司工作，双方一直未签订书面劳动合同。2018 年 6 月，王某辞职，并于同年 7 月申请劳动争议仲裁。关于王某的仲裁请求，下列哪一说法是合法的？（2019 年回忆版）

A. 公司应支付 2 个月的经济补偿金
B. 公司应支付 17 个月的双倍工资
C. 申请支付双倍工资的仲裁时效已过
D. 双方已经订立了无固定期限劳动合同

3. 高某系君盛公司员工，双方未签订书面劳动合同。后高某因工受伤，再未到公司工作，公司也未出具解除劳动合同证明。高某提起仲裁，要求公司支付未签订劳动合同的双倍工资差额，支付工伤待遇。公司不服仲裁裁决提起诉讼。对此，下列哪一选项是正确的？（2018 年回忆版）

A. 高某在仲裁时，未提供由君盛公司掌握管理的入职资料，应承担不利后果

B. 高某在诉讼中，应对提供由君盛公司掌握管理的工资清单承担举证责任

C. 君盛公司在仲裁时，未及时提供由其掌握管理的高某工资清单，应承担不利后果

D. 如君盛公司系小微企业，在诉讼时就无需对解除劳动合同时间承担举证责任

📶 **4.** 王某，女，1990 年出生，于 2012 年 2 月 1 日入职某公司，从事后勤工作，双方口头约定每月工资为人民币 3000 元，试用期 1 个月。2012 年 6 月 30 日，王某因无法胜任经常性的夜间高处作业而提出离职，经公司同意，双方办理了工资结算手续，并于同日解除了劳动关系。同年 8 月，王某以双方未签书面劳动合同为由，向当地劳动争议仲裁委申请仲裁，要求公司再支付工资 12000 元。如当地月最低工资标准为 1500 元，关于该仲裁，下列说法正确的是：（2016-1-97）

A. 王某可直接向劳动争议仲裁委申请仲裁

B. 如王某对该仲裁裁决不服，可向法院起诉

C. 如公司对该仲裁裁决不服，可向法院起诉

D. 如公司有相关证据证明仲裁裁决程序违法时，可向有关法院申请撤销裁决

📶 **5.** 友田劳务派遣公司（住所地为甲区）将李某派遣至金科公司（住所地为乙区）工作。在金科公司按劳务派遣协议向友田公司支付所有费用后，友田公司从李某的首月工资中扣减了 500 元，李某提出异议。对此争议，下列哪些说法是正确的？（2015-1-71）

A. 友田公司作出扣减工资的决定，应就其行为的合法性负举证责任

B. 如此案提交劳动争议仲裁，当事人一方对仲裁裁决不服的，有权向法院起诉

C. 李某既可向甲区也可向乙区的劳动争议仲裁机构申请仲裁

D. 对于友田公司给李某造成的损害，友田公司和金科公司应承担连带责任

详　解

1. ［答案］AD　　［难度］中

［考点］劳动争议的解决方式及处理程序（调解、仲裁、诉讼）

［命题和解题思路］劳动争议的解决方式及处理程序是劳动与社会保障法中的高频考点，尤其是劳动争议仲裁。从历年考试题来看，劳动争议程序方面的命题有两种常见形式：一是解决方式及处理程序单独命制为一道试题，二是与劳动实体法结合作为一道试题的部分选项。从既有考试题来看，本题还有一创新之处，考查了劳动争议仲裁不同于民商事仲裁的特别之处。

［选项分析］《劳动争议调解仲裁法》第 10 条第 1 款规定："发生劳动争议，当事人可以到下列调解组织申请调解：（一）企业劳动争议调解委员会；（二）依法设立的基层人民调解组织；（三）在乡镇、街道设立的具有劳动争议调解职能的组织。"故 A 选项正确。

劳动争议仲裁不同于民商事仲裁，==民商事仲裁中由当事人协议确定解决争议的仲裁机构，而劳动争议则由法律直接规定。并且，民商事仲裁机构无权管辖劳动争议案件==。《劳动争议调解仲裁法》第 21 条第 1 款规定，劳动争议仲裁委员会负责管辖本区域内发生的劳动争议。双方在劳动合同中协商确定仲裁机构是不合法的。故 B 选项错误。

==劳动争议实行仲裁前置，一般情况下，当事人对劳动争议仲裁不服的方可向法院提起诉讼，不得直接起诉==。《劳动争议调解仲裁法》第 5 条规定，发生劳动争议，当事人不愿协商、协商不成或者达成和解协议后不履行的，可以向调解组织申请调解；不愿调解、调解不成或者达成调解协议后不履行的，可以向劳动争议仲裁委员会申请仲裁；对仲裁裁决不服的，除本法另有规定的外，可以向人民法院提起诉讼。故 C 选项错误。

《劳动合同法》第 30 条第 2 款规定，用人单位拖欠或者未足额支付劳动报酬的，劳动者可以依法向当地人民法院申请支付令，人民法院应当依法发出支付令。故 D 选项正确。

2. ［答案］D　　［难度］难

［考点］劳动合同的种类、劳动合同的订立、劳动合同的解除和终止（解除的经济补偿）、劳动争议的解决方式及处理程序（仲裁）

［命题和解题思路］将劳动争议处理的程序性规定与实体性规定整合到一道试题之中，是劳动法常见命题套路。这种实体兼程序型的试题，往

往不好预测实体性选项的考点，毕竟任何实体性规定都有相关的劳动争议，但是，程序性规定有一定的规律，往往选取的就是劳动争议仲裁程序，而且通常不会涉及仲裁程序中与民诉相同或类似的规定，如案件受理、开庭准备、庭审过程等，而更易考查劳动仲裁程序中相对特别的规定，如仲裁时效、终局裁决、举证责任等。

[选项分析] 《劳动合同法》第 46 条规定："有下列情形之一的，用人单位应当向劳动者支付经济补偿：（一）劳动者依照本法第三十八条规定解除劳动合同的；……"解答本选项的关键，是判断 6 月份王某辞职是属于第 37 条规定的劳动者主动辞职，还是第 38 条规定的劳动者被迫辞职。因为题干材料中挖了一个"坑"，该公司一直未签订书面劳动合同，可能让人误解为劳动者因此而被迫辞职。而第 38 条规定的被迫辞职的情形，均为用人单位较严重的违法行为，未签订书面劳动合同并不属于这一类。故 A 选项错误。

《劳动合同法》第 82 条第 1 款规定："用人单位自用工之日起超过一个月不满一年未与劳动者订立书面劳动合同的，应当向劳动者每月支付二倍的工资。"因此，双倍工资的最长时限是第二个月至一年，即最多 11 个月的双倍工资。故 B 选项错误。

《劳动争议调解仲裁法》第 27 条第 1 款规定："劳动争议申请仲裁的时效期间为一年。仲裁时效期间从当事人知道或者应当知道其权利被侵害之日起计算。"第 4 款规定："劳动关系存续期间因拖欠劳动报酬发生争议的，劳动者申请仲裁不受本条第一款规定的仲裁时效期间的限制；但是，劳动关系终止的，应当自劳动关系终止之日起一年内提出。"无论适用第 1 款还是第 4 款，均未超过仲裁时效。故 C 选项错误。但需要注意的是，双倍工资的法律性质，由于工资是劳动的对价，因此，双倍工资中一"倍"是工资，另一"倍"是用人单位未签订书面劳动合同的惩罚性赔偿，因此，所谓双倍工资的仲裁时效应当适用第 1 款的规定。

《劳动合同法》第 14 条第 3 款规定："用人单位自用工之日起满一年不与劳动者订立书面劳动合同的，视为用人单位与劳动者已订立无固定期限劳动合同。"因此，6 月份王某辞职实质上是劳动者单方解除无固定期限劳动合同。故 D 选项正确。

3. [答案] C　　　[难度] 易

[考点] 劳动争议的解决方式及处理程序

[命题和解题思路] 劳动争议的解决方式及处理程序，属于劳动与社会保障法中较常考到的知识点，且往往与实体性规定整合在一道试题中。本题考查了劳动争议中的举证责任问题，这一具体知识点也曾经考过，但整道试题均围绕举证责任而展开却是第一次出现。

[选项分析] 《劳动争议调解仲裁法》第 6 条规定："发生劳动争议，当事人对自己提出的主张，有责任提供证据。与争议事项有关的证据属于用人单位掌握管理的，用人单位应当提供；用人单位不提供的，应当承担不利后果。"前三个选项中的证据，均明确了由用人单位掌握管理，因此均应由用人单位承担举证责任。故 AB 选项错误，而 C 选项正确。

《最高人民法院关于审理劳动争议案件适用法律问题的解释（一）》第 44 条规定："因用人单位作出的开除、除名、辞退、解除劳动合同、减少劳动报酬、计算劳动者工作年限等决定而发生的劳动争议，用人单位负举证责任。"因此，解除劳动合同的举证并不会因是否属于小微企业而有不同。故 D 选项错误。

4. [答案] ABD　　　[难度] 中

[考点] 劳动争议处理程序（仲裁、诉讼）

[命题和解题思路] 劳动争议处理程序是劳动法的高频考点。本题指向明确，主要考查"一裁终局"有关规定，是对法条的简单运用，且无干扰信息，难度不大。

[选项分析] 《劳动争议调解仲裁法》第 5 条规定："发生劳动争议，当事人不愿协商、协商不成或者达成和解协议后不履行的，可以向调解组织申请调解；不愿调解、调解不成或者达成调解协议后不履行的，可以向劳动争议仲裁委员会申请仲裁；对仲裁裁决不服的，除本法另有规定的外，可以向人民法院提起诉讼。"故 A 选项正确。

《劳动争议调解仲裁法》第 47 条规定："下列劳动争议，除本法另有规定的外，仲裁裁决为终局裁决，裁决书自作出之日起发生法律效力：（一）追索劳动报酬、工伤医疗费、经济补偿或者赔偿金，不超过当地月最低工资标准十二个月金额的争议；……"第 48 条规定："劳动者对本法第四十七条规定的仲裁裁决不服的，可以自收到仲裁裁决书之日起十五日内向人民法院提起诉讼。"故 B 选项正确，而 C 选项错误。

《劳动争议调解仲裁法》第 49 条规定："用人单位有证据证明本法第四十七条规定的仲裁裁决有下列情形之一，可以自收到仲裁裁决书之日起 30 日内向劳动争议仲裁委员会所在地的中级人民法院申请撤销裁决：……（三）违反法定程序的；……"故 D 选项正确。

> **难点解析**
>
> 劳动争议处理程序有协商（和解）、调解、仲裁和诉讼，这些程序中，**仲裁是必经程序，未经仲裁不得起诉**（即所谓仲裁前置。本来根据最高人民法院司法解释，仲裁前置有三种例外，但这未列入考试范围，因此可简化理解为必须仲裁前置），而协商和调解则遵循自愿原则，非必经程序。小额劳动争议（不超过当地月最低工资标准 12 个月金额的争议）实行一裁终局制度，但这是单方的一裁终局，仅用人单位受其限制，而劳动者不服的依然可以起诉。作为一裁终局制度的弥补性救济措施，用人单位对一裁终局的裁决可依第 49 条申请撤销。

5. [答案] AC　　　[难度] 难

[考点] 劳动争议处理程序（仲裁）、违反《劳动合同法》的法律责任

[命题和解题思路] 本题主要以劳务派遣案例来考查劳动争议处理程序的有关规定，前三个选项涉及证明责任、终局裁决和仲裁管辖，D 选项涉及劳务派遣中的连带责任。由于涉及四个知识点，且题干材料中"扣减 500 元工资"相当隐晦、易被忽略，所以本题难度大。解题时，需要根据选项回顾材料所提供的信息，紧扣知识点的易混淆处仔细辨别。

[选项分析]《最高人民法院关于审理劳动争议案件适用法律问题的解释（一）》第 44 条规

定："因用人单位作出开除、除名、辞退、解除劳动合同、减少劳动报酬、计算劳动者工作年限等决定而发生劳动争议的，用人单位负举证责任。"故 A 选项正确。

《劳动争议调解仲裁法》第 47 条规定："下列劳动争议，除本法另有规定的外，仲裁裁决为终局裁决，裁决书自作出之日起发生法律效力：（一）追索劳动报酬、工伤医疗费、经济补偿或者赔偿金，不超过当地月最低工资标准十二个月金额的争议；……"第 48 条规定："劳动者对本法第四十七条规定的仲裁裁决不服的，可以自收到仲裁裁决书之日起十五日内向人民法院提起诉讼。"双方争议的工资额仅为 500 元，肯定属于小额纠纷，当然应当是一裁终局，用人单位不得起诉。故 B 选项错误。

《劳动争议调解仲裁法》第 21 条第 2 款规定，劳动争议由劳动合同履行地或者用人单位所在地的劳动争议仲裁委员会管辖。故 C 选项正确。

《劳动合同法》第 92 条第 2 款规定，用工单位给被派遣劳动者造成损害的，劳务派遣单位与用工单位承担连带赔偿责任。故 D 选项错误。

> **易混淆点解析**
>
> 劳动争议中证明责任的分配：以"谁主张、谁举证"为原则，由于用人单位居于信息的优势地位，因此还需要注意用人单位的协力义务。**终局裁决（一裁终局）有两种适用情形，即小额纠纷和劳动基准纠纷，但终局仅针对用人单位而言，劳动者不受其限制依然可起诉。**劳务派遣"单向"的连带责任：《劳动合同法》修正时，修改了劳务派遣的连带责任的有关规定，修正之前不管是劳务派遣单位还是用工单位给派遣工造成损害，另一单位均要承担连带责任；而修正之后连带责任则是"单向"的，即**用工单位给派遣工造成损害的，劳务派遣单位和用工单位负连带责任；而劳务派遣单位给派遣工造成损害的，则没有两个单位负连带责任的规定。**

第四章　社会保障法

试　题

1. 甲公司7月份因资金紧张未缴纳工伤保险费，7月11日工伤保险关系自动中断。7月15日，员工乙因工死亡，其妻子去社保中心申领丧葬补助金和工亡补助金，社保中心以未缴工伤保险费为由拒绝。甲公司8月足额补缴了欠费。关于乙的工亡待遇，下列哪一说法是正确的？（2022年回忆版）

A. 丧葬补助金和工亡补助金均由甲公司支付

B. 丧葬补助金由甲公司支付，工亡补助金由工伤保险基金支付

C. 丧葬补助金由工伤保险基金支付，工亡补助金由甲公司支付

D. 工伤保险基金支付已缴的部分，甲公司承担欠缴的一个月部分

2. 某农民曾长年在外打工，他和所在企业参加城镇职工基本养老保险并累计缴费满10年，现因病完全丧失劳动能力。关于其养老保险待遇，下列哪些说法是正确的？（2021年回忆版）

A. 该农民及所在企业已缴纳的养老保险费全部转入个人账户，从个人账户支付养老待遇

B. 可转入城乡居民社会养老保险，按照规定享受相应的养老保险待遇

C. 未达到法定退休年龄时，可领取基本养老保险基金支付的病残津贴

D. 达到法定退休年龄时再续缴5年，可按月领取基本养老金

3. 某公司解除张某劳动合同后，没有及时出具解除证明，导致张某延迟领取失业保险金。关于张某失业保险相关权益，下列哪些说法是正确的？（2020年回忆版）

A. 有权要求该公司赔偿延迟期间的失业保险金损失

B. 领取失业保险金期间，该公司应当缴纳医疗保险费

C. 领取失业保险金期间，张某有权参加职工基本医疗保险并享受有关待遇

D. 领取失业保险金期间，如张某患病就医，有权向失业保险经办机构申请领取医疗补助金

4. 退伍军人金某应聘在某公司工作，公司未参加社会保险。某日工作时，金某因工作原因导致在部队时的旧伤复发，该旧伤因战所致，且金某已取得伤残军人证。关于金某的伤残待遇，下列哪一选项是正确的？（2019年回忆版）

A. 可以享受公司的工伤待遇和退役军人保险待遇

B. 由于公司未参加社会保险，只能申请退役军人保险待遇

C. 如金某为五级伤残，可以每个月从公司领取伤残津贴

D. 如公司参加了工伤保险，金某为五级伤残，可以每个月从工伤保险基金领取伤残津贴

5. 根据《军人保险法》的相关规定，下列哪些说法是正确的？（2018年回忆版）

A. 全军的军人保险工作由中国人民解放军军人保险主管部门负责

B. 军人保险基金包括军人伤亡保险基金、军人退役养老保险基金、军人退役医疗保险基金和随军未就业的军人配偶保险基金

C. 军人保险基金由个人缴费、中央财经负担的军人保险资金以及利息收入等资金构成

D. 军人服现役年限视同职工基本医疗保险缴费年限，可以与入伍前和退出现役后参加职工基本医疗保险的缴费年限合并计算

6. 某商场使用了由东方电梯厂生产、亚林公司销售的自动扶梯。某日营业时间，自动扶梯突然逆向运行，造成顾客王某、栗某和商场职工薛某受伤，其中栗某受重伤，经治疗半身瘫痪，数次自杀未遂。现查明，该型号自动扶梯在全国已多次发生相同问题，但电梯厂均通过更换零部件、维修进行处理，并未停止生产和销售。职工薛某被认定为工伤且被鉴定为六级伤残。关于其工伤保险待遇，下列选项正确的是：（2015-1-97）

A. 如商场未参加工伤保险，薛某可主张商场支付工伤保险待遇或者承担民事人身损害赔偿责任

B. 如商场未参加工伤保险也不支付工伤保险待遇，薛某可主张工伤保险基金先行支付

C. 如商场参加了工伤保险，主要由工伤保险基金支付工伤保险待遇，但按月领取的伤残津贴仍由商场支付

D. 如电梯厂已支付工伤医疗费，薛某仍有权获得工伤保险基金支付的工伤医疗费

详　解

1. [答案] A　　　[难度] 难

[考点] 工伤保险待遇

[命题和解题思路] 在往年试题中，工伤保险待遇考查的是哪些待遇由工伤保险基金支付、哪些待遇由用人单位支付。而本题则另辟蹊径，考查了参加和未参加工伤保险的，工伤保险待遇应当如何支付。本题中"断保""续保"让工伤保险待遇支付更加扑朔迷离，增加了试题的难度，尤其是"断保""续保"在不同社会保险中造成的法律后果又略有不同。

[选项分析]《社会保险法》第41条第1款规定："职工所在用人单位未依法缴纳工伤保险费，发生工伤事故的，由用人单位支付工伤保险待遇。用人单位不支付的，从工伤保险基金中先行支付。"本题中不涉及先行支付的情形，而未依法缴纳工伤保险费的情形包括自始未参加工伤保险，也包括曾参加又断保的情况。故 A 选项正确，而 BCD 选项错误。

掌握本题的知识点，有两方面需要注意：一是《社会保险法》第38条规定："因工伤发生的下列费用，按照国家规定从工伤保险基金中支付：……（八）因工死亡的，其遗属领取的丧葬补助金、供养亲属抚恤金和因工死亡补助金；……"这是针对用人单位依法参加工伤保险并缴纳了工伤保险费的情况。二是由于甲公司断保1个月后又续保了，很容易让人想当然地认为是工伤保险基金与用人单位按一定标准分担工伤保险待遇，其实正确的理解是：断保期间发生的工伤待遇（例如本题中应当一次性支付给家属的丧葬补助金和工亡补助金）由用人单位承担，续保后由工伤保险基金和用人单位按规定支付新发生的费用（例如工伤保险基金应支付续保后每月发放的供养亲属抚恤金等）。

2. [答案] BCD　　　[难度] 难

[考点] 社会保险的险种（基本养老保险）

[命题和解题思路] 近年法考试题中，《社会保险法》中规定的养老保险、工伤保险和失业保险三个险种呈现轮流考查的现象，医疗保险和生育保险尚未考查过，而军人保险与社会保险的比较和衔接、社会保险各险种之间的衔接出现的频次较高。本题涉及职工基本养老保险、居民基本养老保险的衔接，虽然均为法条的简单运用，但对掌握法条的准确性要求较高。

[选项分析]《社会保险法》第12条第1、2款规定："用人单位应当按照国家规定的本单位职工工资总额的比例缴纳基本养老保险费，记入基本养老保险统筹基金。职工应当按照国家规定的本人工资的比例缴纳基本养老保险费，记入个人账户。"因此，记入统筹基金的企业缴费是不能单独计提并转入个人账户的。故 A 选项错误。

《社会保险法》第16条第2款规定："参加基本养老保险的个人，达到法定退休年龄时累计缴费不足十五年的，可以缴费至满十五年，按月领取基本养老金；也可以转入新型农村社会养老保险或者城镇居民社会养老保险，按照国务院规定享受相应的养老保险待遇。"故 B 选项正确。

《社会保险法》第17条规定："参加基本养老保险的个人，……在未达到法定退休年龄时因病或者非因工致残完全丧失劳动能力的，可以领取病残津贴。所需资金从基本养老保险基金中支付。"故 C 选项正确。

根据上述第16条第2款的规定，可以缴费至满15年，按月领取基本养老金。故 D 选项正确。

3. [答案] AC　　　[难度] 中

[考点] 社会保险的险种（失业保险）

[命题和解题思路] 迄今为止，社会保障法中的考点均集中于《社会保险法》和《军人保险法》的法条，尚未涉及大纲其他知识点。从法考回忆版试题来看，各险种之间的关联成为命题的"最爱"。本题即涉及失业人员的医疗保险问题，这曾经在司考试题中出现过一次。本题还涉及社会保险待遇损失的赔偿，这一知识尚未考过，但社保待遇损失赔偿法律规定并不明确且各地做法不一，备考时不必深究。

[选项分析]《社会保险法》第50条第1款

规定，用人单位应当及时为失业人员出具终止或者解除劳动关系的证明，并将失业人员的名单自终止或者解除劳动关系之日起 15 日内告知社会保险经办机构。该公司未及时出具证明导致张某未能及时领到失业保险金，应当赔偿相应损失。故 A 选项正确。

《社会保险法》第 48 条规定，失业人员在领取失业保险金期间，参加职工基本医疗保险，享受基本医疗保险待遇。失业人员应当缴纳的基本医疗保险费从失业保险基金中支付，个人不缴纳基本医疗保险费。故 B 选项错误，C 选项正确。

申请领取医疗补助金是《社会保险法》生效前的旧规定，根据上述第 48 条，失业人员的医疗保险问题由职工基本医疗保险解决。故 D 选项错误。

4. ［答案］C　　［难度］中
［考点］社会保险险种（工伤保险）、军人保险（军人保险险种）

［命题和解题思路］在法考中劳动与社会保障法单独作为一科进行考核，一般而言，每次考试中虽劳动法试题分量更重，但至少应有一道社会保障法试题。考试范围内的法律仅有《社会保险法》和《军人保险法》，教材中对社会保险的各险种有不少补充，复习时需要留意，尤其是工伤保险部分。《军人保险法》包括军人伤亡保险、退役养老保险、退役医疗保险、随军未就业的军人配偶保险，多数规定重在确立体制性框架，不涉及具体待遇。本题横跨工伤保险和军人保险，呈现了各险种之间的分工衔接，是我们需要留意的一个命题方向。

［选项分析］《社会保险法》第 41 条第 1 款规定，职工所在用人单位未依法缴纳工伤保险费，发生工伤事故的，由用人单位支付工伤保险待遇。因此，工伤职工有权要求用人单位支付工伤保险待遇。《军人保险法》第 11 条规定："已经评定残疾等级的因战、因公致残的军人退出现役参加工作后旧伤复发的，依法享受相应的工伤待遇。"因此，退役军人不得再享受军人伤亡保险。故 AB 选项错误。

《社会保险法》第 39 条规定："因工伤发生的下列费用，按照国家规定由用人单位支付：（一）治疗工伤期间的工资福利；（二）五级、六级伤残职工按月领取的伤残津贴；（三）终止或者解除劳动合同时，应当享受的一次性伤残就业补助金。"因此，无论用人单位是否参加工伤保险，五级、六级伤残职工的伤残津贴均由用人单位支付。故 C 选项正确，而 D 选项错误。

5. ［答案］ABCD　　［难度］中
［考点］军人保险（军人保险的经办机构、军人保险基金、军人保险的险种）

［命题和解题思路］相对来说，军人保险在日常生活中运用较少，案例较少，因此试题中出现频率也较少，大家对有关知识相对陌生。复习备考时，最好与《社会保险法》相对照，掌握其中特别之处，此类试题往往难度不大，是法条的简单套用。

［选项分析］《军人保险法》第 5 条规定："中国人民解放军军人保险主管部门负责全军的军人保险工作。……"故 A 选项正确。

《军人保险法》第 30 条规定："军人保险基金包括军人伤亡保险基金、军人退役养老保险基金、军人退役医疗保险基金和随军未就业的军人配偶保险基金。……"故 B 选项正确。

《军人保险法》第 31 条规定："军人保险基金由个人缴费、中央财政负担的军人保险资金以及利息收入等资金构成。"故 C 选项正确。

《军人保险法》第 23 条第 2 款规定："军人服现役年限视同职工基本医疗保险缴费年限，与入伍前和退出现役后参加职工基本医疗保险的缴费年限合并计算。"故 D 选项正确。

6. ［答案］BC　　［难度］难
［考点］社会保险的险种（工伤保险）

［命题和解题思路］本题的难度较大，一是因为往年试题中尚未涉及这些知识，不能以应试"套路"对付；二是试题考查的知识点很"精细"，不能简单地从法学原理或常识去推断，需要掌握相关的细致规定。AD 选项涉及一直在学界存有争议的工伤保险待遇与人身损害赔偿的适用关系问题，B 选项涉及的先行支付制度被誉为《社会保险法》的一大"亮点"，C 选项涉及工伤保险尚不"社会化"问题（社会保险的本质在于由社会分摊风险，而不是由用人单位负担）。因此，本题虽难但并不"偏"。备考时把握各个法律的重点、热点很重要。

[选项分析]《最高人民法院关于审理人身损害赔偿案件适用法律若干问题的解释》第 3 条第 1 款规定："依法应当参加工伤保险统筹的用人单位的劳动者，因工伤事故遭受人身损害，劳动者或者其近亲属向人民法院起诉请求用人单位承担民事赔偿责任的，告知其按《工伤保险条例》的规定处理。"职工薛某已被认定为工伤，不得选择民事赔偿。故 A 选项错误。

《社会保险法》第 41 条第 1 款规定："职工所在用人单位未依法缴纳工伤保险费，发生工伤事故的，由用人单位支付工伤保险待遇。用人单位不支付的，从工伤保险基金中先行支付。"薛某有权主张工伤保险基金先行支付。故 B 选项正确。

根据《社会保险法》第 38 条的规定，治疗工伤的医疗费用和康复费用、住院伙食补助费等 9 项费用由工伤保险基金支付；根据第 39 条的规定，五级、六级伤残职工按月领取的伤残津贴等 3 项费用由用人单位支付；无论是支付的项目还是金额，工伤保险基金均承担了大多数。故 C 选项正确。

《社会保险法》第 42 条规定："由于第三人的原因造成工伤，第三人不支付工伤医疗费用或者无法确定第三人的，由工伤保险基金先行支付。工伤保险基金先行支付后，有权向第三人追偿。"对于工伤医疗费，工伤保险基金仅仅是先行支付，然后再向第三人追偿，因此工伤职工不能兼得。故 D 选项错误。

难点解析

工伤保险待遇与人身损害赔偿的适用关系，学界一直有选择模式、替代模式、兼得模式、补充模式之争，《社会保险法》为代表的立法虽未能结束这一争议，但仍在不少方面有了明确规定。需要注意的是，第三人侵权行为导致的工伤与无第三人导致的工伤在二者适用关系上存在差别：第三人导致的工伤，工伤职工可主张二者兼得（但医疗费用除外）；无第三人导致的工伤，只能按工伤保险待遇进行赔付。用人单位无论是否为职工参加社会保险，都不能推脱其法定义务，但待遇支付方式上又存在差别。

第四部分　环境资源法

第一章　环境保护法的基本制度

1. 某公立医院的承建商组织编制了环境影响报告书并获得批准。由于医院建设资金一直未到位，6 年后才落实资金准备开工。关于开工的环评文件，下列哪一说法是正确的？（2021 年回忆版）

　　A. 原环评报告已获批准，开工时按此实施即可

　　B. 开工时只需要补充填报环境影响登记表

　　C. 环境影响报告书应报原审批部门重新审核

　　D. 应组织环境影响的后评价，并报原审批部门备案

2. 某高速铁路的建设单位委托东林环境科技公司编制环评报告书，主持编制人为韦某。环评报告书编制完成在网站上公示后，被发现所用的基础材料数据造假，环评结论不正确。关于该市生态保护局的处理措施，下列哪些选项是正确的？（2020 年回忆版）

　　A. 建设单位应对环评报告书的内容和结论负责，此后不得再委托第三方编制环评报告

　　B. 对建设单位处以罚款，并对建设单位的法定代表人、主要负责人处以罚款

　　C. 对东林公司处以罚款，情节严重的，禁止从事环评文件编制工作

　　D. 禁止东林公司法定代表人和韦某再从事环评文件编制工作

3. 某公司承建 A 省到 B 省的高速公路，已获得环境影响评价文件审批。因情况发生变化，该公路需延伸至 C 省。关于该公司提交环境影响评价文件，下列哪一做法是正确的？（2019 年回忆版）

　　A. 应向 C 省生态环境主管部门报批

　　B. 应报批规划环境影响评价文件

　　C. 应报批在原环境影响评价文件上的补充部分

　　D. 应重新报批环境影响评价文件

4. 国务院环保检查组至某市巡查，发现该市重大环境污染事件频发。关于其责任主体，下列哪一选项是正确的？（2018 年回忆版）

　　A. 市政府

　　B. 市生态环境局

　　C. 市长

　　D. 市生态环境局局长

5. 某市林业和草原局会同规划局正在编制当地林业开发规划，下列哪一说法是正确的？（2018 年回忆版）

　　A. 林业开发规划不是建设规划，不需要进行环境影响评价

　　B. 林业开发规划属于专门性规划，在规划草案上报审批前应进行环境影响评价，并出具环境影响报告书

　　C. 为了促进林业开发规划审批，应明确环境保护林的对外转让价，并征求公众意见

　　D. 应在林业开发规划编制过程中组织环境影响评价，编写有关环境影响的篇章或说明

6. 某市混凝土公司新建临时搅拌站，在试运行期间通过暗管将污水直接排放到周边，严重破坏当地环境。公司经理还指派员工潜入当地环境监测站内，用棉纱堵塞空气采集器，造成自动监测数据多次出现异常。有关部门对其处罚后，公司生产经营发生严重困难，拟裁员 20 人以上。关于该公司的行为，下列说法正确的是：（2017-1-96）

　　A. 如该公司应报批而未报批该搅拌站的环评文件，不得在缴纳罚款后再向审批部门补报

　　B. 该公司将防治污染的设施与该搅拌站同时正式投入使用前，可在搅拌站试运行期间停运治

污设施

C. 该公司的行为受到罚款处罚时，可由市环保部门自该处罚之日的次日起，按照处罚数额按日连续处罚

D. 针对该公司逃避监管的违法行为，市环保部门可先行拘留责任人员，再将案件移送公安机关

7. 某采石场扩建项目的环境影响报告书获批后，采用的爆破技术发生重大变动，其所生粉尘将导致周边居民的农作物受损。关于此事，下列哪一说法是正确的？（2016-1-31）

A. 建设单位应重新报批该采石场的环境影响报告书

B. 建设单位应组织环境影响的后评价，并报原审批部门批准

C. 该采石场的环境影响评价，应当与规划的环境影响评价完全相同

D. 居民将来主张该采石场承担停止侵害的侵权责任，受 3 年诉讼时效的限制

8. 某省天洋市滨海区一石油企业位于海边的油库爆炸，泄漏的石油严重污染了近海生态环境。下列哪一主体有权提起公益诉讼（其中所列组织均专门从事环境保护公益活动连续 5 年以上且无违法记录）？（2015-1-30）

A. 受损海产养殖户推选的代表赵某

B. 依法在滨海区民政局登记的"海蓝志愿者"组织

C. 依法在邻省的省民政厅登记的环境保护基金会

D. 在国外设立但未在我国民政部门登记的"海洋之友"团体

9. 关于我国生态保护制度，下列哪一表述是正确的？（2015-1-31）

A. 国家只在重点生态功能区划定生态保护红线

B. 国家应积极引进外来物种以丰富我国生物的多样性

C. 国家应加大对生态保护地区的财政转移支付力度

D. 国家应指令受益地区对生态保护地区给予生态保护补偿

10. 某市政府接到省环境保护主管部门的通知：暂停审批该市新增重点污染物排放总量的建

设项目环境影响评价文件。下列哪些情况可导致此次暂停审批？（2015-1-73）

A. 未完成国家确定的环境质量目标

B. 超过国家重点污染物排放总量控制指标

C. 当地环境保护主管部门对重点污染物监管不力

D. 当地重点排污单位未按照国家有关规定和监测规范安装使用监测设备

11. 某省 A 市和 B 市分别位于同一河流的上下游。A 市欲建农药厂。在环境影响评价书报批时，B 市环境保护行政主管部门认为该厂对本市影响很大，对该环境影响评价结论提出异议。在此种情况下，该环境影响评价书应当由下列哪一部门审批？（2014-1-31）

A. 省政府发改委

B. 省人大常委会

C. 省农药生产行政监管部门

D. 省环境保护行政主管部门

详 解

1. [答案] C　　[难度] 易

[考点] 环境影响评价制度

[命题和解题思路] 环境影响评价制度是环境资源法部分每年必考的高频考点。历年的司考真题、法考回忆版试题已经涉及环境影响评价法中的所有考点，且不少考点多有重复。本题涉及的重报重审，在原来的试题中也曾考过。强烈建议结合这些试题来复习、巩固相关知识，注意区分各类环评的异同。

[选项分析]《环境影响评价法》第 24 条第 2 款规定："建设项目的环境影响评价文件自批准之日起超过五年，方决定该项目开工建设的，其环境影响评价文件应当报原审批部门重新审核；……"故 C 选项正确，其余选项均错误。

2. [答案] BC　　[难度] 中

[考点] 环境保护的基本制度（环境影响评价制度）

[命题和解题思路] 环境影响评价制度是环境资源中位居首位的高频考点。近几年，单纯考查法律责任的构成要件的试题未再出现后，这一知识更是年年必考。不同于历年经常考查的建设项目环评、规划环评，本题主要涉及的是环评文件

编制单位的法律责任，虽然原来较少考查，但这恰恰是《环境影响评价法》2018 年修改之处。

[选项分析]《环境影响评价法》第 20 条第 1 款规定，建设单位应当对建设项目环境影响报告书、环境影响报告表的内容和结论负责，接受委托编制建设项目环境影响报告书、环境影响报告表的技术单位对其编制的建设项目环境影响报告书、环境影响报告表承担相应责任。第 19 条第 1 款规定，建设单位可以委托技术单位对其建设项目开展环境影响评价，编制建设项目环境影响报告书、环境影响报告表；建设单位具备环境影响评价技术能力的，可以自行对其建设项目开展环境影响评价，编制建设项目环境影响报告书、环境影响报告表。虽然建设单位应对环评文件负责，但委托评价与自行评价也是法律所确认的方式，禁止委托评价既无必要，也非立法所规定的法律责任。故 A 选项错误。

《环境影响评价法》第 32 条第一款规定，建设项目环境影响报告书、环境影响报告表存在基础资料明显不实，内容存在重大缺陷、遗漏或者虚假，环境影响评价结论不正确或者不合理等严重质量问题的，由设区的市级以上人民政府生态环境主管部门对建设单位处 50 万元以上 200 万元以下的罚款，并对建设单位的法定代表人、主要负责人、直接负责的主管人员和其他直接责任人员，处 5 万元以上 20 万元以下的罚款。故 B 选项正确。

《环境影响评价法》第 32 条第 2 款规定，接受委托编制建设项目环境影响报告书、环境影响报告表的技术单位违反国家有关环境影响评价标准和技术规范等规定，致使其编制的建设项目环境影响报告书、环境影响报告表存在基础资料明显不实，内容存在重大缺陷、遗漏或者虚假，环境影响评价结论不正确或者不合理等严重质量问题的，由设区的市级以上人民政府生态环境主管部门对技术单位处所收费用 3 倍以上 5 倍以下的罚款；情节严重的，禁止从事环境影响报告书、环境影响报告表编制工作；有违法所得的，没收违法所得。故 C 选项正确。

《环境影响评价法》第 32 条第 3 款规定："编制单位有本条第一款、第二款规定的违法行为的，编制主持人和主要编制人员五年内禁止从事环境影响报告书、环境影响报告表编制工作；构成犯罪的，依法追究刑事责任，并终身禁止从事环境影响报告书、环境影响报告表编制工作。"本题中，并未涉及构成犯罪，不应终身剥夺职业资格。故 D 选项错误。

3. [答案] D　　[难度] 中

[考点] 环境保护的基本制度（环境影响评价制度）

[命题和解题思路] 环境资源法试题中，在司考时期，环境法律责任尤其是民事责任占比最大，但近年来环境保护基本制度的占比明显提升，超越了环境法律责任，而环境影响评价制度的命题频次更是稳居前茅。与往年试题相比，本题选项中提交补充环评文件干扰度较大。

[选项分析]《环境影响评价法》第 23 条规定："国务院生态环境主管部门负责审批下列建设项目的环境影响评价文件：……（二）跨省、自治区、直辖市行政区域的建设项目；……"故 A 选项错误。

《环境影响评价法》第 7 条第 1 款规定："国务院有关部门、设区的市级以上地方人民政府及其有关部门，对其组织编制的土地利用的有关规划，区域、流域、海域的建设、开发利用规划，应当在规划编制过程中组织进行环境影响评价，编写该规划有关环境影响的篇章或者说明。"因此，规划环评是为了提高规划的科学性，从源头预防环境污染和生态破坏。而本题中，高速公路已非规划而是修建。故 B 选项错误。

《环境影响评价法》第 24 条第 1 款规定："建设项目的环境影响评价文件经批准后，建设项目的性质、规模、地点、采用的生产工艺或者防治污染、防止生态破坏的措施发生重大变动的，建设单位应当重新报批建设项目的环境影响评价文件。"故 C 选项错误，而 D 选项正确。

4. [答案] A　　[难度] 易

[考点] 环境保护的基本制度（政府监管责任制度）

[命题和解题思路] 政府监管责任制度在往年试题中较少考到，由于知识点相对"冷门"，从而一定程度上加大了难度。本题并非某法条的直接套用，但只要平时留意到：政府监管责任制度的责任主体是政府，而非政府中的某个人（如市长）或某个部门（环境主管部门），本题还是较容易

的。环境主管部门这一选项容易让人误解，但纵观监督管理相关法律规定可知，环境主管部门往往只有在具体行政行为时涉及。

[选项分析]《环境保护法》第6条第2款规定："地方各级人民政府应当对本行政区域的环境质量负责。"第26条规定："国家实行环境保护目标责任制和考核评价制度。县级以上人民政府应当将环境保护目标完成情况纳入对本级人民政府负有环境保护监督管理职责的部门及其负责人和下级人民政府及其负责人的考核内容，作为对其考核评价的重要依据。考核结果应当向社会公开。"第27条规定："县级以上人民政府应当每年向本级人民代表大会或者人民代表大会常务委员会报告环境状况和环境保护目标完成情况，对发生的重大环境事件应当及时向本级人民代表大会常务委员会报告，依法接受监督。"从这些法条规定的目标责任制、考核评价制度、重大环境事件报告制度均可以看出，**责任主体是县级以上人民政府或地方各级人民政府。**故A选项正确，其他选项均错误。

5. [答案] B　　[难度] 中

[考点] 环境保护的基本制度（环境影响评价制度）

[命题和解题思路] 环境影响评价制度是环境资源法中的高频考点。在历年试题中，环境影响评价制度多考查的是建设项目的环境影响评价，也曾考过规划环境影响评价与建设项目环境影响评价的关系。本题的创新之处在于，侧重于规划环境影响评价的考查。

[选项分析]《环境影响评价法》第8条第1款规定："国务院有关部门、设区的市级以上地方人民政府及其有关部门，对其组织编制的工业、农业、畜牧业、林业、能源、水利、交通、城市建设、旅游、自然资源开发的有关专项规划（以下简称专项规划），应当在该专项规划草案上报审批前，组织进行环境影响评价，并向审批该专项规划的机关提出环境影响报告书。"故A选项错误，而B选项正确。

《环境影响评价法》第11条第1款规定："专项规划的编制机关对可能造成不良环境影响并直接涉及公众环境权益的规划，应当在该规划草案报送审批前，举行论证会、听证会，或者采取其

他形式，征求有关单位、专家和公众对环境影响报告书草案的意见。但是，国家规定需要保密的情形除外。"因此，对可能造成不良环境影响并直接涉及公众环境权益的规划，确实应当征求意见，但并不是明确环境保护林的对外转让价，而且根据《森林法》的规定，环境保护林不得转让。故C选项错误。

《环境影响评价法》第7条第1款规定："国务院有关部门、设区的市级以上地方人民政府及其有关部门，对其组织编制的土地利用的有关规划，区域、流域、海域的建设、开发利用规划，应当在规划编制过程中组织进行环境影响评价，编写该规划有关环境影响的篇章或者说明。"D选项与第7条第1款表述一致，但是，第7条第1款规定的是总体规划，而本题涉及的是林业开发——专项规划，如AB选项分析时所述，应当适用第8条第1款。故D选项错误。

6. [答案] A　　[难度] 中

[考点] 环境保护的基本制度（环境影响评价制度、三同时制度、政府监管责任制度）、环境法律责任（环境行政责任）

[命题和解题思路] 本题考查的是违反环境法的行为及法律责任。解题时可先分析四个备选项来"聚焦"，AB选项是对环境违法行为的认定，CD选项是对法律责任的确定。A选项的关键词是"环评"，可判断涉及环境影响评价制度；B选项的关键词是"同时投产使用"，可判断涉及"三同时"制度。

[选项分析]《环境保护法》第19条第2款规定，未依法进行环境影响评价的建设项目，不得开工建设；第61条规定："建设单位未依法提交建设项目环境影响评价文件或者环境影响评价文件未经批准，擅自开工建设的，由负有环境保护监督管理职责的部门责令停止建设，处以罚款，并可以责令恢复原状"。《环境影响评价法》第31条第1款规定："建设单位未依法报批建设项目环境影响报告书、报告表，或者未依照本法第二十四条的规定重新报批或者报请重新审核环境影响报告书、报告表，擅自开工建设的，由县级以上生态环境主管部门责令停止建设，根据违法情节和危害后果，处建设项目总投资额百分之一以上百分之五以下的罚款，并可以责令恢复原状；对

建设单位直接负责的主管人员和其他直接责任人员，依法给予行政处分。"现行立法已经取消了"限期补办手续"的规定，不允许未批先建。故 A 选项正确。

《环境保护法》第 41 条规定："建设项目中防治污染的设施，应当与主体工程同时设计、同时施工、同时投产使用。防治污染的设施应当符合经批准的环境影响评价文件的要求，不得擅自拆除或者闲置。"故 B 选项错误。

《环境保护法》第 59 条第 1 款规定："企业事业单位和其他生产经营者违法排放污染物，受到罚款处罚，被责令改正，拒不改正的，依法作出处罚决定的行政机关可以自责令改正之日的次日起，按照原处罚数额按日连续处罚。""按日连续处罚"是针对"责令改正而拒不改正"的行为。故 C 选项错误。

《环境保护法》第 63 条规定："企业事业单位和其他生产经营者有下列行为之一，尚不构成犯罪，除依照有关法律法规规定予以处罚外，由县级以上人民政府环境保护主管部门或者其他有关部门将案件移送公安机关，对其直接负责的主管人员和其他直接责任人员，处十日以上十五日以下拘留；情节较轻的，处五日以上十日以下拘留……"可见公安机关才有权实施拘留。故 D 选项错误。

> **难点解析**
>
> 《环境保护法》修订后，从制度到法律责任都有了很多变化，考生应当对这些新规认真留意，否则容易作错误的判断。比如，新规定"未依法进行环境影响评价的建设项目，不得开工建设"，并规定相应的法律责任；明确规定环境公益诉讼制度；情节严重者移送公安机关实施行政拘留；对被责令改正而拒不改正的排污者按日连续处罚；重点污染物排放实行总量控制等。

7. ［答案］A   ［难度］中

［考点］环境保护的基本制度（环境影响评价制度）、环境法律责任（环境民事责任）

［命题和解题思路］环境影响评价制度和环境民事责任均是环境保护法中的高频考点，本题把二者结合在一起了。本题指令句指向不明，但所

幸材料简短，不难发现其关键之处：采石场"环评后又有重大变化"，并致农民"受损"，自然得知需要通过环境影响评价制度、环境民事责任的相关知识来解答本题。四个选项中，AB 选项针对环评后重大事项的处理，A 选项的核心是"重新报批"，B 选项的核心是"后评价"；C 选项重在考查建设项目环评与规划环评的关系，D 主要是"环境侵权诉讼时效"。解题思路上 C 选项可首先排除，因为其表述过于绝对，如果两类规划"完全相同"就只能是无谓地重复，没有必要。AB 选项是针对同一问题的两种处理方式，且这两种方式没有"并存"或"先后"关系，那么则可推测至少有一个是错误的。

［选项分析］《环境影响评价法》第 24 条第 1 款规定："建设项目的环境影响评价文件经批准后，建设项目的性质、规模、地点、采用的生产工艺或者防治污染、防止生态破坏的措施发生重大变动的，建设单位应当重新报批建设项目的环境影响评价文件。"故 A 选项正确。

《环境影响评价法》第 27 条规定："在项目建设、运行过程中产生不符合经审批的环境影响评价文件的情形的，建设单位应当组织环境影响的后评价，采取改进措施，并报原环境影响评价文件审批部门和建设项目审批部门备案；原环境影响评价文件审批部门也可以责成建设单位进行环境影响的后评价，采取改进措施。"后评价是针对"产生不符合经审批的环境影响评价文件的情形"。故 B 选项错误。

《环境影响评价法》第 18 条规定："建设项目的环境影响评价，应当避免与规划的环境影响评价相重复。"故 C 选项错误。

《环境保护法》第 66 条规定："提起环境损害赔偿诉讼的时效期间为三年，从当事人知道或者应当知道其受到损害时起计算。"显然，只有"环境损害赔偿诉讼"才受 3 年时效期间的限制，而本题中是请求"停止侵害"的诉讼，所以不受 3 年诉讼时效限制。故 D 选项错误。

> **易混淆点解析**
>
> 本题涉及《环境影响评价法》和《环境保护法》上几个重要的、易混淆的知识点。一是要注意"后评价"与"重新报批"的适用条件有

很大差别，"后评价"是针对产生不符合环评文件情形而开展的评价行为，"重新报批"是针对环境影响评价文件批准后又发生重大变动。二是环境影响评价分为"规划环评"与"项目环评"两类，二者的关系要注意理顺，规划环评具有宏观性、整体性特点，对建设项目环评有指导、统率作用。三是对于环境侵权诉讼时效，切不可把《环境保护法》第66条"赔偿责任"泛化为所有民事责任。因此环境侵权诉讼时效包括了两种情形：被侵权人提起环境损害赔偿诉讼的时效期间为3年，从当事人知道或者应当知道其受到损害时起计算；被侵权人提起诉讼，请求污染者停止侵害、排除妨碍、消除危险的，则不受时效期间的限制，这非常重要。我国未明确规定诉讼时效的客体，多数人认为只能是请求权，债权请求权一般适用诉讼时效，物权请求权和人身权请求权多数人认为不适用诉讼时效，支配权、抗辩权、形成权都不受诉讼时效限制。

8. ［答案］C　　［难度］中

［考点］环境保护的基本制度（信息公开和公众参与制度）

［命题和解题思路］《环境保护法》于2014年修订，环境公益诉讼即是新增内容之一。本题指向明确，考查环境公益诉讼主体，这在《环境保护法》修改时即为争议热点之一。回答本题，除掌握《环境保护法》有关规定外，还需注意《最高人民法院关于审理环境民事公益诉讼案件适用法律若干问题的解释》的相关规定。该司法解释虽未列入考试法规目录，但在法考教材中对其部分内容有明确介绍，因此不算超纲命题。环境资源法由于法规庞杂繁多，不少司法解释、实施细则等规定并未列入考试法规目录，这并不意味着我们不需要了解目录外的规定，因为这毕竟直接关系到目录内法规的正确适用。所以，备考时，如果目录外的规定直接关系到目录内法规的正确理解，也需留意。

［选项分析］《环境保护法》第58条第1款规定："对污染环境、破坏生态，损害社会公共利益的行为，符合下列条件的社会组织可以向人民法院提起诉讼：（一）依法在设区的市级以上人民政府民政部门登记；（二）专门从事环境保护公益活

动连续五年以上且无违法记录。"根据本规定，环境公益诉讼主体限于符合法定条件的社会组织，不包括个人。故A选项错误。

根据上述第58条的规定，环境公益诉讼主体需在设区的市级民政部门登记，B选项的社会组织仅在区级民政部门登记，不符合要求，而D选项的社会组织根本未在我国民政部门登记，更不符合要求。故BD选项错误。

本题中C选项迷惑性较大，因为该社会组织在外省，但根据《最高人民法院关于审理环境民事公益诉讼案件适用法律若干问题的解释》的规定，环境公益诉讼不受地域限制，即环保组织可以跨地区提起公益诉讼。故C选项正确。

易混淆点解析

本题涉及环境公益诉讼与环境私益诉讼的区别。《民事诉讼法》第58条和《环境保护法》第58规定的环境公益诉讼，是指没有直接利害关系的民事主体，为维护环境公共利益而提起的民事诉讼。环境私益诉讼，是指因环境污染、生态破坏受到损害的公民个人、法人或其他组织提起的民事诉讼。二者在诉讼目的、原告资格等方面均有明显区别。环境公益诉讼的目的并不是仅仅解决双方当事人之间的纠纷，而是为了维护社会公共利益；而环境私益诉讼的目的是保护个体利益，尽管客观上也可能具有保护社会公益的效果。环境民事公益诉讼的原告不要求与诉讼标的有法律上的利害关系，但需要满足法律规定的条件；而环境私益诉讼的原告则必须是诉讼标的直接利害关系人。本题中，海产养殖户是石油污染受损的直接利害关系人，有权推举赵某提起环境私益诉讼（代表人诉讼），但不得提起环境公益诉讼。

9. ［答案］C　　［难度］易

［考点］环境保护的基本制度（生态保护制度）

［命题和解题思路］2014年修改的《环境保护法》被称为"史上最严环保法"，明确规定的生态保护红线即为"最严"表现之一，而且生态保护补偿也是环境法研究中的热点问题之一。因此，本题不仅是"逢新必考"，还考的是新法的"亮点"。本题各选项直接源自法条，难度不大。本题无需对法条死记硬背，理解相关知识便可答题。"外星生物入侵"的电影应看过吧，自然不可能

"积极引进"外来物种,故 B 选项易排除。生态环境保护具有明显的外部性,财政转移支付即为解决外部性常规方式之一,因此 C 选项当选。生态补偿制度是一种"激励相容"的管制措施,简单地说,就是通过若干经济措施激励被管制者向管制目标前进,所以其手段不可能是强制性的"指令",可排除 D 选项。

[选项分析]《环境保护法》第 29 条第 1 款规定:"国家在重点生态功能区、生态环境敏感区和脆弱区等区域划定生态保护红线,实行严格保护。"故 A 选项错误。

《环境保护法》第 30 条第 2 款规定:"引进外来物种以及研究、开发和利用生物技术,应当采取措施,防止对生物多样性的破坏。"故 B 选项错误。

《环境保护法》第 31 条第 2 款规定:"国家加大对生态保护地区的财政转移支付力度。有关地方人民政府应当落实生态保护补偿资金,确保其用于生态保护补偿。"故 C 选项正确。

《环境保护法》第 31 条第 3 款规定:"国家指导受益地区和生态保护地区人民政府通过协商或者按照市场规则进行生态保护补偿。"故 D 选项错误。

10. [答案] AB　　[难度] 中

[考点] 环境保护的基本制度(总量控制制度)

[命题和解题思路] 本题的考点是区域限批制度,这是 2014 年修订的《环境保护法》增加的制度,也是当年"环境风暴"的重要举措。新考点才考时一般都不难,本题也不例外,题干与选项都没设"陷阱",基本是法条的套用。记住法条,或者知晓当时此制度的出台背景,本题容易作出正确选择。

[选项分析]《环境保护法》第 44 条第 2 款规定:"对超过国家重点污染物排放总量控制指标或者未完成国家确定的环境质量目标的地区,省级以上人民政府环境保护主管部门应当暂停审批其新增重点污染物排放总量的建设项目环境影响评价文件。"故 AB 选项正确,CD 选项错误。

> **难点解析**
>
> 区域限批制度于 2006 年在我国首次采用,2008 年修订《水污染防治法》时引入立法。区域限批最初主要针对超过国家重点污染物排放总量控制指标的地区,正因如此,区域限批制度和总量控制制度共同规定于《环境保护法》第 44 条。所以,B 选项可谓区域限制之"初衷"。为了实现环境管理从总量管理向质量管理的过渡,落实地方政府对本辖区环境质量的主体负责,防止搞"数字减排",《环境保护法》修订时将区域限批的事由作了扩大,将未完成国家确定的环境质量目标任务(即 A 选项)也纳入。

11. [答案] D　　[难度] 易

[考点] 环境保护的基本制度(环境影响评价制度)

[命题和解题思路] 环境影响评价制度是《环境保护法》中的高频考点。本题涉及跨行政区域环评审批,虽往年并未考过,但试题基本套用法条,答题应非常轻松。毕竟本题涉及的是环境影响评价,当然应由生态环境主管部门解决,就只有 D 可选了。如果选项中出现的是省政府、国务院生态环境主管部门,则难度增加。

[选项分析]《环境影响评价法》第 23 条第 3 款规定:"建设项目可能造成跨行政区域的不良环境影响,有关生态环境主管部门对该项目的环境影响评价结论有争议的,其环境影响评价文件由共同的上一级生态环境主管部门审批。"故 D 选项正确。

第二章　环境法律责任

试　题

1. 王某的鱼塘养殖有万尾鱼苗,附近甲公司排放的污水导致鱼苗大量死亡。甲公司已依法取得排污许可证,且经当地环境主管部门多次检测,其排放的污水均符合有关标准。对此,下列哪些说法是正确的?(2023 年回忆版)

A. 王某应在 3 年内向甲公司提起侵权之诉

B. 甲公司应当承担赔偿责任

C. 甲公司每年缴纳的排污费可赔付给王某

D. 当地环境主管部门可对甲公司采取行政强制措施

2. 某化工厂排放的污水会影响鱼类生长，但其串通某环境影响评价机构获得虚假环评文件从而得以建设。该厂后来又串通某污水处理设施维护机构，使其污水处理设施虚假显示从而逃避监管。该厂长期排污致使周边水域的养殖鱼类大量死亡。面对养殖户的投诉，当地环境保护主管部门一直未采取任何查处措施。对于养殖户的赔偿请求，下列哪些单位应承担连带责任？（2015-1-74）

A. 化工厂

B. 环境影响评价机构

C. 污水处理设施维护机构

D. 当地环境保护主管部门

3. 因连降大雨，某厂设计流量较小的排污渠之污水溢出，流入张某承包的鱼塘，致鱼大量死亡。张某诉至法院，要求该厂赔偿。该厂提出的下列哪些抗辩事由是依法不能成立的？（2013-1-73）

A. 本市环保主管部门证明，我厂排污从未超过国家及地方排污标准

B. 天降大雨属于不可抗力，依法应予免责

C. 经有关机构鉴定，死鱼是全市最近大规模爆发的水生动物疫病所致

D. 张某鱼塘地势低洼，未对污水流入采取防范措施，其损失咎由自取

详　解

1. ［答案］AB　　［难度］中

［考点］环境法律责任（环境行政责任、环境民事责任）

［命题和解题思路］环境法律责任，尤其是环境民事责任，曾是司法考试早期的高频考点，但司考后期以来，包括法考回忆版试题中，极少见到此方面的考查。本题难度不大，命题套路也较常见。考生如果对环境民事责任和环境行政责任的构成要件发生混淆，则容易误选。违法行为是环境行政责任的要件之一，而无过错责任下的环境民事责任不以违法行为为要件。

［选项分析］《环境保护法》第66条规定，提起环境损害赔偿诉讼的时效期间为3年，从当事人知道或者应当知道其受到损害时起计算。A选项正确。

《环境保护法》第64条规定，因污染环境和破坏生态造成损害的，应当承担侵权责任。B选项正确。

《环境保护法》第43条第1款规定，排放污染物的企业事业单位和其他生产经营者，应当按照国家有关规定缴纳排污费。排污费应当全部专项用于环境污染防治，任何单位和个人不得截留、挤占或者挪作他用。C选项错误。

《环境保护法》第60条规定，企业事业单位和其他生产经营者超过污染物排放标准或者超过重点污染物排放总量控制指标排放污染物的，县级以上人民政府环境保护主管部门可以责令其采取限制生产、停产整治等措施；情节严重的，报经有批准权的人民政府批准，责令停业、关闭。行政责任的追究以违法行为作为要件，甲依法取得许可证并达标排污，是合法行为。D选项错误。

2. ［答案］ABC　　［难度］易

［考点］环境法律责任（环境民事责任）

［命题和解题思路］环境法律责任，尤其是环境民事责任，是《环境保护法》中考得较频繁的考点。为了做到"常考常新"，本题侧重点在《环境保护法》修订后的连带责任。作为环境侵权行为人，化工厂当选无疑；对于中介服务机构，根据题干材料中表述的"串通""弄虚作假"，当然对"长期排污"致损负有责任。

［选项分析］《环境保护法》第64条规定："因污染环境和破坏生态造成损害的，应当依照《中华人民共和国侵权责任法》的有关规定承担侵权责任。"故A选项正确。

《环境保护法》第65条规定："环境影响评价机构、环境监测机构以及从事环境监测设备和防治污染设施维护、运营的机构，在有关环境服务活动中弄虚作假，对造成的环境污染和生态破坏负有责任的，除依照有关法律法规规定予以处罚外，还应当与造成环境污染和生态破坏的其他责任者承担连带责任。"故BC选项正确。

虽然当地生态环境主管部门未及时查处，应追究其不作为、消极作为的法律责任，但是我国

目前没有规定其应承担连带责任的立法。故 D 选项错误。

3. ［答案］ABD　　　　［难度］中

［考点］环境法律责任（环境民事责任）

［命题和解题思路］环境法律责任是环保法中的高频考点，尤其是环境民事责任。本题的指令句稍有变化，其关键词是"抗辩事由"，由此可知本题考查的是环境民事责任的承担问题，备考时若留意到环境民事责任的特别之处，本题自然迎刃而解。环境民事责任是一种特殊侵权责任，适用无过错责任，其构成要件不同于一般侵权责任，无需考虑行为人的过错。

［选项分析］《环境保护法》第 64 条规定："因污染环境和破坏生态造成损害的，应当依照《中华人民共和国侵权责任法》的有关规定承担侵权责任。"《民法典》第 1229 条规定："因污染环境、破坏生态造成他人损害的，侵权人应当承担侵权责任。"从上述规定可知，环境民事责任不同于环境行政责任，无需考虑行为的违法性，行为人即使是合法行为（如选项中的达标排污），只要

其行为造成了损害就要承担民事责任。所以，行为人不得以达标排污作为免除其民事责任的抗辩事由。故 A 选项依法不能成立，当选。

《民法典》第 180 条第 2 款规定："不可抗力是不能预见、不能避免且不能克服的客观情况。"本题中"天降大雨"或许不能预见，但"设计流量较小的排污渠"也是致使"污水溢出"的重要原因，若扩大排污渠则该损害是可避免的，显然不属于不可抗力。故 B 选项依法不能成立，当选。

致害行为与损害结果之间具有因果关系是环境民事责任构成要件之一。如果死鱼原因被鉴定为疫病，则排污行为与损害结果之间无因果关系。故 C 选项依法成立，不当选。

《民法典》第 1173 条规定："被侵权人对同一损害的发生或者扩大有过错的，可以减轻侵权人的责任。"因此，受害人有过错是减轻民事责任的法定事由，应根据双方过错大小的具体情形来确定赔偿份额，而非免除侵权人的全部责任，更非"咎由自取"。故 D 选项依法不能成立，当选。

第三章　森林法

试　题

1. 某村民打算将自己承包的林地里的枣树砍掉，改种樱桃树。关于其申请林木采伐许可证，下列哪一说法是正确的？（2022 年回忆版）

A. 无需申请林木采伐许可证

B. 乡政府可颁发采伐许可证

C. 如该县今年采伐限额已满，则明年自动取得采伐许可证

D. 如同村其他村民有采伐许可证，甲可以租用

2. 关于林木采伐，下列哪些说法是正确的？（2022 年回忆版）

A. 对低质低效的公益林进行科学高效改造性质的采伐

B. 为防治林业有害生物，对自然保护区的林木进行适当的采伐

C. 严格控制商品林的皆伐面积，伐育同步规划实施

D. 县级林业主管部门应按照保护优先、注重效率的原则，制定林木采伐技术规程

3. 某地位于长江源头，国家在此划定了公益林。由于成效明显，国家决定扩大公益林面积。关于该公益林的调整和使用，下列哪一选项是正确的？（2020 年回忆版）

A. 公益林面积的扩大应当由县政府批准

B. 可对公益林的部分大树进行砍伐，以发挥其经济价值

C. 可在公益林区大量栽种果树，兼顾生态效益和经济效益

D. 经科学论证，可合理利用公益林适度开展森林旅游

4. 国务院和省政府共同划定一片区域作为公益林。关于该公益林及其林地，下列哪些选项是正确的？（2020 年回忆版）

A. 如果公益林涵养水土效果好，经批准可调

整公益林范围

B. 如果公益林涵养水土效果不好，可对林木进行抚育性质的采伐

C. 村民承包的集体林地及林木在公益林范围之内，政府有权收回

D. 镇政府应当对公益森及林地的位置及大小进行公布

🔊 **5.** 某大学取得伐木许可证，准许伐 10 棵树，但该大学伐了 20 棵树。对此，下列哪一选项是正确的？（2019 年回忆版）

A. 该大学可补办许可手续，免予承担法律责任

B. 该大学的行为属于盗伐林木

C. 林业主管部门有权责令限期在原地或者异地补种 50 棵树

D. 该大学拒不补种的，林业主管部门依法组织代为补种，所需费用由该大学承担

详 解

1. [答案] B　　[难度] 易

[考点] 林木采伐管理

[命题和解题思路] 从近几年考试情况来看，林木采伐、公益林管理无疑成为《森林法》的高频考点。本题所涉及的考点已屡被考查，CD 选项的错误较明显，迷惑性不大，所以即使对采伐许可证颁发机关这一知识不熟悉，仍可作出正确选择。

[选项分析]《森林法》第 56 条第 1、2 款规定：“采伐林地上的林木应当申请采伐许可证，并按照采伐许可证的规定进行采伐；采伐自然保护区以外的竹林，不需要申请采伐许可证，但应当符合林木采伐技术规程。农村居民采伐自留地和房前屋后个人所有的零星林木，不需要申请采伐许可证。”该村民采伐的是自己承包的林地上的树木，应当申请采伐许可证，故 A 选项错误。

《森林法》第 57 条规定：“采伐许可证由县级以上人民政府林业主管部门核发。……农村居民采伐自留山和个人承包集体林地上的林木，由县级人民政府林业主管部门或者其委托的乡镇人民政府核发采伐许可证。”故 B 选项正确。

《森林法》第 59 条规定：“符合林木采伐技术规程的，审核发放采伐许可证的部门应当及时核

发采伐许可证。但是，审核发放采伐许可证的部门不得超过年采伐限额发放采伐许可证。”该县采伐限额已满则不得发放许可证，第二年采伐需再申请采伐许可证，故 C 选项错误。

《森林法》第 56 条第 5 款规定：“禁止伪造、变造、买卖、租借采伐许可证。”故 D 选项错误。

2. [答案] ABC　　[难度] 中

[考点] 森林经营管理

[命题和解题思路] 森林分类经营管理是修改《森林法》的重要指导思想之一，对公益林、自然保护区林木在严格保护的前提下进行必要采伐也是《森林法》修改的重要条文之一，因此本题所涉及的知识是自然资源法部分的高频考点。本题只是对相关法条的简单适用，难度不大，对知识的细节要求较高。这也充分显示了近年来法考试题对知识的考查愈加精细化的发展趋势。

[选项分析]《森林法》第 55 条第 1 款规定：“采伐森林、林木应当遵守下列规定：（一）公益林只能进行抚育、更新和低质低效林改造性质的采伐。但是，因科研或者实验、防治林业有害生物、建设护林防火设施、营造生物防火隔离带、遭受自然灾害等需要采伐的除外。……”故 A 选项正确。

《森林法》第 55 条第 1 款规定：“采伐森林、林木应当遵守下列规定：……（三）自然保护区的林木，禁止采伐。但是，因防治林业有害生物、森林防火、维护主要保护对象生存环境、遭受自然灾害等特殊情况必须采伐的和实验区的竹林除外。”故 B 选项正确。

《森林法》第 55 条第 1 款规定：“采伐森林、林木应当遵守下列规定：……（二）商品林应当根据不同情况，采取不同采伐方式，严格控制皆伐面积，伐育同步规划实施。……”故 C 选项正确。

《森林法》第 55 条第 2 款规定：“省级以上人民政府林业主管部门应当根据前款规定，按照森林分类经营管理、保护优先、注重效率和效益等原则，制定相应的林木采伐技术规程。”故 D 选项错误。

3. [答案] D　　[难度] 中

[考点] 森林资源管理制度（公益林管理制度、森林采伐管理制度）

[命题和解题思路]《森林法》在 2019 年大修

之后，按照"逢新必考"的规律，其在 2020 年考查应为意料之中。森林资源经营管理、森林权属是《森林法》中的重点。而公益林和商品林的分类、差异化管理是《森林法》修改后的一大"亮点"，本题即涉及公益林的管理。

[选项分析]《森林法》第 48 条规定："公益林由国务院和省、自治区、直辖市人民政府划定并公布。……公益林进行调整的，应当经原划定机关同意，并予以公布。……"因此，划定公益林以及此后的调整，其权力属于国务院和省级政府。故 A 选项错误。

《森林法》第 55 条规定："采伐森林、林木应当遵守下列规定：（一）公益林只能进行抚育、更新和低质低效林改造性质的采伐。但是，因科研或者实验、防治林业有害生物、建设护林防火设施、营造生物防火隔离带、遭受自然灾害等需要采伐的除外。……"故 B 选项错误。

根据《森林法》第 50 条第 2 项的规定，生产果品为主要目的的森林属于商品林，公益林中大量种植果树，与公益林目的不符。故 C 选项错误。

《森林法》第 49 条第 3 款规定："在符合公益林生态区位保护要求和不影响公益林生态功能的前提下，经科学论证，可以合理利用公益林林地资源和森林景观资源，适度开展林下经济、森林旅游等。利用公益林开展上述活动应当严格遵守国家有关规定。"故 D 选项正确。

4. [答案] AB　　　[难度] 中

[考点] 森林资源管理制度（公益林管理制度、森林采伐管理制度）

[命题和解题思路] 在自然资源法中，《森林法》在 2019 年进行了大幅度修改，再加之《矿产资源法》相对粗略，在法考试题中遇到《森林法》知识的可能性更大。森林资源经营管理、森林权属是《森林法》中的重点。

[选项分析]《森林法》第 48 条第 4 款规定："公益林进行调整的，应当经原划定机关同意，并予以公布。"故 A 选项正确。

《森林法》第 55 条规定："采伐森林、林木应当遵守下列规定：（一）公益林只能进行抚育、更新和低质低效林改造性质的采伐。但是，因科研或者实验、防治林业有害生物、建设护林防火设施、营造生物防火隔离带、遭受自然灾害等需要

采伐的除外。……"故 B 选项正确。

《森林法》第 48 条第 3 款规定："公益林划定涉及非国有林地的，应当与权利人签订书面协议，并给予合理补偿。"本规定所称的书面协议并非收回协议，而主要是限定使用用途。故 C 选项错误。

《森林法》第 48 条第 1 款规定："公益林由国务院和省、自治区、直辖市人民政府划定并公布。"故 D 选项错误。

5. [答案] D　　　[难度] 中

[考点] 森林违法行为的法律责任（森林违法行为的样态及责任）

[命题和解题思路]《森林法》于 2019 年 12 月 28 日修订、2020 年 7 月 1 日起施行。因此，法考时《森林法》仍处于修订之中，就此命题确属出乎意料。修改后的《森林法》需要关注以下三个方面：分类管理（公益林和商品林）、明确森林权属及其保护、林木采伐制度的改革。

[选项分析]《森林法》第 56 条规定："采伐林地上的林木应当申请采伐许可证，并按照采伐许可证的规定进行采伐；……"因此采伐前须取得许可证，否则就属于盗伐或滥伐等违法行为。故 A 选项错误。

盗伐林木是指私自秘密地砍伐国家、集体或他人所有或管理的森林或者其他林木；滥伐林木是指未经批准、无证（采伐许可证）采伐，或者虽持证但违背采伐许可证所规定的采伐本人所有或管理的森林或者其他林木的行为。由此可见，该大学的行为属于滥伐林木。故 B 选项错误。

《森林法》第 76 条规定："盗伐林木的，由县级以上人民政府林业主管部门责令限期在原地或者异地补种盗伐株数一倍以上五倍以下的树木，并处盗伐林木价值一倍以上十倍以下的罚款。滥伐林木的，由县级以上人民政府林业主管部门责令限期在原地或者异地补种滥伐株数一倍以上三倍以下的树木，可以处滥伐林木价值三倍以上五倍以下的罚款。"故 C 选项错误。

《森林法》第 81 条规定："违反本法规定，有下列情形之一的，由县级以上人民政府林业主管部门依法组织代为履行，代为履行所需费用由违法者承担：……（二）拒不补种树木，或者补种不符合国家有关规定。……"故 D 选项正确。

第四章　矿产资源法

1. 某矿业公司和某投资公司签订《股权转让协议》。该协议约定，投资公司收购矿产公司的全部股权，采矿权作价 10 亿元。经查，矿业公司获得采矿权后并未进行开采，在一年内采矿权溢价 5 亿元。对此，以下哪一说法是正确的？（2023 年回忆版）

A. 矿产地质管理机构应当批准股权转让协议

B. 该股权转让协议有效

C. 该股权转让协议实为采矿权转让

D. 矿业公司应持股权转让协议向最初颁发采矿权的部门备案

2. 某省发现一大型稀土矿，某公司获准开采。该公司开采时发现部分地域还有伴生的放射性矿产。关于开采这些矿产资源的审批，下列哪一说法是正确的？（2021 年回忆版）

A. 均应取得国务院有关主管部门的审批

B. 均应取得该省有关主管部门的审批

C. 开采稀土矿应取得国务院有关主管部门的审批，开采放射性矿产应取得该省有关主管部门的审批

D. 开采稀土矿应取得该省有关主管部门的审批，开采放射性矿产应取得国务院有关主管部门的审批

3. 锡矿为国家保护性开采的矿种，某公司经批准有权在矿区开采。孙某原为该公司工程师，离职后在矿区边铁路旁开了一家建材店。关于孙某离职后可从事的开采行为，下列哪些选项是违法的？（2021 年回忆版）

A. 可在矿区内开采零星分散的锡矿

B. 可在矿区外开采零星分散的锡矿

C. 可在矿区外开采只能用作普通建筑材料的砂、石

D. 可在铁路旁开采只能用作普通建筑材料的砂、石

4. 富石公司依法获得探矿权，但其勘查作业区需要占用某村的林地。对此，下列哪一选项是正确的？（2020 年回忆版）

A. 经该村 2/3 以上村民同意并公示，该林地使用权可转让给富石公司

B. 富石公司经县土地管理部门批准，可临时使用林地

C. 富石公司在完成最低限度的勘探投入后，经批准可转让探矿权

D. 富石公司取得采矿权后被富金公司收购，富金公司随之取得采矿权

5. 兴达公司与黄石公司签订《合作协议》，约定双方合作对三猫山某区域进行煤炭资源勘探开采，由此所获利益双方平分。对此，下列哪一说法是正确的？（2018 年回忆版）

A. 需县级政府审批

B. 矿区地面归集体所有，地下资源归公司所有

C. 由兴达公司与黄石公司组成的联合勘探主体，在勘探中投入达到最低比例后可将探矿权予以转让

D. 兴达公司与黄石公司完成勘探后，有权优先取得勘查作业区内煤炭资源的采矿权

1. [答案] C　　[难度] 易

[考点] 矿产资源权属制度（矿业权）

[命题和解题思路]《矿产资源法》处于修改之中，且采矿权的转让涉及众多的部委规章和政策性文件，因此考查矿业权转让出人意料。但本题难度不大，一是对《矿产资源法》有关规定的简单套用；二是从选项之间的逻辑关系可推断正确选项。A 选项所称的"批准"明显与 D 选项"备案"相互排斥；A 选项与 B 选项明显关联，若应当批准则协议有效，而单项选择题又明显不能同时选择，考生不难作出正确判断。

[选项分析] 转让采矿权的主体必须是取得采矿许可证的单位，而根据《公司法》的规定，股权转让的主体应当是股东。本题中，矿业公司是转让主体，且采矿权单独作价，因此 B 选项错误，

C 选项正确。

《矿产资源法》第 6 条第 1 款第 2 项规定，已取得采矿权的矿山企业，因企业合并、分立、与他人合资、合作经营，或者因企业资产出售以及有其他变更企业资产产权的情形而需要变更采矿权主体的，经依法批准可以将采矿权转让他人采矿。据此，采矿权转让需要主管部门批准而非备案，且题干材料所述情形不符合转让条件。故 AD 选项均错误。

2. [答案] A　　[难度] 中

[考点] 矿产资源开采的审批

[命题和解题思路] 在《矿产资源法》中，矿业权和矿产资源开发管理是重点，本题即涉及开采审批管理，备考时需要注意国家与省审批权的划分。

[选项分析]《矿产资源法》第 16 条规定："开采下列矿产资源的，由国务院地质矿产主管部门审批，并颁发采矿许可证：（一）国家规划矿区和对国民经济具有重要价值的矿区内的矿产资源；（二）前项规定区域以外可供开采的矿产储量规模在大型以上的矿产资源；（三）国家规定实行保护性开采的特定矿种；（四）领海及中国管辖的其他海域的矿产资源；（五）国务院规定的其他矿产资源。开采石油、天然气、放射性矿产等特定矿种的，可以由国务院授权的有关主管部门审批，并颁发采矿许可证。……"故 A 选项正确，其余选项均错误。

3. [答案] ABD　　[难度] 中

[考点] 个体采矿、禁止开发的矿区

[命题和解题思路] 历年司考真题和近年法考回忆版试题中，尚未考过个体采矿方面的试题。虽然矿产资源开发管理是《矿产资源法》的重点，个体采矿属于矿产资源开发管理，但这一考点相对较"冷僻"。本题虽仅是法条的简单套用，但因此增加了难度。由此也可看出，现在法考所考查的知识越来越细致，且有覆盖面扩大的趋势。AB 选项表面上看存在互斥，似乎一真一假，具有迷惑性，但实质均为违法。

[选项分析]《矿产资源法》第 35 条第 2 款规定，矿产储量规模适宜由矿山企业开采的矿产资源、国家规定实行保护性开采的特定矿种和国家规定禁止个人开采的其他矿产资源，个人不得开

采。锡矿为国家保护性开采的矿种，无论是否处于矿区内外，个人均不得开采。故 AB 选项违法，当选。

《矿产资源法》第 35 条第 1 款规定，国家对集体矿山企业和个体采矿实行积极扶持、合理规划、正确引导、加强管理的方针，鼓励集体矿山企业开采国家指定范围内的矿产资源，允许个人采挖零星分散资源和只能用作普通建筑材料的砂、石、黏土以及为生活自用采挖少量矿产。故 C 选项合法，不当选。

《矿产资源法》第 20 条规定："非经国务院授权的有关主管部门同意，不得在下列地区开采矿产资源：……（三）铁路、重要公路两侧一定距离以内；……"故 D 选项违法，当选。

4. [答案] C　　[难度] 难

[考点] 森林资源权属制度（森林资源使用权）、森林资源保护制度（林地保护制度）、矿产资源勘查开发管理（管理制度）

[命题和解题思路] 本题的难度，一是来自《森林法》和《矿产资源法》的融合，而这种融合还是首次出现。二是所选择的具体知识点在掌握上也有一定的难度。虽然林地占用审批制度的简化，是《森林法》修改前后的重要变化之一，但《森林法》在 2019 年大幅修改，这一知识点或许并未引起足够重视；而对于矿业权的转让，《矿产资源法》要求严格，需要经过审批，并不会因为公司的吸收合并而概括承受矿业权。

[选项分析]《森林法》第 18 条规定："未实行承包经营的集体林地以及林地上的林木，由农村集体经济组织统一经营。经本集体经济组织成员的村民会议三分之二以上成员或者三分之二以上村民代表同意并公示，可以通过招标、拍卖、公开协商等方式依法流转林地经营权、林木所有权和使用权。"本题中，并未明确该林地是否承包经营，若未承包，A 选项表述是合法的；但若已承包，则由承包方依法转让。故 A 选项错误。

《森林法》第 38 条第 1 款规定："需要临时使用林地的，应当经县级以上人民政府林业主管部门批准；临时使用林地的期限一般不超过二年，并不得在临时使用的林地上修建永久性建筑物。"其审批部门是林业主管部门而非土地主管部门。故 B 选项错误。

《矿产资源法》第 6 条规定："除按下列规定可以转让外，探矿权、采矿权不得转让：（一）探矿权人有权在划定的勘查作业区内进行规定的勘查作业，有权优先取得勘查作业区内矿产资源的采矿权。探矿权人在完成规定的最低勘查投入后，经依法批准，可以将探矿权转让他人。……"故 C 选项正确。

《矿产资源法》第 6 条规定："除按下列规定可以转让外，探矿权、采矿权不得转让：……（二）已取得采矿权的矿山企业，因企业合并、分立，与他人合资、合作经营，或者因企业资产出售以及有其他变更企业资产产权的情形而需要变更采矿权主体的，经依法批准可以将采矿权转让他人采矿。……"因此，未经批准不得变更采矿权主体。故 D 选项错误。

5. ［答案］D　　　［难度］中

［考点］矿产资源权属制度（国家所有权、矿业权）、矿产资源勘查开发管理（管理部门、管理制度）

［命题和解题思路］环境资源法在法考中作为单独一部分进行考查，从理论上讲，应当有一道试题涉及自然资源法。由于《森林法》2019 年作了较大修改，而《矿产资源法》又有失粗略，因此，将来考查《森林法》的频次应当多于《矿产资源法》。

［选项分析］《矿产资源法》第 16 条规定："开采下列矿产资源的，由国务院地质矿产主管部门审批，并颁发采矿许可证：……开采石油、天然气、放射性矿产等特定矿种的，可以由国务院授权的有关主管部门审批，并颁发采矿许可证。开采第一款、第二款规定以外的矿产资源，其可供开采的矿产的储量规模为中型的，由省、自治区、直辖市人民政府地质矿产主管部门审批和颁发采矿许可证。开采第一款、第二款和第三款规定以外的矿产资源的管理办法，由省、自治区、直辖市人民代表大会常务委员会依法制定。……"因此，煤矿的采矿许可证至少也是省级地质矿产主管部门审批。故 A 选项错误。

《矿产资源法》第 3 条第 1 款规定："矿产资源属于国家所有，由国务院行使国家对矿产资源的所有权。……"故 B 选项错误。

《矿产资源法》第 6 条规定："除按下列规定可以转让外，探矿权、采矿权不得转让：（一）探矿权人有权在划定的勘查作业区内进行规定的勘查作业，有权优先取得勘查作业区内矿产资源的采矿权。探矿权人在完成规定的最低勘查投入后，经依法批准，可以将探矿权转让他人。……"C 选项缺少了"经依法批准"，因此错误，而 D 选项正确。

第五部分　知识产权法

第一章　著作权

试　题

1. 1970 年，甲拍摄了一张照片刊登在某杂志，该杂志同页也刊登了乙的一篇评论，评论的对象就是甲拍摄的照片。1971 年，乙死亡，但甲仍健在。2022 年，丙网站擅自将该杂志扫描上传网络，并提供付费下载服务。关于丙网站的行为，下列哪一说法是正确的？（2023 年回忆版）

A. 未侵犯任何人的著作权

B. 同时侵犯了甲、乙的著作权

C. 侵犯了甲的著作权

D. 侵犯了乙的继承人的著作权

2. 陈某创作了舞台剧《夏之恋》，由甲表演团进行表演，甲表演团并未与演员约定利润分配的比例与表演的权利归属。乙电视台对该舞台剧进行直播，丙网站对乙电视台直播进行了录制并上传供用户点播。关于本案，丙网站侵犯了下列哪些主体的信息网络传播权？（2023 年回忆版）

A. 作为录像制作者的乙电视台

B. 作为广播组织的乙电视台

C. 陈某

D. 演员

3. 音乐人王某创作了歌曲《法考路》，并以电子钢琴演奏该曲，制成电子专辑后在某音乐平台售卖。下列哪一选项所涉及的行为无须王某许可但需要向其支付报酬？（2022 年回忆版）

A. 甲公司将《法考路》作为电影主题曲

B. 乙广播电台按照预定节目单播放《法考路》

C. 丙商店在营业时间播放《法考路》作为背景音乐

D. 丁网络平台上传《法考路》供用户在线点播

4. 某舞蹈团计划举行联欢晚会，委托何某设计了一支舞蹈。晚会上由舞蹈团的赵某领舞表演了该舞蹈。钱某在晚会现场录制了赵某的舞蹈表演，并上传到短视频平台供用户观看下载。对此，钱某侵犯了下列哪些权利？（2022 年回忆版）

A. 舞蹈团的表演者权

B. 赵某的表演者权

C. 何某的著作权

D. 赵某的著作权

5. 知名画家刘某创作了一幅油画《秋收》，并在发表前将其赠与关某。关某让其员工将该画拍摄成照片用于公司某产品的背景图。对此，关某及其员工的行为侵犯了刘某的下列哪些权利？（2022 年回忆版）

A. 展览权

B. 发表权

C. 复制权

D. 信息网络传播权

6. 甲委托乙创作歌曲《春天》，双方并未约定著作权的归属。后乙将歌曲《春天》的著作财产权转让给丙，丙将该歌曲上传至丁公司的音乐平台上。该音乐平台已声明未经许可禁止下载并为此采取了相应的技术措施。戊公司避开了该音乐平台的技术措施下载该歌曲，并将该歌曲用于本公司生产的玩具狗上，只要按某个按键就会播放该歌曲。己公司从戊公司进了一批玩具狗用于销售。对此，下列哪些说法是正确的？（2021 年回忆版）

A. 乙转让《春天》的著作财产权构成无权处分

B. 戊公司并未侵犯丁公司的著作权

C. 戊公司侵犯了乙的复制权

D. 己公司侵犯了乙的发行权

7. 甲委托乙按照甲的经历写了一本自传体小说，双方并未约定报酬以及著作权的归属。小说完成后尚未发表，乙外出旅行时遇意外事故死亡。乙的儿子丙拿到该小说原稿后私自联系出版社出版，并且署上了自己的名字。甲的儿子丁发现后提出异议并向法院提起了诉讼。关于本案，下列哪些说法是正确的？（2021 年回忆版）

    A. 丙有权要求丁支付适当的报酬

    B. 丙并未侵犯该小说的署名权

    C. 该小说的著作财产权归丙

    D. 该小说的著作财产权归丁

8. 作家张某于 1970 年去世。2019 年 12 月，某出版社对张某生前已发表的作品进行汇编出版。2020 年，该事实被张某的儿子张甲发现，张甲向出版社写信要求停止出版，出版社回复称自己的出版行为没有问题，并且全部出版作品已销售完毕。2021 年，张某的儿子张乙在书店发现出版社的这本书，遂和张甲一起起诉至法院。关于本案，下列哪一说法是正确的？（2021 年回忆版）

    A. 出版社侵犯了已故张某的著作人身权

    B. 出版社侵犯了张甲和张乙的著作财产权

    C. 书店侵犯了已故张某的著作人身权

    D. 书店侵犯了张甲和张乙的著作财产权

9. 某电影公司委托王某创作电影剧本，但未约定该剧本著作权的归属，并据此拍摄电影。下列哪一未经该电影公司和王某许可的行为，同时侵犯二者的著作权？（2017-3-14）

    A. 某音像出版社制作并出版该电影的 DVD

    B. 某动漫公司根据该电影的情节和画面绘制一整套漫画，并在网络上传播

    C. 某学生将该电影中的对话用方言配音，产生滑稽效果，并将配音后的电影上传网络

    D. 某电视台在"电影经典对话"专题片中播放 30 分钟该部电影中带有经典对话的画面

10. 牛博朗研习书法绘画 30 年，研究出汉字的独特写法牛氏"润金体"。"润金体"借鉴了"瘦金体"，但在布局、线条、勾画、落笔以及比例上自成体系，多出三分圆润，审美价值很高。牛博朗将其成果在网络上发布，并注明"版权所有，未经许可，不得使用"。羊阳洋公司从该网站下载了九个"润金体"字，组成广告词"小绵羊、照

太阳、过海洋"，为其从国外进口的羔羊肉做广告。关于"润金体"及羊阳洋公司的行为，下列哪些选项是正确的？（2017-3-63）

    A. 字体不属于著作权保护的范围，故羊阳洋公司不构成侵权

    B. "润金体"具有一定的独创性，可认定为美术作品而受著作权法保护

    C. 羊阳洋公司只是选取了有限的数个汉字，不构成对"润金体"整体著作权的侵犯

    D. 羊阳洋公司未经牛博朗同意，擅自使用"润金体"汉字，构成对牛博朗著作权的侵犯

11. 甲作曲、乙填词，合作创作了歌曲《春风来》。甲拟将该歌曲授权歌星丙演唱，乙坚决反对。甲不顾反对，重新填词并改名为《秋风起》，仍与丙签订许可使用合同，并获报酬 10 万元。对此，下列哪些选项是正确的？（2016-3-63）

    A. 《春风来》的著作权由甲、乙共同享有

    B. 甲侵害了《春风来》歌曲的整体著作权

    C. 甲、丙签订的许可使用合同有效

    D. 甲获得的 10 万元报酬应合理分配给乙

12. 甲、乙合作创作了一部小说，后甲希望出版小说，乙无故拒绝。甲把小说上传至自己博客并保留了乙的署名。丙未经甲、乙许可，在自己博客中设置链接，用户点击链接可进入甲的博客阅读小说。丁未经甲、乙许可，在自己博客中转载了小说。戊出版社只经过甲的许可就出版了小说。下列哪一选项是正确的？（2015-3-16）

    A. 甲侵害了乙的发表权和信息网络传播权

    B. 丙侵害了甲、乙的信息网络传播权

    C. 丁向甲、乙寄送了高额报酬，但其行为仍然构成侵权

    D. 戊出版社侵害了乙的复制权和发行权

13. 甲、乙、丙、丁相约勤工俭学。下列未经著作权人同意使用他人受保护作品的哪一行为没有侵犯著作权？（2015-3-17）

    A. 甲临摹知名绘画作品后廉价出售给路人

    B. 乙收购一批旧书后廉价出租给同学

    C. 丙购买一批正版录音制品后廉价出租给同学

    D. 丁购买正版音乐 CD 后在自己开设的小餐馆播放

14. 应出版社约稿，崔雪创作完成一部儿童题材小说《森林之歌》。为吸引儿童阅读，增添小说离奇色彩，作者使用笔名"吹雪"，特意将小说中的狗熊写成三只腿的动物。出版社编辑在核稿和编辑过程中，认为作者有笔误，直接将"吹雪"改为"崔雪"、将狗熊改写成四只腿的动物。出版社将《森林之歌》批发给书店销售。下列哪些说法是正确的？（2015-3-62）

　　A. 出版社侵犯了作者的修改权

　　B. 出版社侵犯了作者的保护作品完整权

　　C. 出版社侵犯了作者的署名权

　　D. 书店侵犯了作者的发行权

15. 甲展览馆委托雕塑家叶某创作了一座巨型雕塑，将其放置在公园入口，委托创作合同中未约定版权归属。下列行为中，哪一项不属于侵犯著作权的行为？（2014-3-17）

　　A. 甲展览馆许可乙博物馆异地重建完全相同的雕塑

　　B. 甲展览馆仿照雕塑制作小型纪念品向游客出售

　　C. 个体户冯某仿照雕塑制作小型纪念品向游客出售

　　D. 游客陈某未经著作权人同意对雕塑拍照纪念

16. 甲电视台经过主办方的专有授权，对篮球俱乐部联赛进行了现场直播，包括在比赛休息时舞蹈演员跳舞助兴的场面。乙电视台未经许可截取电视信号进行同步转播。关于乙电视台的行为，下列哪一表述是正确的？（2014-3-18）

　　A. 侵犯了主办方对篮球比赛的著作权

　　B. 侵犯了篮球运动员的表演者权

　　C. 侵犯了舞蹈演员的表演者权

　　D. 侵犯了主办方的广播组织权

17. 甲创作了一首歌曲《红苹果》，乙唱片公司与甲签订了专有许可合同，在聘请歌星丙演唱了这首歌曲后，制作成录音制品（CD）出版发行。下列哪些行为属于侵权行为？（2014-3-62）

　　A. 某公司未经许可翻录该CD后销售，向甲、乙、丙寄送了报酬

　　B. 某公司未经许可自聘歌手在录音棚中演唱了《红苹果》并制作成DVD销售，向甲寄送了报酬

　　C. 某商场购买CD后在营业时间作为背景音乐播放，经过甲许可并向其支付了报酬

　　D. 某电影公司将CD中的声音作为电影的插曲使用，只经过了甲许可

18. 甲的画作《梦》于1960年发表。1961年3月4日甲去世。甲的唯一继承人乙于2009年10月发现丙网站长期传播作品《梦》，且未署甲名。2012年9月1日，乙向法院起诉。下列哪一表述是正确的？（2013-3-17）

　　A.《梦》的创作和发表均产生于我国《著作权法》生效之前，不受该法保护

　　B. 乙的起诉已超过诉讼时效，其胜诉权不受保护

　　C. 乙无权要求丙网站停止实施侵害甲署名权的行为

　　D. 乙无权要求丙网站停止实施侵害甲对该作品的信息网络传播权的行为

19. 王琪琪在某网站中注册了昵称为"小玉儿"的博客账户，长期以"小玉儿"名义发博文。其中，署名"小玉儿"的《法内情》短文被该网站以写作水平不高为由删除；署名"小玉儿"的《法外情》短文被该网站添加了"作者：王琪琪"字样。关于该网站的行为，下列哪些表述是正确的？（2013-3-62）

　　A. 删除《法内情》的行为没有侵犯王琪琪的发表权

　　B. 删除《法内情》的行为没有侵犯王琪琪的信息网络传播权

　　C. 添加字样的行为侵犯了王琪琪的署名权

　　D. 添加字样的行为侵犯了王琪琪的保护作品完整权

20. 甲公司委托乙公司开发印刷排版系统软件，付费20万元，没有明确约定著作权的归属。后甲公司以高价向善意的丙公司出售了该软件的复制品。丙公司安装使用5年后，乙公司诉求丙公司停止使用并销毁该软件。下列哪些表述是正确的？（2013-3-63）

　　A. 该软件的著作权属于甲公司

　　B. 乙公司的起诉已超过诉讼时效

　　C. 丙公司可不承担赔偿责任

　　D. 丙公司应停止使用并销毁该软件

详　解

1. ［答案］C　　［难度］中

［考点］著作权侵权行为、著作权的保护期限

［命题和解题思路］本题将著作权侵权行为这一核心考点与著作权的保护期限融合在一起考查，难度适中。解答本题时，考生应先厘清本题存在几个作品及其著作权归属。考生需重点结合著作权的保护期限，各自分析图片与评论文章这两个作品在 2022 年时的著作权存续情况。在此基础上，结合著作权对应的受控行为判断丙网站的行为是否构成侵权。

［选项分析］本题中，一共存在两个作品：甲拍摄的图片以及乙撰写的评论文章，尽管二者刊登于杂志的同一页，但并非合作作品，而是两个单独作品，其著作权的存续与归属需各自单独判断。由于甲仍然健在，因此 2022 年时，甲对其拍摄的照片仍享有著作权。对于乙的评论文章，由于乙已经于 1971 年死亡，需要结合著作权的保护期限规则判断。《著作权法》第 22 条规定，作者的署名权、修改权、保护作品完整权的保护期不受限制。《著作权法》第 23 条第 1 款规定："自然人的作品，其发表权、本法第十条第一款第五项至第十七项规定的权利的保护期为作者终生及其死亡后五十年，截止于作者死亡后第五十年的 12 月 31 日；如果是合作作品，截止于最后死亡的作者死亡后第五十年的 12 月 31 日。"据此，乙的著作权中，发表权已经通过行使而用尽，署名权、修改权、保护作品完整权仍受保护，但著作财产权的保护期已经于 2021 年 12 月 31 日届满，不再受保护。

在此基础上分析丙网站的行为。2022 年，丙网站擅自将该杂志扫描上传网络，并提供付费下载服务。这一行为属于典型的信息网络传播行为，侵犯了甲的著作权，但并未侵犯乙或者乙的继承人的著作权。A、B、D 选项均错误，C 选项正确。

2. ［答案］BC　　［难度］中

［考点］播放者权、著作权侵权行为、表演者权

［命题和解题思路］本题以舞台剧《夏之恋》这一作品为基础，围绕著作权与邻接权侵权展开，难度适中。解答本题时，考生应先确定本题中有

几个著作权或邻接权的保护客体，确认其著作权或邻接权的归属。在此基础上，结合著作权或邻接权对应的受控行为判断相关主体的行为是否构成侵权。

［选项分析］本题中仅有一个作品舞台剧《夏之恋》，作者为陈某。不过本题中还存在两个邻接权：（1）甲表演团对舞台剧《夏之恋》进行了表演，由于甲表演团未与演员约定利润分配的比例与表演的权利归属，根据《著作权法》第 40 条第 1 款规定，演员为完成本演出单位的演出任务进行的表演为职务表演，演员享有表明身份和保护表演形象不受歪曲的权利，其他权利归属由当事人约定。当事人没有约定或者约定不明确的，职务表演的权利由演出单位享有。据此可知，表演者权应由甲表演团享有。（2）乙电视台对该舞台剧进行直播，乙电视台享有播放者权。据此展开四个选项的分析。

A 选项与 B 选项均考查播放者权。乙电视台并非录音录像制作者，因此乙电视台并不享有录制者权。A 选项错误。关于播放者权的权利内容，《著作权法》第 47 条第 1 款规定："广播电台、电视台有权禁止未经其许可的下列行为：（一）将其播放的广播、电视以有线或者无线方式转播；（二）将其播放的广播、电视录制以及复制；（三）将其播放的广播、电视通过信息网络向公众传播。"据此可知，播放者权的内容之一就是控制他人的信息网络传播行为。本题中，丙网站对乙电视台直播进行了录制并上传供用户点播，属于典型的信息网络传播行为，侵犯了乙电视台作为广播组织的信息网络传播权。B 选项正确。

C 选项考查著作权侵权行为。依据《著作权法》第 10 条第 12 项，信息网络传播权是著作权的内容之一，是指以有线或者无线方式向公众提供，使公众可以在其选定的时间和地点获得作品的权利。本题中，丙网站对乙电视台直播进行了录制并上传供用户点播，属于对舞台剧《夏之恋》的信息网络传播行为，侵犯了陈某的信息网络传播权。C 选项正确。

D 选项考查表演者权。《著作权法》第 39 条第 1 款规定："表演者对其表演享有下列权利：（一）表明表演者身份；（二）保护表演形象不受歪曲；（三）许可他人从现场直播和公开传送其现场表演，并获得报酬；（四）许可他人录音录像，

并获得报酬；（五）许可他人复制、发行、出租录有其表演的录音录像制品，并获得报酬；（六）许可他人通过信息网络向公众传播其表演，并获得报酬。"据此可知，表演者权的内容之一就是信息网络传播权。本题中，丙网站对乙电视台直播进行了录制并上传供用户点播，侵犯了表演者权，但侵犯的是甲表演团的表演者权，并未侵犯演员的表演者权。D选项错误。

3. ［答案］B ［难度］易

［考点］法定许可使用

［命题和解题思路］从题干最后一句的表述"下列哪一选项所涉及的行为无须王某许可但需要向其支付报酬"可以看出，本题考查的知识点是法定许可使用。因此，本题所涉及的问题可以转化为：四个选项中哪个属于法定许可？考生只需要结合现行法规定的法定许可情形进行判断即可。依据现行法，法定许可主要有以下类型：（1）编写出版教科书的法定许可（《著作权法》第25条）；（2）报刊转载的法定许可（《著作权法》第35条第2款）；（3）制作录音制品的法定许可（《著作权法》第42条第2款）；（4）播放作品的法定许可（《著作权法》第46条第2款）；（5）制作和提供课件的法定许可（《信息网络传播权保护条例》第8条）；（6）通过网络向农村提供特定作品的准法定许可（《信息网络传播权保护条例》第9条）。本题选项B刚好涉及播放作品的法定许可。

［选项分析］结合题干的表述，无须著作权人同意+需要支付报酬的情形是法定许可。《著作权法》第46条第2款规定："广播电台、电视台播放他人已发表的作品，可以不经著作权人许可，但应当按照规定支付报酬。"该条款规定了播放作品的法定许可。本题中，乙广播电台按照预定节目单播放《法考路》，符合该法定许可。选项B当选。

选项A中，甲公司将《法考路》作为电影主题曲，会侵犯王某的复制权、发行权等著作权。选项C中，丙商店在营业时间播放《法考路》作为背景音乐，因为丙商店本身是具有营利性的，因此其表演并非免费表演，会侵犯王某的表演权。选项D中，丁网络平台上传《法考路》供用户在线点播，属于典型的网络传播行为，会侵犯王某

的信息网络传播权。选项A、C、D所涉及的行为均须王某许可。

4. ［答案］AC ［难度］中

［考点］委托作品的著作权人、著作权的内容、著作权侵权行为、表演者权

［命题和解题思路］本题属于著作权法客观题的常见命题套路，只不过本题除了一个作品（舞蹈）以外，还有另一个保护的对象——舞蹈表演活动，将著作权与邻接权结合起来考查。结合四个选项，本题可划分为两个板块：表演者权侵权问题（选项A与选项B）与著作权侵权问题（选项C与选项D）。对于表演者权侵权问题，考生不妨按照以下思路展开分析：（1）确定表演者权的归属。从赵某的舞蹈表演属于职务表演的角度切入，判断该舞蹈表演活动的表演者权应由谁享有；（2）结合表演者权的具体内容及其对应的受控行为，判断钱某的行为是否构成表演者权侵权。对于著作权侵权问题，考生不妨按照以下思路进行思考：（1）抓住其委托作品的属性，在此基础上结合委托作品的规则判断舞蹈作品的著作权归属；（2）结合著作权的内容以及各著作权对应的受控行为判断钱某的行为是否构成侵权。

［选项分析］选项A与选项B考查表演者权。首先确定表演者权的归属。《著作权法》第40条规定："演员为完成本演出单位的演出任务进行的表演为职务表演，演员享有表明身份和保护表演形象不受歪曲的权利，其他权利归属当事人约定。当事人没有约定或者约定不明确的，职务表演的权利由演出单位享有。职务表演的权利由演员享有的，演出单位可以在其业务范围内免费使用该表演。"据此结合本题，赵某属于舞蹈团的成员，其在晚会上领舞并表演何某设计的舞蹈，属于职务表演。结合当事人没有约定表演者权的归属，对该舞蹈表演，赵某享有表明身份和保护表演形象不受歪曲的权利，其他表演者权由舞蹈团享有。

在此基础上分析钱某的行为是否构成表演者权侵权。《著作权法》第39条第1款规定："表演者对其表演享有下列权利：（一）表明表演者身份；（二）保护表演形象不受歪曲；（三）许可他人从现场直播和公开传送其现场表演，并获得报酬；（四）许可他人录音录像，并获得报酬；

（五）许可他人复制、发行、出租录有其表演的录音录像制品，并获得报酬；（六）许可他人通过信息网络向公众传播其表演，并获得报酬。"据此可知，舞蹈团所享有的表演者权内容包括现场直播权、首次录制权、复制权、发行权、出租权、信息网络传播权。本题中，钱某在晚会现场录制了赵某的舞蹈表演并上传到短视频平台供用户观看下载，侵犯了舞蹈团的首次录制权与信息网络传播权。选项 A 当选，选项 B 不当选。

选项 C 与选项 D 考查著作权的内容与著作权侵权行为。首先，确定舞蹈作品的著作权归属。《著作权法》第 19 条规定："受委托创作的作品，著作权的归属由委托人和受托人通过合同约定。合同未作明确约定或者没有订立合同的，著作权属于受托人。"据此结合本题，舞蹈团委托何某设计了一支舞蹈，由于双方并未约定著作权的归属，该舞蹈作品的著作权归属于受托人何某。

在此基础上分析钱某的行为是否构成著作权侵权。依据《著作权法》第 10 条，信息网络传播权是指以有线或者无线方式向公众提供，使公众可以在其选定的时间和地点获得作品的权利。本题中，钱某在晚会现场录制了赵某的舞蹈表演并上传到短视频平台供用户观看下载，侵犯了何某的信息网络传播权。选项 C 当选，选项 D 不当选。

5. ［答案］BC　　［难度］中
［考点］著作权的内容、著作权侵权行为
［命题和解题思路］本题属于著作权法部分客观题的惯用命题套路，给定了一个作品——油画《秋收》，在赠与原件的同时，受赠人关某及其员工实施了一些行为，要求考生判断其行为侵害了刘某的何种著作权。解答本题时，考生总体上应从各具体著作权对应的受控行为的角度去分析和判断。在具体思路上，首先，考生应明确《秋收》的作品类型与著作权归属；其次，在此基础上，考生应分析该画原件的所有权移转对著作权的归属有何影响；最后，考生应结合四个选项提及的各个著作权的受控行为，分析关某及其员工的行为是否构成对刘某著作权的侵权。

［选项分析］本题所涉及的作品只有一个，即油画《秋收》，该作品在性质上属于美术作品，其著作权人为作者刘某。但是本题中刘某将该画的原件赠与关某，需要分析这一过程对著作权归属

有何影响。《著作权法》第 20 条规定："作品原件所有权的转移，不改变作品著作权的归属，但美术、摄影作品原件的展览权由原件所有人享有。作者将未发表的美术、摄影作品的原件所有权转让给他人，受让人展览该原件不构成对作者发表权的侵犯。"据此可知，该画原件所有权移转后，除了展览权由关某享有，其余著作权仍由刘某享有，关某有权以展览原件的方式发表该作品。在此基础上分析四个选项。

选项 A 考查展览权与著作权侵权行为。依据《著作权法》第 10 条，展览权是指公开陈列美术作品、摄影作品的原件或者复制件的权利。本题中，油画原件移转后，展览权由关某享有，并且关某及其员工并未实施展览行为，因此并不构成对刘某展览权的侵犯。选项 A 不当选。

选项 B 考查发表权与著作权侵权行为。本题中，刘某将油画赠与关某前并未发表该画。依据《著作权法》第 20 条，关某作为该画原件的所有权人，有权以展览原件的方式发表该画。但是依据《著作权法》第 20 条，该画的发表权由作者刘某享有，且该条并未授权关某以其他方式发表该画。因此，关某与其员工的行为侵犯了刘某的发表权。选项 B 当选。

选项 C 考查复制权与著作权侵权行为。依据《著作权法》第 10 条，复制权是指以印刷、复印、拓印、录音、录像、翻录、翻拍、数字化等方式将作品制作一份或者多份的权利。本题中，关某让其员工将画拍摄成照片用于公司某产品的背景图，增加了该油画作品的复制件，并将其固定在产品之上，属于典型的复制行为。因此，关某及其员工的行为侵犯了刘某的复制权。选项 C 当选。

选项 D 考查信息网络传播权与著作权侵权行为。依据《著作权法》第 10 条，信息网络传播权是指以有线或者无线方式向公众提供，使公众可以在其选定的时间和地点获得作品的权利。本题中，关某及其员工并未实施信息网络传播行为，并未侵犯刘某的信息网络传播权。选项 D 不当选。

6. ［答案］BCD　　［难度］难
［考点］委托作品的著作权人、技术措施保护、著作财产权、著作权侵权行为
［命题和解题思路］本题总体上属于著作权客观题的常见命题套路，即围绕歌曲《春天》这一

作品，要求考生判断各方的行为是否构成著作权侵权，特别是判断复制权侵权与发行权侵权。不过本题也在常用命题套路的基础上增加了对技术措施保护这一知识点的考查，使得本题有一定难度。解答本题时，考生应先明确本题所考查的作品是什么，其著作权人是谁。在此基础上，结合著作权的内容及其对应的受控行为，判断各主体的行为是否构成侵权。第一句的"委托"二字表明歌曲《春天》属于委托作品，对其著作权的归属，考生需要结合委托作的规则判断。在涉及发行权侵权的判断时，考生需要注意结合发行权用尽原则进行分析。此外需要提醒考生的是，对于技术措施的保护，采取技术措施的主体并不享有著作权或者邻接权，避开技术措施的行为本身并非侵害著作权的行为。

[选项分析] A 选项看似涉及民法上的无权处分问题，实际上考查的是委托作品的著作权人。乙转让歌曲《春天》的著作财产权的行为是否构成无权处分取决于其是否为歌曲《春天》的著作权人。《著作权法》第 19 条规定："受委托创作的作品，著作权的归属由委托人和受托人通过合同约定。合同未作明确约定或者没有订立合同的，著作权属于受托人。"据此，歌曲《春天》的著作权人为受托人乙，因此乙转让歌曲《春天》的著作财产权的行为属于有权处分。A 选项错误。

B 选项考查《著作权法》中的技术措施保护。《著作权法》第 49 条规定："为保护著作权和与著作权有关的权利，权利人可以采取技术措施。未经权利人许可，任何组织或者个人不得故意避开或者破坏技术措施，不得以避开或者破坏技术措施为目的的制造、进口或者向公众提供有关装置或者部件，不得故意为他人避开或者破坏技术措施提供技术服务。但是，法律、行政法规规定可以避开的情形除外。本法所称的技术措施，是指用于防止、限制未经权利人许可浏览、欣赏作品、表演、录音录像制品或者通过信息网络向公众提供作品、表演、录音录像制品的有效技术、装置或者部件。"据此可知，技术措施本身是受保护的，但是对于技术措施，采取技术措施的主体并不享有著作权或邻接权。B 选项正确。

C 选项考查的是复制权侵权。依据《著作权法》第 10 条第 1 款第 5 项，复制权是指以印刷、复印、拓印、录音、录像、翻录、翻拍、数字化

等方式将作品制作一份或者多份的权利。据此可知，复制权对应的受控行为是复制行为，即在有形的载体上相对稳定持久地固定作品，并需形成新的复制件。本题中，戊公司避开了该音乐平台的技术措施下载该歌曲，并将该歌曲用于本公司生产的玩具狗上，属于对乙《春天》作品的复制行为，侵犯了乙的复制权。C 选项正确。

D 选项考查的是发行权侵权。依据《著作权法》第 10 条第 1 款第 6 项，发行权是指以出售或者赠与方式向公众提供作品的原件或者复制件的权利。己公司从戊公司进了一批玩具狗用于销售，构成对歌曲《春天》的发行行为。不过需要进一步审查，本题是否构成发行权用尽。发行权用尽是指作品原件、经授权的合法制作的复制件经著作权人许可，首次销售或赠与后，著作权人就无权控制该特定原件或复制件的再次流转。本题中，由于该玩具狗流入市场自始就没有取得著作权人乙的同意，因此发行权用尽原则并不适用。己公司的行为仍构成对乙发行权的侵犯。D 选项正确。

7. [答案] AD　　[难度] 中

[考点] 著作权的主体、署名权、著作财产权

[命题和解题思路] 本题围绕自传体小说这一作品展开，属于著作权法客观题的惯常命题套路。本题解答的难点有二：其一，考生需要结合自传体作品规则以及著作权继承的规则判断该自传体小说的著作权归属；其二，确定该自传体小说著作权归属后，考生需要结合著作权的内容及其对应的受控行为，判断丙的行为是否构成著作权侵权。需要注意的是，对于自传体作品，由于具有一定的特殊性，并非普通的委托作品，其著作权归属问题不能直接适用委托作品的规则，应适用《著作权纠纷解释》第 14 条。

[选项分析] A 选项考查自传体作品的著作权归属。《著作权纠纷解释》第 14 条规定："当事人合意以特定人物经历为题材完成的自传体作品，当事人对著作权权属有约定的，依其约定；没有约定的，著作权归该特定人物享有，执笔人或整理人对作品完成付出劳动的，著作权人可以向其支付适当的报酬。"据此，由于甲、乙二人对著作权归属并无约定，因此该小说的著作权人为甲，乙作为执笔人有权请求支付适当的报酬，该请求权作为遗产由其儿子丙继承，因此甲、乙二人死

亡后，丙有权请求丁支付适当的报酬。A 选项正确。

B 选项考查署名权侵权。依据《著作权法》第 10 条第 1 款第 2 项，署名权是指表明作者身份，在作品上署名的权利。本题中自传体小说的著作权人是甲，其享有署名权，且该署名权永远受保护。**基于署名权，甲有权主张作者身份，并且有权决定在作品上是否署名，以及署什么名（真名或者假名）**。丙擅自在该小说上署自己的名，侵犯了甲的署名权。B 选项错误。

C、D 选项考查著作财产权的继承。甲对该自传体小说享有著作权，其死亡后，该小说上的著作财产权作为甲的合法遗产由其继承人丁继承。C 选项错误，D 选项正确。

8. ［答案］B　　［难度］难

［考点］著作权的内容、著作权侵权行为、著作权的保护期限

［命题和解题思路］本题一方面符合著作权法客观题的常见命题套路，即围绕张某生前创作的作品，考查出版社以及书店的行为是否构成著作权侵权；另一方面，本题也有一定特色，题干中有明确的时间信息，这表明，本题还兼顾了对著作权保护期限的考查。在此基础上，本题的解答不妨按照以下思路展开：第一，结合著作权继承、著作权保护期限的规定，判断 2019～2021 年期间出版社以及书店实施相关行为时，著作权是否已经到期；第二，结合著作权内容及其对应的受控行为，判断出版社以及书店的行为是否构成著作权侵权。

［选项分析］本题的一个特点在于将著作权侵权行为这一考点与著作权的保护期限结合起来，要分析出版社与书店的行为是否构成著作权侵权，首先需要考查其各自行为发生时，张某作品的著作权是否已经到期。对于张某作品的著作权保护期限，结合现行法可有如下判断：（1）发表权的保护期限是作者终生+死后 50 年，截止于 2020 年 12 月 31 日；（2）署名权、修改权、保护作品完整权永远受保护，著作权人死后由其继承人、受遗赠人保护；（3）著作财产权的保护期限是作者终生+死后 50 年，截止于 2020 年 12 月 31 日。据此可知，书店在 2021 年仍售卖该书，不会侵害张某作品的发表权和著作财产权，由于书店的行为也

并不构成对署名权、修改权、保护作品完整权的侵害，因此书店并不构成著作权侵权。C、D 选项错误。

出版社汇编并出版张某作品时，张某作品的著作权均尚未过期，可能构成著作权侵权。出版社对张某生前已发表的作品进行汇编出版，可能侵犯张某作品的复制权、发行权与汇编权，这些都是对著作财产权的侵犯。由于张某作品生前已经发表，因此，出版社的行为并未侵犯发表权，也并未侵犯署名权、修改权、保护作品完整权。因此，出版社的行为只侵犯了张某作品的著作财产权。由于张某已经死亡，其作品的著作财产权由其儿子张甲与张乙继承，因此出版社侵犯了张甲和张乙的著作财产权。A 选项错误，B 选项正确。

9. ［答案］B　　［难度］难

［考点］委托作品的著作权人、演绎作品的著作权人、著作权内容、著作权侵权行为

［命题和解题思路］本题涉及两个作品——电影剧本与电影，考生需要判断四个选项所涉及的行为是否同时构成二者作品著作权的侵犯。解答本题的主要难点在于，电影作品较为特殊，**电影作品既是特殊的合作作品，也是特殊的演绎作品**，认识了这一点，本题才能得到准确解答。解答本题时，考生应先确定电影剧本作品与电影作品的著作权归属，在此基础上，结合著作权内容及其受控行为，同时兼顾电影作品的特殊性，对四个选项展开具体分析。

［选项分析］解答本题首先需要明确电影剧本作品与电影作品的著作权归属。"委托"二字表明电影剧本属于委托作品。《著作权法》第 19 条规定："受委托创作的作品，著作权的归属由委托人和受托人通过合同约定。合同未作明确约定或者没有订立合同的，著作权属于受托人。"据此结合本题，电影公司与王某未约定电影剧本的著作权归属，该电影剧本的著作权人为受托人王某。与此同时，需要注意的是，电影作品是特殊的演绎作品与特殊的合作作品。《著作权法》第 17 条第 1 款规定："视听作品中的电影作品、电视剧作品的著作权由制作者享有，但编剧、导演、摄影、作词、作曲等作者享有署名权，并有权按照与制作者签订的合同获得报酬。"据此，电影作品的著作

权人为制作者即电影公司。由于电影属于特殊的演绎作品，对电影本身的使用只需经过电影公司的许可，但若以电影作品为基础再创作形成其他作品形式，则需要奉行多重授权原则。

A 选项中，某音像出版社制作并出版该电影的 DVD，属于对电影作品本身的利用，该行为仅侵害电影作品的著作权，并未侵犯王某的电影剧本著作权。A 选项错误。

B 选项中，某动漫公司根据该电影的情节和画面绘制一整套漫画，并在网络上传播，这一行为并非对电影本身的利用，需要奉行多重授权原则，即需要经过电影作品与电影剧本作品的著作权人的双重许可，未经双重许可同时侵犯二者的著作权。B 选项正确。

C 选项中，对该电影作品进行方言配音，产生滑稽性效果，属于对电影的讽刺性模仿。如果构成对电影作品的转换性使用的程度，则属于对电影作品的合理使用，不成立对电影作品著作权的侵害，如果未达到转换性使用的程度，也仅侵害电影作品的著作权，而不会侵害剧本著作权。C 选项错误。

D 选项中，某电视台在"电影经典对话"专题片中播放 30 分钟该部电影中带有经典对话的画面。《著作权法》第 48 条规定："电视台播放他人的视听作品、录像制品，应当取得视听作品著作权人或者录像制作者许可，并支付报酬；播放他人的录像制品，还应当取得著作权人许可，并支付报酬。"据此，"某电视台在'电影经典对话'专题片中播放 30 分钟该部电影中带有经典对话的画面"的行为，属于对电影作品本身的擅自广播行为，不会侵害电影剧本的著作权。D 选项错误。

10. ［答案］BD　　　［难度］中

［考点］作品的概念、著作权的内容、著作权侵权行为

［命题和解题思路］本题涉及一种不常见的作品类型——字体，考生在解题时需要考虑：字体是否为作品、属于何种作品、多个字组合的整体是作品还是单个字就构成作品？对于字体，考生需要明确的是：如果其符合作品的构成要件，特别是具备独创性，则该字体可以构成美术作品，且单个字就足以构成美术作品（注意并非文字作品）。因此，解答本题时，考生要紧扣作品的构成

要件，对字体进行分析。在此基础上，结合著作权内容及其对应的受控行为，判断羊阳洋公司的行为是否构成著作权侵权行为。

［选项分析］选项 A、B、C 均考查作品的概念。依据《著作权法》第 3 条，著作权法上的作品是指文学、艺术和科学领域内具有独创性并能以一定形式表现的智力成果。作品的实质条件包括三个方面：（1）须为人类的智力成果；（2）须是能够为他人客观感知的外在表达；（3）独创性。本题中的字体在布局、线条、勾画、落笔以及比例上自成体系，多出三分圆润，审美价值很高，是具有独创性的美术作品，牛博朗对其享有著作权。A 选项错误，B 选项正确。字体属于美术作品，但其并不是作为一个整体受到《著作权法》的保护，也就是说，每一个使用了特定字体的表达都是一个独立的美术作品，应单独受到保护，对字体的保护与使用汉字的数量无关。C 选项错误。

选项 D 考查著作权侵权行为。本题中，羊阳洋公司未经牛博朗同意，使用其设计的字体创作了广告词并进行使用，即属于未经许可使用他人美术作品的行为。羊阳洋公司使用该广告的行为当然会构成对此美术作品的复制和传播，侵犯了牛博朗的著作权。D 选项正确。

11. ［答案］AC　　　［难度］难

［考点］合作作品著作权的归属及行使

［命题和解题思路］本题涉及两个作品——歌曲《春风来》与歌曲《秋风起》，要求准确判断这两个作品的著作权归属与著作权行使。本题的难点在于对歌曲《秋风起》作品性质与著作权归属的判断，有的考生可能会误认为《秋风起》也是一个合作作品，这是不准确的。对于这两个作品是否属于合作作品需要结合合作作品的构成要件来判断，《秋风起》的创作欠缺甲、乙二人共同的创作意志，属于甲的个人作品。与之相应的，丙使用《秋风起》所支付的许可费应当归属甲独自享有。

［选项分析］本题中，甲、乙二人合作创作了歌曲《春风来》。《著作权法》第 14 条第 1 款规定："两人以上合作创作的作品，著作权由合作作者共同享有。没有参加创作的人，不能成为合作作者。"合作作品是指两个以上的人合作创作的作

品。判断是否为合作作品应把握以下要件：（1）合作作品的创作者须为两个或两个以上；（2）须有共同创作的合意；（3）须有共同创作行为；（4）各创作作者的贡献形成一件完整的作品。因此，《春风来》的著作权由甲与乙共同享有。A 选项正确。

B 选项容易出错，考生可能会误认为甲侵犯了《春风来》的歌曲的整体著作权。这种错误源于对《著作权法》第 14 条第 3 款的错误理解，该款规定："合作作品可以分割使用的，作者对各自创作的部分可以单独享有著作权，但行使著作权时不得侵犯合作作品整体的著作权。"《春风来》属于合作作品，但合作作品可以分割使用，作者对各自创作的部分单独享有著作权，因此甲对其创作的部分可以单独享有著作权，甲将《春风来》重新填词改为《秋风起》，甲对《秋风起》享有整体的著作权，并且合同效力应与侵权行为相区分，合同效力的状态与是否存在侵权行为无关，因此甲与丙之间的许可使用合同是有效的。并且《秋风起》为单独的作品，并非对《春风来》的许可使用，因此甲无需将许可费与乙分享。B、D 选项错误；C 选项正确。

12.［答案］C ［难度］难

［考点］合作作品著作权的归属及行使、著作权的内容、著作权侵权行为

［命题和解题思路］本题一方面考查合作作品的著作权归属与行使问题，另一方面以不同主体对同一部作品所实施的各种行为考查考生对著作权侵权的把握，有一定难度。解答本题的难点在于涉及多个主体以及多个行为，因此解题时，考生应先结合合作作品的规则判断小说的著作权归属及其行使方式，在此基础上，结合著作权内容及其对应的受控行为，判断甲、丙、丁、戊的行为是否构成著作权侵权行为。

［选项分析］A、D 选项考查合作作品著作权的归属及行使。由"合作创作"这一信息可知，该小说属于甲与乙之间的合作作品。《著作权法》第 14 条规定："两人以上合作创作的作品，著作权由合作作者共同享有。没有参加创作的人，不能成为合作作者。合作作品的著作权由合作作者通过协商一致行使；不能协商一致，又无正当理由的，任何一方不得阻止他方行使除转让、许可

他人专有使用、出质以外的其他权利，但是所得收益应当合理分配给所有合作作者。合作作品可以分割使用的，作者对各自创作的部分可以单独享有著作权，但行使著作权时不得侵犯合作作品整体的著作权。"据此结合本题，甲、乙二人合作创作了一部小说，该小说的著作权由甲与乙二人共同享有。对于小说著作权的行使，若二人无法协商一致，则甲有权行使除转让、许可他人专有使用、出质以外的其他权利。因此，甲把小说上传至自己博客的行为不构成对乙的发表权和信息网络传播权的侵害。A 选项错误。甲也有权不经乙同意，许可戊出版社复制、发行该小说。D 选项错误。既然甲的行为不构成对乙的信息网络传播权的侵权行为，那么丙设置链接的行为也不构成对甲、乙的信息网络传播权的侵权行为。B 选项错误。

《信息网络传播权纠纷规定》第 3 条第 1 款规定："网络用户、网络服务提供者未经许可，通过信息网络提供权利人享有信息网络传播权的作品、表演、录音录像制品，除法律、行政法规另有规定外，人民法院应当认定其构成侵害信息网络传播权行为。"本题中，丁未经甲、乙许可，在自己博客中转载了小说，这是典型的侵犯甲、乙所享有网络信息传播权的行为，丁事后向著作权人支付报酬并不改变其已经侵权的事实。C 选项正确。

13.［答案］B ［难度］中

［考点］著作权的内容、著作权侵权行为、录制者权

［命题和解题思路］著作权侵权行为这一考点是著作权法客观题考试的重中之重，本题以四个互不相关的选项对这一考点展开考查。由于每个选项涉及的事实都较为简单，因此本题的难度并不大。解答本题时，考生应先明确各个选项所涉及的作品，在此基础上结合著作权内容及其对应的受控行为展开分析。需要提醒注意的是，个别著作权只有部分作品的著作权人才能享有，例如出租权仅视听作品与计算机软件作品的著作权人才能享有，其他作品的著作权人并不享有出租权。此外，本题选项 C 还兼顾了对邻接权的考查，分析思路和著作权侵权一样，考生结合录制者权的内容及其受控行为进行分析即可。

［选项分析］A 选项涉及临摹行为的定性。学

理上对临摹行为的性质有一定争议。临摹行为可能构成合理使用。例如，《著作权纠纷解释》第18条规定："著作权法第二十二条第（十）项规定的室外公共场所的艺术作品，是指设置或者陈列在室外社会公众活动处所的雕塑、绘画、书法等艺术作品。对前款规定艺术作品的临摹、绘画、摄影、录像人，可以对其成果以合理的方式和范围再行使用，不构成侵权。"但是本题中，甲临摹知名绘画作品后廉价出售给路人，属于营利性的临摹，已经超出合理使用的范围，侵犯了绘画作品的著作权（具体侵犯的是复制权）。A选项不当选。

B选项考查出租权侵权。B选项中，乙收购一批旧书后廉价出租给同学，该出租行为是出租权对应的受控行为。依据《著作权法》第10条，只有两类作品的著作权人享有出租权：视听作品与计算机软件作品。而B选项涉及的是旧书，其中包含的作品属于文字作品，文字作品的著作权人并没有出租权。因此乙收购一批旧书后廉价出租给同学，并不侵犯旧书的著作权。B选项当选。

C选项考查录制者权。C选项可能侵犯著作权的是出租行为，购买正版录音制品的行为是合法的，不会侵犯他人的著作权。《著作权法》第44条规定："录音录像制作者对其制作的录音录像制品，享有许可他人复制、发行、出租、通过信息网络向公众传播并获得报酬的权利；权利的保护期为五十年，截止于该制品首次制作完成后第五十年的12月31日。被许可人复制、发行、通过信息网络向公众传播录音录像制品，应当同时取得著作权人、表演者许可，并支付报酬；被许可人出租录音录像制品，还应当取得表演者许可，并支付报酬。"据此结合本题，录音制品的制作者享有出租权，丙的行为侵害了其出租权。C选项不当选。不过C选项并不严谨，丙侵害的其实并非著作权，而是邻接权。

D选项考查表演权。依据《著作权法》第10条，著作权人享有表演权，有权禁止他人未经允许的公开表演行为。结合本题，丁购买正版音乐CD后在自己开设的小餐馆播放的行为属于营利传播，侵害了音乐作品的表演权。需要注意的是，D选项并不构成《著作权法》第24条规定的合理使用。依据《著作权法》第24条第9项，免费表演已经发表的作品，该表演未向公众收取费用，也

未向表演者支付报酬，且不以营利为目的，不构成侵权，但D选项中丁的表演行为是有偿的，并非免费表演行为。D选项不当选。

14. ［答案］ABC　　［难度］中
［考点］著作权的内容、著作权侵权行为
［命题和解题思路］从四个选项的表述来看，本题考查的是著作权法部分的核心考点——著作权侵权行为。本题仅涉及一个作品，即小说《森林之歌》，因此难度不大。解题时，考生应先确定小说《森林之歌》的著作权人。在此基础上，结合著作权内容以及各著作权对应的受控行为，判断出版社行为是否构成侵权。本题四个选项涉及了修改权、保护作品完整权、署名权以及发行权，需要考生准确理解这四个具体著作权。需要提请注意的是：侵犯保护作品完整权的往往也同时构成对修改权的侵犯，二者有一定的内在关联。对于署名权，注意著作权人不仅有权决定署名与否，还可以决定署什么名。涉及发行权时，考生应习惯性地考查一下是否适用发行权用尽原则。

［选项分析］A、B选项考查修改权和保护作品完整权侵权。由于这两个著作权存在紧密的联系，不妨一起分析。依据《著作权法》第10条，修改权是指修改或者授权他人修改作品的权利，而保护作品完整权是指保护作品不受歪曲、篡改的权利。本题中，出版社擅自将狗熊改写成四只腿的动物，其已经超出了正常的文字编辑的范畴，会引发读者对相关内容理解的歪曲，显然是不符合崔雪本意的。因此，出版社的行为不仅构成对保护作品完整权的侵犯，也构成对修改权的侵犯。A、B选项均正确。

C选项考查署名权侵权。依据《著作权法》第10条，署名权是指表明作者身份，在作品上署名的权利，据此作者有是否署名以及署什么名的决定自由。本题中，出版社擅自将笔名"吹雪"改为真名"崔雪"，侵犯了崔雪的署名权。C选项正确。

D选项考查发行权侵权，具体涉及发行权用尽原则。发行权用尽原则是指虽然著作权人享有以所有权移转方式向公众提供作品原件或者复制件的发行权，但作品原件经授权的合法制作的复制件经著作权人许可，首次销售或赠与后，著作权人就无权控制该特定原件或复制件的再次流转。本题中，出版社已经依法出版发行该小说，作者

的发行权用尽了，书店销售正版的《森林之歌》并未侵犯作者崔雪的著作权。D 选项错误。

15. ［答案］D　　　［难度］中

［考点］委托作品的著作权人、合理使用

［命题和解题思路］本题结合一件委托作品——雕塑来考查考生对合理使用制度的理解，考点较为集中。由于题干部分事实较为简单，因此本题考查难度并不大。初步分析四个选项不难发现，四个选项涉及的行为都是复制行为，都属于复制权的受控行为，理应都是侵权行为，那么为何有的选项不构成侵权呢？原因就在于，有的选项中虽然存在复制行为，但是符合合理使用的情形，此时就可以阻却著作权侵权。所以，作为单选题，本题的核心在于，分析四个选项中哪一个选项符合合理使用的情形。具体而言，本题仅涉及《著作权法》第 24 条第 1 款第 10 项所规定的合理使用情形。

［选项分析］首先应确定雕塑作品的著作权归属。由"委托"二字可知，雕塑作品属于委托作品。《著作权法》第 19 条规定："受委托创作的作品，著作权的归属由委托人和受托人通过合同约定。合同未作明确约定或者没有订立合同的，著作权属于受托人。"据此结合本题，该雕塑作品的著作权属于叶某。

《著作权法》第 24 条关于合理使用的规定，其第 1 款第 10 项规定，对设置或者陈列在室外公共场所的艺术作品进行临摹、绘画、摄影、录像。《著作权纠纷解释》第 18 条第 1 款规定："著作权法第二十二条第（十）项规定的室外公共场所的艺术作品，是指设置或者陈列在室外社会公众活动处所的雕塑、绘画、书法等艺术作品。"此种合理使用的对象是艺术作品，且该艺术作品必须被设置在公共场所或陈列在公共场所，另外必须是非营利性的使用才是合理使用，如果是营利性的使用，则不再是合理使用。置于室内的艺术作品不能进行此种合理使用。A、B、C 选项中的复制行为属于从立体到立体的复制行为，且合理使用必须是非营利性的，而营利性使用一定不是合理使用，因此 A、B、C 选项均不属于合理使用，不当选。D 选项中的复制行为，属于对该雕塑作品从立体到平面的复制，属于合理使用，不构成对叶某著作权的侵犯。D 选项当选。

16. ［答案］C　　　［难度］难

［考点］作品的概念、表演者权、播放者权

［命题和解题思路］本题以篮球比赛为事实背景，集中考查著作权法部分的核心考点——著作权（邻接权）侵权行为。解答本题时，考生首先需要明确篮球比赛是否为《著作权法》上的作品，对此显然应作否定回答。此外，对于舞蹈表演，舞蹈演员所享有的权利是表演者权，属于邻接权的类型之一，考生切勿和著作权中的表演权混淆。在此基础上，考生应结合著作权与邻接权的内容及其对应的受控行为分析判断乙电视台行为所侵犯的具体权利是什么。

［选项分析］A 选项考查作品的概念。依据《著作权法》第 3 条，《著作权法》上的作品是指文学、艺术和科学领域内具有独创性并能以一定形式表现的智力成果。据此，**作品的实质条件包括：（1）须为人类的智力成果；（2）须是能够为他人客观感知的外在表达；（3）具有独创性。**此结合本题，篮球比赛作为竞技体育活动，其不受《著作权法》保护，主办方对篮球比赛节目不享有著作权。乙电视台未经许可转播篮球比赛未侵犯主办方的著作权。A 选项错误。

B、C 选项均考查表演者权。《著作权法》第 39 条规定："表演者对其表演享有下列权利：（一）表明表演者身份；（二）保护表演形象不受歪曲；（三）许可他人从现场直播和公开传送其现场表演，并获得报酬；（四）许可他人录音录像，并获得报酬；（五）许可他人复制、发行、出租录有其表演的录音录像制品，并获得报酬；（六）许可他人通过信息网络向公众传播其表演，并获得报酬。被许可人以前款第三项至第六项规定的方式使用作品，还应当取得著作权人许可，并支付报酬。"本题中，**由于篮球比赛不是作品，因此篮球运动员在篮球比赛中的表现不是对作品的表演，篮球运动员不是表演者，因而其不对体育赛事或是体育赛事转播产生任何权利。**B 选项错误。具有独创性的舞蹈属于作品，舞蹈演员对于舞蹈作品享有表演者权。**表演者权包含以下内容：（1）表明表演者身份的权利；（2）保护表演形象不受歪曲的权利；（3）对表演的现场直播许可权；（4）对表演进行录音录像许可权；（5）音像制品复制、发行许可权；（6）网络信息传播许可权。**乙未经许可擅自转播的行为侵犯了舞蹈演员所享

有的表演者权中的对表演的现场直播许可权。C
选项正确。

D 选项考查播放者权。《著作权法》第 47 条
规定:"广播电台、电视台有权禁止未经其许可的
下列行为:(一)将其播放的广播、电视以有线或
者无线方式转播;(二)将其播放的广播、电视录
制以及复制;(三)将其播放的广播、电视通过信
息网络向公众传播。广播电台、电视台行使前款
规定的权利,不得影响、限制或者侵害他人行使
著作权或者与著作权有关的权利。本条第一款规
定的权利的保护期为五十年,截止于该广播、电
视首次播放后第五十年的 12 月 31 日。"广播电
台、电视台对其播放的广播、电视信号享有广播
组织者权。本题中,甲电视台对其播放的篮球比
赛和舞蹈表演享有广播组织者权,但主办方不是广
播组织者权的权利主体。D 选项错误。

17.　[答案] AD　　　[难度] 难

[考点] 著作权的内容、著作权侵权行为、表
演者权、录制者权、法定许可使用

[命题和解题思路] 本题同时涉及著作权与邻
接权,且具体涉及两种邻接权——录音制作者权
以及表演者权。解答本题时,考生应先确定甲、
乙、丙三人分别享有什么权利,是著作权还是邻
接权。在此基础上,结合著作权与邻接权的权利
内容及其对应的受控行为,分析判断相关主体的
行为是否构成侵权。值得注意的是,本题的 B 选
项还涉及对法定许可的考查,要求考生熟悉现行
法上法定许可的具体类型。

[选项分析] 本题中,甲对歌曲《红苹果》
享有著作权、乙作为录音制品的制作者享有录音
制作者权、作为表演者的丙享有表演者权。

《著作权法》第 39 条规定:"表演者对其表演
享有下列权利:(一)表明表演者身份;(二)保
护表演形象不受歪曲;(三)许可他人从现场直播
和公开传送其现场表演,并获得报酬;(四)许可
他人录音录像,并获得报酬;(五)许可他人复
制、发行、出租录有其表演的录音录像制品,并
获得报酬;(六)许可他人通过信息网络向公众传
播其表演,并获得报酬。被许可人以前款第三项
至第六项规定的方式使用作品,还应当取得著作
权人许可,并支付报酬。"同时,《著作权法》第
44 条规定,录音录像制作者对其制作的录音录像

制品,享有许可他人复制、发行、出租、通过信
息网络向公众传播并获得报酬的权利;权利的保
护期为五十年,截止于该制品首次制作完成后第
五十年的 12 月 31 日。被许可人复制、发行、通过
信息网络向公众传播录音录像制品,还应当取得
著作权人、表演者许可并支付报酬。本题中,某
公司未经许可翻录该 CD 后销售,尽管其向甲、
乙、丙寄送了报酬,但仍然不改变该公司构成侵
犯三者著作权或邻接权的事实。A 选项当选。

《著作权法》第 42 条第 2 款规定:"录音制作
者使用他人已经合法录制为录音制品的音乐作品
制作录音制品,可以不经著作权人许可,但应当
按照规定支付报酬;著作权人声明不许使用的不
得使用。"本题中,某公司未经许可自聘歌手在录
音棚中演唱了《红苹果》并制作成 DVD 销售,向
甲寄送了报酬,该公司构成该条所规定的法定许
可。B 选项不当选。

某商场购买 CD 后在营业时间作为背景音乐播
放,该行为只涉及该商场对音乐作品的使用,而
其已经获得了甲的许可并支付了报酬,故属于合
法行为。根据前述《著作权法》第 44 条的规定,
仅著作权人甲享有表演权,录音制品制作者乙和
表演者丙不享有表演权。某商场的行为,仅涉及
音乐人的机械表演权,未涉及 CD 的复制、发行、
出租和网络传播权,也未涉及丙的现场表演转播
权。故某商场仅需经过甲的同意并支付报酬。C
选项不当选。

根据《著作权法》第 10 条、第 39 条、第 44
条的规定,音乐作者甲、录音制品制作者乙、表
演者丙均享有复制权和发行权。因此某电影公司
的行为需要经过甲、乙、丙的三重许可,并支付
报酬。D 选项当选。

18.　[答案] D　　　[难度] 难

[考点] 著作权的保护期限、诉讼时效的适用
范围

[命题和解题思路] 本题较为巧妙地将著作
权的保护期限和民法上的诉讼时效制度相结合进
行考查,这也在一定程度上增加了解题难度。考
生需要厘清著作权的保护期限和民法上的诉讼时
效制度之间的关系。著作权的保护期限涉及各个
著作权的存续期限,超过保护期限,著作权不再
受保护,而诉讼时效是对具体民事权利行使的时

间限制。解答本题时，考生首先需要结合本题的相关时间节点，分析《梦》的各个著作权是否还在保护期内。如果已过保护期，那就不会涉及侵权问题，更与诉讼时效无关。如果还在保护期内，需要结合权利人的主张进一步明确是否适用诉讼时效，若权利人主张停止侵害，则不适用诉讼时效，若权利人主张损害赔偿，则适用诉讼时效。

[选项分析] A 选项考查著作权的保护期限。《著作权法》第 66 条第 1 款规定："本法规定的著作权人和出版者、表演者、录音录像制作者、广播电台、电视台的权利，在本法施行之日尚未超过本法规定的保护期的，依照本法予以保护。"我国《著作权法》生效于 1991 年 6 月 1 日，其生效时《梦》尚未过保护期，因此《梦》应当受到我国《著作权法》的保护。A 选项错误。

B、C、D 选项均考查诉讼时效的适用范围。《著作权法》第 22 条规定："作者的署名权、修改权、保护作品完整权的保护期不受限制。"第 23 条第 1 款规定："自然人的作品，其发表权、本法第十条第一款第五项至第十七项规定的权利的保护期为作者终生及其死亡后五十年，截止于作者死亡后第五十年的 12 月 31 日；如果是合作作品，截止于最后死亡的作者死亡后第五十年的 12 月 31 日。"本题中，《梦》的信息网络传播权保护期截止于 2011 年 12 月 31 日，因此丙网站长期传播作品《梦》并未侵犯其信息网络传播权。D 选项正确。署名权没有保护期限限制，因此丙网站长期传播作品《梦》且未署甲名侵犯了署名权。《著作权纠纷解释》第 27 条规定："侵害著作权的诉讼时效为三年，自著作权人知道或者应当知道权利受到损害以及义务人之日起计算。权利人超过三年起诉的，如果侵权行为在起诉时仍在持续，在该著作权保护期内，人民法院应当判决被告停止侵权行为；侵权损害赔偿数额应当自权利人向人民法院起诉之日起向前推算三年计算。"结合《民法典》第 196 条，请求停止侵害的请求权是不受诉讼时效限制的。B、C 选项均错误。

19. [答案] ABC　　[难度] 中

[考点] 著作权的内容、著作权侵权行为

[命题和解题思路] 从四个选项的表述不难看出，本题是围绕著作权法的核心考点——著作权

侵权行为而展开的。值得注意的是，本题中存在两个作品，且名字相近，考生应明确区分，在明确其著作权归属的基础上，结合著作权的内容以及各个著作权对应的受控行为去分析判断某网站的各个行为是否构成著作权侵权。

[选项分析] A 选项考查发表权侵权。依据《著作权法》第 10 条，发表权是指决定作品是否公之于众的权利。发表权是一项一次性的权利，该权利一经行使即告消灭。本题中，《法内情》被作者在自己的博客中已经发表了，发表权已经被作者行使，因此即使网站擅自予以删除，也不侵犯作者的发表权。A 选项正确。

B 选项考查信息网络传播权侵权。依据《著作权法》第 10 条，信息网络传播权是指以有线或者无线方式向公众提供，使公众可以在其选定的时间和地点获得作品的权利。该权利的侵权行为体现为积极地向公众提供作品，而非删除作品。本题中，删除《法内情》的行为没有侵犯王琪琪的信息网络传播权。B 选项正确。

C 选项考查署名权侵权。根据《著作权法》第 10 条，署名权是指表明作者身份，在作品上署名的权利。据此作者享有是否署名以及如何署名的权利。本题中，署名"小玉儿"的《法外情》短文被该网站添加了"作者：王琪琪"字样，这是对作者署名权的侵犯。C 选项正确。

D 选项考查保护作品完整权侵权。根据《著作权法》第 10 条，保护作品完整权是指保护作品不受歪曲、篡改的权利。据此可知，侵犯保护作品完整权的行为需要达到歪曲、篡改作品内容的程度。本题中，网站虽添加字样，但没有改动作品的内容和表达，该行为并不构成对作品内容的歪曲、篡改，因此网站并未侵犯作者的保护作品完整权。D 选项错误。

20. [答案] CD　　[难度] 中

[考点] 委托作品的著作权人、诉讼时效的适用范围、著作权侵权行为

[命题和解题思路] 本题较为巧妙地将著作权侵权行为这一著作权法的核心考点和民法上的诉讼时效制度联系在一起，不过总体难度不大。解答本题时，考生应先在著作权法层面分析本题中涉及的作品及其著作权归属。"委托"二字表明该计算机软件作品属于委托作品，需要结合委

托作品的规则进行判断。在此基础上，考生需要回顾现行法规定了哪些不适用诉讼时效的请求权，据此分析乙公司的诉求是否适用诉讼时效制度。选项 C 与选项 D 则涉及善意抗辩，结合《计算机软件保护条例》第 30 条，考生需要注意：善意抗辩只是不承担损害赔偿责任的抗辩，而非不侵权抗辩。

[选项分析] A 选项考查委托作品的著作权人。《著作权法》第 19 条规定："受委托创作的作品，著作权的归属由委托人和受托人通过合同约定。合同未作明确约定或者没有订立合同的，著作权属于受托人。"据此结合本题，该软件的著作权应当归属于受托人乙公司。A 选项错误。

B 选项考查诉讼时效的适用范围。《民法典》第 196 条规定："下列请求权不适用诉讼时效的规定：（一）请求停止侵害、排除妨碍、消除危险；（二）不动产物权和登记的动产物权的权利人请求返还财产；（三）请求支付抚养费、赡养费或者扶养费；（四）依法不适用诉讼时效的其他请求权。"《著作权纠纷解释》第 27 条规定："侵害著作权的

诉讼时效为三年，自著作权人知道或者应当知道权利受到损害以及义务人之日起计算。权利人超过三年起诉的，如果侵权行为在起诉时仍在持续，在该著作权保护期内，人民法院应当判决被告停止侵权行为；侵权损害赔偿数额应当自权利人向人民法院起诉之日起向前推算三年计算。"据此，停止侵害的请求权不适用诉讼时效。本题中，乙公司诉求丙公司停止使用并销毁该软件，该请求权不适用诉讼时效。B 选项错误。

C、D 选项均考查著作权侵权行为。《计算机软件保护条例》第 30 条规定："软件的复制品持有人不知道也没有合理理由应当知道该软件是侵权复制品的，不承担赔偿责任；但是，应当停止使用、销毁该侵权复制品。如果停止使用并销毁该侵权复制品将给复制品使用人造成重大损失的，复制品使用人可以在向软件著作权人支付合理费用后继续使用。"本题中，丙公司不知道也没有合理理由应当知道该软件属于侵权复制品，因此不承担赔偿责任，但是应当停止使用并销毁该软件。C、D 选项均正确。

第二章　专利权

试　题

1. 陈某申请了某个发明专利，2019 年 1 月授权甲公司使用 5 年，约定每年年底收取 10 万元专利使用费。2021 年 12 月，乙公司未经授权使用该专利，被法院判决赔偿 20 万元。2022 年 1 月，专利局宣告该发明专利无效。甲公司得知后，便不再缴纳专利使用费，但仍继续使用。乙公司未得知该消息，向陈某赔偿了 20 万元。陈某对专利局的宣告不服，先后申请了复核及诉讼。2023 年 5 月 31 日，法院终审判决维持宣告该专利无效。对此，下列哪一说法是正确的？（2023 年回忆版）

A. 甲公司应向陈某支付 2022 年及 2023 年上半年的专利使用费

B. 甲公司有权请求陈某返还已经支付的专利使用费

C. 乙公司有权请求陈某返还 20 万

D. 乙公司无权请求陈某返还 20 万

2. 甲乙两家公司因偶然原因同时研制同一款健身器材。研发成功后，甲公司于 1 月 5 日在国内政府举办的某展览会上予以公开。同日，乙公司在我国政府承认的世界博览会上公开同款健身器材。次年 2 月 1 日，甲公司就该款健身器材申请实用新型专利，乙公司于次日就同款健身器材申请实用新型专利。对此，下列哪些说法是错误的？（2022 年回忆版）

A. 甲公司先于乙申请，甲获得该专利

B. 甲公司因为此前的公开行为无法获得该专利

C. 乙公司因为此前的公开行为无法获得该专利

D. 专利局应当通知甲乙两公司协商确定申请人

3. 甲公司研发出一种新型培育方法并获得发明专利，依据该方法可以培育出 A 型对虾。乙公司未获得授权，私自采用该方法培育 A 型对虾，

并将 A 型对虾卖给丙公司生产虾酱，丁超市向丙公司批发大量虾酱用于销售。戊科学研究所运用甲公司的培育方法培育对虾后，发现对虾质量不高，所以改良和创新了培育方法，培育出了高质量的 A 型对虾。对此，下列哪些主体侵犯了甲公司的专利权？（2021 年回忆版）

A. 乙公司

B. 丙公司

C. 丁超市

D. 戊科学研究所

4. 关于下列成果可否获得专利权的判断，哪一选项是正确的？（2017-3-15）

A. 甲设计的新交通规则，能缓解道路拥堵，可获得方法发明专利权

B. 乙设计的新型医用心脏起搏器，能迅速使心脏重新跳动，该起搏器不能被授予专利权

C. 丙通过转基因方法合成一种新细菌，可过滤汽油的杂质，该细菌属动物新品种，不能被授予专利权

D. 丁设计的儿童水杯，其新颖而独特的造型既富美感，又能防止杯子滑落，该水杯既可申请实用新型专利权，也可申请外观设计专利权

5. 甲、乙两公司各自独立发明了相同的节水型洗衣机。甲公司于 2013 年 6 月申请发明专利权，专利局于 2014 年 12 月公布其申请文件，并于 2015 年 12 月授予发明专利权。乙公司于 2013 年 5 月开始销售该种洗衣机。另查，本领域技术人员通过拆解分析该洗衣机，即可了解其节水的全部技术特征。丙公司于 2014 年 12 月看到甲公司的申请文件后，立即开始制造并销售相同的洗衣机。2016 年 1 月，甲公司起诉乙、丙两公司侵犯其发明专利权。关于甲公司的诉请，下列哪些说法是正确的？（2017-3-64）

A. 如甲公司的专利有效，则丙公司于 2014 年 12 月至 2015 年 11 月使用甲公司的发明构成侵权

B. 如乙公司在答辩期内请求专利复审委员会宣告甲公司的专利权无效，则法院应中止诉讼

C. 乙公司如能证明自己在甲公司的专利申请日之前就已制造相同的洗衣机、且仅在原有制造能力范围内继续制造，则不构成侵权

D. 丙公司如能证明自己制造销售的洗衣机在技术上与乙公司于 2013 年 5 月开始销售的洗衣机

完全相同，法院应认定丙公司的行为不侵权

6. 奔马公司就其生产的一款高档轿车造型和颜色组合获得了外观设计专利权，又将其设计的"飞天神马"造型注册为汽车的立体商标，并将该造型安装在车头。某车行应车主陶某请求，将陶某低价位的旧车改装成该高档轿车的造型和颜色，并从报废的轿车上拆下"飞天神马"标志安装在改装车上。陶某使用该改装车提供专车服务，收费高于普通轿车。关于上述行为，下列哪一说法是错误的？（2016-3-15）

A. 陶某的行为侵犯了奔马公司的专利权

B. 车行的行为侵犯了奔马公司的专利权

C. 陶某的行为侵犯了奔马公司的商标权

D. 车行的行为侵犯了奔马公司的商标权

7. W 研究所设计了一种高性能发动机，在我国和《巴黎公约》成员国 L 国均获得了发明专利权，并分别给予甲公司在我国、乙公司在 L 国的独占实施许可。下列哪一行为在我国构成对该专利的侵权？（2016-3-16）

A. 在 L 国购买由乙公司制造销售的该发动机，进口至我国销售

B. 在我国购买由甲公司制造销售的该发动机，将发动机改进性能后销售

C. 在我国未经甲公司许可制造该发动机，用于各种新型汽车的碰撞实验，以测试车身的防撞性能

D. 在 L 国未经乙公司许可制造该发动机，安装在 L 国客运公司汽车上，该客车曾临时通过我国境内

8. 2010 年 3 月，甲公司将其研发的一种汽车零部件向国家有关部门申请发明专利。该专利申请于 2011 年 9 月公布，2013 年 7 月 3 日获得专利权并公告。2011 年 2 月，乙公司独立研发出相同零部件后，立即组织生产并于次月起持续销售给丙公司用于组装汽车。2012 年 10 月，甲公司发现乙公司的销售行为。2015 年 6 月，甲公司向法院起诉。下列哪一选项是正确的？（2015-3-18）

A. 甲公司可要求乙公司对其在 2013 年 7 月 3 日以前实施的行为支付赔偿费用

B. 甲公司要求乙公司支付适当费用的诉讼时效已过

C. 乙公司侵犯了甲公司的专利权

D. 丙公司没有侵犯甲公司的专利权

9. 甲公司获得一项智能手机显示屏的发明专利权后，将该技术以在中国大陆独占许可方式许可给乙公司实施。乙公司付完专利使用费并在销售含有该专利技术的手机过程中，发现丙公司正在当地电视台做广告宣传具有相同专利技术的手机，便立即通知甲公司起诉丙公司。法院受理该侵权纠纷后，丙公司在答辩期内请求宣告专利无效。下列哪些说法是错误的？（2015-3-63）

A. 乙公司获得的专利使用权是债权，在不通知甲公司的情况下不能直接起诉丙公司

B. 专利无效宣告前，丙公司侵犯了专利实施权中的销售权

C. 如专利无效，则专利实施许可合同无效，甲公司应返还专利使用费

D. 法院应中止专利侵权案件的审理

10. 中国甲公司的一项发明在中国和 A 国均获得了专利权。中国的乙公司与甲公司签订了中国地域内的专利独占实施合同。A 国的丙公司与甲公司签订了在 A 国地域内的专利普通实施合同并制造专利产品，A 国的丁公司与乙公司签订了在 A 国地域内的专利普通实施合同并制造专利产品。中国的戊公司、庚公司分别从丙公司和丁公司进口这些产品到中国使用。下列哪些说法是正确的？（2014-3-63）

A. 甲公司应向乙公司承担违约责任

B. 乙公司应向甲公司承担违约责任

C. 戊公司的行为侵犯了乙公司的专利独占实施权

D. 庚公司的行为侵犯了甲公司的专利权

11. 甲公司开发了一种汽车节能环保技术，并依法获得了实用新型专利证书。乙公司拟与甲公司签订独占实施许可合同引进该技术，但在与甲公司协商谈判过程中，发现该技术在专利申请日前已经属于现有技术。乙公司的下列哪一做法不合法？（2013-3-18）

A. 在该专利技术基础上继续开发新技术

B. 诉请法院判决该专利无效

C. 请求专利复审委员会宣告该专利无效

D. 无偿使用该技术

12. 范某的下列有关骨科病预防与治疗方面研究成果中，哪些可在我国申请专利？（2013-3-64）

A. 发现了导致骨癌的特殊遗传基因

B. 发明了一套帮助骨折病人尽快康复的理疗器械

C. 发明了如何精确诊断股骨头坏死的方法

D. 发明了一种高效治疗软骨病的中药制品

详 解

1. ［答案］C ［难度］中

［考点］专利的无效宣告

［命题和解题思路］本题是对专利的无效宣告这一考点的深度考查。尽管涉及考点单一，但考查得十分细致，难度较大。解答本题时，考生需对专利无效宣告的溯及力有全面而准确的把握。从四个选项的分布来看，本题主要涉及两个核心问题：（1）宣告专利权无效的决定对在先的专利许可使用合同是否具有溯及力；（2）宣告专利权无效的决定对在先的法院判决是否具有溯及力。对此，考生需要准确理解《专利法》第 47 条的规定。

［选项分析］《专利法》第 47 条规定，宣告无效的专利权视为自始即不存在。宣告专利权无效的决定，对在宣告专利权无效前人民法院作出并已执行的专利侵权的判决、调解书，已经履行或者强制执行的专利侵权纠纷处理决定，以及已经履行的专利实施许可合同和专利权转让合同，不具有追溯力。但是因专利权人的恶意给他人造成的损失，应当给予赔偿。依照前款规定不返还专利侵权赔偿金、专利使用费、专利权转让费，明显违反公平原则的，应当全部或者部分返还。据此结合本题，对于甲公司已经支付的专利使用费，宣告专利权无效的决定不具有溯及力，且并不存在不返还会违反公平原则的情形，因此无需返还；至于尚未履行的部分，即 2022 年及 2023 年上半年的专利使用费，不必再履行。需要注意的是，由于陈某已不再享有专利权，即使甲公司继续使用该专利，也无需向陈某支付专利使用费。A 选项与 B 选项均错误。

至于乙公司向陈某赔偿的 20 万元，结合《专利法》第 47 条，在宣告专利权无效前，乙公司尚未执行该赔偿的判决，此时宣告专利权无效的决定仍有溯及力，乙公司不应承担赔偿责任。此外，乙公司被判赔偿 20 万元后不久，陈某的专利就被宣告无效，如果不允许乙公司请求 20 万元赔偿款的返还，明显违反公平原则。因此，乙公司有权

请求陈某返还 20 万元。D 选项错误，C 选项正确。

2. ［答案］AD　　［难度］中

　　［考点］新颖性、专利申请的原则

　　［命题和解题思路］本题围绕甲乙两家公司的同款发明创造而展开，对发明或实用新型专利的授予条件进行了集中考查，特别需要考生熟悉其中的新颖性要件。解答本题的关键在于，甲乙两家公司的发明创造新颖性是否已经丧失。尤其需要提醒考生注意的是，《专利法》第 24 条规定的几种新颖性丧失例外情形，是有明确的期限限制的，即"申请日以前六个月内"。而本题中，甲乙两家公司公开发明创造后，隔了一年多才申请专利，新颖性已经丧失。如果能明确这一点，本题即可迎刃而解。

　　［选项分析］可以确定的是，甲乙两家公司申请实用新型专利时，该款健身器材的相关技术已经公开，新颖性可能已经丧失。不过，仍需要分析是否构成《专利法》第 24 条规定的新颖性丧失的例外。《专利法》第 24 条规定："申请专利的发明创造在申请日以前六个月内，有下列情形之一的，不丧失新颖性：（一）在国家出现紧急状态或者非常情况时，为公共利益目的首次公开的；（二）在中国政府主办或者承认的国际展览会上首次展出的；（三）在规定的学术会议或者技术会议上首次发表的；（四）他人未经申请人同意而泄露其内容的。"本题中，甲乙两公司均属于第 2 项所列的情形，因此，在申请日以前 6 个月内，两家公司的发明创造均不丧失新颖性。但是，本题中甲乙两家公司申请实用新型专利的时点都是展出后 1 年多，已经超过了 6 个月的期限，其新颖性已经丧失。对于不具备新颖性的发明创造，不得授予发明或者实用新型专利权。选项 A 与选项 D 错误，当选；选项 B 与选项 C 正确，不当选。

3. ［答案］AB　　［难度］难

　　［考点］专利权人的权利、专利侵权行为、不视为侵犯专利权的行为

　　［命题和解题思路］专利侵权行为是专利法的核心考点，本题是对这一考点的集中考查。在命题思路上，本题也符合惯常的专利法客观题命题套路：给定某个专利，描述不同主体所实施的行为，在此基础上要求考生判断各行为是否侵犯了专利权。解答本题时，考生应区分产品专利与方法专利，在此基础上结合现行法上关于专利权内容的规定，并确定其对应的受控行为，据此分析各个主体的行为是否构成专利侵权。此外，本题还涉及不视为侵犯专利权的行为，需要考生熟悉《专利法》第 75 条。该条是专利法部分的重点条文之一，考生应重点关注并掌握。

　　［选项分析］A、B、C 选项均考查专利侵权行为的界定，由于专利权具有排他性，其权利内容就直接对应受控的行为，因此专利侵权行为的判断需要紧密结合专利权的内容来分析。《专利法》第 11 条第 1 款规定："发明和实用新型专利权被授予后，除本法另有规定的以外，任何单位或者个人未经专利权人许可，都不得实施其专利，即不得为生产经营目的制造、使用、许诺销售、销售、进口其专利产品，或者使用其专利方法以及使用、许诺销售、销售、进口依照该专利方法直接获得的产品。"《专利权纠纷解释》第 13 条规定："对于使用专利方法获得的原始产品，人民法院应当认定为专利法第十一条规定的依照专利方法直接获得的产品。对于将上述原始产品进一步加工、处理而获得后续产品的行为，人民法院应当认定属于专利法第十一条规定的使用依照该专利方法直接获得的产品。"据此，方法专利的权利内容包括：（1）方法使用权；（2）直接产品的使用权、销售权、许诺销售权、进口权。其中将直接产品加工处理获得后续产品的行为属于直接产品的使用权所控制的行为。原则上，方法专利仅控制直接产品，对后续产品并无控制。据此，乙公司未获得授权，私自采用该方法培育 A 型对虾，并将 A 型对虾卖给丙公司生产虾酱，乙公司侵犯了甲公司方法专利的方法使用权、直接产品的销售权；丙公司则侵犯了甲公司方法专利中的直接产品的使用权。丁超市向丙公司批发大量虾酱用于销售属于对后续产品的销售行为，不受方法专利的控制。因此丁超市并未侵犯甲公司的专利权。A、B 选项均正确，C 选项错误。

　　D 选项考查不视为侵犯专利权的行为。《专利法》第 75 条规定："有下列情形之一的，不视为侵犯专利权：……（四）专为科学研究和实验而使用有关专利的；……"依据该条第 4 项，戊科学研究所使用甲公司的方法专利的目的是提升该专利方法，属于专为科学研究和实验而使用有关专利的情形，不视为专利侵权。D 选项错误。

4. [答案] D　　[难度] 易

[考点]《专利法》不予保护的对象

[命题和解题思路]《专利法》不予保护的对象这一考点在专利法客观题考试中并不常见，而且这一考点的考查方式也比较简单直接，通常不涉及推理。《专利法》第5条以及《专利法》第25条等条文规定了若干《专利法》不予保护的对象，考生只要掌握并理解法条中列举的具体情形，即可轻松应对。

[选项分析] 关于《专利法》不予保护的对象，《专利法》第5条规定："对违反法律、社会公德或者妨害公共利益的发明创造，不授予专利权。对违反法律、行政法规的规定获取或者利用遗传资源，并依赖该遗传资源完成的发明创造，不授予专利权。"《专利法》第25条规定："对下列各项，不授予专利权：（一）科学发现；（二）智力活动的规则和方法；（三）疾病的诊断和治疗方法；（四）动物和植物品种；（五）原子核变换方法以及用原子核变换方法获得的物质；（六）对平面印刷品的图案、色彩或者二者的结合作出的主要起标识作用的设计。对前款第（四）项所列产品的生产方法，可以依照本法规定授予专利权。"结合相关理论知识，本题A选项中交通规则并没有利用自然规律来解决技术问题。A选项错误。关于B选项，《专利法》第25条第1款第3项规定，对于疾病的诊断和治疗方法不授予专利。但B选项中的起搏器属于医疗器材的范畴，不属于不被授予专利的范围。B选项错误。关于C选项，《专利法》第25条第1款第4项规定，动物和植物品种不被授予专利。C选项中的细菌属于微生物，既不是动物，也不是植物，是可以被授予专利权的。C选项错误。关于D选项，《专利法》第22条规定，授予专利权的发明和实用新型，应当具备新颖性、创造性和实用性。依据《专利法》第23条第1款规定，授予专利权的外观设计，应当不属于现有设计。D选项中的杯子造型新颖独特，可以申请外观设计专利，造型能防止杯子滑落，可以申请实用新型专利。D选项正确。

5. [答案] CD　　[难度] 难

[考点] 专利侵权行为、专利无效宣告

[命题和解题思路] 本题围绕专利侵权行为这一专利法客观题考试核心考点展开，具体侧重于

考查专利侵权的抗辩，C选项涉及先用权抗辩，D选项涉及现有技术抗辩，需要结合《专利法》的相关规定进行分析。与此同时，本题还涉及发明专利的临时保护规则，需要注意的是：发明专利申请公布后，在发明专利授予之前，他人擅自使用发明的行为并不构成侵权。此外，本题还涉及专利无效宣告中具有细节性与程序性的规则，在一定程度上增加了本题难度。

[选项分析] A选项考查发明专利的临时保护。《专利法》第13条规定："发明专利申请公布后，申请人可以要求实施其发明的单位或者个人支付适当的费用。"本题中，从甲公司发明专利申请公布后至专利授予前，其并未取得专利，丙公司在此期间使用甲公司的发明的行为不构成侵权，甲公司仅可以要求其支付适当的费用。A选项错误。

B选项考查专利无效宣告中的程序问题。《专利纠纷规定》第6条规定："人民法院受理的侵犯实用新型、外观设计专利权纠纷案件，被告在答辩期间届满后请求宣告该项专利权无效的，人民法院不应当中止诉讼，但经审查认为有必要中止诉讼的除外。"据此结合本题，如乙公司在答辩期内请求专利复审委员会宣告甲公司的专利权无效，法院不应中止诉讼，但经审查认为有必要中止诉讼的除外。B选项错误。

C选项考查先用权抗辩。《专利法》第75条规定："有下列情形之一的，不视为侵犯专利权：（一）专利产品或者依照专利方法直接获得的产品，由专利权人或者经其许可的单位、个人售出后，使用、许诺销售、销售、进口该产品的；（二）在专利申请日前已经制造相同产品、使用相同方法或者已经作好制造、使用的必要准备，并且仅在原有范围内继续制造、使用的；（三）临时通过中国领陆、领水、领空的外国运输工具，依照其所属国同中国签订的协议或者共同参加的国际条约，或者依照互惠原则，为运输工具自身需要而在其装置和设备中使用有关专利的；（四）专为科学研究和实验而使用有关专利的；（五）为提供行政审批所需要的信息，制造、使用、进口专利药品或者专利医疗器械的，以及专门为其制造、进口专利药品或者专利医疗器械的。"其中的第2项规定了所谓的先用权抗辩。本题中，甲公司于2013年6月申请发明专利权，但是乙公司于2013

年 5 月就开始销售该种洗衣机，因此乙公司属于先用权人，在甲公司获得专利权后，有权在原有范围内继续制造、使用该项技术。C 选项正确。

D 选项考查现有技术抗辩。《专利法》第 67 条规定："在专利侵权纠纷中，被控侵权人有证据证明其实施的技术或者设计属于现有技术或者现有设计的，不构成侵犯专利权。"本题中，乙公司于 2013 年 5 月开始销售该种洗衣机，并且本领域技术人员通过拆解分析该洗衣机，那么该项技术在甲申请专利之前就已经成为现有技术。丙公司如果能够证明其制造销售的洗衣机与乙公司销售的洗衣机完全相同，则其属于对现有技术的使用，构成现有技术抗辩。D 选项正确。

6. ［答案］A　　　［难度］中

［考点］专利侵权行为、商标侵权行为

［命题和解题思路］专利法与商标法融合的客观题并不多见，本题较为巧妙地将专利侵权行为和商标侵权行为这两个核心考点结合在一起考查，具有综合性，不过好在考查的难度并不大。考生只要熟悉专利权与注册商标专用权对应的受控行为，即可从容应对，其中对于注册商标专用权的侵权问题，考生应当结合 **"混淆理论"** 去理解《商标法》第 57 条的具体情形。

［选项分析］A、B 选项均考查专利权侵权行为。《专利法》第 11 条第 2 款规定："外观设计专利权被授予后，任何单位或者个人未经专利权人许可，都不得实施其专利，即不得为生产经营目的的制造、许诺销售、销售、进口其外观设计专利产品。"本题中，该车行应陶某要求，将其汽车进行改装，改装属于以生产经营为目的制造轿车，属于侵犯奔马公司专利权的行为，陶某是使用该侵权产品，其使用行为并不构成侵权。A 选项错误，B 选项正确。

C、D 选项均考查商标侵权行为。《商标法》第 57 条规定："有下列行为之一的，均属侵犯注册商标专用权：（一）未经商标注册人的许可，在同一种商品上使用与其注册商标相同的商标的；（二）未经商标注册人的许可，在同一种商品上使用与其注册商标近似的商标，或者在类似商品上使用与其注册商标相同或者近似的商标，容易导致混淆的；（三）销售侵犯注册商标专用权的商品的；（四）伪造、擅自制造他人注册商标标识或者

销售伪造、擅自制造的注册商标标识的；（五）未经商标注册人同意，更换其注册商标并将该更换商标的商品又投入市场的；（六）故意为侵犯他人商标专用权行为提供便利条件，帮助他人实施侵犯商标专用权行为的；（七）给他人的注册商标专用权造成其他损害的。"本题中，根据我国《商标法》的规定，车行从报废的轿车上拆下"飞天神马"标志安装在改装车上，属于《商标法》第 57 条第 1 项的行为，构成对奔马公司商标权的侵犯。D 选项正确。陶某使用改装车提供专车服务，由于改装车上安装有"飞天神马"标志，其又未获得奔马公司的授权，且该行为属于经营行为，因此陶某侵犯了奔马公司的商标权。C 选项正确。

7. ［答案］C　　　［难度］中

［考点］不视为侵犯专利权的行为

［命题和解题思路］从四个选项的表述看，都涉及制造该专利产品（发动机）的行为，按理说应构成专利侵权行为，但是其中某些选项可能不构成专利侵权行为，是因为某些选项可能符合《专利法》第 75 条规定的不视为专利侵权行为的情形。因此，本题解题时考生的思考重心应放在《专利法》第 75 条，即结合该条的具体情形对四个选项进行分析判断。《专利法》第 75 条在历年专利法客观题考试中多次出现，属于核心法条之一，考生应重点学习掌握。需要指出的是，C 选项有一定的迷惑性，对"专为科学研究和实验而使用有关专利的"的理解要抓住"专为"二字，专利实施者的行为目的是科学研究或实验，如果实施者从事科学研究或实验是为了服务于生产，那么其行为就并非"专为"科学研究和实验而使用有关专利。

［选项分析］《专利法》第 75 条规定："有下列情形之一的，不视为侵犯专利权：（一）专利产品或者依照专利方法直接获得的产品，由专利权人或者经其许可的单位、个人售出后，使用、许诺销售、销售、进口该产品的；（二）在专利申请日前已经制造相同产品、使用相同方法或者已经作好制造、使用的必要准备，并且仅在原有范围内继续制造、使用的；（三）临时通过中国领陆、领水、领空的外国运输工具，依照其所属国同中国签订的协议或者共同参加的国际条约，或者依照互惠原则，为运输工具自身需要而在其装置和

设备中使用有关专利的；（四）专为科学研究和实验而使用有关专利的；（五）为提供行政审批所需要的信息，制造、使用、进口专利药品或者专利医疗器械的，以及专门为其制造、进口专利药品或者专利医疗器械的。"

A、B 选项涉及该条的第 1 项专利权用尽的情形，专利权用尽是指对于经专利权人许可或者以其他合法方式合法投放市场的专利产品或者依照专利方法直接获得的产品，他人购买之后无须经过专利权人许可就可以使用、许诺销售、销售、进口。本题 A 选项"在 L 国购买由乙公司制造销售的该发动机，进口至我国销售"以及 B 选项"在我国购买由甲公司制造销售的该发动机，将发动机改进性能后销售"都属于专利权用尽的情形，均不构成专利侵权。AB 选项不当选。

C 选项涉及该条第 4 项。但行为人并非"专为科学研究和实验而使用有关专利"，"用于各种新型汽车的碰撞实验"表明行为人实施专利技术的目的在于从事生产，故其构成专利侵权。C 选项当选。

D 选项涉及该条第 3 项。在 L 国未经乙公司许可制造该发动机，安装在 L 国客运公司汽车上，该客车曾临时通过我国境内，符合第 3 项的情形，不构成侵权。D 选项不当选。

8. [答案] C　　[难度] 中
[考点] 专利侵权行为、不视为侵犯专利权的行为

[命题和解题思路] 本题设置了 6 个时间点来迷惑考生，其实本题旨在考查考生能否准确地判断出乙的行为不符合《专利法》第 75 条第 2 项的规定。所以，解答本题的关键在于明确先用权抗辩是否成立的时间点是专利申请日。本题中 2010 年 3 月是专利申请日。此外还需要注意专利权侵权行为中的使用行为包括将侵权发明或者实用新型专利权的产品作为零部件，制造另一产品。

[选项分析] A、B 选项均考查发明专利的临时保护。《专利法》第 13 条规定："发明专利申请公布后，申请人可以要求实施其发明的单位或者个人支付适当的费用。"2011 年 9 月至 2013 年 7 月，甲尚未取得专利权，乙的行为不构成专利权侵权。不过，甲在发明专利申请公布后，可以要求实施其发明的单位或者个人支付适当的费用，

该适当的费用不是赔偿。A 选项错误。《专利法》第 74 条第 2 款规定："发明专利申请公布后至专利权授予前使用该发明未支付适当使用费的，专利权人要求支付使用费的诉讼时效为三年，自专利权人知道或者应当知道他人使用其发明之日起计算，但是，专利权人于专利权授予之日前即已知道或者应当知道的，自专利权授予之日起计算。"本题中，甲向乙主张适当费用的诉讼时效应从 2012 年 10 月开始计算，2015 年 6 月起诉时尚未过诉讼时效。B 选项错误。

C 选项考查不视为侵犯专利权的行为，具体涉及先用权抗辩。《专利法》第 75 条规定："有下列情形之一的，不视为侵犯专利权：（一）专利产品或者依照专利方法直接获得的产品，由专利权人或者经其许可的单位、个人售出后，使用、许诺销售、销售、进口该产品的；（二）在专利申请日前已经制造相同产品、使用相同方法或者已经作好制造、使用的必要准备，并且仅在原有范围内继续制造、使用的；（三）临时通过中国领陆、领水、领空的外国运输工具，依照其所属国同中国签订的协议或者共同参加的国际条约，或者依照互惠原则，为运输工具自身需要而在其装置和设备中使用有关专利的；（四）专为科学研究和实验而使用有关专利的；（五）为提供行政审批所需要的信息，制造、使用、进口专利药品或者专利医疗器械的，以及专门为其制造、进口专利药品或者专利医疗器械的。"其中第 2 项就是所谓的先用权抗辩。本题中，甲公司 2010 年 3 月申请专利，乙公司 2011 年 2 月开始研发，并不符合先用权抗辩的情形，因此构成侵权。C 选项正确。

D 选项考查专利权侵权行为。《专利法》第 11 条第 1 款规定："发明和实用新型专利权被授予后，除本法另有规定的以外，任何单位或者个人未经专利权人许可，都不得实施其专利，即不得为生产经营目的的制造、使用、许诺销售、销售、进口其专利产品，或者使用其专利方法以及使用、许诺销售、销售、进口依照该专利方法直接获得的产品。"《专利权纠纷解释》第 12 条第 1 款规定："将侵犯发明或者实用新型专利权的产品作为零部件，制造另一产品的，人民法院应当认定属于专利法第十一条规定的使用行为；销售该另一产品的，人民法院应当认定属于专利法第十一条规定的销售行为。"本题中，丙从乙那里购买零部

件用于组装汽车，属于使用行为，构成对甲公司的专利侵权。D 选项错误。

9. [答案] ABCD　　[难度] 难

[考点] 专利权人的实施许可权、专利侵权行为、专利的无效宣告

[命题和解题思路] 本题考查了《专利法》上的多个知识点，有一定难度。解题时考生需要注意本题有以下几个难点：（1）对于 A 选项涉及的独占许可使用人的权利性质，现行法没有明确规定，但是可以结合其具体效力，并与债权进行比较得知；（2）对于专利侵权行为的判断，需要结合《专利法》第 11 条，明确区分销售与许诺销售；（3）对于专利无效宣告的法律效力，注意《专利法》中对其溯及力限制的规定。

[选项分析] A 选项考查专利权人的实施许可权。专利权的许可分为独占许可、排他许可与普通许可，其中独占许可与排他许可都具有排他性，此种排他性并非债权的性质。对于独占许可使用权人来说，如果发生专利侵权行为，即使专利权人不提起侵权诉讼，独占许可使用权人也可以单独提起诉讼。因此，乙公司获得的专利使用权并非债权。A 选项错误，当选。

B 选项考查专利侵权行为。《专利法》第 11 条第 1 款规定："发明和实用新型专利权被授予后，除本法另有规定的以外，任何单位或者个人未经专利权人许可，都不得实施其专利，即不得为生产经营目的制造、使用、许诺销售、销售、进口其专利产品，或者使用其专利方法以及使用、许诺销售、销售、进口依照该专利方法直接获得的产品。"《专利纠纷规定》第 18 条规定："专利法第十一条、第六十九条所称的许诺销售，是指以做广告、在商店橱窗中陈列或者在展销会上展出等方式作出销售商品的意思表示。"本题中，丙公司在当地电视台做广告宣传具有相同专利技术的手机，这一行为属于典型的许诺销售行为，其侵犯的是甲公司专利权中的许诺销售权。B 选项错误，当选。

C、D 选项均考查专利的无效宣告。C 选项涉及无效宣告的效力。《专利法》第 47 条第 2 款规定："宣告专利权无效的决定，对在宣告专利权无效前人民法院作出并已执行的专利侵权的判决、调解书，已经履行或者强制执行的专利侵权纠纷

处理决定，以及已经履行的专利实施许可合同和专利权转让合同，不具有追溯力。但是因专利权人的恶意给他人造成的损失，应当给予赔偿。"本题中，专利实施许可合同已经履行，因此即使专利被宣告无效，该专利实施许可合同仍然有效，甲公司无须返还专利使用费。C 选项错误，当选。D 选项涉及专利无效宣告中的程序问题。《专利纠纷规定》第 7 条规定："人民法院受理的侵犯发明专利权纠纷案件或者经国务院专利行政部门审查维持专利权的侵犯实用新型、外观设计专利权纠纷案件，被告在答辩期间内请求宣告该项专利权无效的，人民法院可以不中止诉讼。"据此，D 选项使用的是"应中止"的表述，该表述错误。D 选项错误，当选。

10. [答案] BD　　[难度] 难

[考点] 专利权的地域性、违约责任、专利侵权行为

[命题和解题思路] 本题是一道相当复杂的题目，涉及甲公司就同一发明在两国的专利权，法律关系涉及两个国家（考查考生对专利权的地域性和专利平行进口的掌握程度），涉及多个主体之间的关系。解题时，考生首先要明确，虽然只是一项专利技术，但甲在中国和 A 国享有两个专利权。以此线索展开，分别追踪两个专利权随后产生的一系列法律关系，从而一一进行判断。

[选项分析] 中国的甲公司与乙公司签订了在中国地域内的专利独占实施合同，甲和乙的独占许可仅排斥在中国的他人，甲公司在 A 国也获得了专利，当然可以在 A 国许可其他公司使用其专利技术。A 选项错误。

《专利法》第 12 条规定："任何单位或者个人实施他人专利的，应当与专利权人订立实施许可合同，向专利权人支付专利使用费。被许可人无权允许合同规定以外的任何单位或者个人实施该专利。"本题中，甲公司与乙公司签订独占实施合同之后，乙公司只能在中国境内实施其权利，乙公司未经甲公司同意再次许可的行为构成违约。B 选项正确。

《专利法》第 75 条规定："有下列情形之一的，不视为侵犯专利权：（一）专利产品或者依照专利方法直接获得的产品，由专利权人或者经其许可的单位、个人售出后，使用、许诺销售、销

售、进口该产品的；（二）在专利申请日前已经制造相同产品、使用相同方法或者已经作好制造、使用的必要准备，并且仅在原有范围内继续制造、使用的；（三）临时通过中国领陆、领水、领空的外国运输工具，依照其所属国同中国签订的协议或者共同参加的国际条约，或者依照互惠原则，为运输工具自身需要而在其装置和设备中使用有关专利的；（四）专为科学研究和实验而使用有关专利的；（五）为提供行政审批所需要的信息，制造、使用、进口专利药品或者专利医疗器械的，以及专门为其制造、进口专利药品或者专利医疗器械的。"该条的第 1 项为专利权用尽的情形。专利权用尽是指对于经专利权人许可或者以其他合法方式合法投放市场的专利产品或者依照专利方法直接获得的产品，他人购买之后无须经过专利权人许可就可以使用、许诺销售、销售、进口。本题中，戊公司将丙公司的产品从 A 国合法平行进口，属于专利权用尽的情形，不侵害乙公司的专利独占实施权。C 选项错误。庚公司从丁公司进口该产品，但是丁公司的专利合同并不是与甲公司签订的，丁公司和庚公司签订合同，丁公司提供的产品为侵权产品，故庚公司的进口行为侵犯了甲公司的专利权。D 选项正确。

11. [答案] B　　　[难度] 中

[考点] 实用新型专利的授权条件

[命题和解题思路] 本题的四个选项都是对实用新型专利授予前提之一——新颖性的考查。考生只需熟悉新颖性这一要点，本题即可迎刃而解。对于不符合新颖性的专利，即使被授予了专利权，自国务院专利行政部门公告授予专利权之日起，任何单位或者个人都有权请求国务院专利行政部门宣告该专利权无效，对于不具备新颖性的专利，必然不会构成侵权。

[选项分析] 本题中，甲公司的技术在专利申请日前已经属于现有技术，因此，其所享有的专利权并不稳固，任何人都可以向国务院专利行政部门申请宣告该专利无效，进而乙公司在该专利技术基础上继续开发新技术即属合法。A 选项不当选。

《专利法》第 45 条规定："自国务院专利行政部门公告授予专利权之日起，任何单位或者个人认为该专利权的授予不符合本法有关规定的，可以请求国务院专利行政部门宣告该专利权无效。"因此请求宣告专利权无效的机构是国务院专利行政部门而非法院。B 选项当选；C 选项不当选。

由于甲公司的专利权是可以被宣告无效的，因此任何人在未经许可的情况下使用该技术都不会构成侵权。D 选项不当选。

12. [答案] BD　　　[难度] 中

[考点] 《专利法》不予保护的对象

[命题和解题思路] 本题考查的是专利权的保护对象问题，主要从反面的角度考查考生是否掌握《专利法》不予保护的对象，特别是《专利法》第 25 条列举的情形。一方面，考生需要注意发明与实用新型专利授予的前提是具备新颖性、创造性和实用性；另一方面，考生也需要掌握《专利法》中规定的《专利法》不予保护的情形。

[选项分析] 《专利法》第 25 条规定："对下列各项，不授予专利权：（一）科学发现；（二）智力活动的规则和方法；（三）疾病的诊断和治疗方法；（四）动物和植物品种；（五）原子核变换方法以及用原子核变换方法获得的物质；（六）对平面印刷品的图案、色彩或者二者的结合作出的主要起标识作用的设计。对前款第（四）项所列产品的生产方法，可以依照本法规定授予专利权。"

"导致骨癌的特殊遗传基因"属于科学发现，根据《专利法》第 25 条第 1 项之规定不可申请专利。A 选项不当选。"帮助骨折病人尽快康复的理疗器械"不属于诊断和治疗方法，可以授予专利。B 选项当选。"精确诊断股骨头坏死的方法"属于《专利法》第 25 条第 3 项所说的诊断和治疗方法。C 选项不当选。"高效治疗软骨病的中药制品"不属于《专利法》第 25 条所规定的任何一种不可被授予专利的客体。D 选项当选。

第三章 商标权

1. 2017 年 6 月，甲注册了一个巧克力形状的商标，注册后一直未使用。2020 年 12 月，乙以相同的巧克力形状申请注册外观设计专利并获得授权。丙未经甲与乙的同意就生产了此种形状的巧克力。对此，下列哪一说法是正确的？（2023 年回忆版）

A. 乙有权以甲三年未使用商标作为抗辩理由对抗甲

B. 丙有权以该巧克力设计属于现有设计作为抗辩理由对抗乙

C. 丙对甲构成侵权，但有权以甲三年未使用商标作为拒绝赔偿的抗辩理由

D. 甲无正当理由三年未使用商标，无权提起侵权之诉

2. "佳嘉"咖啡店经营状况良好，在各地开设多家分店，并曾在某一侵权之诉中被法院认定为驰名商标。该店员工吴某离职后开了一家餐饮店，名为"佳嘉"，并且使用该商标制作了工作服。后"佳嘉"咖啡店有意开设餐饮店，发现该商标已被吴某使用。关于"佳嘉"咖啡店的权利，下列哪一说法是正确的？（2022 年回忆版）

A. 有权申请商标评审委员会宣告吴某使用的"佳嘉"商标无效

B. 无权请求吴某承担损害赔偿责任

C. 有权将"佳嘉"注册为驰名商标

D. 有权在其售卖的咖啡上标注驰名商标

3. 甲申请注册了"汤米嘉"商标用于所加工面包的包装。某次，甲委托乙代为生产 1 万个面包。乙偷偷多生产了 1 万个，卖给知情的丙，丙又转卖给知情的丁。不知情的戊超市向丁购买该批面包并售卖。对此，下列哪些主体侵犯了甲的商标权？（2022 年回忆版）

A. 乙   B. 丙

C. 丁   D. 戊超市

4. 华欣中心是非营利法人，经常公益性地免费进行宣传培训，社会影响力较大，形成了良好口碑。甲注册了"华欣"的商标用于家用电器，许多人误以为是由华欣中心生产，遂购买"华欣"牌家用电器，但使用后发现产品有质量瑕疵，给华欣中心造成了一定的名誉损失。对此，下列哪些说法是正确的？（2021 年回忆版）

A. 华欣中心有权请求甲赔偿损失

B. 华欣中心有权申请宣告甲的"华欣"商标无效

C. 消费者有权请求华欣中心承担产品责任

D. 华欣中心有权申请将"华欣"注册为驰名商标

5. 金农大学因"金农"二字为公众所熟知，该大学注册了"金农"商标用于农产品，但注册后一直没有使用。从金农大学毕业的张某注册成立了一家公司，名为金农水果蔬菜种植有限责任公司。后张某的妹妹小美申请"金农"商标用于办公用品，其申请注册的主要目的是转卖获利。对此，下列哪些说法是正确的？（2021 年回忆版）

A. 小美并未侵犯金农大学的"金农"商标权

B. 金农大学可向商标局请求确认"金农"为驰名商标

C. 商标局应驳回小美的注册申请

D. 张某侵犯了金农大学的"金农"商标权

6. 国外甲公司在中国申请注册"吃饭香"商标用于胃药，获得商标注册证后，与中国乙公司签订了为期 5 年的独占许可使用协议。乙公司在使用该注册商标期间发现国内丙公司违法制造胃药并使用"吃饭香"商标，于是向法院提起诉讼。陈某则以"吃饭香"商标反映胃药功能为由申请撤销该注册商标。对此，下列哪些说法是正确的？（2021 年回忆版）

A. 甲公司有权对丙公司侵权提起诉讼

B. 陈某有权申请撤销该商标

C. 丙公司有权申请撤销该商标

D. 乙公司有权对丙公司侵权提起诉讼

7. 韦某开设了"韦老四"煎饼店，在当地颇有名气。经营汽车配件的个体户肖某从外地路过，

吃过后赞不绝口。当发现韦某尚未注册商标时，肖某就餐饮服务注册了"韦老四"商标。关于上述行为，下列哪一说法是正确的？（2017-3-16）

A. 韦某在外地开设新店时，可以使用"韦老四"标识

B. 如肖某注册"韦老四"商标后立即起诉韦某侵权，韦某并不需要承担赔偿责任

C. 肖某的商标注册恶意侵犯韦某的在先权利，韦某可随时请求宣告该注册商标无效

D. 肖某注册商标核定使用的服务类别超出了肖某的经营范围，韦某可以此为由请求宣告该注册商标无效

8. 2010 年，甲饮料厂开始制造并销售"香香"牌果汁并已产生一定影响。甲在外地的经销商乙发现甲尚未注册"香香"商标，就于 2014 年在果汁和碳酸饮料两类商品上同时注册了"香香"商标，但未实际使用。2015 年，乙与丙饮料厂签订商标转让协议，将果汁类"香香"商标转让给了丙。对此，下列哪些选项是正确的？（2016-3-64）

A. 甲可随时请求宣告乙注册的果汁类"香香"商标无效

B. 乙应将注册在果汁和碳酸饮料上的"香香"商标一并转让给丙

C. 乙就果汁和碳酸饮料两类商品注册商标必须分别提出注册申请

D. 甲可在果汁产品上附加区别标识，并在原有范围内继续使用"香香"商标

9. 佳普公司在其制造和出售的打印机和打印机墨盒产品上注册了"佳普"商标。下列未经该公司许可的哪一行为侵犯了"佳普"注册商标专用权？（2015-3-19）

A. 甲在店铺招牌中标有"佳普打印机专营"字样，只销售佳普公司制造的打印机

B. 乙制造并销售与佳普打印机兼容的墨盒，该墨盒上印有乙的名称和其注册商标"金兴"，但标有"本产品适用于佳普打印机"

C. 丙把购买的"佳普"墨盒装入自己制造的打印机后销售，该打印机上印有丙的名称和其注册商标"东升"，但标有"本产品使用佳普墨盒"

D. 丁回收墨水用尽的"佳普"牌墨盒，灌注廉价墨水后销售

10. 河川县盛产荔枝，远近闻名。该县成立了河川县荔枝协会，申请注册了"河川"商标，核定使用在荔枝商品上，许可本协会成员使用。加入该荔枝协会的农户将有"河川"商标包装的荔枝批发给盛联超市销售。超市在销售该批荔枝时，在荔枝包装上还加贴了自己的注册商标"盛联"。下列哪些说法是正确的？（2015-3-64）

A. "河川"商标是集体商标

B. "河川"商标是证明商标

C. "河川"商标使用了县级以上行政区划名称，应被宣告无效

D. 盛联超市的行为没有侵犯商标权

11. 甲公司在汽车产品上注册了"山叶"商标，乙公司未经许可在自己生产的小轿车上也使用"山叶"商标。丙公司不知乙公司使用的商标不合法，与乙公司签订书面合同，以合理价格大量购买"山叶"小轿车后售出，获利 100 万元以上。下列哪一说法是正确的？（2014-3-19）

A. 乙公司的行为属于仿冒注册商标

B. 丙公司可继续销售"山叶"小轿车

C. 丙公司应赔偿甲公司损失 100 万元

D. 工商行政管理部门不能对丙公司进行罚款处罚

12. 甲公司是《保护工业产权巴黎公约》成员国 A 国的企业，于 2012 年 8 月 1 日向 A 国在牛奶产品上申请注册"白雪"商标被受理后，又于 2013 年 5 月 30 日向我国商标局申请注册"白雪"商标，核定使用在牛奶、糕点和食品容器这三类商品上。下列哪些说法是错误的？（2014-3-64）

A. 甲公司应委托依法设立的商标代理机构代理申请商标注册

B. 甲公司必须提出三份注册申请，分别在三类商品上申请注册同一商标

C. 甲公司可依法享有优先权

D. 如商标局在异议程序中认定"白雪"商标为驰名商标，甲公司可在其牛奶包装上使用"驰名商标"字样

13. 甲公司为其生产的啤酒申请注册了"冬雨之恋"商标，但在使用商标时没有在商标标识上加注"注册商标"字样或注册标记。下列哪一行

为未侵犯甲公司的商标权？（2013-3-19）

A. 乙公司误认为该商标属于未注册商标，故在自己生产的啤酒产品上也使用"冬雨之恋"商标

B. 丙公司不知某公司假冒"冬雨之恋"啤酒而予以运输

C. 丁饭店将购买的甲公司"冬雨之恋"啤酒倒入自制啤酒桶，自制"侠客"牌散装啤酒出售

D. 戊公司明知某企业生产假冒"冬雨之恋"啤酒而向其出租仓库

14. 甲公司生产"美多"牌薰衣草保健枕，"美多"为注册商标，薰衣草为该枕头的主要原料之一。其产品广告和包装上均突出宣传"薰衣草"，致使"薰衣草"保健枕被消费者熟知，其他厂商也推出"薰衣草"保健枕。后"薰衣草"被法院认定为驰名商标。下列哪些表述是正确的？（2013-3-65）

A. 甲公司可在一种商品上同时使用两件商标

B. 甲公司对"美多"享有商标专用权，对"薰衣草"不享有商标专用权

C. 法院对驰名商标的认定可写入判决主文

D. "薰衣草"叙述了该商品的主要原料，不能申请注册

详 解

1. [答案] C [难度] 中

[考点] 外观设计专利的授权条件、商标侵权行为

[命题和解题思路] 本题是典型的专利法与商标法的融合题，较为巧妙地将外观设计专利与注册商标穿插在一起，进而综合考查二者的相关知识，有一定难度。解答本题时，考生需要区分三组关系：（1）甲与乙之间，乙注册的外观设计专利侵犯了甲在先的合法权利，即注册商标专用权，据此甲有权申请宣告乙的外观设计专利无效；（2）甲与丙之间，丙未经甲的同意生产此种形状的巧克力，涉嫌侵犯甲的注册商标专用权；（3）乙与丙之间，丙未经乙的同意生产此种形状的巧克力，涉嫌侵犯乙的外观设计专利权。考生在分析四个选项时，要先厘清各选项涉及谁与谁之间的关系，并在此基础上展开分析。

[选项分析] A 选项考查外观设计专利的授权

条件与商标侵权行为。《专利法》第 23 条第 3 款规定，授予专利权的外观设计不得与他人在申请日以前已经取得的合法权利相冲突。本题中，乙以甲享有注册商标专用权的巧克力形状申请注册外观设计专利并获得授权，侵犯了甲在先已经取得的合法权利，即注册商标专用权，甲有权依据《专利法》第 45 条申请宣告乙的专利权无效。需要注意的是，《商标法》第 64 条第 1 款规定，注册商标专用权人请求赔偿，被控侵权人以注册商标专用权人未使用注册商标提出抗辩的，人民法院可以要求注册商标专用权人提供此前三年内实际使用该注册商标的证据。注册商标专用权人不能证明此前三年内实际使用过该注册商标，也不能证明因侵权行为受到其他损失的，被控侵权人不承担赔偿责任。据此，注册商标专用权人三年未使用商标并不影响注册商标专用权本身的有效性，只会影响损害赔偿责任是否成立。即使甲三年未使用商标，乙仍然侵犯了甲的注册商标专用权。乙无权以甲三年未使用商标作为抗辩理由对抗甲。选项 A 错误。

B 选项考查专利法中的现有技术抗辩。《专利法》第 67 条规定，在专利侵权纠纷中，被控侵权人有证据证明其实施的技术或者设计属于现有技术或者现有设计的，不构成侵犯专利权。《专利法》第 23 条第 4 款规定，本法所称现有设计，是指申请日以前在国内外为公众所知的设计。据此结合本题，2017 年 6 月，甲注册了一个巧克力形状的商标，注册后一直未使用，由此可知该巧克力形状的设计并未在国内外为公众所知。丙无权以该巧克力设计属于现有设计作为抗辩理由对抗乙。B 选项错误。

C 选项与 D 考查商标侵权行为。根据《商标法》第 64 条第 1 款，注册商标专用权人三年未使用商标并非不侵权的抗辩，而是不承担赔偿的抗辩。本题中，丙未经甲的同意就生产了此种形状的巧克力，容易导致公众发生混淆，侵犯了甲的注册商标专用权。因此，丙对甲构成侵权，但有权以甲三年未使用商标作为拒绝赔偿的抗辩理由。D 选项错误，C 选项正确。

2. [答案] B [难度] 中

[考点] 注册商标的无效宣告、驰名商标的保护

［命题和解题思路］结合四个选项的表述不难看出，本题是对驰名商标相关法律制度的集中考查，同时兼顾考查注册商标无效宣告制度。对于选项 A，考生在分析时需要注意：注册商标的无效宣告制度针对的是已经注册的商标，本题中，不论是"佳嘉"咖啡店还是吴某，均只有使用"佳嘉"商标的行为，双方都没有申请注册"佳嘉"商标，因此不存在注册商标无效宣告制度适用的空间。对于选项 BCD 涉及的驰名商标相关问题，考生需要把握驰名商标相关的核心规则：（1）驰名商标奉行个案认定原则，不能将某个标志注册为驰名商标，某个商标注册后，注册商标权人也无权请求商标局将其商标认定为驰名商标，生产、经营者不得将"驰名商标"字样用于商品、商品包装或者容器上，或者用于广告宣传、展览以及其他商业活动中。（2）现行法对驰名商标提供了较一般商标更强的保护：对未注册的驰名商标禁止同类混同（《商标法》第 13 条第 2 款）；对已注册的驰名商标禁止跨类混同，防止淡化（《商标法》第 13 条第 3 款）；对恶意注册的，驰名商标所有人请求宣告无效不受 5 年的时间限制（《商标法》第 45 条第 1 款）。

［选项分析］选项 A 考查注册商标的无效宣告。注册商标的无效宣告制度针对的是已经注册的商标，本题中，不论是"佳嘉"咖啡店还是吴某，都没有申请注册"佳嘉"商标，因此注册商标的无效宣告制度没有适用空间。选项 A 错误。

选项 B、C、D 均考查驰名商标的保护。《商标法》第 13 条第 2 款规定："就相同或者类似商品申请注册的商标是复制、摹仿或者翻译他人未在中国注册的驰名商标，容易导致混淆的，不予注册并禁止使用。"该条款规定了未注册的驰名商标禁止同类混同，但是并未认可未注册的驰名商标权利人请求损害赔偿。本题中，"佳嘉"咖啡店的商标并未申请注册，并不享有注册商标专用权，其无权请求吴某承担损害赔偿责任，选项 B 正确。驰名商标奉行个案认定原则，这意味着不能将某个标志注册为驰名商标，选项 C 错误。《商标法》第 14 条第 5 款规定："生产、经营者不得将'驰名商标'字样用于商品、商品包装或者容器上，或者用于广告宣传、展览以及其他商业活动中。"据此可知，"佳嘉"咖啡店无权在其售卖的咖啡上标注驰名商标，选项 D 错误。

3. ［答案］ABCD　　［难度］中

［考点］商标权的内容、商标侵权行为

［命题和解题思路］商标权侵权是商标法客观题考试的重中之重，本题对这一考点展开考查，命题方式也符合常见的命题套路——针对某个注册商标，描述多个主体的行为，要求考生判断各主体的行为是否侵犯商标权。解答本题的关键在于结合混淆理论判断乙、丙、丁、戊等主体的行为是否构成商标权侵权。需要提醒考生注意的是：（1）对于乙偷偷多生产的 1 万个面包，不适用商标权用尽抗辩；（2）合法来源抗辩仅仅是不承担赔偿责任的抗辩，而非不构成侵权的抗辩。

［选项分析］《商标法》第 57 条规定："有下列行为之一的，均属侵犯注册商标专用权：（一）未经商标注册人的许可，在同一种商品上使用与其注册商标相同的商标的；（二）未经商标注册人的许可，在同一种商品上使用与其注册商标近似的商标，或者在类似商品上使用与其注册商标相同或者近似的商标，容易导致混淆的；（三）销售侵犯注册商标专用权的商品的；（四）伪造、擅自制造他人注册商标标识或者销售伪造、擅自制造的注册商标标识的；（五）未经商标注册人同意，更换其注册商标并将该更换商标的商品又投入市场的；（六）故意为侵犯他人商标专用权行为提供便利条件，帮助他人实施侵犯商标专用权行为的；（七）给他人的注册商标专用权造成其他损害的。"据此，乙、丙、丁、戊超市的行为都属于侵犯注册商标专用权的行为。不过需要进一步分析，丙、丁、戊超市是否有权援引商标权用尽原则抗辩，以及戊超市是否可以主张合法来源抗辩。

商标权用尽原则是指对于经商标权人许可或以其他合法方式投放市场的商品，他人在购买后无须经过商标权人许可，即可将带有该商标的商品再次投入流通，包括为此目的在广告宣传中使用该商标，均不构成对商标权的侵害。商标权用尽原则要求带有该商标的商品以合法的方式进入市场。本题中，乙多生产的 1 万个面包并未经过甲的许可而进入流通，不适用商标权用尽原则。

关于戊超市是否有权援引合法来源抗辩，《商标法》第 64 条第 2 款规定："销售不知道是侵犯注册商标专用权的商品，能证明该商品是自己合法取得并说明提供者的，不承担赔偿责任。"该条款规定了所谓的合法来源抗辩，但是该抗辩只能免除损害赔偿责任，不能免除其他侵权责任，如停止侵害等，因此戊超市仍构成商标权侵权。

综上，选项 A、B、C、D 均当选。

4. ［答案］AB　　　［难度］难

［考点］名誉权、注册商标的宣告无效、产品责任、驰名商标的认定

［命题和解题思路］本题是典型的民法与知识产权法融合题，在民法层面涉及法人的名誉权侵权以及产品责任，在商标法上涉及注册商标的宣告无效与驰名商标的认定问题，有一定难度。解答本题需要厘清四个选项分别考查的知识点。在民法层面，法人的名誉权如果遭受他人的不当侵害，可以主张损害赔偿。产品责任的责任主体为真正的生产者或者销售者，消费者误认的生产者并不承担产品责任。对于注册商标权的无效宣告，需要区分绝对不予注册的事由与相对不予注册的事由。驰名商标的认定奉行个案认定主义。

［选项分析］A 选项考查法人的名誉权侵权。《民法典》第 1024 条第 1 款规定："民事主体享有名誉权。任何组织或者个人不得以侮辱、诽谤等方式侵害他人的名誉权。"本题中，甲注册了"华欣"的商标用于家用电器并销售了有质量瑕疵的电器，导致华欣中心的名誉贬损，侵害了华欣中心的名誉权。因此华欣中心有权请求甲赔偿损失。A 选项正确。

B 选项考查注册商标的宣告无效。《商标法》第 45 条第 1 款规定："已经注册的商标，违反本法第十三条第二款和第三款、第十五条、第十六条第一款、第三十条、第三十一条、第三十二条规定的，自商标注册之日起五年内，在先权利人或者利害关系人可以请求商标评审委员会宣告该注册商标无效。对恶意注册的，驰名商标所有人不受五年的时间限制。"《商标法》第 32 条规定："申请商标注册不得损害他人现有的在先权利，也不得以不正当手段抢先注册他人已经使用并有一定影响的商标。"据此，侵害在先权利是相对拒绝注册事由。结合本题，华欣中心已经使用了华欣作为法人名称，甲又以之申请了注册商标，侵害了华欣中心的在先权利。华欣中心有权请求商标评审委员会宣告该注册商标无效。B 选项正确。

C 选项考查产品责任。《民法典》1203 条第 1 款规定："因产品存在缺陷造成他人损害的，被侵

权人可以向产品的生产者请求赔偿，也可以向产品的销售者请求赔偿。"据此，消费者既可以向生产者主张产品责任，也可以向销售者主张产品责任。本题中华欣中心并非缺陷产品的生产者，消费者无权请求华欣中心承担产品责任。C 选项错误。

D 选项考查驰名商标的认定。依据《商标法》第 14 条第 1 款，驰名商标应当根据当事人的请求，作为处理涉及商标案件需要认定的事实进行认定。就此而言，现行法对驰名商标采取的是个案认定主义。因此，华欣中心无权申请将"华欣"注册为驰名商标。D 选项错误。

5. ［答案］ACD　　　［难度］难

［考点］商标侵权行为、商标注册的条件、驰名商标的认定

［命题和解题思路］本题触及了商标法的核心考点——商标侵权行为，与此同时，本题又兼顾了商标注册的条件以及驰名商标的相关问题，这使得本题颇具难度。解答本题时考生需要注意：（1）判断商标侵权时，对于注册商标专用权对应的受控行为如何识别，需要结合"混淆理论"来分析和判断；（2）注意区分绝对不予注册的事由与相对不予注册的事由；（3）对于驰名商标的认定，注意现行法采取的是个案认定主义。

［选项分析］A、D 选项考查商标侵权行为。对商标侵权的判断需要结合混淆理论以及相应的受控行为进行判断。《商标法》第 57 条规定："有下列行为之一的，均属侵犯注册商标专用权：（一）未经商标注册人的许可，在同一种商品上使用与其注册商标相同的商标的；（二）未经商标注册人的许可，在同一种商品上使用与其注册商标近似的商标，或者在类似商品上使用与其注册商标相同或者近似的商标，容易导致混淆的；（三）销售侵犯注册商标专用权的商品的；（四）伪造、擅自制造他人注册商标标识或者销售伪造、擅自制造的注册商标标识的；（五）未经商标注册人同意，更换其注册商标并将该更换商标的商品又投入市场的；（六）故意为侵犯他人商标专用权行为提供便利条件，帮助他人实施侵犯商标专用权行为的；（七）给他人的注册商标专用权造成其他损害的。"《商标纠纷解释》第 1 条规定："下列行为属于商标法第五十七条第（七）项规定的给他人注册商

标专用权造成其他损害的行为：（一）将与他人注册商标相同或者相近似的文字作为企业的字号在相同或者类似商品上突出使用，容易使相关公众产生误认的；（二）复制、摹仿、翻译他人注册的驰名商标或其主要部分在不相同或者不相类似商品上作为商标使用，误导公众，致使该驰名商标注册人的利益可能受到损害的；（三）将与他人注册商标相同或者相近似的文字注册为域名，并且通过该域名进行相关商品交易的电子商务，容易使相关公众产生误认的。"

据此，小美申请"金农"商标用于办公用品，其申请注册的主要目的是转卖获利，属于恶意注册，但并不符合《商标法》第57条与《商标纠纷解释》第1条所列举的情形，因此小美并未侵犯金农大学的"金农"商标权。A选项正确。

张某注册成立了一家公司，名为金农水果蔬菜种植有限责任公司，其将金农大学的"金农"商标作为自己的企业名称，并用于相似的商品，容易使相关公众产生误认，属于《商标纠纷解释》第1条第1项的情形，构成商标权侵权。D选项正确。

B选项考查驰名商标的认定。依据《商标法》第14条第1款，驰名商标应当根据当事人的请求，作为处理涉及商标案件需要认定的事实进行认定。就此而言，现行法对驰名商标采取的是个案认定主义。因此，金农大学无权向商标局请求确认"金农"为驰名商标。B选项错误。

C选项考查商标注册的条件。《商标法》第4条第1款规定："自然人、法人或者其他组织在生产经营活动中，对其商品或者服务需要取得商标专用权的，应当向商标局申请商标注册。不以使用为目的的恶意商标注册申请，应当予以驳回。"据此，小美申请"金农"商标用于办公用品，其申请注册的主要目的是转卖获利，在性质上属于恶意注册，依据该条应当予以驳回。C选项正确。

6. ［答案］AD ［难度］难
［考点］注册商标的许可、注册商标的撤销
［命题和解题思路］本题考查了商标法领域的两个制度：注册商标权的许可与注册商标的撤销，有一定难度。解答本题时，考生一方面需要对注册商标权的三种许可方式（独占许可、排他许可

与普通许可）有清晰的认识，并能够对三者进行区分，其中独占许可的特征之一就是发生注册商标侵权行为时独占被许可人可以单独起诉主张救济；另一方面考生需要结合注册商标权撤销制度准确掌握撤销的事由，特别是将其与宣告无效的事由相区分。

［选项分析］A、D选项均考查的是商标许可权。注册商标权人有权将其商标权许可给他人使用，相应的许可方式有三：独占许可、排他许可与普通许可。《商标纠纷解释》第3条规定："商标法第四十三条规定的商标使用许可包括以下三类：（一）独占使用许可，是指商标注册人在约定的期间、地域和以约定的方式，将该注册商标仅许可一个被许可人使用，商标注册人依约定不得使用该注册商标；（二）排他使用许可，是指商标注册人在约定的期间、地域和以约定的方式，将该注册商标仅许可一个被许可人使用，商标注册人依约定可以使用该注册商标但不得另行许可他人使用该注册商标；（三）普通使用许可，是指商标注册人在约定的期间、地域和以约定的方式，许可他人使用其注册商标，并可自行使用该注册商标和许可他人使用其注册商标。"《商标纠纷解释》第4条第2款规定："在发生注册商标专用权被侵害时，独占使用许可合同的被许可人可以向人民法院提起诉讼；排他使用许可合同的被许可人可以和商标注册人共同起诉，也可以在商标注册人不起诉的情况下，自行提起诉讼；普通使用许可合同的被许可人经商标注册人明确授权，可以提起诉讼。"据此，独占许可的被许可人在发生注册商标侵权行为时可以独立地起诉维权。结合本题，丙公司违法制造胃药并使用"吃饭香"商标，侵犯了甲公司的注册商标权（《商标法》第57条第1项），作为独占被许可人的乙公司有权对丙公司提起诉讼。甲公司作为注册商标权人，当然也有权对丙公司提起诉讼。AD选项均正确。

B、C选项均考查注册商标的撤销。《商标法》第49条规定："商标注册人在使用注册商标的过程中，自行改变注册商标、注册人名义、地址或者其他注册事项的，由地方工商行政管理部门责令限期改正；期满不改正的，由商标局撤销其注册商标。注册商标成为其核定使用的商品的通用名称或者没有正当理由连续三年不使用的，任何单位或者个人可以向商标局申请撤销该注册商标。

商标局应当自收到申请之日起九个月内做出决定。有特殊情况需要延长的，经国务院工商行政管理部门批准，可以延长三个月。"据此，注册商标的撤销事由有：（1）没有正当理由连续 3 年不使用；（2）注册商标成为其核定使用的商品的通用名称；（3）以违法的方式使用注册商标，如商标注册人在使用注册商标的过程中，自行改变注册商标、注册人名义、地址或者其他注册事项的。本题中，"吃饭香"商标反映胃药功能这一事由并非撤销事由，而可能构成《商标法》第 11 条所列情形，但该条是关于商标不予注册的绝对理由的规定，违反了导致宣告无效而非撤销。因此，不论丙公司还是陈某，均无权撤销"吃饭香"商标。B、C 选项均错误。

7. ［答案］B　　［难度］难
［考点］商标抢注、商标侵权行为
［命题和解题思路］本题是典型的商标法部分的综合题，将商标法上的多个考点结合在一起考查，同时也存在一些易错点。解答本题时，考生需要注意以下几个易错点：对于在先使用抗辩，要求在原使用范围内，超出原使用范围还是构成商标侵权行为；对于商标侵权中的损害赔偿请求，注册商标权人须证明自己有损失，无损失则无赔偿。对于因相对拒绝注册事由而宣告无效的情形，需注意其时间的限制。

［选项分析］A 选项考查商标的在先使用抗辩。《商标法》第 59 条第 3 款规定："商标注册人申请商标注册前，他人已经在同一种商品或者类似商品上先于商标注册人使用与注册商标相同或者近似并有一定影响的商标的，注册商标专用权人无权禁止该使用人在原使用范围内继续使用该商标，但可以要求其附加适当区别标识。"本题中，肖某就餐饮服务注册了"韦老四"商标，韦某只能在原使用范围内继续使用该商标而不构成侵权，如果韦某在外地开设新店，则超出了原使用范围，不得再使用"韦老四"标识，否则就构成商标侵权行为。A 选项错误。

B 选项考查商标侵权中的损害赔偿问题。《商标法》第 64 条第 1 款规定："注册商标专用权人请求赔偿，被控侵权人以注册商标专用权人未使用注册商标提出抗辩的，人民法院可以要求注册商标专用权人提供此前三年内实际使用该注册商

标的证据。注册商标专用权人不能证明此前三年内实际使用过该注册商标，也不能证明因侵权行为受到其他损失的，被控侵权人不承担赔偿责任。"本题中，如肖某注册"韦老四"商标后立即起诉韦某侵权，则由于其尚未开始使用该商标，其并未遭受损失，因此韦某并不需要承担赔偿责任。B 选项正确。

C、D 选项均考查注册商标的无效宣告。《商标法》第 45 条第 1 款规定："已经注册的商标，违反本法第十三条第二款和第三款、第十五条、第十六条第一款、第三十条、第三十一条、第三十二条规定的，自商标注册之日起五年内，在先权利人或者利害关系人可以请求商标评审委员会宣告该注册商标无效。对恶意注册的，驰名商标所有人不受五年的时间限制。"本题中，"韦老四"尽管在当地颇有名气，但尚不足以认定为驰名商标，因此韦某仍须自商标注册之日起 5 年内请求宣告该注册商标无效，而非"随时"。C 选项错误。虽然肖某本身为经营汽车配件的个体户，并就餐饮服务注册了"韦老四"商标，但商标核准注册的使用范围与商标权人经营范围不匹配并不属于可宣告注册商标无效的事由。D 选项错误。

8. ［答案］BD　　［难度］中
［考点］注册商标的无效宣告、商标权的转让、商标侵权行为
［命题和解题思路］本题虽融合了商标法上的多个考点，但好在各个考点的考查难度都不大。解答本题时考生应在审题的基础上确定每个选项具体考查的知识点，在此基础上展开分析。就注册商标的无效宣告而言，对于相对拒绝注册事由，需要注意申请宣告无效时有申请主体以及时间的限制。对于在先使用抗辩，需要注意原有范围内的限制。

［选项分析］A 选项考查注册商标的无效宣告。《商标法》第 15 条第 2 款规定："就同一种商品或者类似商品申请注册的商标与他人在先使用的未注册商标相同或者近似，申请人与该他人具有前款规定以外的合同、业务往来关系或者其他关系而明知该他人商标存在，该他人提出异议的，不予注册。"《商标法》第 45 条第 1 款规定："已经注册的商标，违反本法第十三条第二款和第三款、第十五条、第十六条第一款、第三十条、第三十一条、第

三十二条规定的，自商标注册之日起五年内，在先权利人或者利害关系人可以请求商标评审委员会宣告该注册商标无效。对恶意注册的，驰名商标所有人不受五年的时间限制。"据此结合本题，经销商乙与甲饮料厂的关系属于《商标法》第15条第2款规定的"具有前款规定以外的合同、业务往来关系或者其他关系"，而乙明知"香香"商标存在，据此，甲有权自商标注册之日起的5年内请求宣告商标无效，但甲不能"随时"请求宣告乙注册的果汁类"香香"商标无效。A选项错误。

B选项考查商标权的转让。《商标法》第42条第2款规定："转让注册商标的，商标注册人对其在同一种商品上注册的近似的商标，或者在类似商品上注册的相同或者近似的商标，应当一并转让。"据此结合本题，果汁和碳酸饮料属于类似商品，商标注册人乙在类似商品上注册的相同"香香"商标，应当一并转让。B选项正确。

C选项考查商标注册的原则，具体涉及一表多类原则。《商标法》第22条第2款规定："商标注册申请人可以通过一份申请就多个类别的商品申请注册同一商标。"据此结合本题，乙就果汁和碳酸饮料两类商品提出注册申请时可以"一标多类"。C选项错误。

D选项考查在先使用抗辩。《商标法》第59条第3款规定："商标注册人申请商标注册前，他人已经在同一种商品或者类似商品上先于商标注册人使用与注册商标相同或者近似并有一定影响的商标的，注册商标专用权人无权禁止该使用人在原使用范围内继续使用该商标，但可以要求其附加适当区别标识。"据此结合本题，甲可在果汁产品上附加区别标识，并在原有范围内继续使用"香香"商标。D选项正确。

9. [答案] D　　[难度] 中

[考点] 商标侵权行为

[命题和解题思路] 本题围绕商标侵权行为这一商标法客观题考试的核心考点而展开，不过考查难度不大。解答本题时考生需要进行两方面的分析：一方面考生需要结合《商标法》第57条列举的商标侵权行为的类型进行分析，此时注意结合"混淆理论"；另一方面考生也需要注意是否构成《商标法》第59条列举的不构成商标侵权的抗辩事由。

[选项分析] 《商标法》第59条规定："注册商标中含有的本商品的通用名称、图形、型号，或者直接表示商品的质量、主要原料、功能、用途、重量、数量及其他特点，或者含有的地名，注册商标专用权人无权禁止他人正当使用。三维标志注册商标中含有的商品自身的性质产生的形状、为获得技术效果而需有的商品形状或者使商品具有实质性价值的形状，注册商标专用权人无权禁止他人正当使用。商标注册人申请商标注册前，他人已经在同一种商品或者类似商品上先于商标注册人使用与注册商标相同或者近似并有一定影响的商标的，注册商标专用权人无权禁止该使用人在原使用范围内继续使用该商标，但可以要求其附加适当区别标识。"该条规定了作为的商标的指示性合理使用，是指经营者在商业活动中善意地使用他人注册商标以客观说明自己商品或者服务的来源、用途、服务对象及其他商品本身固有的特性。A、B、C选项涉及的都是商标的指示性合理使用行为，均不当选。

《商标法》第57条规定："有下列行为之一的，均属侵犯注册商标专用权：（一）未经商标注册人的许可，在同一种商品上使用与其注册商标相同的商标的；（二）未经商标注册人的许可，在同一种商品上使用与其注册商标近似的商标，或者在类似商品上使用与其注册商标相同或者近似的商标，容易导致混淆的；（三）销售侵犯注册商标专用权的商品的；（四）伪造、擅自制造他人注册商标标识或者销售伪造、擅自制造的注册商标标识的；（五）未经商标注册人同意，更换其注册商标并将该更换商标的商品又投入市场的；（六）故意为侵犯他人商标专用权行为提供便利条件，帮助他人实施侵犯商标专用权行为的；（七）给他人的注册商标专用权造成其他损害的。"本题中，丁回收墨水用尽的"佳普"牌墨盒，灌注廉价墨水后销售，这一行为构成该条第1项侵权行为。D选项当选。

10. [答案] AD　　[难度] 中

[考点] 商标的种类、注册商标的无效宣告、商标侵权行为

[命题和解题思路] 本题是典型的商标法部分的综合题，除了商标侵权行为这一核心考点以外，也触及了其他考点，不过好在命题人手下留情，

考查难度不大。解答本题考生首先需要正确地区分集体商标与证明商标，在此基础上结合拒绝注册的事由分析 C 选项是否构成应被宣告无效的情形。需要注意的是，县级以上行政区划的地名或者公众知晓的外国地名如果作为集体商标、证明商标组成部分，是可以作为商标的。

[选项分析] A、B 选项均考查商标的种类。《商标法》第 3 条第 2 款与第 3 款规定："本法所称集体商标，是指以团体、协会或者其他组织名义注册，供该组织成员在商事活动中使用，以表明使用者在该组织中的成员资格的标志。本法所称证明商标，是指由对某种商品或者服务具有监督能力的组织所控制，而由该组织以外的单位或者个人使用于其商品或者服务，用以证明该商品或者服务的原产地、原料、制造方法、质量或者其他特定品质的标志。"结合本题，荔枝协会的农户才能使用"河川"商标，因而该商标应当是集体商标。B 选项错误，不当选；A 选项正确。

C 选项考查注册商标的无效宣告。《商标法》第 10 条第 2 款规定："县级以上行政区划的地名或者公众知晓的外国地名，不得作为商标。但是，地名具有其他含义或者作为集体商标、证明商标组成部分的除外；已经注册的使用地名的商标继续有效。"本题中，"河川"作为集体商标的组成部分，可以作为商标。C 选项错误。

D 选项考查商标侵权行为。超市作为销售商品的市场主体，自然可以申请注册自己的商标并进行使用。本题中，超市只是在荔枝包装上加贴了自己的注册商标"盛联"，没有妨害"河川"商标的使用，也不会给消费者造成误导，不存在商标侵权行为。D 选项正确。

11. [答案] D　　[难度] 中

[考点] 商标侵权行为

[命题和解题思路] 本题考查商标侵权行为这一核心考点，不仅涉及商标侵权行为的判断，还涉及构成侵权但无需赔偿的情形，甚至还考查了商标侵权的行政责任问题。解答本题需要考生正确地区分仿冒商标与假冒商标的区别。同时对于《商标法》第 54 条第 2 款规定的善意抗辩，需要明确其仍属于商标侵权行为，仍需停止侵害，但是无需赔偿，也无需承担行政罚款。

[选项分析] 乙公司的行为属于典型的侵犯注册商标的行为，其使用的商标与甲公司的商标完全相同，该行为不属于仿冒，而是在相同商品上使用相同商标，属于《商标法》第 57 条第 1 项所规定的情形，为假冒注册商标，而依据《商标法》第 57 条第 2 项，未经商标注册人的许可，在同一种商品上使用与其注册商标近似的商标，或者在类似商品上使用与其注册商标相同或者近似的商标，容易导致混淆的，才属于仿冒注册商标。A 选项错误。

《商标法》第 64 条第 2 款规定："销售不知道是侵犯注册商标专用权的商品，能证明该商品是自己合法取得并说明提供者的，不承担赔偿责任。"结合本题，丙公司对乙公司未经许可使用"山叶"商标的行为不知情，虽然丙公司依《商标法》第 57 条第 3 项构成侵权，需要停止侵权行为，但并不需承担赔偿责任。B、C 选项均错误。

《商标法》第 60 条第 2 款规定："工商行政管理部门处理时，认定侵权行为成立的，责令立即停止侵权行为，没收、销毁侵权商品和主要用于制造侵权商品、伪造注册商标标识的工具，违法经营额五万元以上的，可以处违法经营额五倍以下的罚款，没有违法经营额或者违法经营额不足五万元的，可以处二十五万元以下的罚款。对五年内实施两次以上商标侵权行为或者有其他严重情节的，应当从重处罚。销售不知道是侵犯注册商标专用权的商品，能证明该商品是自己合法取得并说明提供者的，由工商行政管理部门责令停止销售。"对于行政行为，奉行职权法定原则，因此工商行政管理部门（现为市场监督管理部门）不能对丙公司进行罚款处罚。D 选项正确。

12. [答案] BCD　　[难度] 中

[考点] 申请的代理、商标注册的原则、驰名商标的宣传

[命题和解题思路] 本题将商标的申请注册问题与驰名商标问题结合在一起考查，不过四个选项都不涉及推理，都是对现行法规则的直接考查，熟悉法条内容即可轻松应对。

[选项分析] A 选项考查注册商标申请的代理。《商标法》第 18 条第 2 款规定："外国人或者外国企业在中国申请商标注册和办理其他商标事宜的，应当委托依法设立的商标代理机构办理。"本题中，由于甲公司并非中国公司，因而其必须

委托依法设立的商标代理机构代理申请商标注册。A 选项正确，不当选。

B 选项考查注册商标申请的一表多类原则。《商标法》第 22 条第 2 款规定："商标注册申请人可以通过一份申请就多个类别的商品申请注册同一商标。"据此结合本题，甲公司可就三类商品提出一份申请。B 选项错误，当选。

C 选项考查国际优先权。《商标法》第 25 条第 1 款规定："商标注册申请人自其商标在外国第一次提出商标注册申请之日起六个月内，又在中国就相同商品以同一商标提出商标注册申请的，依照该外国同中国签订的协议或者共同参加的国际条约，或者按照相互承认优先权的原则，可以享有优先权。"据此结合本题，自甲公司第一次提出注册申请，超过 6 个月期限后才在中国提出申请，所以甲公司并不享有优先权。C 选项错误，当选。

D 选项考查驰名商标的宣传。《商标法》第 14 条第 5 款规定："生产、经营者不得将'驰名商标'字样用于商品、商品包装或者容器上，或者用于广告宣传、展览以及其他商业活动中。"据此结合本题，甲公司不可在其牛奶包装上使用"驰名商标"字样。D 选项错误，当选。

13. [答案] B　　[难度] 中

[考点] 商标侵权行为

[命题和解题思路] 本题考查的知识点较为集中，即商标侵权行为这一核心考点。解题时考生需要熟悉《商标法》第 57 条列举的侵权行为情形。需要注意的是，对于注册商标，商标注册人没有义务标明是注册商标，即使商标注册人未标明，他人从事了《商标法》第 57 条的行为，也构成侵权。

[选项分析]《商标法》第 57 条规定："有下列行为之一的，均属侵犯注册商标专用权：（一）未经商标注册人的许可，在同一种商品上使用与其注册商标相同的商标的；（二）未经商标注册人的许可，在同一种商品上使用与其注册商标近似的商标，或者在类似商品上使用与其注册商标相同或者近似的商标，容易导致混淆的；（三）销售侵犯注册商标专用权的商品的；（四）伪造、擅自制造他人注册商标标识或者销售伪造、擅自制造的注册商标标识的；（五）未经商标注册人同意，更换其注册商

标并将该更换商标的商品又投入市场的；（六）故意为侵犯他人商标专用权行为提供便利条件，帮助他人实施侵犯商标专用权行为的；（七）给他人的注册商标专用权造成其他损害的。"该条是判断商标侵权行为的核心条文。

《商标法》第 3 条第 1 款规定："经商标局核准注册的商标为注册商标，包括商品商标、服务商标和集体商标、证明商标；商标注册人享有商标专用权，受法律保护。"《商标法》第 9 条第 2 款规定："商标注册人有权标明'注册商标'或者注册标记。"可见，商标权人可以标明"注册商标"或者注册标记，也可以不标明，均不影响其商标权的享有和法律对其进行保护。乙公司未经许可，在同一种商品上使用与甲公司注册商标相同商标的，属于《商标法》第 57 条第 1 项情形，所以乙的行为构成侵权。A 选项不当选。

依据《商标法》第 57 条第 6 项的规定，故意为侵犯他人商标专用权行为提供便利条件，帮助他人实施侵犯商标专用权行为的，构成侵犯注册商标专用权。《商标法实施条例》第 75 条规定："为侵犯他人商标专用权提供仓储、运输、邮寄、印制、隐匿、经营场所、网络商品交易平台等，属于商标法第五十七条第六项规定的提供便利条件。"本题中，丙公司为某公司运输假冒"冬雨之恋"啤酒，因其不知情，主观上没有故意，因此丙公司不构成侵权。B 选项当选。戊主观上有帮助侵权的故意，客观上也实施了为他人侵犯甲注册商标权的行为提供便利条件的行为，属于共同侵权人。D 选项不当选。

C 选项中，丁饭店将购买的甲公司"冬雨之恋"啤酒倒入自制啤酒桶，自制"侠客"牌散装啤酒出售，该行为属于《商标法》第 57 条第 5 项所规定的行为，故丁构成商标侵权。C 选项不当选。

14. [答案] AB　　[难度] 中

[考点] 商标注册的条件、商标专用权的取得途径、驰名商标的认定

[命题和解题思路] 本题考查了《商标法》上的多个知识点，不过考查难度不大。解答本题时需要注意，现行法并未对一种商品可以使用的商标数量作出限制，商标专用权只有经商标局核准注册才能享有。另外需注意，驰名商标的认定

奉行个案认定原则，人民法院对于商标驰名的认定，仅作为案件事实和判决理由，不写入判决主文，以调解方式审结的，在调解书中对商标驰名的事实不予认定。

[选项分析] A、D 选项考查商标注册的条件。现行《商标法》对同一件商品使用注册商标并没有作出数量的限制。A 选项正确。《商标法》第 11 条规定："下列标志不得作为商标注册：（一）仅有本商品的通用名称、图形、型号的；（二）仅直接表示商品的质量、主要原料、功能、用途、重量、数量及其他特点的；（三）其他缺乏显著特征的。前款所列标志经过使用取得显著特征，并便于识别的，可以作为商标注册。"据此，虽然"薰衣草"叙述了该商品的主要原料，但并不是绝对不允许商标注册，只需通过使用而获得显著性，并便于识别的，可以作为商标注册。D 选项错误。

B 选项考查商标专用权的取得途径。《商标法》第 3 条第 1 款规定："经商标局核准注册的商标为注册商标，包括商品商标、服务商标和集体商标、证明商标；商标注册人享有商标专用权，受法律保护。"本题中，"薰衣草"虽然被认定为驰名商标，但是因为没有注册，故甲公司对"薰衣草"不能享有商标专用权。B 选项正确。

C 选项考查驰名商标的认定。《最高人民法院关于审理涉及驰名商标保护的民事纠纷案件应用法律若干问题的解释》第 13 条规定："在涉及驰名商标保护的民事纠纷案件中，人民法院对于商标驰名的认定，仅作为案件事实和判决理由，不写入判决主文；以调解方式审结的，在调解书中对商标驰名的事实不予认定。"据此结合本题，法院对驰名商标的认定不可写入判决主文。C 选项错误。

桑磊法考
2024客观题网络辅导

咨询电话：400-839-3366　　报名通道：扫描下方二维码

以上内容由桑磊法考提供，为广大考生提供服务，有效期截至2024年12月31日。